"공익을 위한 자발적 행동"

## 필란트로피란 무엇인가?

필란트로피란 무엇인가? — 공익을 위한 자발적 행동
1판 1쇄 펴냄  2017년 8월 25일

지은이 로버트 페이턴, 마이클 무디
옮긴이 이형진, 김영수
펴낸이 이형진
펴낸곳 도서출판 아르케 출판등록 1999. 2. 25. 제 2-2759호
강원도 홍천군 내촌면 연계동길 97-12
대표전화 (02)336-4784~5 팩시밀리 (02)6442-5295
E-Mail arche21@gmail.com | Homepage  www.arche.co.kr

값 24,000원

ⓒ 아르케, 2017

ISBN 978-89-5803-156-7  93330

by Robert L. Payton and Michael P. Moody.
Copyright © 2008 Robert L. Payton and Michael P. Moody. Korean language translation rights licensed from the English-language publisher, Indiana University Press. All rights reserved.

이 책은 저작권자와 독점계약으로 아르케에서 출간되었습니다.
저작권법에 의해 한국 내에서 보호를 받는 저작물이므로 무단전제와 복제를 금합니다.

# 필란트로피란 무엇인가?
## ― 공익을 위한 자발적 행동

Understanding Philanthropy : Its Meaning and Mission

로버트 페이턴, 마이클 무디 지음
이형진, 김영수 옮김

[일러두기]

- 원주는 미주로, 역자주는 * 표시 후 각주로 표기했다.
- 외래어 고유명사는 음역을 원칙으로 하되, 이미 번역되어 통용되고 있는 명칭은 이를 준용했다.

■ 차례

| | |
|---|---|
| 서문 | 9 |
| 역자서문 | 17 |

## 제1장 서론: 왜 이 책인가? 21

1.1 필란트로피의 의미와 사명 이해하기 25
1.2 필란트로피에 대해 진지하게 생각하기 33
1.3 필란트로피의 규모와 범위 41
1.4 필란트로피에 대해 가르치고, 필란트로피를 위해 가르치기 50

## 제2장 공익을 위한 자발적 행동 57

2.1 폭 넓고 긍정적인 개념으로서의 필란트로피 57
2.2 자발적 기부, 자원봉사, 그리고 결사체 75
2.3 필란트로피와 세 부문으로 이뤄진 사회 82
2.4 자발적? 행동? 공익을 위하여? 91

## 제3장 늘 문제는 존재한다
── 인간 문제에 대한 대응으로서 필란트로피 103

3.1 인간의 문제 104
3.2 인간 문제에 대한 대응 121
3.3 대응하는 방법 결정하기 130
3.4 필란트로피적 대응의 이유 136

| | |
|---|---|
| 3.5 허리케인 카트리나에 대한 대응 | 142 |
| 3.6 보편적인 대응 속에 내재된 문화적 패턴 | 146 |

## 제4장 도덕적 행동으로서 필란트로피
### ― 좀 더 나은 세상 만들기     149

| | |
|---|---|
| 4.1 필란트로피, 도덕적 상상력, 도덕적 의제 | 151 |
| 4.2 필란트로피와 착한 사마리아인 | 158 |
| 4.3 도덕적 행동으로서 필란트로피, 윤리적 질문과 원칙 | 171 |
| 4.4 사회개량론: 필란트로피의 실용주의적 철학 | 185 |

## 제5장 도덕적 상상력의 사회사     197

| | |
|---|---|
| 5.1 도덕적 상상력의 사용에 대한 이해 | 198 |
| 5.2 두 가닥의 사회사: 연민과 공동체 | 200 |
| 5.3 근대 시기로의 이행 | 209 |
| 5.4 초기 아메리카에서의 필란트로피 | 211 |
| 5.5 과학적 필란트로피 | 212 |
| 5.6 필란트로피, 사회개혁 그리고 사회운동 | 219 |
| 5.7 도덕적 상상력의 사회적 현재와 미래 | 223 |

### 제6장 필란트로피, 민주주의 그리고 미래     227

   6.1 필란트로피는 민주 사회에 필수적이다     227
   6.2 책무성과 교육, 이를 통한 필란트로피 전통의 계승     242

미주     251
보론     277
찾아보기     303

■ 서문

이 책 전체에 걸쳐 우리 두 저자의 목소리는 하나로 통합되어 있지만, 이 서문은 각자가 따로 맡아 쓰기로 했다. 이런 방식을 통해 각자의 고유한 관점, 서로 다른 출신과 배경 그리고 어쩌면 나름의 편견이 있음에도 불구하고 우리가 어떻게 이 책을 공동 집필할 수 있었는지 보여주고자 했다.

**로버트 엘. 페이턴**(Robert L. Payton)

나는 50년 이상 직업적으로 ― 즉, 출판을 목적으로 ― 글을 써왔다. 이 책은 필란트로피(philanthropy)*에 초점을 두고 있는데, 그것은 내가 그동안의 집필 작업에서 계속 탐구해 왔던 주제 중 하나이기 때문이다. 나는 또한 필란트로피를 공부하는 학생이자 이를 가르치는 선생이었을 뿐 아니라, 그 실천자이기도 했다. 노년에 들어 내 삶의 모든 측면에서 내 자신의 '경험'을 반추해 보기 시작했고, 이 과정에서 나는 나의 사상과 가치에 대한 검증작업을 통해 내 자신이 경험에 높은 비중을 두어왔다는 사실을 깨닫게 되었다. 따라서 내가 필

---

\* '필란트로피'(philanthropy), '채러티'(charity)는 '자선', '박애' 등으로 번역된다. 이들 용어는 서로 별다른 구분 없이 사용하기도 하지만, 역사적, 문화적 의미를 함축하고 있어 서로 구별하여 사용되기도 한다. 그러나 이 책의 목적이 'philanthropy'의 이해를 위해 쓰인 만큼, 가급적 원어 발음을 한글표기법에 따라 '필란트로피'로 표기하되, 문맥에 따라서는 '자선,' '박애'로 번역하기로 한다. 아울러 이 책에서는 많은 지면을 할애하여 유사한 용어들의 사례와 함께 그 의미, 역사적 유래, 변천 과정, 각 지역 및 문화권에서의 특징적 사용법을 논의하고 있는 만큼 관련 내용을 참고하면 된다.

란트로피에 대해 쓴 것은 필란트로피의 실천자로서 내 자신의 경험에 근거하여 검증된 사실을 토대로 한 것이다. 그것은 또한 많은 다른 사람, 즉 내가 만났던 대학 당국자, 동료 학자, 학생, 많은 자원봉사자(나의 아내도 물론이고)의 경험을 토대로 검증된 것이기도 하다. 그들은 모두 내가 강의한 것을 실천에 옮기고자 했고 그 과정에서 내 강의 내용과 충돌할 때는 그것에 대해 이야기해 주기도 했다.

이런 경험에 더하여 내가 필란트로피를 보는 나의 방식은 또 다른 직업적 경험과 삶에 의해서도 깊은 영향을 받아왔다. 내가 수십 년 이상 경영자, 학술지 편집자, 연설문 작성자, 모금가, 교수, 연구자로서 지내왔던 대학에서의 삶이 그런 것들이었고, 이는 필란트로피에 대해서만이 아니라 인문학에 흥미를 갖고 그것에 특별한 가치를 두었던 평생 학생으로서의 삶이기도 했다. 몇 년 전에 나는 '사이'(the between)라는 개념을 생각해냈다. 거기에서 신은 인간성에 접촉하기 위해 하강하는 한편, 인간은 신성에 다다르기 위해 상승한다. 여기서 '신'(god)이란 지식에 대한 은유이며, '인간성'(humanity)이란 인간을 인간답게 만드는 최상의 것이라 할 수 있는 진실 추구와 이를 위한 인간사의 특별한 지위에 대한 요청이다.

내게는 적어도 그렇게 보였다. 내가 젊었을 때는 지식에 대한 어떤 특정 접근 방식이 다른 것들에 비해 우월하다고 생각했던 시기가 있었다. 그러나 한때 소위 행동과학(behavioral science)의 관점을 수긍하고 받아들였던 것에 대해 매우 당황스럽게 느낀 적도 있다. 경영과 조직행동 분야의 많은 부분이 피상적이고 조작적이라는 결론을 내릴 때까지 나는 매니저로서 이들 분야에 대한 연구를 지속했다.

나는 끊임없이 시카고대학에서의 나의 학문적 경험 속으로 회귀하곤 했다. 활기찬 '시카고대학의 기풍' 속에서 나는 겉으로는 역사학도였지만, 고대철학과 동양종교 그리고 중세대학과 문학 및 다른 많은 것들을 탐구했다. 연구실 복도 맞은편에서 조지 오웰과 그 '십 분간의 증오'*를 연구하던 동료 연구자

---

* 조지 오웰의 소설 1984년에 나오는 용어(다만 소설 원문에는 2 minutes hate로 되어 있지만, 여기서는 현실에서의 그것을 10분으로 패러디한 것으로 보인다)이며, 당원들이 매일의 의무적 일과로서 당의 적들에 대

의 도움을 받기도 하고, 바로 아래층에서 교육행정학을 연구하던 동료의 조력을 받기도 했다. 또한 아래층 복도 건너편 쪽에는 필리핀에서 일본군 포로 경험의 트라우마에서 벗어나지 못한 채 이를 극복하기 위해 무엇을 공부할지 찾아 헤매고 있던 또 다른 동료도 함께했다.

1950년대 전반기에 시카고대학 대학원생 기숙사에서 살았던 우리 대부분은 제2차 세계대전의 참전용사들이었다. 군대경험에 대해서는 다른 곳에서도 쓴 적이 있다. 나는 징집을 기다리고 있기보다는 자원입대를 택했다. 그뿐만 아니라, 전투부대에 자원했으며(말하자면 좀 더 안전하다고 여겨지던 해안경비대나 통신부대가 아니라), 그 중에서도 보병부대를, 그것도 낙하산병이 되려고 했던 터이기에 군대경험을 적극적으로 이야기하곤 한다. 내가 필리핀에 배치되었을 때에도 나는 제11공정여단에 지원했고, 비록 전투이야기를 집에 편지로 써 보내는 것이 고작이긴 했지만 실제로 전투를 목격하기까지 했다. 전쟁이 끝났을 때 나는 일본에서 '점령과제'를 위해 수년을 보냈는데 그것은 처음으로 '낯선 이국' 문화를 가까이에서 보는 기회가 되었다.

비록 그 당시에는 몰랐지만, 군대복무를 했기 때문에 '제대군인 원호법'(GI Bill)\*의 적용을 받을 수 있었고, 그것은 내 삶을 변화시키는 계기가 되었다. 우리는 제대군인 원호법(그것은 민권운동과 함께 현대 미국을 특징짓는데)의 첫 번째 세대 대학생이었으며, 나를 포함한 많은 사람이 군대복무에 대한 감사 표시로(그리고 경제적 미래에 대한 국가의 투자로) 정부가 교육비용을 부담하리라는 것을 알기 전까지는 대학에 갈 생각은 꿈도 꾸지 못했다. 아무튼 우리는 열성적이고, 부지런하며, 맹렬한 학생들이었고, 평균적으로 보통 대학생 세대보다 몇 살씩 나이가 많았다. 군대복무와 시카고에서의 대학생활 중간에 나는 아이오와의 작은 마을에서 거의 2년 동안 주간잡지의 편집자로 일했는데, 그곳에서는 일간신문도 발행하고 있었다. 나는 흥미 있는 모든 것에 대해 쓸 수 있었고, 그것은 유고슬라비아에서 티토(Tito)의 출현에서부터 영화평에 이르기까지 매우 다양한 주제를

---

한 영화를 보고 그들에 대한 증오를 2분간 표현해야 하는 것으로 설정되어 있다.

\* 미국의 퇴역군인들에게 교육, 주택, 보험, 의료 및 직업훈련의 기회를 제공하는, 1944년에 시작한 제반 법률과 프로그램 등에 대한 통칭이다(『사회복지학사전』: 이철수 외 공저, 2009.8, Blue Fish).

다뤘다. 가끔은 강변 기슭의 개발에 대한 시의회의 토론까지 다루었다. 나의 젊은 아내는 전화로 정기구독자를 모집하면서 젊고 똑똑한 편집자에 대해 침이 마르게 칭찬하곤 했다.

이런 편집 경험은 나를 유통관련 잡지 출판으로 이끌었지만, 그것은 곧바로 나로 하여금 '먹고사는 것'만으로는 충분한 동기부여가 되지 못한다는 것을 깨닫게 했다. 몇몇 친구들의 도움에 힘입어 — 그 과정에서 나를 도와준 친구들과 지인들에게 신세 진 내용을 다른 곳에서 길게 쓴 적이 있다 — 나는 어느 새 대학에서 편집자로 일하게 되었다.

내가 취득한 유일한 학위는 시카고대학에서 받은 석사학위이며 다른 어떤 학사학위나 박사학위도 없다. 이는 내가 스스로를 학자로 규정하지 않는 또 다른 이유이기도 하다. 나는 스페셜리스트(specialist)가 지배하는 세계에서 한 사람의 제너럴리스트(generalist)이며, 대중이 공공적 이슈에 대하여 이해하고 성찰하며 토론하는 것을 돕는 일을 주요 임무로 하는 '공공 교사'(public teacher)다. 또한 기관이나 조직의 필수적인 조력자로서 논쟁적 주제에 대해 비판적으로 그리고 공정하게 생각할 수 있도록 조언을 하곤 하는데, 이는 내가 매우 중요하게 여기는 일이다. 논쟁적 주제에 대해 공정하고 비판적으로 사고하는 사람이 충분하다고는 할 수 없지만, 다른 영역보다는 상대적으로 높을 것이라 생각한다.

그것은 흥미진진한 일일 수도 있다. 나는 그동안 두세 번이나 은퇴를 되풀이했다. 그렇지만 거기에 머무를 수는 없었다. 실제로 나는 여러 해 동안 필란트로피 박사과정의 필수과목인 윤리학 과목을 세 사람의 동료와 함께 협동 강의를 해 왔다. 그 중 한 명은 이미 비교문학에서 박사학위를 갖고 있으면서 필란트로피 분야에서 두 번째 박사학위를 위해 분투 중이다. 다른 한 명은 철학분야의 은퇴교수로 나보다 10년이나 젊다. 그는 우리가 지나친 열정만 앞세우다 일을 망쳐버리는 일이 없도록 조용하지만 꾸준한 충고를 계속 해주고 있다. 세 번째 멤버는 이전에 이 과정의 강의를 맡았던 사람이었는데, 의학부 소아방사선학 교수와 인문학부 필란트로피 분야 교수직을 겸하고 있다. 박사과정생은 모두 9명이었는데 이들은 이미 어느 정도 경력을 쌓은 전문가로서 자신의 분야에서 더 나은 발전을 도모하고 있을 뿐만 아니라 자신들의 지적 경험이 풍부해지기를 바라는 사람들이다.

우리가 가르치는 주제 — '필란트로피의 윤리학'(ethics of philanthropy) — 는 삶의 경험에서 많은 것을 얻어온다. 우리들 각자는 서로 간에 이야기 나눌 수 있는 '자전적 자선기록'(philanthropic autobiography)을 갖고 있으며, 우리에게 필란트로피가 윤리적으로뿐만 아니라, 학문적으로도 흥미롭다고 깨닫게 된 어떤 계기(각자나름의 과정과 이유가 있겠으나)를 갖고 있다. 나는 공익에 대한 자발적 행동으로서의 필란트로피(내경우의 이야기지만)에 빠져 온 나의 반세기에 걸친 사랑을 생각하면 나의 노후에도 생기가 솟아오름을 느낄 수 있다. '자발적'(volunrary) 그리고 '자원봉사활동가'(volunteer)라는 단어들은 내가 나이 들면서 더욱 그 의미가 풍성하고 깊어지고 있는 것이다.

내가 몇 해 동안 작업해 온 에세이로 다시 돌아가 보자. 그것은 나의 '도덕적 유언장'이며, 내 사후에 바라는 바를 적어놓은, 즉 나의 재산과 물건, 소유물 — 특히 내가 남기는 매우 방대한 도서 자료들 — 그리고 수많은 상자와 서류 박스, 편지, 그 외 오랜 활동적 삶이 남긴 잡동사니에 향후 일어날 일들에 대해 적어 둔 유언장과 유사한 것이다. '나는 어디에 있을까?'(나는 지금 80세가 되었지만 그것을 기억하고 수시로 중얼거린다). 아참 그렇지! 나의 도덕적 유언에는 나의 긴 여정에서 나를 도와 준 몇몇 사람들(여기서 다 열거하기에 너무 많지만)도 거명할 생각이다. 거기에는 더 이상 이 세상 사람이 아닌 사람도 포함된다. 고대 유태적 전통에 대해 두 대가가 묘사했듯이, '삶을 지속하기 위해 내가 가장 고대했던 가치'에 대해 반추해 보고자 한다. 인문학에도 특별한 찬사를 바치며, 다음 단어를 모아 내 묘비명으로 삼고자 한다.

| 책 | 사고 | 대화 |

내일 (이글을 마칠 것인데) 내 아내와 나는 50주년 결혼기념일을 조용히 맞을 것이다. 그리고 2, 3일 안에 이 글을 (늦어진 데 대한 사과와 함께) 나의 공저자와 인디애나대학 출판부의 편집자에게 보낼 것이다.

나의 아내에게 이 책을 바치며, 여러 해 동안 배우고 가르쳤던 '나의 젊은이들'에게도 이 책을 헌정한다. 마이클 무디가 그 첫 번째 인물이다.

## 마이클 피. 무디(Michael P. Moody)

이 책은 사랑이란 이름의 일로 시작했지만, 다른 종류의 작업이 되어 버렸다. 이제 이 작업은 완성되었고, 따라서 나로서는 이 책이 완성되지 않았을지도 모른다는 상상은 할 수가 없게 되었다. 자신이 세상에서 가장 중요한 주제 중의 하나라고 생각하는 것에 대해, 세상에서 가장 존경하는 사람과 함께 책을 쓰는 것보다 전문적이고, 개인적으로 성취감을 느끼는 일은 거의 없을 것이다. 나로서는 영원히 자랑스러워할 한 가지 업적이 될 것이다.

내가 당초에 이 책에 공저자로 합류하겠다고 페이턴 선생님께 제안했을 때, 나의 의도는 선생님의 필란트로피에 대한 글과 사상이 대중뿐 아니라, 학문영역에도 확실히 알려져서 다음 세대가 잘 활용할 수 있도록 하는 것이었다. 사람들은 여러 해 동안 '바로 그런 책'을 요구해 왔고, 나 또한 이 부문의 활동가와 학자 모두에게 그것은 절대적으로 필요하다고 생각했다. 필란트로피에 대한 그의 글과 전망은 1989년에 갓 학부를 졸업한 나에게 영감을 주었고, 그 후 수많은 다른 이들에게도 그러했다. 그리고는 더욱더 많은 글이 스푸르스 거리의 지하 서고*에서 밖으로 나와 — 마치 '구소련의 지하출판물'(samizdat)이 운 좋은 몇 사람에게 유통되듯이 — 더 폭넓게 그리고 더 많은 독자에게 이용될 수 있도록 한 권의 책으로 출판하고자 하는 욕망은 커져 갔다.

그러나 이 방대한 분량의 글들을 가려내서 한 권의 책 — 특히 우리 모두가 바랐던 학계의 독자들에게 적절한 그런 책 — 으로 편찬하는 쉽지 않은 작업에 착수했을 때, 내가 해야 할 일이 단순한 편집과 재구성을 넘어서야만 한다는 사실을 깨닫게 되었다. 어떤 글은 다시 쓰고, 좀 더 정교해지고, 업데이트되고 서로 연결되어야 함과 동시에, 아주 많은 새로운 글이 추가로 집필되어야만 했다. 물론 그때는 이미 나 자신 또한 학자로서 활동하고 있었기 때문에,

---

* 스푸르스 거리에 있는 공저자 로버트 엘 페이턴의 서재를 말한다.

우리 두 사람 모두에게 소중한 이 주제에 대해 내 나름의 그리고 어쩌면 약간은 다른 생각(비록 보충적이긴 하지만)을 발전시켜 왔다는 사실을 깨닫기도 했다. 그래서 완성된 결과물이 유용하게 활용되기를 바라면서, 함께 책을 쓰는 이와 같은 새로운 방식, 즉 페이턴 선생님의 작업과 함께 나의 참여와 작업이 더해져 공동 저작이 되는 이런 방식이 우리가 계획했던 것보다 더 많은 결실이 있기를 기대해 본다. 아울러 최근 수년간에 걸쳐 나의 공저자인 페이턴 선생님이 보여준 깊은 인내심과 아량에 깊은 감사를 전하고 싶다.

이것은 분명코 우리 중 한 사람이 혼자 힘으로 완성할 수 있었던 그런 책이 아니다. 그리고 그 점이야말로 이 책에 큰 장점을 더해준다고 생각한다. 그것은 완전히 사회과학만도 아니고 전적으로 실천적 철학이나 윤리학만도 아닌, 그래서 양쪽 모두로부터 지혜를 빌릴 수 있게 한다. 그것은 보편적인 진리와 원리에 대해 과감한 단정을 내리기도 하지만, 한편으로 문화적 차이에 대한 미묘한 인식과 경험적 질문에 열린 자세를 취한다. 그것은 철학자들이 원할 정도로 가치규범적인 것은 아니지만, 사회과학자들이 통상 자연스럽게 여기는 것보다는 규범적이다. 그것은 페이턴 선생님의 학생들, 동료들 그리고 그의 글을 읽거나 강연을 들었던 다른 사람들에게 많은 영감을 주어온 불멸의 지혜를 포함한다. 그렇지만 또 다른 한편으로는 분석적 구조, 학문적 연관, 추가적 설명, 그리고 내가 최근 추가한 사례들도 포함한다. 필란트로피 연구를 위한 핵심적 틀은 기본적으로는 1989년으로 소급하여 내가 페이턴 선생님에게서 배운 것이지만, 이 책은 그 틀을 새로운 방식으로 제시한다. 이를 통해 예전 방식이 오랜 세월 동안 비영리조직 경영자, 재단운영자, 모금전문가, 자원봉사활동가 및 기타 많은 사람의 심금을 울렸던 것처럼 학자들에게도 깊은 호소가 되기를 바란다.

물론 나의 첫 번째 깊은 감사는 18년에 걸친 나의 멘토에게 보낸다. 나는 언제나 그를 존경심에 차서 "페이턴 선생님"이라 불렀고, 그것은 보통 사람들이 멘티(mentee)적인 존재에서 자신의 힘으로 서서 다시 멘토(mentor)로 바뀌게 된다는 나이를 훌쩍 지난 지금도 그러하다. 나는 페이턴 선생님과 그 부인에게 내가 아무리 갚아도 다 할 수 없이 많은 것을 빚지고 있다. 나로서는 지금

내 삶으로 들어오는 젊은 사람들에게 페이턴 선생님 댁에 내가 처음 들어섰을 때처럼 대함으로써 되갚고자 하지만, 그것은 소위 이러한 '순차적 호혜'(serial reciprocity)로서도 다 할 수 없을 듯하다. 그 두 가지, 즉 배움과 가르침 덕분에 나의 삶은 근본적으로 더 풍부해지고 윤택해졌던 것이다.

나는 또한 인디애나대학교와 필란트로피 연구 분야를 지원해준 릴리재단(Lilly Endowment)에 감사를 드린다. 페이턴 선생님과 나의 그간의 연구는 재단의 지원을 받았다. 프린스턴대학교의 나의 스승들―로버트 워스나우(Robert Wuthnow), 폴 디마지오(Paul DiMaggio) 그리고 미셸 라몽(Michele Lamont)―은 필란트로피 연구에 대한 나의 이해를 도와주었고, 그러한 이해는 이 작업에 많은 부분 반영되었다. 남캘리포니아대학교의 정책, 기획 및 개발학부의 동료들―특별히 짐 페리스(Jim Ferris)와 필란트로피 및 공공정책 센터(Center on Philanthropy and Public Policy)―도 여러 해 동안의 노력을 기울일 수 있도록 도움을 주었다. 초기 결정적 단계에서 초고를 읽어준 진 윌슨(Gene Wilson)과 문장을 가다듬어 준 엘레인 오토(Elaine Otto), 그리고 필수적인 초기 편집작업을 도와줬던 파트리샤 딘(Patricia Dean)에게도 특별히 감사드린다. 그리고 인디애나대학교 출판부의 편집자와 원고를 검토해 준 분들―특히 밥 슬로안(Bob Sloan)과 이 책의 첫 번째 지지자인 드와이트 벌링게임(Dwight Barlingame)―의 관심에도 감사드린다. 드와이트와 데이빗 해맥(Dwight and David Hammack)은 인디애나폴리스대학에서 필란트로피 분야 연구에 대한 여름 특별 세미나와 공개강좌 동안에 이 프로젝트가 틀을 잡을 수 있도록 도와주었다. 이와 관련하여 인디애나대학교 필란트로피센터(Center on Philanthropy)의 진 템플(Gene Tempel)과 도움 준 모든 이들도 잊을 수 없다.

마지막으로, 많은 감사를 내 가족에게 전하고 싶다. 그들은 어렸을 때는 물론 어른이 되어서도 사람과 사람이 연을 맺을 때 필란트로피란 것이 무엇을 의미하는가를 나에게 가르쳐주었다. 그리고 내 아내 카렌(Karen)―이 책을 헌정하는―에게, "당신이 신뢰와 흔들림 없는 도움으로 함께해준 것에 감사드리오…. 그리고 내가 지나친 완벽주의에 빠져 고집을 부리고 있을 때에도 당신이 입술을 깨물면서 참고 견뎌준 것도…"

■ 역자 서문

이 책은 2008년에 인디애나대학교 출판부가 출간한 페이턴(Payton)과 무어(Moor)의 공저, *Understanding Philanthropy: Its Meaning and Mission*을 번역한 것이다. 이 책의 제목을 직역하자면 '필란트로피의 이해: 의미와 사명' 정도가 되겠지만, 이를 '필란트로피란 무엇인가: 공익을 위한 자발적 행동'이라고 한 이유는 필자들이 지속적으로 주창해 왔던 "공익을 위한 자발적 행동"이라는 필란트로피에 대한 압축적 정의 때문이기도 하다.

이 책은 앞서 언급했듯이, 서양의 역사에서 유래한, 그리고 현재는 일상적으로 사용되고 있는 필란트로피의 개념과 실천적 과제를 탐색해보고자 기획되었으며, 두 필자가 이뤄 온 그간의 연구를 인문학적이고 사회과학적인 접근의 혼합을 통해 집대성해 보고자 한 시도다. 따라서 이 책은 '어떻게'보다는 '왜'와 '무엇'이라는 질문에 더 천착한다. '왜 필란트로피가 존재하는가'라는 질문에서 출발하지만 이에 대한 답을 구하는 과정으로 '무엇'이라는 질문, 필란트로피라 부르는 행위는 근본적으로 어떤 것이며, 가장 두드러진 특징은 무엇인가라는 질문의 답을 구하는 과정으로부터 시작한다.

필자들은 또한 '공익을 위한 자발적 행동', 그리고 '세상을 더 좋게 만들기 위한 도덕적 행위'로서 필란트로피의 다중성을 강조하면서, 이들 사이에 존재하는 상호관련성에 주목한다. 즉 자발적 기부(voluntary giving), 자발적 자원봉사(voluntary service), 자발적 결사체(voluntary association)라는 구성요소, 그리고 이들 구성요소가 다시

'자발적 행동'(voluntary action)의 우산 아래 포괄된다는 것이다. 따라서 필란트로피의 협의의 개념이라 할 수 있는 '기부'와 '자선'이라는 의미를 넘어서는 포괄적 개념, 즉 부정적으로 규정된 – non-profit, 즉 '영리'가 아니라는 '非영리'라는 뜻에서 – 비영리부문까지도 포함하는 상위의 개념, 다중적 연속체에 대응하여 다양한 현상을 모두 포착할 수 있는 포괄적 상위 개념, 그리고 '정부', '시장(기업)'과 대응할 수 있는 용어로서 '필란트로피'를 제안한다. 특히 '비영리'란 용어는 '이익무분배의 제한성'(nondistribution constraint)에 토대한 '비영리성'(nonprofitness)에 초점을 맞춤으로써 필란트로피가 갖는 돈 이상의 무엇, 즉 경제학적 배경을 갖는 '비영리'란 표현은 이들 부문이 갖는 자선적 원천, 도덕적 차원, 그리고 흔히 개인들이 갖는 의미를 무색하게 한다는 것이다. 그렇지만, 필자들도 밝히고 있듯이, 지배적 용어와 그 사용법이 하룻밤 사이에 바뀔 수는 없다. 더구나 필란트로피의 의미가 자선, 박애, 인류애, 기부, 나눔 등의 의미를 갖고 번역되고 있는 우리의 지배적 현실도 하룻밤 사이에 변하지는 않는다. 다만, 필자들이 제안하고 주장하듯이, 특정한 사람이나 기관에 의해서만 이뤄지는 기부라는 제한적 개념보다는, **필란트로피라는 개념에는 자발적 기부·자원봉사·결사체라는 세 가지 구성요소가 존재하며, 이들 각각은 실천 및 행동과 불가분의 관계를 맺고 있다**는 사실을 기억하는 일은 중요하다. 특히 이들이 강조하는 맥락적 이해, 즉 우리의 문맥 속에서 재해석하고 적용하려는 노력은 아무리 강조해도 지나치지 않을 것이다.

이와 같은 내용을 둘러 싼 토론과 제안이 주로 제1장과 제2장의 내용이라면, 제3장은 인간이 맞닥뜨리는 문제와 이슈, 그리고 그 대응으로서의 필란트로피에 대해, 제4장은 도덕적 행동과 상상력으로서의 필란트로피, 실용주의 철학으로서 '사회개량론'과 필란트로피와의 연관성에 대해 언급한다. 제5장은 '도덕적 상상력의 사회사'라는 제목에서 엿볼 수 있듯이, 필란트로피라는 개념과 행위가 어디서부터 어떻게 왔는가라는 질문에 답한다. 즉 서로 다른 문화를 배려하면서 서술한 필란트로피에 대한 서양의 역사다. 이 책의 결론이자 전망이라 할 수 있는 제6장은 필란트로피의 실천적 과제와 역할에 대한 필자의 관심이자 독자의 관심을 다시금 불러 일으켜 세운다. 앞서 탐색하고 주장하고 토론하고 정의한 토대 위에 민주주의와 시민사회라는 가치와 이의 진화를 위해 필란트로피의 실천적 역할이 필수불가결하다는 점, 이를 계승해가기 위한 책무성과 교육은 놓쳐서는 안 될 반드시 기억하고 실천해야 할 주제란 점을 피력한다.

필자 중 한 사람인 페이턴은 이 책이 출간된 후 3년이 지난 2011년 작고했다. 자신의 죽음을 예견이나 한 듯, 그는 서문에서 자신의 묘비명과 함께 이 책이 자신의 '도덕적 유언장'이며, 자신이 가장 원하고 바라던 가치가 무엇인지 자신의 삶을 반추한 기록임을 밝히고 있다. 특히 페이턴의 필란트로피 실천과 교육에 대한 관심은 다른 누구보다도 컸다. 대학이나 현장 전문가를 교육하고 훈련시키는 프로그램에서 모금과 기금 운영 관리 등 비영리 경영에 대한 전문적이고 기술적인 것만큼이나 **문학, 역사학, 철학 등 인문학에 기초를 둔 사회 전반에 대한 폭넓은 이해가 전제되어야** 한다는 점을 강조했다. 따라서 그는 당시 대학들에 개설된 비영리관련 프로그램이 '왜'라는 인문학적 접근보다 '어떻게'라는 기능적인 접근에 지나치게 초점을 맞추는 것에도 상당히 비판적 이었다. 이런 그의 관심은 인디애나대 '필란트로피센터'(Center on Philanthropy – 2013년, 'Lilly Family School of Philanthropy'로 개명)의 초대 센터장으로서 센터를 설립하고 커리큘럼 등 교육프로그램을 개발, 운영해 가는 데 큰 기여를 하게 했다. 특히 **"필란트로피는 맥락이고, 탐색적 담론은 수단이며, 인문학 교육은 목표"**라는 페이턴의 서술과 함께, 그가 작고하자마자 발행된 한 신문의 기사는 이렇게 그를 기억한다. "…이러한 진화는 필란트로피의 목적과 방법 사이의 오래된 긴장을 반영한다. 그의 죽음은 필란트로피가 다른 행위와 구별되는, 즉 도덕적이라는 것이 무엇인지 공부하고 연구하고 가르치고 실천하는 것의 중요성을 되새기게 해주었다" (Robert Payton's Legacy: How to Educate Nonprofit Leaders. The Chronicle of Philanthropy, 2011.5.25.).

이러한 그의 생각과 관점은 시공간을 넘어 현재를 사는 우리에게도 시사하는 바가 크다. 최근 몇 년 사이 정부는 정부대로, 시민사회는 시민사회대로, 그리고 대학을 비롯한 교육기관과 교육프로그램은 기부와 나눔, 모금 등의 이슈와 관련하여 페이턴이 언급한 '어떻게'에 몰입되어 기술적이고 공학적인 접근법만을 강조해 온 것은 아닌지 우리를 되돌아보는 기회로 삼는다면 이 책은 훌륭한 안내자가 될 수 있을 것이다.

끝으로, 번역을 할 때마다 느끼는 것이지만 번역이란 참으로 녹록치 않은 작업이란 생각이 든다. 특히나 문맥과 맥락을 고려하면서 한 페이지, 한 문장, 한 단어를 갖고 고민을 할 때는 굳이 이런 일을 이렇게까지 해야만 하나 하는 후회와 함께 자괴감마저 들 때가 있다. 그럼에도 불구하고 번역에 대한 모든 책임은 궁극적으로 책임번역자의 몫이다. 이 책 전체를 통해 강조하고 있듯이, 시공간을 달리하는 우리에게 '공익'(public good)은 무엇이고, '자발적'(voluntary)인 것이 왜 필요한지 함께 질문을 던지고 답을 구하는 기회가 되었으면 하는 바람이다.

2017년 7월말
책임번역자 이형진

# 제1장
# 서론: 왜 이 책인가?

오시얼라 맥카티(Oseola McCarty)는 일생의 대부분을 세탁 파출부로 일했으며, 자동차도 없는 검소한 삶을 통해 상당한 저축을 했다. 1995년 87세가 되었을 때, 그녀는 재정적 도움이 필요한 아프리카계 미국학생들을 위해 15만 달러 규모의 장학기금을 남부 미시시피대학교에 기부할 수 있었다.

맥카티 여사는 전혀 예상치 못했지만, 이 기부로 인해 그녀는 매우 유명해졌다. 기부 1주년이 되던 해 그녀는 특집기사의 주인공으로서 『뉴욕타임즈』의 표지를 장식했다.1 그녀의 기부는 아낌없는 베풂 중에서도 특별히 두드러진 것이었다. 그것은 그녀가 그 돈을 모으기 위해 자신을 희생했기 때문이었고, 그러한 희생을 통해 다른 사람들에게 기회를 제공해왔기 때문에 더욱 그러했다. 『더 타임즈』는 저명인사들이 그녀의 발 앞에 무릎 꿇고 그녀를 성자로 칭송하고 찬양하기 위해 모였다고 보도하기도 했다. 클린턴 대통령은 그녀에게 대통령 시민휘장을 수여하고 하버드대학은 그녀에게 명예박사를 수여했다.

맥카티 여사의 아낌없는 베풂 이야기는 필란트로피(philanthropy)에 대하여 몇 가지 핵심적 질문을 제기한다. 왜 그녀는 그런 기부를 했던 것일까? 왜 힘들여 저축한 궁극적 목표가 필란트로피라고 생각하고 이를 실천에 옮길 결심을 했을까? 자신이 돕게 될 젊은이들과는 어떻게 연결되었을까? 우리는 그녀가 그저 열심히 저축하거나 힘들게 일했기 때문이 아니라, 전 재산을 그런 방식으로 기부했기 때문에 그녀를 훨씬 더 칭송하고 기념한다. 그 이유는 무엇일까?

맥카티 여사의 이야기는 그녀 자신에 대한 이야기이자 그녀의 기부에 대한 이야기이다. 그리고 그 혜택을 받은 젊은이들의 이야기는 물론 그녀를 칭송하는 사람, 그리고 그들이 칭송한 말까지 포함한다. 물론 그녀를 칭송하는 각종 보도매체에 관한 이야기도 덧붙여진다. 그러나 가장 의미 있는 점은 그것이 미국적 필란트로피와 미국적 가치에 관한 이야기라는 것이다. 일반적으로 '보통' 사람이 대의를 위해 놀랄만하고도 특별한 기부를 하는 사례를 종종 듣곤 한다. 1981년 이후 앨버트 렉시(Albert Lexie)는 일주일에 두 번씩 피츠버그 아동병원에서 구두닦이를 해 오고 있다. 그러나 그는 받은 팁 중 단 한 푼도 자신이 챙기지 않는다. 대신에 그 팁을 병원의 '프리케어펀드'(Free Care Fund)에 기증한다. 그 기금은 연 수입 1만 달러 정도밖에 벌지 못하는 한 사람이 차곡차곡 모아 10만 달러 이상의 기금으로 성장했다.2 그런 일이 다른 나라에서도 일어나는가? 미국의 자선활동에는 무언가 특별한 것이 있는 것일까? 다른 장소, 다른 시대, 다른 문화로부터 이어져 온 자선활동의 전통에 미국이 추가해온 것이 있다면 그것은 무엇일까?

세계의 다른 지역에서 사례 하나를 들어 보자. 1990년대 유고슬라비아를 해체로 이끌었던 잔혹한 내전과 수만 명의 목숨을 뺏고 수백만을 내쫓았던 집단학살적 '인종청소'는 이들이 겪었던 고통을 전 세계 사람들의 눈앞에 생생히 드러내 보였다. 운이 좋았던 소수만이 전쟁을 피해 친척이나 친구의 도움을 받아 해외 피난처로 떠날 수 있었지만, 대다수—그들 중 수십만 명—는 전혀 그런 기회를 얻을 수 없었다. 전쟁이 최악이었던 시기 동안 그들은 지하실에 숨을 죽이고 웅크려 있을 뿐이었다. 만약 도움을 얻으러 또는 마실 물이나 난방연료를 구하러 외출하면 죽을 수도 있었기 때문이다. 수년 동안 구호기관의 노력에도 불구하고, 보스니아, 코소보 등의 지역에서 많은 사람이 교통수단 없이, 잠잘 곳과 충분한 음식물 없이 그리고 최소한의 약품과 충분한 의복, 모포 없이 살 수밖에 없었다. 이러한 희생자 중 한 사람이 썼던 일기, '즐라타(Zlata)의 일기'는 이들 희생자의 기록이며, '안네의 일기'3 후속판이라 할 수 있다.

유고슬라비아의 이야기—르완다로부터 과테말라, 이스라엘, 그리고 수단에 이르기까지—를 포함한 내전의 결과는 필란트로피에 관한 몇 가지 근본적인 질문을 제기하게 한다. 첫 번째 질문은 이 책의 전반에 걸쳐 반복적으로 제기되는 것으로, 우리가 해왔고 또 하고자 하는 일은 대체 어떤 일인가? 도움을 주기 위해 다른 나라에 필란트로피를 통한 개입을 한다면 이를 어떻게 정당화할 것인가?

구호기관에서부터 조지 소로스 같은 개인적 필란트로피 실천가에 이르기까지 난민의 곤경이야말로 그들이 해결해야 할 일이라는 인도주의적 근거를 그곳에서 발견하였다. 이는 또한 그들의 필란트로피를 통한 대응을 정당화하는 데 충분한 근거가 되기도 했다. 그렇지만 또 다른 개입자에게는 정치적 혹은 경제적 이유가 그 우선순위가 되기도 했다. 어떤 이유로든 일단 개입하게 되면 또 다른 질문과 맞닥뜨리게 된다. 즉 식량과 모포 그리고 의약품만으로도 충분한가? 필란트로피라는 행위는 즐라타와 같은 가족에게 새집을 마련해 주는 것뿐만 아니라 생계를 꾸릴 수 있는 데까지 도움을 주어야 하는가? 언제쯤이면 자애로운 구호를 줄여가면서, 이런 도움을 기반으로 탄생한 새로운 국가로 하여금 자신의 필란트로피조직을 만들 수 있게 할 것인가? 또 이런 조직을 토대로 '자조 노력'을 할 수 있게 된다면, 자유롭고 민주적인 열린사회를 유지해 갈 수 있는가? 그 시기는? 그리고 지구상의 또 다른 지역에서 새로운 난민이 발생한다면 이들을 돕기 위해 우리가 가진 자원을 그쪽으로 돌려야 할 것인가? 그 시기는 언제가 되어야 하는가?

유고슬라비아 지역에서 내전 중 그리고 그 이후의 과정에 소로스가 취한 행동은 이들 질문에 대한 일련의 대응을 잘 보여준다. 그는 그곳에 '열린사회재단'(Open Society Funds)을 설립했고 — 그가 1990년대 신흥민주주의 체제가 발흥하는 여러 곳에 이런 유형의 재단을 설립했듯이 — 해당 지역 사람을 고용하여 지원금을 어떻게 사용할지 결정하는 일을 돕게 했다. 초기의 지원금은 기초적인 도움, 그리고 물, 전기 같은 필수품을 위한 핵심적 기반시설을 복구하는 데 초점이 맞춰졌다. 이런 일은 전시에는 특히 위험한 종류의 자선사업이었지만, 사라예보 같은 곳에서는 사람들에게 꼭 필요한 것이었다. 왜냐하면, 물통을 채울 수 있는 극히 제한된 장소에는 저격수가 그들을 노리고 있었고 이러한 위협을 매일같이 직면하고 있었기 때문이었다. 몇 년이 지나면서 재단의 지원사업은 문화 및 교육 시설을 건설하는 것으로 옮겨갔다. 이런 새로운 선택지는 '구호'(relief)라기보다는 '개발'(development)로 분류하는 것이 더 나을 수도 있지만, 새로운 사회의 장기적 안정과 자급자족을 위해서는 필수적인 것이었다.

필란트로피라는 이름으로 행해진 이들 사례는 필란트로피의 정의가 무엇인지에 대한 질문을 불러일으키기도 하지만, 필란트로피라는 개념이 갖는 추상성 — 말하자면 채러티(charity), 선행(good works), 동정(compassion), 공동체(community)가 갖는 추상성 — 의 의미를 좀 더 구체화해 준다. 또한 궁극적으로는 인간의 조건에 대한 가장 근본적 질문을 던지게 함으로써 이에 대해 숙고하게끔 한다. 말하자면 세상의 일들이 잘못되어 갈 때 우리는 무엇을 해야 할까? 다른 사람을 돕고 세상을 좀 더 좋게 만들어 가는 데 우리는 어떤 책임을 갖는가? 필란트로피 또는 '선행'은 좋은 삶 그리고 좋은 사회와 어떤 식으로 연결되는가와 같은 것이 그런 것이다. 우리는 이 책 전체를 통해 이들 질문과 주제를 반추해 갈 것이며, 이에 관한 질문과 답을 위한 대립적 토론을 통해 독자에게 지적 자극을 줌으로써 그들이 나름대로 해답을 탐색하고 앞으로 나아가기를 기대해 본다. 질문과 답을 구해가는 과정의 중요성이야말로 아무리 강조해도 지나치지 않기 때문이다.

첫 장은 이 책의 나머지 전체 부분에서 무엇이 다루어질지를 광범위하게 소개하는 것이지만, 주된 목적은 왜 이 책 — 나아가 이런 종류의 책 — 이 필요하고 가치 있는지를 설명하는 것이다. 즉 필란트로피야말로 흥미롭고 중요한 주제라는 사실, 그래서 더 잘 이해하고 진지하게 다뤄져야 할 만한 가치가 있다는 사실을 확인하고자 한다. 따라서 첫 번째 장에서는 필란트로피의 의미와 과제에 대한 근본적 질문에 초점을 맞춤으로써 이를 위한 작업방식을 소개할 것이다. 우리는 또한 이 분야에서 이루어지고 있는 세부사항, 구체적 일, 그리고 몇몇 주요 숫자에 대해서도 검토해 볼 것이다.

## 1.1 필란트로피의 의미와 사명 이해하기

**'어떻게' 가 아니라 '무엇'을 '왜' 하는가?**

이 책에서 필란트로피에 대한 이해를 향상시키기 위한 접근 방법은 최근에 발전해오고 있는 필란트로피 연구(philanthropic study) 분야의 작업과는 약간 다르다. 간단히 말하자면 우리는 '어떻게'라는 질문보다는 근본적인 '왜'에 더 관심을 둔다. 그리고 '왜', 즉 "왜 필란트로피는 존재하는가?"와 같은 질문에 답을 구하기 위해 폭넓게 연결된 그리고 근본적이라 할 수 있는 '무엇'이라는 질문을 다룰 필요가 있다. 말하자면, "무엇이 필란트로피 행위에서 가장 두드러진 특징인가?" 그리고 "필란트로피라 부르는 행위는 근본적으로 어떤 것인가?"와 같은 것이라 할 수 있다.

이런 방식을 통해 독자로 하여금 필란트로피가 갖는 의미와 사명에 대해 함께 탐구하고 참여하도록 하는 것이 우리의 의도이다. 우리는 "필란트로피란 무엇인가?"라는 질문으로 그 의미를, 그리고 "왜 필란트로피는 존재하는가?"라는 질문으로 사명을 파악할 수 있다. 특히 사명과 관련해서는 '모금학교'(The Fund Raising School)의 설립자인 고 헨리 로소(Henry Rosso)의 접근방식을 따르고자 한다. 즉, 사명이란, 모금하고자 하는 조직은 어떤 조직이든, "무엇을 할 것인가?"라는 질문에 대한 답보다는 "왜 존재하는가?"라는 질문에 대한 답 속에 있다는 점을 강조한다. 따라서 이 책에서는 필란트로피 그 자체와 관련하여 후자의 질문에 집중하고자 한다.

필란트로피를 행한다는 것은 갖가지 다양한 행위를 포함한다. 암에 걸린 아이들을 위로하고 같이 놀아주는 행위, 미술전시회의 티켓을 사주는 행위, 구호활동기관에 기부하는 행위, 사립대학 자유교양학부를 위해 기금을 만드는 행위, 그런 기금이 운영 가능하도록 모금하는 행위 등이 모두 이에 포함된다. 물론 기술도 중요하며, 때로는 고도로 전문화된 고난도의 기술이 필요하기도 하다. 그러나 역시 동기가 중요한데, 가치와 목적 그리고 행동양식으로서의 자발적 행동을 당연시하는 마음가짐이 그것이다. 그러나 우리는 동기나 타당성에 대해 알고 있는 것보다 기술에 대해 훨씬 더 많이 알고 있고, 가치와 목적을 이해하는 것보다 자금이나 경영에 대해 더 잘 이해한다. 또한 세액 공제와 관련해서도 우리가 그것을 요구할 수 있는 이유보다도 기술적으로 그것을 어떻게 청구하는지 더 잘 알고 있다.

필란트로피는 행동뿐만 아니라 사상이나 가치에 관한 것이다. 필란트로피는 언제나 이상과 실제를 조화시키는 노력이어서 만약 이에 대한 균형을 상실한다면 어떤 일이 일어나는지를 제대로 파악하기란 쉽지 않을 것이다.

선행을 실천할 때 가장 흔한 실패는 너무 바쁜 나머지 이상과 가치를 깊이 생각하지 못하는 것이며, 충분히 읽고 토론하지 못하는 것이다. 표면만을 보는 것은 가끔 우리를 오류로 이끈다. 따라서 우리가 한 일에 대해 왜 그것을 했는지에 대한 이해를 방해하는, 자신만의 고유한 경험이라는 겉껍질을 스스로 벗겨 내야 한다. 필란트로피에 직업적으로 그리고 전문적으로 관여하고 있는 사람 대부분이 저지르는 가장 흔한 실수는 그들이 '어떻게'라는 것에 사로잡혀 있어 '왜'라는 것을 완전히 무시하거나 아예 생각조차 하지 못한다는 것이다. 그들은 도널드 쉔(Donald Schön)이 주장했던,4 소위 '사려 깊은 실천가'는 아니다. 정말 진지하게 생각해 본다면, 필란트로피는 이성에 의해 제어되는 감정 그리고 숙고를 통해 인도되는 행동을 필요로 한다.

필란트로피 연구 분야에서 많은 학문적 작업도 비슷한 실패를 겪는다. 대부분의 경우 '비영리경영'(nonprofit management) 연구와 실제 훈련에 초점을 두게 되는데, 그것이 중요한 기술을 가르친다는 핵심적 목적에 이바지하긴 하지만, 우리가 여기에서 다루려고 하는 좀 더 근본적인 질문에 대해서는 얼버무려버리곤 한다. 경영학은 해당 조직과 행동의 기저를 이루는 제반 가정에 대해 비판적 검토를 거의 하려 하지 않는다. 이런 일은 비영리경영을 가르치는 프로그램에서 그런 것처럼 일반 경영대학원에서도 마찬가지다. 결과적으로 기업이나 비영리조직 경영을 공부하는 학생 대부분은 실제적 상황에 대해 기본적인 비판을 할 준비가 거의 되어 있지 않다.

이와 비슷하게 필란트로피와 비영리 분야 연구도 이들의 활동 혹은 이들 부문이 어떻게 작동되는지 혹은 어떻게 해야 가장 잘 작동하는지에 주로 초점이 맞추어져 있다.5 여러 학자가 왜 이런 현상이 존재하는지 — 예를 들면, 다른 '부문'의 실패 때문에 ― 그리고 무엇이 다른 점인지에 대해 설명을 제시해 왔지만, 이 책에서 만들어가고자 하는 필란트로피에 관한 이론은 그 용어와 관점이라는 점에서 차이가 존재한다.6 이를 통해 필란트로피를 이해하는 데 일반적인 설명이 놓쳤왔던 몇 가지 다른 방식을 추가할 수 있을 것으로 기대한다. 그래서 전체적으로는 각각의 주제에 대해 조금은 다른 질문을 제기하고, 조금은 다른 관점에서 관찰하게 함으로써 사려 깊은 실천과 다양한 지적 토대의 확장을 독려하고자 한다.

## 필란트로피란 무엇인가? 서론적 요약

최근 두 사람의 프랑스 지식인은 ― 한 사람은 철학자이며 다른 사람은 정신분석가인데 ― 그들이 공저한 책에 단도직입적으로 '철학이란 무엇인가?'라는 제목을 붙였다. 그들은 이 책에서 "철학은 개념을 형성하고, 창안하며, 구성해 내는 것"이라고 답했는데, 이는 그들이 다룬 주제가 유달리 복잡하기 짝이 없다는 점을 감안할 때 그야말로 거짓말처럼 단순한 답이었다. 그들은 자신들의 질문에 대한 대답으로 서문을 삼았고 거기에는 다음과 같은 단정적인 표현이 들어 있다. "우리는 예전부터 이 질문을 끊임없이 제기해 왔으며, 이미 그 답을 오래전에 알았고 그 답은 결코 바뀌지 않았다."7

제법 긴 전문가적 지위에서 ― 한 사람은 거의 50년이 되고 다른 사람은 고작 20년 정도 되는 ― 필란트로피에 대해 사고하고 실천한 경험을 토대로 우리 또한 '필란트로피란 무엇인가?'에 대해 끊임없이 질문하면서 이 책을 집필했다. 우리의 답 또한 간단했고 그 답 또한 결코 변하지는 않았다. 그것은 공저자 중 선학인 페이턴이 이미 여러 해 전에 쓴 책에서 제시한 답, 즉 필란트로피란 '공익을 위한 자발적 행동'(voluntary action for the public good)8이란 것이다.

'철학이란 무엇인가?'의 저자들은 두 번째 형태의 질문, 즉 '개념이란 무엇인가?'에 대해서도 다시 유용한 혜안을 제시한다. 그들은 "단순한 개념이란 없다. 모든 개념은 여러 구성요소를 가지며 그것들의 종합으로 정의된다"라는 말로 시작한다. 따라서 어떤 개념이든 모두 '다중성'(mulitplicity)9을 갖는다.

필란트로피란 개념도 마찬가지로 다중적 성격을 갖는다. 다음 장에서 설명하는 것처럼 우리의 정의는 그 자체가 많은 것을 아우르고 있다. 물론 여기에는 '자발적 기부'(voluntary giving)가 포함되며, 이는 현금으로든 또 다른 형태의 자산 형태로든 — 가끔은 현금이지만 대개의 경우 수표의 형태로 — 혹은 거치된 유증, 즉 미래의 특정 시점에 기부되는 약정기부(planned giving)* 등으로 이뤄진다. 그 외에 우리의 정의에는 '자발적 봉사활동'(voluntary service) 또한 포함된다. 그것은 우리가 자신의 시간 그리고 때로는 자신의 재능을 기부할 때다. 그리고 우리의 정의에는 자발적 결사(voluntary association) 또한 포함된다. 이런 결사활동 없이는 모든 자발적 기부와 자발적 봉사활동은 비효과적이며, 심지어 불가능해지기까지 할 것이다.

필란트로피란 또 다른 방식으로도 역시 다중적 성격을 가진다. 필란트로피에 관한 우리의 정의가 '필란트로피란 무엇인가?'라는 질문에 대한 하나의 답변이긴 하지만, 그 질문에 대한 답변이 갖는 여러 가지 다른 차원도 검토할 필요가 있다. 필란트로피란 '인간이 겪는 난제'에 대응하는 도덕적 행동이기 때문에, 여러 시대를 통해 필란트로피는 '도덕적 상상의 사회사'였다는 사실을 보여준다. 필란트로피는 자유롭고, 열려 있으며, 민주적인 시민사회에 필수불가결하다. 그런데 그러한 전통은 현재 위기에 직면해 있다. 과거에도 그랬던 것처럼 이를 극복하고, 다가오는 미래에도 지속적으로 발전해 나가기 위해서는 우리들의 책임과 의무가 필수적이다.

우리는 필란트로피에 대한 개념을 언급할 때 부정적 표현보다는 긍정적 방식으로 표현하고자 한다. 즉, '비영리'(nonprofit)라는 용어에서 보듯이, 무엇이 아니라고 정의하지 않는다는 뜻이다 — 물론 비영리라는 용어를 필란트로피(philanthropy) 영역 내에서 해당 부문 혹은 조직체를 거론할 때 자주 사용하고 있기는 하지만. '선행'(good works)이란 용어도 우리의 주제를 정의하는 또 하나의 긍정적 표현 방식이다. 필란트로피의 전통에는 이 책의 주된 관심사인 가시적이

---

* planned giving은 일반적으로 '계획기부'로도 번역된다. 그러나 그것이 행위자의 '내심의 예정'이나 '업무계획' 단계를 말하는 것이 아니라, 기부가 외형상 구체화된 행위로 확정된(즉 법률행위로 의미가 부여된) 상태로서 그 실행행위(물권행위)만 미래의 특정 시점으로 '계획'된 것이고 채권행위로서의 법률행위(약정)는 이미 실행되어 있는 것을 말한다. 따라서 '계획기부'란 번역어가 위의 의미를 표현하지 못할 뿐 아니라, '비계획적' 즉 '우발적' 기부에 대응되는 의미로 오독될 수도 있기 때문에 이 책에서는 '약정기부' 또는 '기부약정'으로 번역한다.

고 조직적이며 체계적인 노력뿐만 아니라, 자신의 자동차 범퍼나 티셔츠에 구호 문구를 붙이는 것 같은 개인들의 '우발적이고 친절한 행동'도 포괄된다. 어떤 선행은 고통과 빈곤을 줄이려고 노력하고, 어떤 종류는 삶의 질 향상을 추구한다. 필란트로피는 참으로 다양하고 광범위하지만, 이 책에 제시하고자 하는 개념체계를 통해 그것을 살펴보고자 한다.

## 필란트로피의 사명을 분명하게 하기

'무엇'이라는 질문을 이해하게 되면, 훨씬 까다롭기까지 한 '왜'라는 질문을 이해하는 데 도움이 된다. 그럼에도 불구하고 '왜'라는 이슈와 직접 부딪쳐가려는 노력 또한 필수적이다. 왜냐하면 필란트로피의 목적 그 자체와 이를 구성하는 핵심요소에 대한 근본적 질문이 과거 어느 때보다 더 자주 그리고 더 긴급하게 제기되고 있기 때문이고, 미국에서 특히 그러하기 때문이다. 이는 또한 필란트로피 연구 분야의 발전과 함께 동시적으로 발생하고 있다.10 더구나 학자와 실천가 모두 필란트로피 연구의 정당성과 그 근거에 대하여 더 많이 숙고함은 물론, 이를 통해 이들 존재의 정당성을 강화하도록 요구 받고 있기도 하다. 즉 그들은 필란트로피 연구 분야가 특별하게 이바지할 수 있는 것이 무엇인지에 대해 좀 더 정교하고 적극적으로 설명을 해야만 한다.

우리는 자선단체의 공동모금 플랫폼이라 할 수 있는 유나이티드웨이(United Way)의 윤리적 스캔들에 대해 대중매체의 보도를 통해 익히 잘 알고 있다. 이는 유나이티드웨이가 수백만의 미국인들에게 널리 알려진 단체이자 지역에서도 익숙한 자선기부단체임에도 불구하고, 로비스트 잭 아브라모프(Jack Abramoff) 같은 자에 의해 자금세탁과 사기놀음에 악용된 수치스런 사례다. 기자들은 또한 9/11테러와 허리케인 카트리나에 뒤이은 적십자사 및 다른 자선단체들이 보인 행동방식과 의사결정 과정에서 나타난 윤리적 이슈에 대해 문제 제기를 해왔다. 예를 들면, 기부액 중 어느 정도가 희생자들에게 직접 전달되어야 하는지에 대한 결정이 그런 예라 할 수 있다. 비록 이런 유형의 이야기 그리고 몇몇 비영리조직의 CEO들의 고액연봉에 대한 소문 같은 것이 자선단체의 광범위한 행위 대다수를 대표하는 것은 아니지만, 이런 사건과 풍문은 우리로 하여금 몇 가지 난처한 질문으로부터 피해 갈 수 없게 만든다. 이 분야에만 존재하는 특별함이 있는가, 있다면 그것은 무엇인가, 왜 자선단체에서 일하는 사람들은 다른 분야보다 좀 더 높은 도덕적·윤리적 수준을 유지해야만 하는가와 같은 것이 그런 질문에 해당한다.

필란트로피 분야는 현재 급격한 성장세에 있으며 이는 미국뿐 아니라 전 세계적인 공통 현상이다. 미국 비영리조직의 숫자는 지속적인 성장세를 보이고 있고, 사립재단의 숫자도 역시 폭발적 증가세를 보이고 있다. 부자들의 기부도 최근 특별한 주목을 받고 있는데, 이는 '닷컴' 기업 재산의 급작스런 증가 탓에 백만장자 그룹이 새롭게 나타나 자신의 자산을 전략적 관점에서 기부하고자 하는 현상에 수반하는 것이라 할 수 있다. 빌 게이츠(Bill Gates)와 워런 버핏(Warren Buffet) 같은 세계적인 거부 두 사람이 역사상 가장 큰 규모의 자선재단을 만들기 위해 자산을 통합시킨 것은 그런 예에 해당한다.11 이와 동시에 관련 학자들은 다가올 10년 안에 거대한 국제적 자금이동 — 41조 달러라는 예측도 있다 — 을 전망하면서, 그것이 '필란트로피의 황금시대'로 이끌어 갈 것으로 예상한다.12 하지만 다른 한편으로는 이러한 필란트로피의 성장과 집중 — 물론 한편에 추문도 있지만 — 은 필란트로피조직에 대한 정책결정기관과 관리감독기관의 관심을 불러일으키면서 관리감독의 강도를 높이는 계기가 되기도 한다. 그렇지만 이런 토론은 분명 면세와 같은 특별한 혜택과 이에 대한 정당화 — 최소한 원칙적으로나마 — 에 대한 이해를 심화하는 데 도움이 될 뿐 아니라, 그런 조치의 배경을 이루는 핵심적 논리를 좀 더 잘 이해할 수 있도록 도움을 줄 것이다.

작금의 비영리부문과 다른 부문 사이의 경계가 점점 더 애매해져 가는 상황은 필란트로피에 대한 근본적 질문을 또 다른 차원에서 제기하고 있다. 그것은 필란트로피조직이 영리지향적 기업을 통해 새롭고도 상당히 가시적인 모금 방법을 개발해오고 있기 때문이기도 하다.13 굿윌 인더스트리(Goodwill Industries)가 창안한 아이디어를 채택해 발전시켜 온 소위 사회적기업이 그러한 유형 중 하나이며, 또 다른 유형의 수익창출 자선단체들에 의해 또 다른 단계로 발전되어 갔다. 예를 들면, 샌프란시스코만 지역의 '루비콘 베이커리'(Rubicon Bakery)는 각종 장애를 지닌 사람들 — 노숙자에서부터 약물중독자 그리고 정신장애자까지 — 을 양질의 디저트를 만드는 훌륭한 직장에 고용하고 훈련시켜, 거기에서 발생하는 모든 수익을 루비콘 그룹(Rubicon Umbrella)에 의해 운영되는 지역사회 비영리 기관의 관련 프로그램을 지원하는 데 사용한다. 이러한 새로운 사회적기업 — 영국과 다른 나라들에서도 점점 일반화되고 있는 — 은 수익을 창출하는 비영리조직이지만, 이들 수익창출 기업은 두 가지 방식으로 해당 조직의 필란트로피 목표를 충족한다. 즉 어려움에 처한 사람들을 위한 프로그램에 대한 자금마련, 그리고 그들을 위한 일자리 창출과 직업교육이 그것이다. 사회적기업은 비영리목적을 위해 영리 비즈니스의 기술, 논리, 개념을 차용하여 적용하는 최근에 창안된 일련의 혁신적 방법이라 할 수 있는데, 그 과정에서 영리와 비영리 분야 간 경계는 희미해지고 있다. 필란트로피 분야에서 가장 창의적이고 헌신적인 리더들은 자신들이 '사회적기업가'로 불리기를 선호하며, 또한 사회변화에 대한 다양하고 새로운 접근 방법을 대변하는 사회적기업가정신이 회자되고 있기도 하다.14 따라서 새로운 부류의 기부자, 즉 '벤처 필란트로피스트'(venture philanthropist)에게 사회적기업과 사회적기업가는 선호하는 지원대상이 된다. 벤처 필란트로피스트는 벤처 투자자가 기업에 투자할 때와 같은 사고방식과 표현방식을 갖고 기부라는 행위에 접근한다.15 이런 방식이 종종 매우 효과적이기도 하지만, 이런 유형의 필란트로피를 기반으로 한 기업가들은 우리로 하여금 '비영리' 필란트로피와 '비영리' 필란트로피가 아닌 것 사이의 경계에 대해 혹은 수많은 다양한 표현을 포괄하는 개념으로서 필란트로피를 보는 방법에 대해 다시 생각하게끔 하기도 한다. 그러나 안타깝게도 이 분야의 대다수 사람이 이러한 이슈에 대해 아직 개념적으로 심도 있는 답변을 할 수 있는 준비가 되어 있지 않다.*

마지막으로 좀 더 확대해서 보자면, 9/11, 인도양의 쓰나미, 카트리나 허리케인 같은 감당하기 어려운 최근의 재난은 세계적인 시선을 끌었고, 이는 인

---

* 이와 관련해서는 M. Biship & M. Green, *Philanthrocapitalism: How Giving Save the World* (번역본, 『박애자본주의』), M. Edwards, *Small Change: why business won't save the world* (번역본, 『왜 기업은 세상을 구할 수 없는가』), L.M. McGoey, *No Such Thing As s Free Gift: The Gates Foundation and the Price of Philanthropy* (번역본, 『빌 게이츠의 기부가 세상을 바꿨을까?』)가 참고된다.

도주의적 관점과 함께 전 지구 인류공동체에 도전과제를 던져 주었다. 또한 이들 재난에 대하여, 돈, 시간, 조직적 활동과 함께 필란트로피와 관련된 상당한 관심이 표출되었고 세계 곳곳의 수백만의 사람들로 하여금 그들 스스로가 필란트로피를 통해 일정한 역할을 수행할 수 있다는 사실을 깨우쳐 주기도 했다. 그렇지만 이들 재난을 중심으로 적십자사 혹은 국경없는 의사회 같은 단체와 정부조직 사이의 역할 분담을 둘러싸고 논쟁이 일어나기도 한다. 정부가 속수무책이거나 충분한 구조 활동에 명백히 실패하여 구세군이 그 역할을 대신했지만 그 결과가 불만족스럽다고 해서 정부와 같은 수준의 책임을 떠맡아야만 할까? 이런 경우 비영리단체가 유일한 혹은 주된 구조책임기관이 될 수는 없는데 그렇다고 한다면 이들의 역할은 무엇인가? 비영리단체가 정부와 기업이 할 수 없는 그 어떤 역할을 대신 할 수 있을까? 대신할 수 있다면 누구를 돕고 누구를 돕지 않을지 선택할 수 있는 권한이 허용되어야 하는가? 특히 전 세계에 걸친 구호와 개발협력의 노력과 관련하여 NGO의 역할 증대가 점점 더 명확해지고 있는 작금의 현실을 고려해 볼 때 이러한 유형의 질문은 질적으로나 양적으로 그 중요성을 더해 가고 있다.16

비영리부문이 이런저런 도전이나 난제에 직면했을 때 이를 극복하기 위해 저력을 발휘해 왔다는 레스터 설러먼(Lester Salamon)의 지적은 옳다. 그러나 단기적으로 생존하는 것과 장기적으로 성장해가는 것은 다른 것이다. 필란트로피라는 행위가 생존뿐 아니라 또 한편으로 성장해가려면 그것이 갖는 특별한 의미와 사명을 좀 더 잘 이해할 필요가 있다. 만약 비영리부문이 설러먼이 언급한 '차별성 원칙'(distinctiveness imperative)이라는 특성에 부응하려면, 필란트로피의 대의와 역할에 대한 새로운 견해에 대해 토론을 통해 이를 좀 더 명백히 해야만 한다. 이는 필란트로피를 둘러싼 행위의 정당성에 대한 질문에 답을 하는 것이며17 이러한 요구가 이처럼 컸던 적은 없었다.

이와 같은 최근의 도전에 대응하기 위해 필란트로피의 의미, 필란트로피가 갖는 차별적인 사명을 탐색하려면, 옛 격언대로 필란트로피에 대해 '있는 그대로'의 모습을 직시해야 한다. 좋은 점뿐 아니라 나쁜 점도 정직하고 공정하게, 성공뿐 아니라 실패, 위대한 도덕적 승리뿐 아니라 좌절에 대해서도 그러해야 한다. 이 책은 필란트로피를 실천해 가는 사람들 사이에 존재하는 선과 악, 필란트로피가 갖는 또 다른 면, 자발적 결사체가 갖는 분파적 병리학, 조직뿐만 아니라 개인적 차원의 착오, 실패, 의지의 박약성 등 다양한 모습에 대한 탐색을 통해 필란트로피의 실제적인 모습에 성실하게 다가가고자 한다.

## 1.2 필란트로피에 대해 진지하게 생각하기

최근 필란트로피의 사명이 무엇인지 분명하게 하려는 도전과 시도는 이에 대한 일반적인 이해조차도 얼마나 보잘 것 없는지만을 드러내 보여줄 뿐이었다. 이제 필란트로피라는 주제는 그저 주어진 것이 아니라는 사실을 좀 더 진지하게 검토해야 할 시기가 온 것이다. 말하자면 오래된 전통적 견해가 엄연히 존재하지만, 그 전통 자체가 위기에 처해 있다는 뜻이기도 하다.

따라서 공익을 위한 자발적 행동의 전통에 대해 아는 것은 필수적이라 할 수 있다. 즉 정부의 작동방식, 시장의 작동방식에 대한 이해와 함께 필란트로피라는 것이 우리 사회에 어떻게 작동하는지 이해해야만 하고, 더 나아가 이들에 대한 상호 비교를 통해 그 차별성을 알아야 한다는 뜻이기도 하다. 이것이 이 책을 쓰는 핵심적 이유이기도 하다.

필란트로피는 통상 넓은 의미에서 보자면, 그것을 알든 모르든 간에 우리의 삶 전체에 스며 있다. 삶의 많은 측면에 필란트로피만큼이나 많이 영향을 주면서 그만큼이나 적게 이해되고 있는 것도 드물다. 우리가 필란트로피에 대해 알고 있는 것보다 훨씬 많이 알고 있는 주제, 즉 법률과 보건의료와 같은 주제들만큼이나 우리 삶에서 필란트로피란 주제는 중요하다. 아울러 필란트로피는 공공 문제를 위한 구성원들의 공동 노력과 관련하여 필수적인 수단이기도 하다. 그렇지만 공적 영역의 담론에서 필란트로피에 관한 고려는 너무 부족하거나 때로는 잘못된 지식에 토대를 두고 있기도 하다. 필란트로피는 시장활동과는 달라서 신문에 고정적인 지면을 갖지 못하며, 정치처럼 제1면을 장식하는 일도 거의 없다. 그러나 미국에는 여러분이 알고 있다시피, 수백만 명의 자원활동가가 있다. 또한 수백만 달러에 달하는 수천 장의 수표가 매일 수천 개의 자선단체 및 기관에 송금되고 있는데, 그중 몇몇 단체는 유명 록 밴드, 대학 풋볼팀, 아침 식사용 시리얼 같은 것보다 우리에게 더 잘 알려져 있다.

"어떤 것을 진지하게 고려한다"는 것은 '그것에 대해 숙고한다'는 것을 의미한다. 필란트로피에 대해 숙고한다는 것은 일일이 따져보고 비판적으로 반추해보는 것을 의미한다. 그렇지만 열린 마음으로, 그리고 그것이 갖는 한계뿐 아니라 그 가능성, 그것의 성취뿐 아니라 실망적인 결과 양자 모두에 개방적이어야 한다. 우리는 이 책에서 그 일을 해보고자 한다.

"어떤 것을 진지하게 고려한다"는 것은 아울러 '그것을 자신의 문제로 생각한다'는 것을 의미한다. 어떤 목적으로든 이 책을 읽는 모든 사람은 필란트로피에 관한 모든 지식과 경험을 동원하게 될 것이다. 우리가 어느 곳에 살든지 대부분은 공익을 위한 자발적 행동에 어떤 형태로든 참여해 오고 있다. 여기에는 자발적 기부, 자발적 봉사활동, 혹은 자원조직의 회원으로서 참여하는 것 등이 포함된다. 그러나 그렇다고 해서 우리가 그런 행위를 아주 잘 이해한다고 볼 수는 없다. 예를 들면 많은 미국인이 "미국인은 관대한 사람이다" 또는 "사회적 환원"은 우리 모두가 해야 할 일이라 자랑스럽게 말하겠지만, 이들 중 대부분은 필란트로피부문에 대해 생각할 때 손쉽게 적용할 수 있는 사고의 틀을 전혀 갖고 있지 않거나, 혹은 필란트로피를 거론할 때 사용할 익숙한 용어도 갖고 있지 못할 공산이 크다. 아마도 그들이 리틀야구팀의 코치로 자원봉사 하거나 학교 동창회의 총무일을 할 때도 그것이 '필란트로피' 행위라는 사실을 정확히 알지 못할 것이다. 세금공제에 대해서는 어느 정도 알고 있겠지만, 세법에 명시된 '501(c)(3)' 조항이 무엇을 나타내는지 또는 연말정산시 기부금에 대해 받을 수 있는 세금공제의 한도가 얼마나 되는지 알지 못할 것이다.

필란트로피란 것이 문화적으로는 매우 보편적이라 할 수 있어도 그것이 무엇인지, 어떻게 작동하고 동기 부여되는지, 성과는 어떤 것이 있으며 우리 사회 더 나아가 세계적 차원에서 어떤 역할을 하고 있는지 등 필란트로피에 대한 모든 찬반논의를 포함, 이를 아주 세심하고 구체적으로 생각해온 사람은 거의 없다. 필란트로피란 것이 보편적이고 주변에 흔히 접할 수 있는 것이기 때문에 대부분의 사람들은 넓은 의미의 일반적인 견해를 갖고 있다. 그러나 이러한 견해는 거의 같은 내용을 갖고 있다. 예를 들면, 대개의 미국인은 미국 내 자선적 기부의 대부분이 포드재단 같은 거대 재단이나 마이크로소프트 같은 거대 기업으로부터 나온다고 생각한다. 그러나 실제로는 기부로 이뤄지는 총 금액 중 무려 83%가 기업이나 재단이 아닌 개인에 의해 이뤄진다.18 이와 비슷하게 미국내 비영리조직의 수입원 대부분이 기부에 의해 이뤄진다고 많은 사람이 짐작하지만, 사실은 수입 중 단지 몇 퍼센트 정도만이 — 어떤 추계에 따르면 1/8 정도만이 — 개인적 기부로부터 온다. 전체적으로 볼 때 미국 비영리부문은 개인적 기부보다는 정부로부터 더 많이 지원받고 있으며, 전체 수입에서 차지하는 비율을 살펴보면 단연코 가장 큰 수입원은 개인적 기부도 정부보조금도 아닌 비영리단체가 생산하는 물품 혹은 제공하는 서비스의 사용료로 이뤄져 있다.19

왜 공적 과제 중 그렇게 많은 부분을 필란트로피라는 것을 통해 수행하려 하는지 미국인들에게는 이에 대한 공유된 이해 또한 존재하지 않는다. 특히 필란트로피를 언급하는 정치적, 정책적 토론에서는 이들 분야와 전통에 대해 깜짝 놀랄 정도의 무지를 자주 드러내곤 한다. 공적 문제 해결을 위해 비영리 자선단체에 대한 의지는 선거시즌마다 수사적인 소품 혹은 책임 전가의 수단이 되곤 한다. 즉 필란트로피란 것이 마치 그 크기를 무한히 확장할 수 있고 그 범위도 간편하게 늘일 수 있는 것처럼 이야기하곤 한다. 대중매체 역시도 세금공제의 이유나 면세조직 간의 중요한 차이를 설명하는 데 곤란을 겪곤 한다.

우리는 또한 필란트로피에 대한 충분한 지식을 갖고 있지 못하다. 왜냐하면 필란트로피란 것을 단지 비공식적으로 그리고 가끔은 우발적으로 가정, 교회, 전통 속에서 배워왔을 뿐이기 때문이다. 또한 경제나 정치적 삶, 더 나아가서는 정신적 삶에 대해 교육받을 때와 같은 방식으로 학습하지 않았기 때문이다. 우리는 골프나 테니스를 치고, 영화나 TV를 보고, 옷을 입고 화장하며, 다이어트와 운동을 하는 것보다도 훨씬 적은 관심을 기울여 왔을 뿐이다.

공적 영역을 구성하는 또 다른 큰 두 부문인 시장과 정치(혹은 사적 생활의 또 다른

(부문인 가정) 영역과 달리, 필란트로피부문은 최근에 와서야 교육의 대상과 주제가 되었고, 아주 소수 사람만이 공식적 교육과정에서 공부했을 뿐이다. 학자들도 최근에 와서야 체계적으로 연구를 시작했고, 이 책을 읽는 독자들조차도 '필란트로피'란 것에 대해 어떤 수준의 과정도 밟아 본 적이 있을 것 같지는 않아 보인다. 필란트로피는 경험에 의해, 부모의 교훈이나 격언에 의해, 모방이나 본보기에 의해 학습되어 왔다. 따라서 필란트로피에 관한 우리의 지식은 묵시적이고 경험적이며 잠정적일 수밖에 없다.

마지막으로 이 책을 시작하기 전에 한 가지 중요한 사실을 강조해 두고 싶다. 필란트로피가 '우리의 삶' 전체에 스며 있고 '모든 사람들'이 그것을 더 잘 이해해야 한다고 말할 때, 지구상에 존재하는 모든 사람들, 즉 자신의 독특한 필란트로피 전통을 지닌 다른 문화와 민족을 모두 포함함을 의미한다. 이 책에서 든 많은 사례가 미국 사회에 근거하는 것이고, 우리의 이론적 관점 중 일부는 필란트로피와 관련된 미국적 맥락에 의해 영향을 받은 것은 분명하다. 즉 우리 또한 다른 모든 이들처럼 문화적 존재다. 그러나 궁극적으로는 이 책에서 제시하는 필란트로피에 대한 이해가 다른 전통과 다른 사회에 살고 있는 사람들 — 특히 민주적 국가 — 로 하여금 자신의 문화와 삶 속에서 필란트로피를 진지하게 고려할 수 있도록 해 줄 것이라고 믿는다. 우리가 필란트로피라 부르는 행동과 활동은 각각의 사회마다 다르게 이해된다. 상대적 크기, 정부와의 관계, 정부 지원금은 각각 다르고, 기부와 봉사활동의 문화적 전통도 각각 다르며, 조직 구조와 수준 등이 서로 다르기 때문이다.[20] 이 책은 세계 곳곳의 사람들이 어떻게 세계에 연관되어 있고, 왜 그들이 세상에서 벌어지는 일에 반응하기 위해 필란트로피란 것에 주목하며, 이러한 반응이 갖는 서로 다른 특징이 무엇인지에 대해 개념화하고자 한다. 독자들이 각자의 관점에서 이와 비슷한 성찰(아마도 좀 더 진화된)을 할 수 있도록 이 책이 일정한 역할을 해 줄 것이라 기대하며, 독자들로 하여금 자신의 세계에서 독자 자신의 세계관으로 필란트로피가 차지하고 있는 위치를 좀 더 잘 이해할 수 있도록 도움을 줬으면 하는 바람이다. 그렇지만 필란트로피란 것이 일국에만 머무르지 않고 점점 더 국가라는 틀과 경계를 넘어서고 있다는 사실 또한 잊어서는 안 될 것이다.

2005년도 『타임』지가 빌과 멜린다 게이츠(Bill & Melinda Gate), 록 스타 보노(Bono)를 '그 해의 인물'로 선정한 것은 좋은 예라 할 수 있다.21

## 필란트로피는 중요하고도 흥미롭다

필란트로피는 좀 더 많은 관심을 받을만하다. 왜냐하면 사람들 대부분이 실감하는 것보다 중요하고 흥미롭기 때문이다. 일상적으로 미국 성인의 절반 정도가 연관된 어떤 것, 즉 절반 이상이 자신의 시간과 돈을 자발적으로 기부한다면 이는 중요한 것일 수 있다. 사회 복지(예를 들어, 빈자들에 대한 급식과 관련하여 종교기반 비영리 자선단체는 어떤 역할을 해야만 하는가), 인권, 환경, 그리고 개인적 특성과 덕목, 사회적 책임 등을 포함한 수백 가지 이슈 등 공적 토론의 핵심에 있는 그 어떤 주제도 중요하다. 필란트로피는 개인적 삶은 물론 더 나아가서는 자신의 세계관을 구성하는 행동 양식이다. 또한 도움을 필요로 하는 사람을 어떻게 돕는지, 이웃과 지역사회를 어떻게 돕는지, 자신의 대의를 위해 돈과 시간을 얼마나 기부하는지를 통해 종종 사람을 평가하기도(그리고 가끔은 자신을 평가할 때도) 하기 때문에 필란트로피는 중요하다.

필란트로피가 왜 중요한지 그 마지막 이유는 아마도 가장 극적이고 그만큼 설득력이 있다. 즉 필란트로피야말로 우리 사회든 다른 사회든 새로이 시작하는 민주 사회 생존에 필수적이다. 사회적 문제 해결을 위한 계획과 정책을 공들여 만들어 실행하고자 할 때 민주 사회 구성원들은 정부와 시장이 비효과적이라고 판단한다면 또 다른 대안으로서 비영리부문과 개개인의 기부로 눈을 돌린다. 특히 자발적 결사체는 같은 생각을 가진 사람과 함께하면서 공적 영역에 그들의 목소리가 반영될 수 있도록 하는 전통적인 방식이다. 이를 통해 사람들은 뭔가를 주창하고 옹호하며 때로는 항의를 하기도 한다.

자발적 행동에 대한 이런 역할 부여는 미국이라는 사회에서 훨씬 더 분명하다는 것에 많은 사람이 동의한다. 왜냐하면 세계사적으로 어느 나라도 공익을 위한 자발적 행동에 그렇게까지 광범위하게 의존적이지 않기 때문이다. 어떤 사람들은 필란트로피에 대한 미국식 의존은 정말 특별하다고까지 말하기도 하지만 이는 엄밀하지 못한 가정일 수도 있어 분명하게 정리될 필요가 있다. 그 자체로 그렇게까지 유별나다고 볼 수는 없지만 자발적 행동에 대한 미국의 의존에는 분명 차별성이 존재한다. 따라서 만일 필란트로피가 덕목이자 장점 중 하나라고 한다면 필란트로피는 미국만이 가진 독특한 것이라 할 수 있을 것이다.22 미국인은 공익을 실현하고자 할 때 다른 문화권보다 필란트로피라는 행위에 대해 더 많이 주목하며, 선행을 하고자 할 때 필란트로피를 활용한다. 왜냐하면 필란트로피는 악이 아니라 선이라고 생각하기 때문이다. 요약하자면 미국이라는 사회는 정부, 시장, 비영리부문이라는 세 부문에 기반하여 작동된다는 사실, 특히 제3섹터가 필란트로피라는 행위에 상당 부분 의존적인 사회라는 사실을 이해하지 못한다면 미국을 이해하지 못하는 것이다. 미국인으로서 자신들의 민주주의적 삶에서 이렇듯 중요하고 필수적이기까지 한 요소를 거의 무지상태로 둔 채로 남겨둔다는 것은 있을 수 없는 일이다. 세계의 어디든 민주주의를 실현해 가는 곳이라면 똑같은 이야기를 할 수 있음은 물론이다.

우리는 또한 필란트로피가 흥미로운 것이라는 사실에도 확신을 갖고 있다. 왜냐하면, 첫째로는 그것이 사회의 작동 방식을 설명하는 데 도움을 주기 때문이며, 둘째로는 해결해야 할 모든 이슈에 실마리를 제공해 주기 때문이다. 예술가에 대한 자선적 후원을 이해하지 못하고는 예술의 역사를 이해하기 쉽지 않을 것이다. 시민권 운동의 경우도 마찬가지다. 즉 조직가가 자발적 참여자에게 어떻게 동기를 부여했는지 이해하는 것이 중요하다. 이들 자발적 참여자들이 원한다면 언제든지 집으로 돌아갈 수 있음에도 그리고 폭행을 당할 수 있는 상황에서도 버텨낸 것은 조직가의 동기 부여가 있어 가능했기 때문이다. 필란트로피에 대한 연구가 언젠가는 대학의 지적 삶 전반에까지 스며들 만큼 충분히 흥미 있는 것이 되기를 기대하며, 결국 그러한 것들이 우리로 하여금 정의와 복지, 그리고 진실에 대해 좀 더 효과적인 사고를 할 수 있도록 도와줄 것이라 믿어 의심치 않는다.

## 필란트로피는 유서 깊고 보편적이고 다양한 모습을 띤 전통이다

우리가 '필란트로피'(philanthropy)라고 칭하는 많은 활동이 상당히 오랜 세월에 걸쳐 이뤄져 왔다. 또한 조직적 차원의 채러티(charity)는 민주주의와 자본주의보다 오래되었고 기독교와 불교 그리고 지금은 존재하지 않는 사회와 다양한 전통보다 역사가 더 깊다. 즉흥적인 개인의 표현으로서 덜 조직적이고 자발적인 형태를 띤 필란트로피를 채러티(charity)라고 한다면, 이는 인류 그 자체만큼이나 오래되었고 그것은 전 인류에게 보편적이라고 해도 과언이 아닐 것이다.

몇몇 형태의 조직화된 필란트로피, 즉 필란트로피 활동도 세계의 모든 종교와 문명에 공통적으로 나타난다. 그러나 이런 보편성이 곧 세계의 다른 지역, 다른 역사 속에 큰 변형 없이 존재해 왔다는 것을 의미하는 것은 아니다. 전통은 각각의 문화마다 독특한 형태를 취한다. 조직화된 필란트로피가 매우 오래되고 광범위한 현상이라는 사실은 여러 문화 각각이 다양한 필란트로피 전통을 갖고 있으며, 필란트로피 그 자체도 여러 형태를 취한다는 뜻이기도 하다. 사람들은 그동안 아동구호에서 숲의 보존, 난민구호에서 역사적 건축물 재생까지, 교향악단 지원에서 유기견 구조에 이르기까지 필란트로피란 이름으로 다양한 시도를 해왔다. 또한 사람들은 이런 행동, 가치 그리고 필란트로피의 목표에 대해 여러 용어와 이름표를 붙여왔다. 채러티(charity), 개혁(reform), 해방(liberation), 자원활동(voluntary), 구호(eleemosynary), 이타주의(altruism), 비영리(nonprofit), 자비(benevolence), 관대함(generosity), 선행(good works) 등등이 그런 것이다. 사람들은 또한 여러 가지 방식으로 필란트로피에 정당성을 부여하고 이를 실천해 왔다. 그러나 바람직하지 못한 사례도 존재한다. 예를 들어, 신의 요구라는 이유로 구호금품을 내게 하는 것에서부터 지역에서 기득권 유지를 위해 남성전용 우애협회를 조직하는 것에 이르기까지, 저녁식사 시간 중에 기부 요청 전화로 귀찮게 하는 일에서부터 친구들끼리 술자리에서 즉흥적으로 좀 민감할 수 있는 요청을 불쑥 해대는 것에 이르기까지 다양한 형태로 존재한다.

이 책에서 '전통'이란 한 세대로부터 또 다른 세대에 걸쳐 이전된 가치에 대한 인식과 기록으로서 그 중요성을 강조한다. 물론 어떤 전통이든 그 모든 요소가 전부 그대로 칭송할 만하다는 것을 의미하지는 않는다. 사실상, 필란트로피의 전통은 그 안에 전통 그 자체에 대한 개혁이라는 가치와 이를 위한 수단이 포함된다. 그러나 또 다른 한편으로는 전통에 대해 좀 더 주의를 기울이면서 개선할 것을 요구한다. 이런 것이 전제가 될 때 전통은 다음 세대로 자랑스럽게 넘겨줄 수 있다. 이를 무시하거나 혹은 의도적으로 매도되기까지 한 전통은 활력과 의미를 상실할 수 있다. 우리는 필란트로피 전통을 함부로 무시하는 위험을 감수하지는 않을 것이다.

## 모든 사람은 필란트로피와 연관되어 있다

앞에서 언급한 것처럼 필란트로피는 모든 사람이 관련된 몇 가지 경험을 갖고 있기 때문에 좀 더 주목해서 볼 필요가 있다. 모든 경험이 긍정적인 것도, 모든 사람이 필란트로피에 적극적으로 참여한 것도 아니지만, 실제로 도움을 주고받은 그런 경험은 모두에게 공통적이다. 그것은 알바니아 사람에게나 아라비아 사람에게나 사실 그 자체다.

필란트로피에 관한 제한된 지식에도 불구하고, 거의 모든 사람이 기회가 되면 각자의 '자전적 자선기록'(philanthropic autobiography)에 대한 나름의 초고에 대해 서로 이야기를 나눌 수 있을 것이다. 각자가 필란트로피와 연관 맺었던 사례로는 학교, 교회에서 돈이나 식품류를 기부했던 경험, 유니세프와 적십자사에 기부를 권유하기 위해 이집 저집 다녔던 어린 시절의 경험에 이르기까지 소급될 수 있을 것이다. 일부는 간헐적으로 그리고 일부는 정기적으로 기부 요청 편지에 응답했을 것이고, 가끔은 길거리에서 기부를 한 경험도 있을 것이다. 마찬가지로 그저 요청에 대한 응답으로 여러 단체에 명목적인 기부를 한 적도 있을 것이다. 선호하는 자선단체에 정기적 기부는 물론, 티켓 가격 중 일부 금액이 기부되는 사회적 혹은 문화적 행사에도 참여했을 것이다. 또한 때때로 교회를 위해, 아이들의 학교를 위해, 추수감사절에 지역 무료급식소를 위해 자발적인 봉사활동에도 참여했을 것이다.

대부분은 아닐지 모르지만, 많은 사람이 또한 수혜자 — 직접적인 채러티의 대상으로서뿐 아니라 광의의 간접적인 필란트로피까지 포함한 — 가 되었던 경험이 있을 것이다. 과거와 현재의 타인의 선행이 우리의 삶을 가능하게 한다. 필란트로피를 자발적 기부와 도움으로 정의할 때 가장 부적절한 점은 기부자에게만 지나치게 관심이 집중된다는 것이다. 그렇게 되면 필란트로피란 것이 주는 것 이상으로 받는 것에 관한 것이라는 점이 간과된다.23 또한 필란트로피의 편익은 굶주리거나 혹은 노숙자이기 때문에 얻는 것이 아니라, 사회적 개혁, 책무, 지식의 진전을 통해서 얻기도 한다. 미국인 대부분은 앤드류 카네기의 공공도서관 설립 지원을 통해 어떤 식으로든 필란트로피 활동의 수혜자가 된다. 여러분이 비록 개인적으로 공공도서관을 전혀 이용하지 않았다 하더라도 낮은 문맹률과 방과 후 아동 돌봄 활동 등을 통해 간접적으로 편익을 얻을 수도 있다(약간의 세금부담의 경감뿐일지 모르지만). 아울러 지구상 모든 사람들 역시 학술연구기금과 이에 대한 지원을 통해 얻게 된 과학적, 의학적 발견의 편익을 함께 누리게 된다.

일반적으로 말해 타자의 자발적 도움 요청을 넘어서는 부자는 없다. 다른 사람을 돕는 것이 보편적인 일이라면, 도움받는 것도 마찬가지다. 이런 관계에서 우리는 인간 조건에 대한 실존적 이해에 접근하게 된다. 우리 모두는 연약한 존재이고 우리 모두는 어떤 형태로든 필란트로피란 것으로부터 도움을 받아 왔고 우리 모두는 한때 어린아이이지 않았는가.

우리 대부분은 통상 자신을 '연약'하다고 생각하지는 않는다. 우리와 가장 가까운 누군가가 생명을 위협하는 질병들로부터 겨우 버텨온 한두 개의 세포 조직에 지나지 않는다는 것을 알 때까지는, 혹은 재해로 인해 도움이 긴급히 필요한 사람들이 부유한 서구의 여행자라는 사실을 알 때까지는 말이다. 그런 점에서 가장 소중하게 생각하는 것은 아마도 다른 어떤 사람이 보여주는 필란트로피에 달려 있을지도 모를 일이다. 이는 아마도 앞선 세대의 낯선 사람의 기부일지도, 혹은 긴급구호 천막 속에서 만나게 되는 낯선 이들의 자발적 헌신일 수도 있다.

이 모든 것이 우리가 진지하게 고려해야만 하는 중요하고도 흥미로운 주제인 것이다.

## 1.3 필란트로피의 규모와 범위

본격적으로 이야기를 전개하기 전에 첫 번째 윤리적 질문에 답하기 위해 신학자인 리차드 니버(H. Richard Niebuhr)를 따라가 보자. 니버는 "어떤 일이 일어나고 있을까?"라는 질문을 던졌다.24 우리의 개인적 삶과 이를 둘러싼 사회라는 공동체 속에서 필란트로피의 규모, 범위, 다양성, 의미의 진가를 알아보기 위해 시간을 할애할 필요가 있다. 이는 "왜 필란트로피가 존재하는가?" 또는 "무엇이 필란트로피인가?"와 같은 복잡한 질문에 대한 답을 구하는 데 첫 번째 단계이자 가장 분명한 단계다. 이를 통해 필란트로피를 진지하게 고려해야만 하는 설득력 있는 증거를 얻게 될 것이다.

### 필란트로피의 규모(scale)

비록 필란트로피란 것이 자원 — 돈뿐 아니라 시간 — 중 상대적으로 많은 부분을 요구하는 것은 아니지만, 그것이 보여주는 통계 자료는 여전히 인상 깊다. 자신을 즐기거나 스스로를 꾸미는 데는 부정적 선입견을 가지고 있음에도 불구하고, 시간과 돈이라는 귀중한 자원 중 일정부분을 끊임없이 다른 개인 혹은 '지역사회'(community)라고 불리는 무정형한 대상의 편익을 위해여 기부한다. 여기에는 타인을 돕는 사소하거나 매우 사적인 무수히 많은 행위가 다 포함되지는 못하지만 공식적, 비공식적 양면에서 다양한 방식으로 이뤄진다.25

규모 면에서 필란트로피는 미국의 중요한 힘의 원천이다. 미국의 필란트로피 규모는 200만 개의 조직, 수천만 명의 기부자와 지원대상자, 수백만의 상근 인력, 수조 달러의 수입과 지출, 수조 달러의 자산으로 이뤄져 있다. 실제 그것은 대부분의 사람이 생각하는 것보다 훨씬 큰 규모라 할 수 있다.26

수천만 명의 미국인들은 필란트로피 목적으로 자신의 돈을 기부한다. 때로는 그것이 자신의 귀중한 시간과 재능을 기부하는 것보다는 쉽기 때문이기도 하다. 2000년도에 전국적인 비영리연합단체인 '인디펜던트섹터'(Independent Sector)가 후원한 한 조사에 따르면, 놀랍게도 미국 가구 중 89%가 자선적 기부를 했고, 성인인구의 44%(그리고 10대 중 59%)가 자원봉사활동을 했다고 답했다. 또한 자원봉사자의 대부분(성인중 42%)은 돈 혹은 재산을 기부했다고 답했다.27 평균적으로 해당 가구는 가계 수입(비공식기부는 별도로 하고) 중 2%를 넘게 기부하고 있으며, 통틀어 미국인은 매년 GDP의 2% 정도를 기부한다.28 가장 부유한 가구가 총 기부액에서 가장 큰 몫을 차지한다. 어떤 추계에 따르면 상위 27%의 가구가 전체의 65%를, 최상위 0.4%(부라는 측정 기준에서)가 전체의 20%를 넘는 부분을 기부하고 있다.29 이것은 미국에서 진행되고 있는 경제적 계층화 때문인데 가장 부유한 가구가 전체 부의 가장 큰 몫을 소유하고 전체 수입의 절반 이상을 만들어내고 있기 때문이다. 미국에서 이 같은 부와 수입의 불평등이 점차 증가하고 있고, 향후 부자로부터 나오는 기부의 비율이 더 높아지게 될 것임은 분명하다. 그러나 다른 한편으로 자산이나 수입에서 일정부분을 기부하는 가구 수만을 살펴본다면 필란트로피는 상당 수준으로 보편화되었으며 모든 수준의 가구가 자신의 수입에서 거의 비슷한 비율을 기부하고 있음도 알 수 있다.30 특수한 예이기는 하지만 때로는 수백만 명이 같은 대의를 위해 기부한 사례도 있다. 9/11테러가 있었을 때 미국민의 절반 이상이 희생자 구호기금에 기부하고 그보다 많은 사람이 헌혈을 하거나 구호활동에 자원봉사를 했다는 사실은 그런 예에 해당한다.31

　기부된 총액도 또한 인상적이다. 『기빙유에스에이』(Giving USA)에 따르면, 미국인은 2005년에 2,603억 달러를 기부했다. 아마도 많은 사람에게 가장 놀라운 점은 그 중 83.2%가 개인으로부터 ― 생존하는 개인으로부터 76.5% 그리고 나머지 6.7%는 유증에 의해 ― 나왔다는 사실일 것이다. 규모라는 측면에서 개인 기부는 재단(11.5%)과 기업(5.3%) 기부보다 상당한 정도로 크다. 더구나 개인은 이런 기부 총액과 함께 자원봉사활동 시간까지 더했다. 개인 부문에 대한 조사보고서에서는 2000년도 약 8,390만 명의 미국 성인들이 약 155억 시간을 자원활동에 참여했다고 언급하고 있으며, 이는 900만 명의 상근 근로자 노동시간과 맞먹는 숫자다. 그리고 만일 이 자원활동시간을 금액으로 환산하면 총 2,390억 달러로 추계되고 이는 돈으로 기부된 금액에 거의 비슷한 수준에 달하게 된다.32 아울러 보이스카웃이 길거리에서 나이 든 할머니를 돕는 것과 같은 비공식적 자원봉사활동 시간까지 포함한다면 훨씬 커질 것이다.

　주는 것은 받는 것을 전제로 하는데 다양한 목적별 기부 비율도 예측한 것과는 다르게 나타난다. 예를 들면, 총 기부금액의 1/3을 넘는(35.8%) 부분은 종교기관으로 가고, 이와 대조적으로 그 다음 순위로 교육부문(14.8%), 그 다음은 건강, 복지서비스, 예술, 문화, 인문학, 환경 분야 등인데 어느 것도 10% 이상을 넘지 못했다.33 그러나 주된 기부자로서 개인과 재단/기업의 상대적 역할은 분야에 따라 다양하게 나타났다.

어번인스티튜트(Urban Institute)의 NCCS(National Center for Charitable Statistics)의 통계자료에 의하면, 2004년도 기준으로 140만 개의 비영리조직이 미국 국세청(IRS)에 등록되어 있다. 이 숫자에는 등록을 원하지 않은 종교기관, 다양한 지역사회단체, 클럽, 자조모임, 시민연대, 그리고 규모가 작거나 비공식적이어서 등록하지 못한 자발적 결사체 등은 포함되지 않았다. 미국에서 자원봉사활동 조직의 실제 숫자는 아마도 200만에 가까운 숫자일 것이다.34 지난 20년 동안에 이 숫자는 꾸준히 늘어났으며, 사립 재단이 그 중 가장 가파른 증가세를 보여 왔다.35

이들 200만의 자원봉사활동 조직 중 대부분은 대단히 작지만 — 검소한 예산 규모로 자원활동가에 의해 유지되는 — 엄청난 규모의 기부 재산과 연간 예산 규모를 가진 비영리 병원과 이를 자신의 부속기관으로 갖고 있는 사립대학과 같이 매우 큰 규모의 조직도 또한 상당수 존재한다. 국세청에 그 재무상황을 등록해야 할 정도의 규모를 가진 미국 내 50만 개의 비영리조직(재단도 포함하여)만 생각해도, 그 규모는 상당히 인상적이다. 2004년 한 해 동안 이들은 1조 3,600억 달러의 수입을 올렸고 2조 9,700억 달러를 총자산으로 신고한 바 있다. 이는 미국 비영리부문의 경제규모가 전 세계에서 소수 몇 개국을 제외하고는 거의 모든 국가의 그것보다 크다는 것을 의미한다.36 그러나 이런 큰 규모의 수입과 지출, 자산에서 교육과 (특히) 의료서비스부문이 매우 높은 비율을 차지하고 있다는 점 또한 사실이다.37

앞에서 언급한 것처럼 개인, 재단, 기업의 사적인 기부가 비영리부문의 주된 수입원이 아니라는 사실, 비영리부문은 이런 사적 기부보다도 공적 지원, 즉 정부로부터 더 많은 자금을 지원받는다는 사실, 그리고 회비 혹은 서비스 수수료(예를 들면 사립대학의 수업료 같은)가 월등하게 가장 큰 수입원이라는 사실도 많은 사람에게는 새롭게 들릴 것이다.38 게다가 사적 기부의 비중이 점점 낮아지고 있다는 몇 가지 증거까지 있다면 더욱더 그러할 것이다.39

그러나 비영리부문 중 특정 타입 혹은 분야를 살펴보게 되면 상황은 좀 더 복잡해진다. 비영리부문 중 훨씬 더 일반적인 형태라 할 수 있는 종교부문은 주요 수입원을 사적 기부에 기반을 두고 있는 반면에, 비영리부문 재정에 큰 비중을 차지하는 의료서비스 기관은 수수료가 수입원 중 가장 큰 부분을 차지한다.40 이러한 변이야말로 필란트로피조직이 그만큼 다양한 범주와 범위를 갖는다는 증거다. 따라서 이들 조직이 사회적·경제적 삶의 상당히 큰 부분을 구성하고 있기는 하지만, 단순한 정의와 간단한 가정으로 그 전체상을 파악하기는 매우 어렵다.

필란트로피조직은 2001년 1,250만 명을 — 자원봉사자가 아닌 유급 고용인으로 계산하여 — 고용했으며, 이는 미국 전체 고용인의 9.5%에 달한다.41 이것은 비영리부문이 연방정부와 50개 전체 주 정부를 합한 것보다 많은 사람을 고용하고 있으며, 여러 주요 산업보다 더 많은 숫자의 사람을 고용하고 있다는 것을 의미한다.42 물론 여기에는 자원봉사활동 인력은 포함되지 않았다. 게다가 비영리부문의 고용은 기업이나 정부부문 고용보다 빠른 속도로 증가하고 있다. 비영리부문에서 일하는 미국인의 숫자는 과거 25년 동안 2배 이상으로 늘어났다. 특히 의료서비스부문은 재단의 사업 중 0.3%밖에 안 되지만 가장 높은 고용 비중(41.9%)을 차지하고 있다.43

그런 수백만 명의 사람들 중 적어도 상당수, 특히 풀타임으로 고용되어 있는 사람들은 자신들을 '해당 분야'의 필수요소라고 생각한다. 바로 그 분야가 때로는 필란트로피라 불리기도 하고, 때로는 비영리부문, 때로는 '자원봉사활동' 또는 '독립부문' 혹은 '제3섹터'로 불리기도 하는 분야인 것이다. 그러나 그들은 자신들이 더 중요하고 특별한 어떤 것의 한 구성요소이며, 기업 및 정부와 함께 미국 사회를 형성하는 세 가지 부문 중 하나인 주요 구성요소라는 인식을 분명하게 갖고 있지는 못하다. 따라서 자신들이 하는 일의 대의가 상당히 명확해 일차적으로 자기를 규정하기에 충분한 사람들 — 예를 들어, 엠네스티인터내셔널을 위해 일하는 사람들에게는 '인권,' 피닉스심포니를 위해 일하는 사람들에게는 '예술'과 같이 — 조차 흔히 자기 자신을 애매하게 분류하곤 한다. 그래서 그들에 대한 주된 분류가 그 취지와 대의보다는 소속기관으로 훨씬 더 자주 특정된다. 즉 '교육' 대신에 시카고대학으로, '의료' 대신에 미국소아학회로 되는 식이다.

## 필란트로피의 범위(scope)

필란트로피의 '규모'는 그 중요성을 측정하는 하나의 차원에 지나지 않는다. 차원이 갖는 다양하고 독특한 '범위'가 또 다른 중요한 차원이다. 앞에서 본 것처럼 필란트로피는 우리의 개인적 삶뿐 아니라 사회 전체에 중요한 영향을 미치는 사회적, 도덕적 이슈를 다룬다. 실제로 사회가 직면하는 이런 중대한 이슈 — 사회복지, 인권, 환경과 같은 도덕적 이슈 — 는 '제3섹터', 즉 자원활동이 이루어지는 공적 영역에서 가장 먼저 핵심적 이슈로 떠오르곤 한다. 따라서 도덕적, 정치적 의제 — 여성의 권리 혹은 동성결혼 규제 법률과 같은 — 가 이를 옹호 주창하는 자발적 결사체에 의해 가장 먼저 제기되는 것은 흔히 있는 일이다.

필란트로피는 사회적, 정치적, 종교적, 도덕적, 경제적, 과학적, 기술적 사안에 심대한 영향을 끼쳐 왔다. 필란트로피조직에 의해 주창 옹호된 대의는 대기오염 제한 노력에서부터 아동권리신장 노력에 이르기까지, 예술가의 전시 기회 확대 노력에서부터 임종환자를 위한 호스피스 활동에 이르기까지 광범위하다. 필란트로피는 종교, 교육, 의료, 사회복지와 휴먼서비스(가족, 아동, 청소년을 포함한), 예술과 인문학, 문화재 보존, 지역사회 서비스, 스포츠와 레크레이션, 국제적 구호와 개발협력, 환경 같은 이슈에서 결과를 만들어 내는 데 영향을 미쳐 왔다.

해결해야 하는 요구사항만큼이나 필란트로피의 실천도 다양하다. "너희는 내가 굶주렸을 때 먹을 것을 주었다"로 시작하는 신약성서의 인간적 욕구 리스트는 서구의 문화적, 필란트로피적 지식과 교양을 부분적으로 보여준다. 음식과 음료, 동료애와 동정심, 의약품, 해방, 노동, 교육, 예배, 음악, 이 모든 것이 돈 혹은 서비스라는 자발적 기부를 통해 행해야 할 필란트로피에 기반한 대응이다. 가용한 전략은 필요에 따라 이뤄진다. 예를 들어, 난민을 위한 계획과 전략에는 구호와 구조, 갱생, 귀향, 경제적 개발협력이 포함되어야 한다.

그러나 필란트로피의 범위를 가늠할 때, 비공식적이고 우발적이며 사람 간의 관계를 전제로 한 필란트로피라는 거대한 미지의 대양이 있다는 것을 다시 한 번 상기해야 한다. 만약 우리가 즉각적이고, 직접적이며 혹은 아주 사적인 ─ 전통적인 박애, 이웃사랑, 공손함 및 관용 즉 '평범한 덕목' ─ 영역을 무시하거나 잊어버리면, 필란트로피의 규모와 범위를 가늠하는 데 실수를 하게 될 것이다. 그런 것들이야말로 널리 산재하면서 특징을 이어온 선행이라고 할 수 있다. 앞에서 언급한 것 같은 모든 종류의 필란트로피 행위를 포괄적으로 파악할 때 인간과 그들이 사는 지역사회 더 나아가 국가와 전 세계에 미치는 영향력을 측정할 수 있는 수단이 충분하지는 않다. 그럼에도 불구하고 이러한 비공식적 필란트로피는 도움을 받는 사람들의 입장 ─ 그들이 우리의 가까운 친구이든 이방인이든 ─ 에서는 분명 중요하다. 따라서 필란트로피를 언급할 때 계획적이고 조직화된 노력뿐만 아니라 우발적이고 개인적인 친절 행위까지 포괄해야만 한다. 소박한 친절행위가 쓸모없는 것으로 치부되고 중단되지 않도록 보장해주는 것이 계획적이고 조직화된 노력이기 때문이다.

마지막으로 필란트로피는 모든 문명사회에서 발현되는 공익을 위한 자발적 행동으로 기억해야 한다. 역사적으로 어느 다른 사회보다 필란트로피에 훨씬 더 광범위하게 의존하고 있다는 점이 미국적 필란트로피를 특별하게 만드는 것이기는 하지만, 다른 문화와 다른 국가도 그들 나름의 필란트로피 전통을 갖고 있다는 사실을 잊지 말아야 한다. 따라서 전 지구적으로 필란트로피와 관련하여 "지금 일어나고 있는 일"은 미국에서 경험하는 것보다 훨씬 더 다양하다.

## 모든 사람의 자전적 필란트로피 기록

마지막으로 필란트로피 분야에서 "지금 일어나고 있는 것"을 이해하기 위해서는 일차적으로 필란트로피란 것이 대부분의 경우 극히 개인적인 것이라는 사실, 즉 개인적 차원의 것임을 잊어서는 안 된다. 이미 말한 것처럼 모든 사람은 필란트로피와 어떤 식으로든 연결고리를 갖고 있으며, 이런 나름의 사적이고 특별한 연결이 필란트로피가 갖는 의미와 사명의 이해 방식을 규정짓게 된다. 이 책을 읽는 독자 대부분도 역시 그들 나름의 삶의 경험을 토대로 공익을 위한 자발적 행동으로서 필란트로피가 갖는 정의를 좀 더 잘 이해하게 될 것이다.

자기성찰을 위한 시작점은 자신의 '자전적 자선기록'(philanthropic autobiography)이다. 이 책의 독자들은 아마도 필란트로피라는 아이디어에 관심을 두고 있는 사람들일 것이며 그런 관심이 어디에서 연유했는지에 대해 물어보는 것이 합당할 것 같다. 필란트로피와 관련하여 여러분의 관심은 어디서부터 왔는가? 여러분을 필란트로피로 이끈 가치의 근원은 무엇인가? 여러분이 타인과의 관계에서 갖는 정서, 태도 및 사고방식은 어디에서 습득한 것인가? 여러분의 자선적 삶에서 이야기해야 할 스토리는 무엇인가? 이들 질문에 대한 답은 여러분이 사는 필란트로피 세계에 대해 무언가를 말할 수 있을 것이다. 거트루드 스타인(Gertrude Stein)이 그녀의 삶과 여행 이야기를 자서전적으로 기록한 『만인의 자서전』(Everybody's Autobiography)에서 미국에 대해 무언가를 우리에게 말해주었던 것과 마찬가지로, 모든 미국인의 자전적 자선기록은 우리에게 — 그리고 자신에게도 — 미국적 필란트로피에 대해 무언가를 말해준다.44

자전적 자선기록은 통상적으로 가정, 학교, 교회, 스승 그리고 때로는 자신의 일생을 규정하는 경험을 중심으로 구성된다. 일부 신문기사는 가끔 유전적 영향에 대해 언급하기도 한다. 즉, 우리 중 몇몇은 천성적으로 낙관적인 성격을 갖는 것처럼, 필란트로피도 마찬가지일 것이다. 유전적이라고 바로 결론 내리기가 어려운 사람도 있겠지만, 그런 사람은 어린 시절의 유력한 멘토와 동료 그리고 한때 습득하여 아마 현재도 지키고 있을지도 모를 도덕적 교리문답으로부터 잊지 못할 경험을 했을 것이고 현재도 그 영향 아래 있을 것이다. 대부분의 필란트로피 지향적인 사람은 학습을 하거나 혹은 좀 더 일반적으로는 가족구성원 또는 다른 사람의 사례를 본받아서 기부와 봉사를 사회화시켜 온 것으로 보인다. 몇몇 필란트로피 멘토는 평생에 걸쳐 도움과 조언의 삶을 보여주기도 했고, 설령 그렇지 않은 사람이라 하더라도 적어도 한 가지의 통찰력 있는 관찰과 소견을 제시하기도 했다. 그러나 대다수의 자전적 자선기록은 다른 사람의 관대함과 그에 대한 감사, 그리고 "가서 그렇게 실천하고자 하는" 갈망에 의해 고무되었다는 스토리를 포함한다. 그런 점에서 앤드류 카네기는 다시 한 번 좋은 사례를 제공한다. 알다시피 카네기는 미국의 필란트로피에서 가장 잘 알려진 인물 중 한 명이다. 부분적으로는 앤더슨 대령이라는 사람이 어린 소년 카네기에게 자신의 서재를 이용할 수 있도록 해 준 관대함 덕분에 카네기가 그런 삶을 살 수 있었다. 앤더슨 대령의 관대함은 수십 년 후까지 밖으로 드러나지 않았지만, 이 후 '카네기 도서관'을 이용해온 수백만 사람들의 삶에 영향을 끼쳤다. 이 책에서 이런 종류의 지속적인 되갚음을 '순차적 호혜성'(serial reciprocity)이라고 부를 것이다.

 몇몇 사람은 빈자를 돕는다는 의미의 자선적 기부를 받는 쪽에서 체험을 한 경우도 있을 것이다. 그러나 이 책의 독자 대부분은 이런 경험을 한 일이 없을 것이며, 대신에 대다수 사람은 자선적 교환의 다른 한쪽인 '굶주린 자에게 먹을 것을 주기' 위해 학교 또는 교회로 음식통조림을 가져온, 즉 받는 것보다는 주는 자로서의 기억을 갖고 있을 것이다. 그래서 레슬리 하틀리(L. P. Hartley)의 과거에 대한 이야기, 즉 자신이 겪지 않은 반대편 당사자의 이야기는 마치 외국에 온 것처럼 낯설다고 말한 것을 필란트로피의 경험에서도 적용하고 염두에 두어야 한다.45 예술가에게 창조할 자유, 작업하고 전시할 기회를 줄 수 있는 지원과 이를 받으려고 하는 일이 어떤 의미인가에 대해 우리 대부분은 고작 짐작만 할 뿐이다. 시민적 권리를 위해 또는 낙태 반대나 사형 반대를 위한 철야 농성의 깃발을 들어본 적이 있는 사람은 우리 중 아주 일부만일 것이다. 더 나아가 숲을 보호하기 위해, 우범지역의 이웃 가정에 도움을 주기 위해 지속적으로 물리적 위험과 난관을 무릅쓰는 사람은 더욱더 적을 것이다. 암이나 에이즈 또는 알츠하이머병으로 죽어가는 환자의 병상을 지키고 있는 사람의 입장에 자신을 대입해 보는 일이 환자 당사자가 되는 것에는 훨씬 못 미치겠지만, 이는 필란트로피의 중요한 속성인 상상력과 공감 능력을 필요로 한다는 사실을 인식하게 한다. 그렇지만 대다수 사람이 미술관은 자주 방문하기 때문에 그 곳에서 일하는 것이 어떤 것일지는 충분히 알고 있다. 각자의 상황과 경험에 따라 다르겠지만, 꽃이나 위안 아니면 동료애조차도 전해줄 가족도 없는 지쳐버린 사람들에게 꽃과 선물을 전한 사람도 있을 것이며,

그런 중에 아마도 자신도 꽃을 받은 일이 있을 것이다. 극장에서 티켓 없이 연극을 볼 수 있는 좌석안내자로 자원봉사를 해 본 사람도 있을 것이고, 병원 모금행사로 큰 만찬을 조직하는 데 도움을 주고는 열심히 봉사하고 있다고 인정받고 칭찬을 듣기 위해 눈에 띄는 행동을 한 사람도 있을 것이다.

필란트로피에 관한 사람들의 이야기를 통해 필란트로피의 가치가 표면상으로 분명히 드러나기 때문에 자신의 자전적 자선기록에 대해 이야기하는 것이야말로 자신을 특징짓는 일이 된다. 그러나 때로는 다른 사람이 생각해오고 기대해왔던 모습과는 다른 자신의 정체성을 드러내기도 한다.

자전적 자선기록은 다른 모든 자서전처럼 계속 이어지는 서사다. 대다수 사람은 자신의 가치관을 반추할 때 성숙해지고 한편으로 자신 나름의 연약함에 익숙해져 가면서 자신의 가치가 변해왔다는 사실을 깨닫기 시작한다. 필란트로피에 대한 이해가 어떤 비극적 사건을 계기로 재형성되고 변형되었다고 말하기도 하며, 경험을 통해 어떤 것에는 능숙하게 되며 또 다른 것에 대해서는 전혀 알지 못했다는 사실을 인지하곤 한다. 그래서 자신이 성인이 될 수도, 희망이 단절된 죄인이 될 수도 없다는 사실을 인식하게 된다. 그렇게 우리는 세계관을 진화시켜 나가게 되고, 궁극적으로는 진화된 세계관 안에 필란트로피를 위한 자리도 만들게 된다.

## 1.4 필란트로피에 대해 가르치고, 필란트로피를 위해 가르치기

### 공공 교사들

왜 이 책 — 그리고 이런 종류의 책 — 이 필요하고 가치 있는가. 이에 대한 설명으로 이 장을 마치고자 한다. 자신을 '공공 교사'(public teacher)로 규정하는 것은 언제나 주제넘은 일이지만, 이 책을 쓰는 데 우리의 역할로 생각하는 것은 바로 이런 개념이다. 공공 교사는 사람들로 하여금 어려운 사회적 이슈나 공공적 문제에 대하여 생각하고 이해하도록 도와주는 안내자다.46 이 책은 우리로 하여금 인간적인 삶과 전통을 만들어 나가는 행위에 대해 진지하게 생각할 수 있도록 하는 안내서이며, 이는 좋은 삶과 좋은 사회를 유지하는 데 필수적인 것이라고 생각한다.

필란트로피에 대해 배우는 가장 일반적인 방법은 필란트로피의 경험을 가진 사람의 비공식적인 가르침을 통하는 것이다. 비공식적인 가르침이 널리 퍼지게 된 한 가지 이유는 필란트로피란 것이 실천에 강조를 둘 수밖에 없다는 점 때문이다. 즉 실용적 진실이란 것이 실제로 어떤 결과를 낳는지 실험을 거쳐야 하듯이, 필란트로피란 것도 또한 이런 실험을 거쳐야만 한다. 실천이란 것은 경험을 의미하며, 필란트로피에서 경험은 대부분의 사람들에게 대단히 사적이며 개별적이다. 아울러 "이것이 내가 한 것이고, 이것이 내가 그것에서 배운 것이다"라는 조언이 이론이나 원칙, 혹은 법률이나 기법의 개론적, 입문적 설명보다도 일반적으로는 훨씬 강력한 교수방법이라 할 수 있다.

오로지 비공식적 가르침에 의존하려는 경향에 대한 두 번째 이유는 필란트로피가 가치에 강조점을 둔다는 점 때문이다. 말하자면 필란트로피란 것은 어떤 사람이 자신을 위해서가 아니라 다른 사람을 위하여 무엇이 중요한지를 확인하는 것과 관련된다. 그것은 무엇인가에 대한 신념을 표시하는 것이며 그러한 신념과 믿음을 행동으로 보여주는 것이다. 운이 나쁜 사람에게 안타까움을 드러낼 때, 그들의 가치에 대한 확고한 동조의 눈길을 보내는 것, 그리고 그들의 곤경에 대한 공감을 분명하게 표시하는 것이다. 그렇지만, 곤경에 처한 낯선 이들에게 무언가 도움을 주려면 동정과 공감 이상의 그 무엇이 요구된다. 즉 여러분의 가치관에 근거한 행동이 전제되어야 한다. 그리고 그런 것은 여러 이유로 사례를 통하거나 진지한 훈계에 의하지 않고는 가르치기 쉽지 않을 수 있다.

필란트로피에 관한 공공적 가르침이란 것도 이러한 비공식적 가르침을 완전히 대체하는 것은 아니며, 오히려 그것을 보완하고 향상시키고자 하는 것이다. 우리는 단순히 기술을 가르치거나 '모범적 실천사례'의 안내를 통해서가 아니라, 근본적 목적, 개인적 삶, 한 사회 내에 자선적 행동이 어떻게 자리매김해야 하는지 등에 대한 탐구적 대화를 이끌어 감으로써, 필란트로피가 갖는 복잡하고도 미묘한 특성을 파헤쳐 나갈 수 있도록 돕고자 한다. 가르침 그 자체도 자선적 실천이다. 그것은 선행, 좋은 사회, 좋은 삶에 대해 한 세대가 알고 이해하며 가치 부여했던 것을 다른 세대에게 넘겨주는 선물이다. 우리가 기여하고자 하는 것도 바로 그것이다.

## 청중들

넓게 봐서 이 책 그리고 우리의 대중 강의는 세 부류의 독자를 대상으로 한다. 이 책의 독자 중 상당수가 '젊은 사람'일 것으로 추정되는데, 아마 학부생이거나 대학원생도 많을 것이다. 이 책이 흥미롭고 유익하다고 깨닫게 될 젊은 사람들은, "삶이란 그저 먹고사는 것 이상의 어떤 것이다"라는 생각을 갖고 있을 것이고, 다른 사람들 — 친구들뿐 아니라 낯선 이들까지 포함하여 — 을 위해, 그리고 지역사회 — 대규모든 소규모든 — 를 위해, 최종적으로는 자신을 위해 건설적 변화를 만들어내는 그런 것이라 생각할 것이다. 이러한 젊은 사람들 중 다수는 다양한 자원활동, 지역사회활동에 적극적으로 참여해 왔을 것이며, 그와 관련된 더 많은 일을 하고자 할 것이다. 또 어떤 사람은 필란트로피를 더 공부하기를 바랄지도 모른다. 우리는 이런 학생들 — 나이가 얼마든 어떤 환경에 있든 — 이 필란트로피가 갖는 근본적 논리를 토론하고 마침내 자기 스스로가 공공 교사가 되고자 열망하기를 바란다. 우리는 그들이 필란트로피의 의미와 사명에 대한 이해와 지식을 통해 더욱 복잡해질 미래로 필란트로피 분야를 좀 더 효과적으로 이끌어 가기를 소망한다.

염두에 두고 있는 또 다른 독자 그룹은 실천가, 활동가라고 불리는 사람들이다. 즉 필란트로피라는 포도농장에서 일하는 노동자들이다. 거기에는 모금가, 이사회 임원, 비영리조직 경영자, 지역사회 리더 그리고 아마도 자신의 부를 건설적으로 그리고 창의적으로 사용할 방법을 찾고 있는 필란트로피 실천가가 포함될 것이다. 이들 중 일부는 필란트로피 분야에 풀타임으로 일하고 있을 것이고 또 다른 일부는 자원봉사활동가로 활동하고 있을 것이다. 이들은 일의 긴급성 때문에 '왜'라는 일의 이유를 묻기보다는 방법에만 몰두함으로써 종종 일에 대한 불만을 경험하게 된다. 그들은 "내가 하는 일 속의 중요한 이슈가 무엇인지 생각해볼 시간이 전혀 없다"고 불평하곤 한다. 이들 중 몇몇 사람은 자신을 필란트로피 분야로 몰고 갔던 열정을 상당 부분 잃어버렸을지도 모른다. 필란트로피는 경험도 중요하지만 성찰을 통한 성숙함도 필요하다. 이 책은 독자로 하여금 필란트로피가 갖는 복잡함과 미묘함을 충분히 이해하게 하고 성찰적 접근이 심화될 수 있도록 도움을 주고자 한다.

세 번째 독자 그룹은 학자들인데 그들 대부분은 이 책에서 논의되는 몇몇 특정 주제에 대해 우리보다 많은 것을 알고 있을 것이다. 필란트로피란 것을 진지하고 비판적이고 적극적으로 받아들인다면, 지적인 흥미와 이해를 심화시켜 줄 수 있을 것이다. 각자의 학문분야에서 필란트로피 연구와 관련된 부분을 탐색하는 학자들은 항상 놀랍고도 계몽적인 연관성을 발견한다. 이를 통해 그들은 자신의 분야에 접근할 수 있는 방법을 변화시켜 이를 더욱 풍성하게 만들곤 한다. 또한 필란트로피 연구는 학문 연구와 현실 사회의 심각한 문제 사이의 점점 증폭되는 간극을 좁히고 연결하는 데 많은 도움을 줄 수 있을 것이다.

## 단순성을 추구하되 그것을 의심하라

이 책의 모든 독자는 알프레드 노스 화이트헤드(Alfred North Whitehead)가 말한 충고, 즉 "단순성을 추구하되 그것을 의심하라"47는 말을 항시 염두에 두길 바란다. 그러나 그는 모든 일반화의 추구 — 유용한 것까지 — 를 포기하라고 충고한 것은 아니었으며, 모든 일은 일반화가 상정하는 것보다는 항상 훨씬 복잡하다는 사실 또한 기억할 것을 경고하고 있을 뿐이다. 이 책에서 일반화를 언급하고 그것이 잘 활용되기를 바라지만, 전술한 것 같은 회의주의(skepticism)적 접근 방식을 적용하도록 노력해야 한다. 다시 말하면 독자들은 자신의 생각을 재검토해야만 하는 이유로 회의주의를 활용해야 한다. 실제로 여러분이 '왜'라는 질문을 할 때마다 간략한 답이 주어진다면 만족하지는 못할 것이다. 따라서 만일 간단한 해결책에 대한 탐색, 행동 규칙, 사회적 교리 같은 것을 찾는다면 또 다른 곳을 뒤져봐야 할 것이다.

물론 이 책에는 필란트로피를 이해하는 데 도움이 되는 몇 가지 단순화된 개념들이 제시된다. 그러나 필란트로피란 상당 부분 이 책에서 언급하고 있는 바로 그 애매성과 복잡성 때문에 흥미로운 것이다. 또한 우리가 정의하는 필란트로피가 다원주의의 천국이며 다양한 목소리의 표현도구라는 사실은 널리 알려져 왔다. 이 책은 역사학자와 철학자로 훈련받은 한 사람과 사회과학자로 훈련받은 또 다른 한 사람의 공동작업으로 이뤄졌다. 따라서 이에 걸맞도록 방법론, 자료출처, 그리고 사고방식 등에서 절충적인 입장을 취함으로써 우리들 스스로가 그런 다원주의를 채택, 실천했다고 할 수 있다. 여기에서 토론된 핵심 주제 중 상당부분은 사회학과 정치학에서 온 것이고 몇 가지는 경제학에서 오기도 했지만, 그 외 많은 것이 철학, 역사학, 종교학에서 왔다. 특히 사회과학과 인문학적 관점을 혼합시키려고 의도한 점은 진화해 가는 이들 연구분야로 하여금 특별한 전망을 가질 수 있게 할 것이란 기대를 해본다.

필란트로피에 대해 우리가 제기한 중요한 아이디어를 이 책에서 깊이 있게 끝까지 파헤칠 수는 없다. 우리의 의도는 그것을 종결짓고자 하는 것이 아니라 더 많은 발상을 할 수 있게 하는 것이기 때문이다. 이 책이 무엇을 성취하든 우리가 추구하고자 하는 것은 균형(balance), 조화(proportion), 전망(prospective), 성찰(reflection), 공개(openness) 그리고 건설적인 비판(criticism)이다. 물론 이 책은 편견이라고도 할 수 있는 저자들만의 고유한 관점을 전제로 하고 있다. 그러나 이를 통제하고 균형을 이루려는 진심어린 노력이 병행된다면 일방적 찬양이나 무조건적 냉소주의를 넘어 지속성과 일관성을 갖는 결과를 낳을 수 있을 것이다. 물론 이렇게 이야기한다면 이미 필란트로피에 대해 편견을 갖는 것이지만 그것 또한 우리가 감수해야만 하는 편견이 아니겠는가.

## 좋은 일, 좋은 삶 그리고 좋은 사회

이 책은 순수 학술적인 책 이상의 좀 더 크고 이상적인 목표를 갖고 있다. 우리는 필란트로피란 것이 중요하며 필요하고 좋은 것이라는 확신이 있으며, 진정 좋은 사회와 좋은 삶은 좋은 행위 없이는 불가능하다고 믿는다. 그래서 이 책이 사람들로 하여금 필란트로피에 대해 진지하게 숙고하도록 도와주고, 필란트로피가 외면적인 사회 현상일 뿐 아니라 내면적 경험과 가치에 대한 개인적 실천 기록이 될 수 있도록 탐구해주길 기대한다. 결국 이는 공익을 위한 자발적 행동이 사회 전체의 문화적 성격을 규정하게 될 때, 개인이 더 좋은 삶—자신의 기준뿐 아니라 다른 사람의 평가로부터도—을 영위하게 되고, 나아가 사회 전체도 더 좋은 곳이 될 수 있다는 가정을 전제로 한다.

우리 사회 전체의 가치에 대한 영향력이라는 점에서 필란트로피의 중요성에 대해 우리는 깊은 신뢰를 갖고 있다. 필란트로피는 정치와 경제를 추동하는 권력과 부라는 강력한 가치를 억제하고 변화시킨다. 그리고 종종 이를 교화하고 문명화하고자 하는 가치를 대변하기도 한다.

나중에 좀 더 상세히 서술하겠지만, "세상은 올바로 이끄는 인간의 노력에 의해 더 좋게 만들 수 있다." 이는 소위 '사회개량론'의 아이디어로 우리는 이에 기반한 필란트로피의 철학을 신뢰한다. 필란트로피를 공부하는 주된 이유가 필란트로피를 실천하기 위한 것이고, 이 책에서 강조하듯, 필란트로피를 좀 더 잘 이해하면 할수록, 상충된 견해에 주목하면 할수록, 자신을 포함하여 남들과 논쟁하면 할수록, 필란트로피를 좀 더 잘 실천할 수 있는 가능성은 높아진다.

가능한 한 주제를 직시하고 통찰해 보라는 것이 독자인 여러분에게 드리고 싶은 도전 과제다. 즉 열심히 생각하고, 근거를 찾고 확인하고 받아들이되 답을 할 수 없는 비판이라 할지라도 무시하지 말아야 한다. 우리가 그러하듯이 여러분도 필란트로피가 갖는 사회적 가치를 신뢰한다면, 다른 사람의 가치를 단순히 흉내 내거나 반복하는 것보다 훨씬 유용한 기여를 할 수 있을 것이다. 필란트로피를 연구하고 실천하는 것은 사람들로 하여금 도덕적으로, 사회적으로 발전해 갈 것이라는 사실을 믿게 한다. 실천과 연결된 필란트로피 연구야말로 삶 속에서 의미와 목적, 희망을 발견하도록 도와줄 것이란 것을 확신한다.

이 책을 통해 우리는 필란트로피를 촉진하고 널리 알리기 위한 여정을 시작하지만, 맹목적 찬양이나 홍보, 광고 혹은 세제 혜택이라는 기술적 차원을 넘어서고자 한다. 필란트로피에 대해 가르치고 배우는 동안 사람들은 자신의 세계관에 대해 숙고하고 필요하다면 이를 변화시킬 수 있다고 믿는다. 필란트로피에 대한 그간의 진지한 연구는 우리로 하여금 이를 이미 경험하게 하였고, 결국 함께하는 다른 모든 사람에게도 마찬가지일 것이라고 생각한다. 따라서 교육의 중요성은 아무리 강조해도 지나치지 않으며 그것은 또한 언제나 어디서나 그러했다.

제2장

# 공익을 위한 자발적 행동

이 책의 독자 대부분은 "필란트로피(philanthropy)란 무엇인가?"라는 질문에 대해 최소한 잠정적인 답을 구할 수는 있을 것으로 생각한다. 그러나 이들 답은 "돈을 주는 것"에서부터 "다른 사람에게 도움을 주는 것"에까지, 나아가서는 좀 더 기본적이고 일반적인 '인류애'(love of mankind) 정도까지 광범위하게 걸쳐 있을 것이다. 실제로 필란트로피를 연구하는 학자들에게 그 정의에 대해 질문해 보더라도 마찬가지일 것이다.

앞 장에서 필란트로피에 대한 "왜"라는 질문에 도달하기 위해서는 "필란트로피란 무엇인가?"라는 질문에 답을 구해야 하고 이들 답 중 몇 가지를 검토해 보겠다고 말한 적이 있다. 이들 가운데 유일한 답은 아니겠지만, 이미 그 주된 대답으로서 "필란트로피란 공익을 위한 자발적 행동이다"는 것을 제시했다. 이 장의 목표는 바로 이런 정의의 내용을 구체적으로 밝혀보는 것이다.

## 2.1 폭 넓고 긍정적인 개념으로서의 필란트로피

필란트로피의 개념은 다중성을 갖고 있다는 주장으로 이 책을 시작했다. 실제로 깊이 천착해 볼수록 우리의 기본적 정의가 이런 다중성을 내포하는데, '자발적 행동'은 자발적 기부와 자발적 봉사 양쪽 모두를 포함한다. 전자는 통상 돈의 기부를, 후자는 시간의 기부를 말한다. 그러나 자발적 결사체 또한 자발적 행동의 세 번째 구성 요소로 포함시켜야 한다. 자발적 결사체는 기부와 봉사활동을 위한 매개체 혹은 수단이며, 공익을 실현하기 위해 돈과 시간의 기부를 구체적으로 조직해 내는 것이기 때문이다. 결국 사회에 대한 필란트로피의 영향력이란 자발적 결사체와 그 활동을 통해 비로소 가능해지는 것이다.

필란트로피를 넓게 정의하는 것에는 일정한 의도가 있다.1 '비즈니스'(business)라는 단어가 그러하고 '정치'(politics)라는 단어가 그러하듯이, 필란트로피(philanthropy)란 한 단어가 여기서는 많은 것들을 포괄한다. 필란트로피와 비즈니스, 그리고 정치란 말은 하부요소를 포괄하는 상위 개념의 용어이다. 물론 '서커스 천막'(circus tent)이라는 표현을 더 쓸모 있는 비유로 쓸 수 있고 따라서 필란트로피라는 서커스 천막 아래 여러 주제와 용어를 다양하게 배열시킬 수 있다. 기부(gifts)와 보조금(grants), 자원봉사활동가(volunteers)와 이사회(trustees), 재단(foundations)과 기금(endowments), 특별행사(special events)와 모금(fund-raising), 애드보커시(advocacy)와 개혁(reform), 자발적 봄방학 봉사활동(Alternative Spring Breaks)과 봉사학습(service learning), 장학금(scholarships)과 상금(awards), 그 외 여러 다른 것들을 들 수 있을 것이다.

공익을 위한 자발적 행동으로 필란트로피를 정의하는 것은 단순히 목적이나 의도만으로써가 아니라 행동으로 실천해 보여야 함을 전제하기 때문이다. 그러나 특정 행위가 필란트로피로 분류되기 위해서는 어떤 식이든 공익을 위한 비전을 성취할 수 있는 몇 가지 특별한 목적을 갖고 있어야 한다. 이러한 공익적인 목적은 다른 이유, 심지어 매우 이기적인 이유와도 혼합될 수 있지만, 그것이 자발적이고 공익을 위하여 노력하는 것이라면, 이는 필란트로피로 간주되어야 한다. 즉 전체적으로 볼 때 필란트로피는 그 의도와 행동 양자 모두 중요하다는 점이 핵심이다.2

또 다른 방식으로 이러한 이슈에 접근해 보기 위해서는 '공익을 위한 자발적 행동'의 목적이 무엇인지 확인해 봐야 한다. 그것을 두 가지 일반적 형태로 압축해 보자. 첫째로는 어떤 공식적 또는 법적 책임도 없는 사람을 위해 고통을 완화해 주는 것이고, 둘째는 지역사회 내 모든 사람의 삶의 질을 어떤 식으로든 개선시키는 것이다. 그렇지만 그 생각은 정의되어야 한다. 즉 첫째 목적은 음식, 쉼터, 의복, 의료 돌봄과 같은 기초적 수요를 충족시켜주는 것을 포함하며, 둘째 것은 지역사회 — 규모가 얼마나 크든 작든 간에 — 의 문화, 교육, 레크리에이션 등 삶의 질을 향상시켜 주는 것을 포함한다. 이들 목적 중

한 가지 혹은 그 이상을 성취하기 위한 특정 필란트로피 활동의 범위는 모금 행사 조직을 위한 직접서비스에서부터 애드보커시에 이르기까지 다양하다. 그러나 이들 목적 모두에게는 분명한 도덕적 차원의 이슈가 존재하는데 대상자의 편익 증진을 위해서는 그들의 삶에 어떤 식으로든 개입이 요구된다는 점이다. 계속해서 강조하듯이, 필란트로피의 개념과 관련하여 도덕적 측면은 이들 주제의 가장 중요한 특징이다.

### 용어에 대한 논쟁: 본질적으로 논쟁적인 개념으로서의 필란트로피

필란트로피는 영국의 철학자 W. 갈리(W. B. Gallie)가 "본질적으로 논쟁적인 개념"이라고 불렀던 것들 중 한 가지 예이다. 갈리에 따르면, "그 자체 안에 정확하거나 표준적인 용법으로 정립될 수 있는 … 명백히 정의될 수 있는 일반적 용례라고는 어느 하나도 없는" 개념이며, "사용자 측면에서 볼 때 그 개념의 적절한 용법과 관련하여 끝없는 논쟁이 유발되는 것을 피할 수 없는" 그런 개념이다.3 그는 이와 유사한 개념의 예로서 민주주의와 예술을 든다. 이들 개념과 관련된 다양한 용법 사이의 논쟁을 해결하는 것은 분명 불가능하지만, 이들 개념을 두고 벌이는 논쟁은 잘 음미해 봐야만 한다고 갈리는 말한다. 왜냐하면 이를 통해 자신의 주장은 물론 그와 다투는 다른 주장에 대해서까지 그 배경이 되는 논거와 입론을 명확히 파악할 수 있기 때문이고, 그렇게 함으로써 해당 개념에 의해 거론된 행위나 견해의 복잡성을 좀 더 잘 이해할 수 있다고 그는 주장한다.

필란트로피는 본질적으로 논쟁적인 개념이다. 즉 그것은 그 자체에 일반화와 범주화를 거부하는 인간 현상의 다중성을 포함하고 있으며 이를 통해 자기 자신을 변용시키고 왜곡시키는 그런 개념이다. 그래서 '필란트로피'란 용어를 쓰는 다양한 논자들이 그 의미를 두고 끝없이 논쟁하는 것이기도 하다. 실제로 많은 사람이 이질적인 행위와 가치를 포괄하는 단일용어의 사용에 만족하지 못하듯이, 이들 논쟁은 용어 하나의 의미를 넘어선다.

'필란트로피'란 말은 통상적으로 사용되는 몇 가지 포괄적 상위 용어(서커스 텐트 같은) 중 하나일 뿐이다. 이와 관련하여 '자원부문'(voluntary sector), '비영리부문'(nonprofit sector), '제3섹터'(third sector), '독립부문'(independent sector) 같은 여러 다른 표현이 존재하기도 한다. 필란트로피조직(philanthropy organization)은 때로는 '비영리'(nonprofit) 혹은 '수익 목적이 아닌'(not-for-profit) 것이라고 불리거나 혹은 '비정부기구'(NGOs, nongovernmental organizations)로 칭해진다. '채러티'(charity)라는 옛날 용어가 '필란트로피'(philanthropy)라는 또 다른 옛날 용어 대신에 쓰이기도 한다. 그리고 '박애'(benevolence), '이타주의'(altruism), '인도주의'(humanitarianism), '시민사회'(civil society)라는 용어도 마찬가지로 대화 속에 자주 사용된다. 그러나 구호품이라는 뜻의 'Alms'란 단어가 잔재로서 남아 있기는 하지만, 자선적이라는 뜻의 'Eleemosynary'라는 단어는 대중적으로 사용되지는 않았다. 그리고 아딜 나잠(Adil Najam)이 관련 문헌을 검토할 때 발견했듯이 이 주제와 관련된 학술적 저술 중에는 발음하기조차 쉽지 않은 용어도 포함되어 있다 — 예를 들면 QUANGOs(quasi-autonomous non-governmental organization), PVOSs(private voluntary organizations) 등등.4

 이 분야에서 일하는 많은 사람에게 용어를 둘러싼 이런 논쟁은 당황스럽고 혼란스러우며 적어도 이는 불필요한 일이다. 그러나 여기서는 용어사용법에 대한 논쟁을 좀 더 살펴보기로 하자. 그 이유는 그저 학문적 영토에서 울타리 칠 필요에서가 아니라, '본질적으로 논쟁적인 개념'에 대한 또 다른 논쟁에 의해 제기되는 이슈야말로 해당 주제 자체를 이해하는 데 핵심적이고 실질적이기 때문이다.

 '비영리'(nonprofit)란 말은 아마도 미국에서 압도적으로 사용되는 용어일 것이다. 적어도 해당 부문을 구성하고 있는 조직에 대해 이야기할 때는 그러하다. 국제적으로는 좀 더 선호되는 용어가 '비정부기구'(nongovernmental organization)이며, 그것은 가톨릭구호서비스(Catholic Relief Service)같이 여러 나라에 걸쳐 운영되는 조직과 개별 국가 단위의 국내적 그룹 양자 모두에게 두루 사용된다. NGO란 단어는 전통적으로 강력한 국가부문을 가진 나라들에서 선호되고, nonprofit이란 단어는 전통적으로 시장부문이 강한 나라에서 선호한다는 이론이 있기도 하다.5
 경제학, 정치학, 법학, 사회과학, 조직학 등의 전공자가 비영리분야에 관심을 갖고 새로이 연구를 시작하면서 '비영리'란 말이 미국에서는 지배적으로 사용되기 시작했다. 사회과학 용어로서 '비영리'란 용어는 '채러티'(charity)와 '필란트로피'(philanthropy)와 같은 단어가 갖는 규범적 함축을 피하기 위해 종종 가치 중립적이고자 한다. 그러나 많은 논자가 지적해 온 것 같이, '비영리'를 기본 용어로 사용하는 데에는 상당히 부정적인 평가가 뒤따른다.

'비영리'라는 표현이 갖는 부정적인 측면은 해당 분야에 대해 가장 중요한 것이 돈이란 사실을 내포한다는 점이다. 그러나 그것은 중대한 실수다. 공익사업을 하는 자발적 결사체가 갖는 가장 중요한 특징은 수익을 창출하더라도 그것을 구성원에게 분배하지 않는다는 점이다. 표준적이고 경제학 지향적인 다수의 비영리분야 이론은 이 '이익무분배의 제한성'(nondistribution constraint)을 비영리부문의 원천적 특징으로 간주한다.6 또 다른 부정적 측면은 '비영리', '비정부' 그리고 대상이 되는 주제가 무엇이다가 아니라, 무엇이 아니다는 식으로 정의한다는 것이다. 로저 로흐맨(Roger Lohman)이 1989년의 "상추는 비동물이다"7라는 한 논문에서 깔끔하게 제시한 것처럼, "그저 부정적이기만 한 정의는 충분한 정의가 될 수 없다."

수익을 분배하지 않는다는 측면을 강조하는 이론과 관련해서는 또 다른 특별한 문제가 있다. 한 가지 예를 들면 많은 기업들이 소유자의 최선의 노력에도 불구하고 적어도 불황 기간 동안에는 기술적으로 'nonprofit' 즉 수익을 분배할 수 없기 때문에 비영리라고 칭할 수 있다는 점이다. 따라서 몇몇 사람들은 좀 더 정확한 용어인 'not-for-profit', 즉 '수익을 목적으로 하지 않는다'는 표현을 선호한다. 게다가 많은 비영리조직이 수수료 수입을 통해 실제로 수익을 내는 조직으로 변화를 모색한다. 붐비는 교외의 YMCA 체육관 혹은 값비싼 품목이 가득한 유명 미술관의 기념품점을 생각해 보면 비록 연말에 수익을 종업원이나 주주에게 분배하지는 않더라도 수익을 창출한다는 것을 쉽게 알 수 있다.8 끝으로 일부 비판자는 비영리조직의 특징으로서 '이익무분배적 제한성'에 초점을 맞추는 것은 분배를 하고자 해도 규모가 너무 작기 때문에 실제로 배당할 수 없는 지역사회 소규모 풀뿌리 단체를 과소평가할 수도 있다는 사실에 주목한다.

마지막으로 지적한 내용은 '비영리성'(nonprofitness)에 초점에 둠으로써 야기되는 더 중요하면서도 일반적인 문제를 제기한다. 필란트로피는 돈 이상의 그 무엇에 관한 것이고, 그것은 사명, 공유된 가치, 지역사회조직과 관련되며, 돈 이전의 그리고 돈 이외의 다른 많은 것과 관련된다. 인간미 부재와 경제학적 용어인 '비영리'란 표현은 비영리부문의 필란트로피적 근거, 도덕적 차원 그리고 흔히 개인이 갖는 의미를 무색하게 한다. 따라서 '비영리'란 말에서는 필란트로피와 기부, 봉사를 통해 체화되고 촉진되는 긍정적 가치 중 어떤 것도 드러내지 못한다.

'비영리'란 용어 외에 또 다른 포괄적 용어에도 한계가 존재한다. 행위가 갖는 자발적 혹은 사적이라는 특징은 분명히 중요하지만(우리의 정의에도 그것은 포함되어 있다), 필란트로피부문을 '자원부문'(voluntary sector)이라 부르는 것은 문제가 있다. 왜냐하면 이런 식의 표현은 시장부문도 마찬가지로 적용될 수 있어 차별성이 없기 때문이다. '독립부문'이란 말은 비영리부문과 같은 의미로 사용되기도 하고 실제 연합단체인 '인디펜던트섹터'(Independent Sector)의 이름으로 사용된다.9* 그리고 '제3섹터'라는 용어는 종종 몇몇 학자들에 의해 거부되기도 하는데 역사적으로 볼 때 공익에 봉사하는 자발적 기구야말로 실제로는 가장 먼저 나타난 조직이란 것이다. 말하자면 자발적 결사체가 공식적 정부조직 혹은 기업조직 이전에 존재한 것이지 세 번째 조직은 아니라는 뜻이다.

다른 곳, 특정 그룹에서 사용되는 또 다른 포괄적 용어로서 '시민사회'(civil society) 또는 '시민사회조직'(civil society organizations)이 있다. 이 용어는 예를 들면 국제적 연합조직인 씨비쿠스(CIVICUS) 같은 단체가 선호한다. 시민사회에 대해서는 대학사회에서 유행처럼 격렬한 논쟁이 벌어졌고, 그러다 보니 애석하게도 지나치게 다양한 정의가 내려지기도 했다. 때로는 가계부문이나 기업부문을 포함하기도 하고, 때로는 사회의 특정부분을 지칭하기보다 한 사회의 특성을 나타내는 것으로 사용되기도 했다. 우리는 '시민사회'란 용어가 긍정적인 방식으로 정의내리고자 하는 시도라는 점, 의도적으로 범위를 넓게 잡고 있는 점, (어떤 의미에서) 해당 과업이 갖는 도덕적, 가치지향적 성격을 강조하는 점을 선호한다. 그러나 '필란트로피'란 용어가 광범위하고 긍정적인 용어이기 때문에

---

* 인디펜던트섹터에 대해서는 B. O'Connell, *Powered by Coalition: The Story of INDEPENDENT SECTOR*(번역본, 『인디펜던트섹터』)를 참고할 것.

좀 더 적합하다고 생각하며 그 이유에 대해 좀 더 구체적으로 이야기해 보도록 하자.

유럽에서는 '사회적 경제'(social economy)라는 용어가 지배적이다. 따라서 기업세계에서는 필란트로피 또는 비영리 모두를 앞에서 언급한 사회적기업가정신과 사회적기업과 관련된 용어인 '사회부문'(social sector)에 속하는 것으로 종종 분류한다. 캐나다에서는 '자원부문'이라는 용어가 주로 사용되는데 반해, 영국에서는 '자원부문'(voluntary sector), '채러티'(charity), 그리고 '지역사회조직'(community organizations) 등의 용어가 일반적으로 사용된다.

좀 더 비공식적이거나 혹은 공적 성격이 좀 더 적은 다양한 조직까지 포함시키고자 할 때 그 방법을 둘러싸고 많은 이슈가 제기된다. 협동조합(cooperatives), 상호공제(mutual-benefit), 또는 엘크 클럽(Elks Club)*이나 신용조합(이들은 종종 '공적 편익'public-benefit 조직에 대칭되는 것으로 정의된다), 이웃 간 또는 풀뿌리 모임 같은 '회원상호부조'(member-benefit) 조직 그리고 피터 프럼킨(Peter Frumkin)이 "지역사회가 함께 행동하도록 하는, 잘 드러나지 않는 결사체, 클럽, 네트워크, 그룹"이라고 정의한 기타 모든 것까지 포함한 포괄적 용어와 정의를 찾아내기는 어렵다.10 수년 전에 로흐만(Lohmann)은 '비영리'란 용어를 피하고 자발적인 협동을 통해 공유재를 생산하는 조직과 결사체를 망라하기 위해 '커먼스'(commons)라는 포괄적 상용용어를 제안했다.11 좀 더 근본적으로 로흐만과 존 반 틸(John van Til) 같은 학자들은 부문 내 조직이라는 관점에서의 구조적 정의에서 벗어나 자발적 행동의 목적과 양식에 기반한 정의에 중점을 두고자 했다.12

비과세 조직에 대한 미국 국세청의 분류체계는 아마도 이 문제에 대한 명확하고도 권위 있는 판단자료이겠지만, 실제로는 좋은 안내자가 되지는 못한다. 두 개의 주된 분류인 501(c)(3)와 501(c)(4) 해당 조직은 시대에 뒤떨어지고 거추장스러운 명칭을 달고 있다. 501(c)(3)는 '종교적, 교육적, 자선적, 과학적, 문학적 … 조직'(명단은 '문학적' 뒤에도 쭉 이어진다)으로 기술되어 있다. 이 (c)(3) 항목은 다시 '사립 재단'(private foundation)과 '공공자선단체'(public charity)로 세분된다. 501(c)(4)

---

* 1868년에 뉴욕에서 사회적 클럽으로 설립된 미국의 대표적 상호공제조직이며, 현재 회원 1백만 명을 자랑하고 있다.

항목은 대부분의 사람이 '애드보커시 조직'으로 알고 로비활동에 제한이 없는 그룹으로 생각하지만, 그 명칭은 시민연대(civic leagues), 사회복리조직(social welfare organization), 피고용자를 위한 지역결사체(local association of employees)라고 붙여져 있다.13 더욱 복잡한 것은 국세청 법조항(IRS Code)에 있는 수많은 다른 조직 범주다. 여기에는 상공회의소를 위한 분류체계와 최근 논쟁거리를 제기했던 '527s'로 알려진 새로운 타입의 정치적 애드보커시 그룹을 포함하고 있다. 실제로 2004년 미국 대통령 선거 후보자 존 케리에 대한 반대 광고 활동을 했던 '진실을 위한 쾌속정 퇴역군인 모임'(Swift Boat Veterans for Truth)은 '527'이었다.14

이러한 용어 관련 논쟁을 헤쳐 나가면서 우리는 전술한 용어가 사회적, 문화적 구성물임을 기억할 필요가 있다. 즉 이는 본래 복잡한 것을 단순화하여 파악하려는 맥락에 기반을 둔 시도라 할 수 있다. 그리고 이미 거론했던 것처럼 이 분야는 특별히 복잡하다. 따라서 이 분야에 대한 소위 포괄적인 상위 개념은 다중적 연속체 — 비공식적인 것에서 공식적인 것에 이르기까지, 큰 것에서 작은 것에 이르기까지, 특정한 곳에서 전 지구적 관련성에 이르기까지, 대형 병원에서 소형 장난감 열차 취미 클럽에 이르기까지 등등 — 에 대응하여 다양한 현상을 모두 포착해 내야만 한다. 이런 다양한 행위를 한 사회 내의 상호 연관된 부분으로 이해하려면, 다양성을 전부 망라하기에 충분할 정도로 일반적일 뿐 아니라 충분히 설득력 있는 범주와 용어를 구성해 낼 필요가 있다. 말하자면 '기업' 또는 '정부' 같은 용어에 비견할만한 용어가 필요하다. 따라서 인식의 문제를 개선하고 유용한 일반 개념을 도출해 내는 것이 이와 같은 유형의 책을 집필하는 핵심적 목적이며, '필란트로피'란 용어를 그런 개념으로 제안하고자 한다. 그러나 그러한 개념 구성작업은 필연적으로 전통과 특정한 관점에 의해 영향 받고 있다는 사실도 또한 기억해야만 한다. 예를 들면, 모든 국가는 각기 다른 문화, 역사, 제도, 구조를 갖고 있으며 이를 반영하는 서로 다른 용어와 개념의 체계를 갖고 있다는 것, 그리고 다원주의 사회에서 개념 구성을 위한 작업은 언제나 논쟁적일 수밖에 없다는 것이 그런 사실을 반영한다고 할 수 있다.

## 긍정적 개념을 지향하며

이미 말한 것처럼 우리는 이 책에서 필란트로피에 대한 긍정적 개념을 제안하고 있다. 최근의 한 연구는 긍정적인 관점과 관련하여 몇 가지 사안을 제시했다. 비록 우리의 의도에 충분히 부응(혹은 정확히 부응)하고 있지는 않지만, 우리의 작업과 관련하여 일정한 도움이 된다.

레스터 설러먼(Lester Salamon)은 관련 입문서에서 '비영리조직'의 여섯 가지 특징을 다음과 같이 요약해 제시했다.

> 1. 공식적(formally)으로 설립되고
> 2. 정부와는 다르다는 의미에서 사적이며(private)
> 3. 이익을 배분하지 않고(not profit-distributing)
> 4. 자율적이며(self-governing)
> 5. *자발적*이면서 (*voluntary*)
> 6. *공익*을 추구한다(*public benefit*)15

이것은 유용한 리스트라 할 수 있다. 첫째로 이 리스트의 3번 항에 열거된 '이익무분배'(nondistribution) 기준 이외에 더 많은 항목을 포함하고 있기 때문이고, 둘째는 우리가 기본적 정의에서 강조한 두 가지 핵심적 요소(이탤릭체로 표시한 5, 6번)까지 포함하고 있기 때문이다.

그러나 앞에서 말했던 것처럼 설러먼은 이 리스트를 모든 필란트로피 행위의 특징으로 사용하기보다는 5번 항과 6번 항에서 보듯이 비영리조직의 특징을 열거하는 데 사용하고자 했다. 실제로 설러먼도 이 분야 대다수 사람의 용어 사용 습관을 받아들이고 있다. 즉 그는 '사적 비영리부문'(private nonprofit sector)과 '필란트로피'를 별도의 한 부문으로 일차적 구분을 한다.16 전자는 비영리조직이 차지하고 있는 사회의 한 부문을 말하는 반면, 후자는 이들 부문에 속하는 조직에 대한 금전적 지원의 한 종류인 사적 기부(private giving)를 말한다. 이렇듯 좁은(우리 기준에 비해) 필란트로피 개념 — 단지 자발적 기부로서의 필란트로피 — 이 아마도 가장 일반적인 용어 사용법이겠지만, 그것은 필란트로피에 대해 우리가 사용하는 좀 더 일반적인 의미보다는 덜 만족스럽다고 할 수 있다.

그럼에도 공익을 위한 자발적 행동을 강조하는 설러먼의 정의에 대해서는 동의한다. 또 다른 어떤 책에서 그는 비영리조직을 '공익을 위해 사적인 진취성을 독려하기 위한 조직체'라고 정의한다.17 이는 우리가 내린 정의로 환원하자면 비영리조직은 광범위하게 인지된 행위의 유형으로서 필란트로피를 위한 조직체를 의미한다. 즉 필란트로피는 비영리부문과 구분되는 별개의 것이 아니며, 개념으로서의 필란트로피에는 그러한 비영리부문을 포괄한다.

비영리부문에 대한 개요에서 설러먼은 '역할'의 범위도 상술하고 있는데, 이는 왜 이런 종류의 행위가 존재하는지에 대한 긍정적인 토대를 만들 수 있는 또 다른 중요한 방법이다. 물론 설러먼의 견해는 비영리부문의 역할에 대한 랄프 크레이머(Ralph Kramer)의 잘 알려진 개요를 그대로 차용한 것이지만, 따져보면 두 학자 모두가 알렉시스 드 토크빌(Alexis de Tocqueville)에게 신세를 지고 있다.18 민주 사회에서 자발적 행동과 결사체의 중요성을 강조할 때 토크빌을 인용하는 것은 당연하다. 미국인들이 공익적 혹은 공동 작업을 하거나, 공유된 이해를 표현하기를 원할 때는 언제나 결사체를 만든다는 사실을 토크빌은 목격하고 있었다. 그런 역할에 더하여 이런 결사체를 독재정치, 다수의 횡포, 개인주의적 일탈에 대한 해결책으로 보았다. 아울러 토크빌은 결사체가 민주주의를 작동시키는 데 필수적인 시민적 기량 — '결사체의 일반이론'(general theory of association)과 같은 — 을 가르치는 '거대한 자유학교'(great free school)로 기능하면서 사회화의 역할을 수행한다고까지 생각했다.19 6장에서 토의하게 되겠지만, 이 점이 바로 필란트로피 그리고 특히 자발적 결사체가 자유롭고, 개방적이며, 민주적인 사회의 필수적 요소가 될 수 있게 하는 것이다.

토크빌의 뒤를 따르는 현대의 학자들은 비영리부문이 수행하는 좀 더 광범위한 기능과 사회적 역할을 탐색하고 있다. 피터 프럼킨은 그의 책 *On Being Nonprofit*에서 "비영리와 자발적 행동에 네 가지 기능"이 있다는 생각에 기초하여 비영리 연구를 위한 개념틀을 제시했다.20 먼저 '서비스전달'과 '사회적 기업가정신'이라 프럼킨이 이름 붙인 두 가지 기능은 비영리부문이 존재하는 '도구적 이유'(instrumental rationale)를 보여준다. 이는 필요로 하는 것을 수행하기 때문에 존재한다는 것이다. 나머지 두 기능— 프럼킨이 '시민적·정치적 참여' 그리고 '가치와 신념'이라 칭한— 은 '표현적 이유'(expressive rationale)를 보여주는데 이는 비영리와 자발적 행동이 가치와 신념을 나타내기 위해 존재한다는 것이다.

설러먼과 크레이머를 포함한 다른 학자들도 기능과 역할에 관한 비슷한 목록을 제시한다. 그 중에서 적어도 다음과 같이 '필란트로피의 다섯 가지 역할'이라 부를 수 있는 것을 정리해 볼 수 있다.

> 1. **서비스역할:** 서비스를 제공하여(특히 다른 부문들이 그것을 제공할 수 없게 될 때) 해당 수요를 충족시키기
> 2. **애드보커시 역할:** 특별한 이해, 특별한 인구 집단 혹은 공익에 대한 특별한 견해를 제시하고 이를 위해 개혁을 주창하고 옹호하기
> 3. **문화적 역할:** 보존해온 가치, 전통, 특성 및 문화의 다양한 측면을 표현하고 유지해갈 수단 제공하기
> 4. **시민적 역할:** 공동체 건설, '사회적 자본' 조성, 시민적 참여 독려하기21
> 5. **선구자적 역할:** 사회적 혁신, 실험 그리고 기업가적 창발을 위한 장(선구자란 용어는 크레이머로부터 인용)

위에서 제시한 역할을 모든 관찰자가 긍정적으로 평가하는 것은 아니며, 그 중 어떤 것은 다양한 종류의 정치적 또는 이념적 논쟁을 일으키는 단서가 되기도 했는데 애드보커시 역할이 특히 그러했다. 시민들이 그들의 공유된 관심과 이해를 옹호, 주창하기 위해 나름대로 그룹을 형성하는데 이는 민주적 거버넌스의 다원적 전망을 가능하게 하는 시스템을 만들어 가는 데 핵심적 역할을 한다는 점에서 중요하다. 그러나 이런 애드보커시 활동은 채러티그룹을 정치화함으로써(그 결과 훼손되어) 정부와 사적 이해 사이의 경계를 흐리게 한다는 비판을 받아 왔다.22 실제 이러한 애드보커시 역할은 이미 살펴 본 것처럼 국세청이 규정한 면세 지위에서도 제외되어 있다. 더구나 정치적 우파는 관료주의적 복지국가에 대한 대안으로서 필수적 서비스전달 기능을 필란트로피와 비영리조직(특히 종교기반 비영리조직)에게 위임하기 위해 이들 부문을 진흥시키고자 했다. 아울러 자발적 결사체를 개인과 큰 정부 사이의 '조정기구'로 위치시킴으

로써 정부의 불필요한 비대화를 견제하기 위해 활용해 왔다.[23]

그러나 이런 논란에도 불구하고, 자발적 행위가 우리 사회에 매우 중요하며 긍정적인 역할을 하고 있다는 점은 부정할 수 없으며, 이런 접근 방법을 통해 비영리조직의 목표를 정리함으로써 "필란트로피란 무엇인가?" "필란트로피는 왜 존재하는가?"라는 물음에 적극적이고 긍정적인 답을 향해 좀 더 다가갈 수 있을 것이다.

필란트로피가 갖는 사명에 대한 우리의 이론은 일련의 긍정적인 기능을 포함한다. 즉 필란트로피는(그것이 포괄하는 비영리부문은) 다양한 욕구 — 예를 들면 고통 완화, 삶의 질 향상 — 를 충족하고 집단의 가치를 표현해 준다. 그러나 필란트로피의 역할을 열거하는 것은 필란트로피의 존재 이유에 대한 긍정적 논거 중 일부에 지나지 않는다. 따라서 모든 종류의 필란트로피 행위에 공통적 특질을 확인하고 그런 행위의 보편적 목적을 명확히 하는 것 또한 반드시 필요하다. 따라서 필란트로피가 공익의 비전을 제시하고 증진시키는 자발적 행위, 그리고 인간적 노력을 통해 세상을 더 좋게 만들기 위해 다른 사람의 삶에 개입하는 도덕적 행위라는 점에 대해 탐색을 계속해 보기로 하자.

## 왜 필란트로피인가: 긍정적 용어

이 분야에서 우리가 제안하고자 하는 용어는 '필란트로피'(philanthropy)이며, 이 용어의 의미는 다른 많은 사람이 부여한 의미보다도 광범위하다. 이 용어는 그리스어로 '인류에 대한 사랑'을 의미하는 'philanthropia'에서 나온 것이다. 현대적 용법에서도 종종 'philanthropy'는 고대적 의미를 여전히 지니고 있다. 즉 인류에 대한 일반적 자비심(benevolence), 친절(kindness), 관대함(generosity) 등이 그것이다. 현대 영어에서 'philanthropy'는 사랑의 감정과 함께 그런 감정적 태도로 이루어진 행위라는 것이 일반적인 사전적 정의다.[24]

'필란트로피'는 해당 영역을 긍정적인 방식으로, 즉 이들 행동이 무엇을 하는 것이며 왜 하는 것인가라는 식으로 정의한다. 그것은 자신을 넘어선 인류 전체의 안녕에 대한 관심, 가치, 공익에 대한 관심을 강조한다. 이것은 이들 부문의 행동(공식적이든 혹은 비공식적이든)이 갖는 가장 중요한 점이 공공의 목적과 행동 그리고 그것이 갖는 사명에 있다라는 사실을 주장하는 것이기도 하다. 우리 판단에 '필란트로피'라는 용어는 공익을 위한 자발적 행위라는 도덕적 성격의 본질을 잘 드러내 주기 때문에 가장 적합하다고 판단한다. 비록 해당 용어를 중립적이고 사회과학적인 방식으로 쓴다 하더라도(우리가 자주 그러한 것처럼), 규범적인 인간 행동을 지칭하는 규범적 용어가 될 수밖에 없다.

어떤 문화에서건 필란트로피에 대한 이야기는 해당 문화 내에서 여러 세대에 걸쳐 만들어진 도덕적 의제이며, 이를 형성하게 한 도덕적 열망의 기록이다. 뒤에서 좀 더 상세히 논의하겠지만, 필란트로피의 역사는 '도덕적 상상력의 사회사'(social history of the moral imagination)다. 필란트로피는 사람들로 하여금 무엇이 좋은 것인가라는 도덕적 비전을 실현하게 하는 가장 우선적인 방식이다. 물론 비전은 한 사회라 하더라도 사람과 사람, 그룹과 그룹 사이에 항상 다르게 존재한다. 사람들은 고통을 완화하거나 긴급한 수요를 충족하기 위해, 자신의 지역사회 내에서 삶의 질 혹은 시민적 능력을 개선하기 위해, 사상 혹은 가치나 정체성을 주창하거나 표현하기 위해, 급격한 변화를 맞이하여 전통을 보존할 뿐 아니라 사회적 변화를 위한 새로운 아이디어를 실험하기 위해 필란트로피를 실천한다. 이러한 모든 것이 필란트로피의 특별한 역할이라 할 수 있으며, 이는 광범위하고 긍정적인 필란트로피의 개념에 의해 포용될 수 있다.

우리는 필란트로피를 하나의 부문이라기보다는(우리가 비록 '부문'이란 용어로 표현하지만) 하나의 전통으로 정의하기를 선호한다. 이는 필란트로피가 갖는 깊은 역사적 뿌리를 강조하기 위한 것인데 필란트로피는 기본적으로 인간이 갖는 조건에 대한 인간의 반응이라 할 수 있기 때문에 모든 사회에서 오래 전부터 존재해 왔다. 또한 '자발적 행동' 속에는 다양한 내용이 폭넓게 포함되는데 이는 제한된 사회부문에서 이뤄지는 공식적인 조직적 행위보다는 그 범위가 훨씬 넓다. 아울러 모든 전통이 그러하듯이, 어떤 사회에서든 필란트로피의 전통은 문화적으로 특별한 내용을 갖는다. 미국에서 도덕적 상상력이 필란트로피를 통해 어떻게 실현되어 왔는가는 멕시코 혹은 인도의 스토리와는 다르다. 서로 다른 종교적 신조, 서로 다른 국민적 영웅, 서로 다른 언어 자원, 서로 다른 경제 및 종족 패턴이 각각 서로 다른 필란트로피의 전통을 만든다.

우리의 강조점과 부합해서 이 책에서 가끔 사용하는 또 다른 긍정적 용어가 있는데 'good works'와 'charity' 같은 것이다(또한 적합하다고는 생각하지만 많이 쓰지는 않는 'benevolence'와 'beneficence' 같은 용어도 있다). 공식 조직 혹은 해당 '부문'을 특별히 언급할 때 우리가 궁극적으로 선호하는 '필란트로피부문'의 '필란트로피조직'이라고 부르지만, 이에 더해 '제3섹터'와 '자발적 혹은 비영리조직'이라는 용어도 종종 사용한다. 이는 '비영리부문' 같은 용어가 미국에서는 아주 일상적이고 널리 사용되어 독자들이 그것을 편하게 느끼기 때문이다. 그렇지만 우리가 필란트로피(philanthropy)라는 용어를 포괄적 상위 용어로 제시하는 목적은 핵심적 이슈를 강조하고 이에 포함된 모든 것을 망라하고자 하는 것이지 사람들로 하여금 갑작스레 그들이 사용하고 있는 어휘를 한꺼번에 바꾸도록 강요하고자 하는 것은 아니다.

그럼에도 불구하고 '필란트로피'라는 좀 더 확장된 의미의 용어 사용을 권장하고 싶다. 앞에서 언급한 것처럼, 이 분야의 많은(아마도 대부분의) 사람들이 필란트로피란 개념을 좁은 방식으로 정의하고 있으며, 그렇게 좁은 의미로 함축하는 이유는 다음과 같은 내용을 배경으로 한다.

1. 필란트로피는 기부(아마도 기부와 자원봉사 양쪽 모두)를 의미하며, 따라서 비영리부문이란 것과는 개념적으로 분명한 차이가 있다. 필란트로피는 기부이며 비영리 그룹이란 그 기부를 받는 실체다.
2. 필란트로피는 부유한 '자선가들'에 의한 대규모의 기부를 가리키며, 한 세기 전부터 존 록펠러와 앤드류 카네기 같은 사람들에 의한 거액 기부라는 상대적으로 새로운 현상을 표현하는 방식으로 그 의미가 고착화되었다.
3. 필란트로피는 오직 사립재단(private foundation) 혹은 기타 지원기관에 의한 기부만을 가리킨다.

여기에 열거되지는 않았지만 일반적으로 받아들일 수 있는 필란트로피에 대한 또 다른 이해 방식도 분명히 존재한다. 그렇지만 우리는 이들 협의의 이해방식과 의미가 몇 가지 이유로 인해 문제가 있다고 생각한다. 필란트로피가 기부 또는 금품기부, 오직 특정한 사람이나 특정한 기관에 의해서만 이뤄지는 기부라는 제한적 개념보다는 필란트로피에 대한 고래의 개념이 더욱 풍성하고 다양한 함축성을 갖고 있다고 믿는다. 또한 지속적인 자발적 기부와 봉사는 자발적 결사체 없이는 불가능하며, 따라서 필란트로피에 대한 우리의 정의에서 세 가지 요소는 실천과 관련하여 불가분의 관계를 맺고 있다. 9/11테러와 같은 재난에 대한 필란트로피에 기반한 대응을 생각해 보라. 기부와 자원봉사자들의 영웅적 노력 모두 필수적이지만 자발적 결사체에 의한 조정자로서의 역할이 없었다면 어떤 필란트로피 행위와 도움도 불가능했을 것이다. 직접적인 구조 노력의 경우는 물론이고, 희생자를 돕고 공동체를 회복시키며 그들을 애도하고 최종적으로는 공동체와 삶을 재건하는 훨씬 어렵고도 장기적인 작업에서는 더욱 그러했을 것임이 분명하다. 따라서 우리의 정의는 단지 금전 부분만이 아니라, 전술한 요소의 종합을 강조하는 것으로서 충분한 가치가 있다. 따라서 '비영리'라 할 수 있는 모든 것을, '공익을 위한 자발적 행동'이라는 일반 개념의 한 부분으로 파악하는 것이 이를 차별화하여 구분하는 것보다 훨씬 바람직하다.25

우리가 여기서 제안하는 필란트로피에 대한 폭넓고 긍정적인 정의야말로 우리 삶에서 다양하고도 중요성을 갖는 것을 파악하고 통합하며 영속되도록 도와주는 가장 훌륭한 용어라는 사실을 다시 한 번 강조하고자 한다. 물론 용어 사용법이 하룻밤 사이에 바뀌지 않을 것이고, 결국은 실천과 행동이 가장 중요한 것이라는 점을 잘 알고 있다. 또한 우리가 유용할 수 있는 일반적인 용어를 갖든 아니든 실천과 행동은 지속되어 갈 것이라는 사실 또한 분명하다.

### 필란트로피 대 채러티(philanthropy vs. charity)

오래 전부터 '필란트로피아'(philanthropia)가 타인을 향한 사랑 또는 선행을 의미하는 유일한 단어는 아니었으며, 또 다른 여러 단어도 마찬가지로 긍정적인 특성과 도덕적 차원을 강조했다. '채러티'(charity)라는 단어는 라틴어의 '카리타스'(caritas)에서 파생된 것이며, 그것은 사랑의 또 다른 표현 방식, 예를 들어 에로틱한 사랑, 또는 우정과는 구별되는 방식으로 타인에 대한 사랑을 의미했다.26 '아가페'(agape)는 "애정 어린 배려로 대한다"는 의미를 가진 동사의 원형으로부터 나온 사랑을 의미하는 또 다른 그리스어이며 헌신적이고 이타적이며, 자기희생적이기까지 한 사랑을 지칭한다. 유태적 전통에서는 히브리어인 '체다카'(tzedakah) ― 흔히 '채러티'(charity) 혹은 '공정'(righteousness) 등으로 번역되는 ― 가 핵심적인 내용을 담고 있다. 그것은 하나의 사고 안에 연민(mercy)과 정의(justice)를 동시에 포함하는 것이어서 그 중 하나가 없으면 다른 것도 있을 수 없다고 할 정도로 상호의존적인 개념이다. 물론 다른 종교적 전통에도 이와 비슷한 용어가 존재한다.

   '필란트로피'(philanthropy)를 대신할 수 있는 용어 중 '채러티'(charity)가 가장 일반적이고 흥미를 끄는 용어라고 할 수 있다. 그래서 이 두 용어를 사용할 때 '채러티'와 '필란트로피'의 관계를 잘 살펴봐야 한다. '채러티' 대 '필란트로피'의 일반적 사용법은 혼란스러울 수 있다. 이 책에서 '필란트로피'는 공익을 위한 자발적 행동이란 의미로 포괄적으로 사용된다. 반면에 '채러티'는 ― 한때는 해당 분야에 대한 포괄적 용어로 사용되긴 했지만 ― 좀 더 협의적인 의미로 사용된다. 종종 일반적인 용법에서 두 용어는 전술한 자발적 행동의 두 가지 목적에 따라 구분된다. 즉 '필란트로피'는 삶의 질을 개선하는 행동을, '채러티'는 고통을 완화하는 행동을 의미하는 데 사용된다. 국제적인 규모에서도 이와 비슷하게 인도주의적 '구호'(relief)와 관련된 원조는 흔히 채러티로 불리는 반면에, '개발'(development)과 관련된 원조는 필란트로피로 불린다.27 이런 관점에서 볼 때 만약 채러티가 난민들에게 모포 및 의약품, 식품을 가져다주는 일이라면, 필란트로피는 그 난민들을 집으로 돌아가게 하고, 그 사회가 원래대로 사회적, 경제적 회복을 꾀할 수 있도록 하는 행위라 할 수 있다. 채러티와 필란트로피를 구분하는 이런 방식이 때로는 지나치게 단순하다고 말할 수도 있겠지만, 이 책에서 채러티는 고통을 완화하는 행동이라는 상당히 한정된 것으로 함축해 사용하는 반면, 필란트로피는 좀 더 폭넓은 의미로 사용하고자 한다.

   1950년대 즈음까지는 '채러티'란 단어가 당시 많은 사람이 만족하지 않았음에도 불구하고 가장 널리 쓰이는 일반적인 용어였다. 또한 '채러티'는 지금도 그렇지만 세법에 사용된 용어였고, 따라서 대부분의 사람은 세법이 정한 '자선 기부'(charitable contributions)가 무엇을 뜻하는지는 알고 있었다. '채러티'란 단어는 1937년 판 『사회과학백과사전』(Encyclopedia of the Social Sciences)에는 포괄적 용어로 서술되어 있지만, 1967년 판 『국제사회과학백과사전』(International Encyclopedia of the Social Sciences)에서는 필란트로피로 대체되었다.

필란트로피와 채러티 양쪽 모두 '규범적' 단어여서 근본적 가치와 그 중요성을 강조한다. 그러나 전술한 것처럼, 많은 사람에게 '필란트로피'란 단어는 금전과 더욱더 연결되게 되었고, 특히 필란트로피와 모금 분야는 전문화되고 직업화된 길을 걸어 왔다. 그런 의미에서 '필란트로피'는 자비심(benevolence) 같은 것과 관계가 없어진 것처럼 보이기도 한다. 대부분의 사람이 사용하듯이, 그것은 금전, 즉 돈에 관한 것이며 아마도 실제로는 부의 재분배에 대한 것이기도 하다. 비슷한 운명이 '채러티'란 단어에도 닥쳐왔다. 16세기에 프란시스 베이컨(Francis Bacon)은 채러티를 "모든 미덕을 함께 포괄하고 결속해 주기 때문에 완전성의 결합"이라고 정의했다.28 『흠정영역성서』(The King James Version of the Bible)는 "믿음(faith), 희망(hope), 그리고 채러티(charity)" 이들 세 가지를 거론한 뒤, "이들 중 제일은 채러티"라고 언급하기도 했다(고린도전서 13:13).* 그러나 채러티에 깃든 신의 열망은 구호(almsgiving)라는 일상적인 세속의 관행과 뒤섞이게 되면서, 채러티 또한 어느새 금전으로 축소되었다. 즉 구호라는 것이 채러티의 이상을 더럽혀 사회적 열등함과 의존성의 상징으로 만들어 버렸으며, 그 결과 채러티는 '거저 주는 것'이라는 생각으로 연결되고, 마침내는 동냥을 구하는 것에 이르게 되었던 것이다. 이러한 용어의 변화는 "채러티를 받아들이느니 차라리 죽음을 택하리라"라는 표현에도 드러나 있다.

전술한 것처럼 '채러티'는 사랑을 의미하지만, 그 '사랑'이란 것이 여러 뜻을 갖고 있으므로 채러티란 단어도 언제나 오해를 받을 위험에 처하게 된다. '고린도서'의 채러티에 대한 유명한 구절을 생각해 보자. 그 단어는 그리스 신약성서 원본에서는 '아가페'(agape)였으나, 라틴어에서 '카리타스'(caritas)로, 그 후 영어에서 '채러티'(charity)로 번역되었다. 오늘날 이 단어는 "그 중에 제일은 사랑이라"에서처럼 때때로 '사랑'(love)으로 번역되기도 한다. 그것이 기독교식 결

---

* 1998년 대한성서공회가 개정 출간한 '개역개정판 성경전서'에 따르면, 이 구절은 "그런즉 믿음, 소망, 사랑, 이 세 가지는 항상 있을 것인데 그 중의 제일은 사랑이라"로 번역됨.

혼식에서 이 고린도서 구절이 선호되는 이유이기도 하고, 예식에서 "사랑은 오래 참고 사랑은 온유하며"에 이어지는(고린도전서 13:4) 형식으로 인용될 수 있기 때문이다. 그러나 여기에서 언급된 '사랑'이란 엄밀하게 볼 때 이성 간의 로맨틱한 사랑이 아니다. 또 다른 경우에서도 사랑을 아주 성적인(erotic) 사랑으로 축소시키기도 한다. 이 때문에 그 단어가 갖는 원래 의미인 우정(friendship), 박애(benevolence), 채러티(charity)와 연관지어 사용하게 되면 오히려 어색함을 느끼고 당황스럽기까지 하다. 그러나 '사랑으로서 채러티'라는 의미의 만족스러운 대안도 달리 존재하지는 않는다. 그래서 여전히 여러 사람에게 매우 정서적이고 역사적인 무게를 지니고 있는 이 단어의 포기를 주저하게 하는 것이다.

이러한 용어 논쟁은 몇 페이지 더 계속될 수도 있다. 우리는 필란트로피를 핵심 개념으로 발전시키는 것에 초점을 두겠지만, 채러티란 용어에 좀 더 적합한 특정 측면을 강조하고자 할 때 종종 이 용어를(그것의 꺼림칙한 점에도 불구하고) 사용할 것인데, 예를 들면 고통을 완화시키는 행위 같은 경우다. 역사적으로 우리는 채러티(charity)와 필란트로피(philanthropy)가 서로 배척하고 반대되는 위치에 있다기보다는 양립적이고 보완적인 가치를 표현한다고 믿고 있다. 두 용어 모두가 이 책에서 관심을 두는 선행의 전통 중 중요한 요소를 구성하는 가치를 지칭하며, 두 종류의 가치 모두가 필수적이라 할 수 있는 실천 행동을 독려해 왔다는 것은 틀림없는 사실이다.

예를 들면, 제인 아담스(Jane Adams)와 헐 하우스(Hull House) 그리고 인보관운동 같은 경우에도 전반적으로 그 두 개념을 구분해 사용했다. 말하자면 채러티와 필란트로피 중 하나인 채러티에서 시작하여, 다른 하나인 필란트로피로 진행해가는 개념으로 파악하였고 최종적으로는 둘 모두를 제공하고자 했다. 그들은 당장 채러티적 도움이 필요한 사람에게 도움을 주었고, 그런 연후에 좀 더 심화된 '필란트로피' 프로그램을 통해 자조적인 노력으로 이끌어 갔다. 이와 비슷하게 앞 장에서 소로스의 열린사회재단(Soros's Open Society)이 1990년대 유고슬라비아에서 직접적인 고통과 위협에 대한 채러티적 구호와 그 수요를 충족시키는 것에서부터 시작하여, 필란트로피적 기구의 장기적 발전으로 어떻게 이동해 갔는지를 살펴보기도 했다. 요약하자면, 분석적 차원에서는 기본적인 구분이 종종 유용한 것이 사실이지만, 이 책에서 사용하는 광범위하고도 긍정적인 필란트로피에 대한 개념은 필란트로피라는 우산 아래에 채러티까지를 포괄한다는 점이다.

## 2.2 자발적 기부, 자원봉사, 그리고 결사체

필란트로피 같은 복합적 주제에 관해 한 구절이나 문장, 간략한 정의로 그 의미를 포착하려는 시도가 항상 어떻게 실패로 끝나버렸던가를 우리는 이미 알고 있다. 특히 지나치게 많은 것을 포함하는 것이 어렵다고 판단할 때 면밀한 분석을 통해 세분화하곤 했지만, 이것이 어떤 정의 없이도 할 수 있다는 것을 의미하지는 않는다. 즉 그것은 작동 가능한 정의에 대하여 좀 더 면밀히 따져보도록 시간을 투자해야 함을 의미할 뿐이다. 우리가 내린 정의 안에는 자발적 기부, 자발적 자원봉사, 자발적 결사체가 '자발적 행동'(voluntary action)에 포함된다. 필란트로피(philanthropy)란 포괄적 용어 아래 이들을 함께 모아 놓음으로써 그들 사이의 상호관련성을 강조하고자 한다. 그렇지만 이를 위해 우선 다음 장에서는 이를 분리해서 필란트로피의 세 가지 차원에 대해 좀 더 구체적으로 살펴보기로 하자.

### 자발적 기부(voluntary giving)

자발적 기부는 일반적으로 금전 혹은 소유하고 있는 물품 기부를 의미하는 용어로 사용된다. 잘 알다시피 일부 사람들은 필란트로피와 관계되는 일에 시간과 재능보다는 돈을 기부한다. 그 방식은 걸 스카웃 쿠키를 사주는 것에서부터 좀 더 정교한 형태로 기부약정을 준비하는 것에 이르기까지 다양하다. 기부금은 특정 비영리조직에 바로 주어지기도 하고, 때로는 유나이티드웨이나 지역재단 같은 중개기관을 통하기도 한다. 재력을 가진 사람 중에는 아예 처음부터 자신의 재단을 설립해서 시작하는 사람이 증가하고 있기는 하지만, 기부의 통상적 수단에 만족하지 못하고 새로운 방식을 모색하기도 한다. 예를 들면, 수입 일부를 비영리조직(그리고 사회적 책임투자 사업에만 투자하도록)에 사용하도록 하는

'기부자지정기금'이나 뮤추얼펀드 같은 것이 그런 것이다. 최근에는 일군의 기부자가 모여 자신들의 기부금을 한데 모아 공동으로 의사결정을 하는 '기부 서클'을 만들기도 한다.29

　물품 기부 또한 흔한 일이다. 가장 흔한 것이 일반적으로 겨울철이나 종교적 행사 때 가난한 사람을 위해 의류와 통조림 식품을 기부하는 것이다. 기업은 자신의 생산품을 자주 기부하곤 하는데, 특히 허리케인 카트리나가 발생했을 때 많은 기업의 물품 기부를 통해 그렇게 한 바가 있었다. 이는 모든 기부가 개인에게서만 나오는 것은 아니란 사실을 반증하기도 한다(앞 장에서 우리가 제시한 숫자를 통해 대다수의 기부가 개인으로부터 왔다는 사실을 보여주긴 했지만). 또한 다양한 종류의 재단이 상당한 규모로 자발적 기부를 한다. 특히 재단 기부의 대부분은 가시적이면서 신중하게 결정되곤 하는데 실제로 의미 있는 수많은 행동과 기부, 근본적 사회개혁을 위한 노력이라든지, 혁신적인 전 지구적 개발협력 시도라든지 하는 것 등이 그런 예에 해당한다.

　우리는 난민 같은 낯선 이들에게도 자주 기부하기도 한다. 그러나 도움이 필요한 모든 낯선 이가 해외에 있는 것도 아니고, 그 모든 사람이 난민인 것도 아니다. 실제로 기부한 것 중 아주 적은 부분만이 해외로 나가 자국 시민이 아닌 자를 돕기 위해 사용되고, 나머지 대부분은 국내에, 특히 '지역사회'를 위해 사용된다. 우리가 내는 세금 중 가장 큰 부분은 국가의 비용으로 지출되며, 우리가 자발적으로 기부한 것은 지역사회 내에 머무는 것이 일반적이다. 제퍼슨(Jefferson)과 에머슨(Emerson) 등등의 사람들이 언급했듯이, 가장 현명한 기부는 우리가 가장 잘 아는 그런 것에 대해서 하는 것이며, 그런 것은 보통 우리에게 가장 가까운 곳에 있다.

　금전 기부는 대부분의 서비스 기부와는 달리, 보통 원격지에서도 안전하게 할 수 있다. 그러나 대부분의 사람은 금전과 서비스 두 가지를 모두 기부한다. 일반적으로는 서비스 기부, 즉 자원봉사활동이 금전 기부로 연결되는 경우가 그 반대의 경우보다 더 흔하지만, 두 가지가 다양한 이유로 서로를 견인하는 것은 분명하다. 이는 다수 학자에 의해 확인되고, 다수 모금가의 경험에 근거한다. 즉 특정 그룹과 그 그룹의 사명에 공감하고 그룹의 구성원과 관계를 맺게 되면 해당 그룹에 기부할 가능성은 훨씬 높아지고 더 많은 기부를 하게 된다는 사실을 모금가들은 인지하고 있다. 또 한 연구에 따르면 미국 내에서 공감을 통한 가계의 자발적 금전기부액이 비자발적인 경우보다 두 배 이상 많다고 보고하기도 했다.30

아울러 종교적 자원봉사활동에 정기적으로 참여할수록, 청소년기에 기부나 자원활동에 참여할수록, 부모가 관대할수록, 대학교육을 포함한 교육의 정도가 높을수록, 기혼자일수록, 아이들이 있을수록, 미래에 돈이 충분하지 않을까 걱정하지 않을수록 자선적 기부를 더 많이 한다는 조사보고도 있다.31 그리고 너무나 자명한 것이기는 하지만, 사람들은 단체의 사명이나 대의에 대한 신뢰가 깊으면 깊을수록 자주 기부한다는 사실을 기억할 필요가 있다.

그럼에도 불구하고 좀 냉소적인 독자는 기부란 것이 부분적으로는 세제 혜택이 유인 작용을 하며, 최소한 기부에 대한 세금공제를 허용한 국가에서 주로 이뤄진다고 할 수 있을 것이다. 물론 그런 점이 없다고는 할 수 없다. 많은 미국인이 실제로는 세금공제(그리고 비영리에 대한 세금면제)가 어떻게 작동하는지 분명하게 알지는 못하지만, 자선적 기부와 관련된 기록을 잘 보관해 절세를 할 줄은 안다.32 이 주제와 관련된 미국의 대부분의 연구는 자선적 기부에 대한 세금감면이 기부 여부의 '의사결정'에 영향을 주지는 않는다는 것, 단지 그것이 '기부 금액'의 크기에 영향을 줄 뿐이라는 사실을 보여준다. 즉 세금 보고시 세금공제 내역을 항목화하여 별도의 명세서를 제출하는 사람이 그렇지 않은 사람보다 적어도 1/3 이상을 더 기부한다는 사실은 이를 반증한다.33

그렇지만 기부 이유를 조사했을 때 기부자들의 통상적인 답은 놀랍게도 아주 단순했다. 즉, 자신에게 단지 기부 요청이 있었기 때문에 기부했다고 대답했던 것이다.34 기부 요청 그 자체가 지금은 규모도 커지고 매우 정교하고 복잡한 비즈니스가 되었지만, 결국 요청의 문제다. 많은 사람이 요청받았을 때만이 금전이나 물품을 기부한다. 비록 우리 대부분은 기부 요청을 너무 자주 그리고 끊임없이 받는다고 불평하면서도 기부하지 않은 것에 대한 가장 흔한 해명(혹은 핑계)은 요청받지 않았기 때문이라는 것이다.*

---

* "요청하라"는 것이 모금의 기법, 방법 등을 서술한 안내서에서 제시하는 제일 원칙이다. 이와 관련하여

## 자발적 봉사활동(voluntary service)

자발적 봉사활동은 미국인의 삶에 중요한 측면이다. 즉, 서비스를 제공하는 사람이나 서비스를 받는 사람 모두에게 마찬가지라서 사회적 차원에서 중요성을 갖는다. 따라서 봉사활동의 내용은 다양한 행위로 이뤄진 거대한 집합체라 할 수 있다. 병원 복도로 재활전동차를 밀어주는 캔디 스트라이퍼(Candy Striper)*에서부터 소규모 비영리조직의 세무 컨설팅을 위해 시간을 기부하는 회계사에 이르기까지, 시각장애인을 위해 녹음 봉사를 하는 대학생 자원봉사자에서 가정폭력에 대한 상담서비스를 수행하는 저명인사에 이르기까지 거의 모든 내용을 포괄한다. 이외에도 자원봉사활동가는 유나이티드웨이를 위한 모금, 산책로 복구, 아프리카의 마을협동조합 개발, 토네이도 희생자에게 보낼 의복 선별, 교육정책 혁신과 토론을 위한 웹사이트 개발 등 실로 다양하다고 할 수 있다.

자발적 봉사활동은 오로지 인간 자원(human resource)에, 시간과 당사자 스스로에 의존적이기 때문에 금전이나 물품을 기부하지 않는다고 해서 문제가 되지는 않는다. 시간은 금보다 더 귀중하다고들 한다. 그리스 철학자 테오프라스투스(Theophrastus)는 "시간이야말로 사람이 쓸 수 있는 가장 가치 있는 것이다"[35]라는 경구로 잘 알려져 있기도 하다. 바로 그 점 때문에 자원봉사활동은 금전의 기부보다 더 너그럽고 관대하다고 할 수 있다. 그러나 실제로 많은 경우 친밀감을 나타내는 말과 행동, 우정이 절실한데 그렇지 못할 때, 초라한 대체물로서 금전 기부를 선택하게 된다. 무한한 동정심과 인내심을 가지고 죽어가는 사람의 병상을 지키는 사람에게 어떤 사람이든 깊은 감명을 받게 된다. 더구나 이들이 가족이나 친구의 연이 없었다면 특히 더 그러할 것이다. 그들이야말로 조용한 동료애라는 자발적이고 가치 있는 선물, 따뜻한 육체의 실존적 선물을 준 것이다. 물론 자신의 시간을 기부하게 되면 다른 것들 즉 가족, 친구, 레크레이션, 휴식, 명상 같은 것에 쓸 수 있는 시간이 줄어들 수밖에 없다. 서비스를 기부하는 것, 즉 자원봉사활동을 하는 것은 개인적으로 대의에 참여하는 것을 의미한다. 이는 곧 그들의 편익을 위해 타자의 삶에 개인적으로 간섭하

---

Kim Klein, *Fundraising for Social Change*(번역본, 『모금이 세상을 바꾼다』 제7판)가 참고된다.
* 병원에서 봉사활동을 하는 10대 여성자원봉사자를 통상 가리키는 말.

고 참여하는 것이기도 하다.

자발적 봉사활동은 너무 다양해서 일일이 열거하기 쉽지 않지만, 두 가지 큰 제목, 즉 개인으로서 타인에게 하는 봉사활동과 지역사회에 대한 봉사활동으로 분류할 수 있다. 도움을 필요로 하는 타인에 대한 자발적 봉사활동 ─ 도움 받지 못하면 분명히 심각한 결과에 처하게 될 사람을 돕는 한 개인을 생각해 보라 ─ 이야말로 필란트로피의 가장 기본적 형태라고 많은 사람들이 생각한다. 이는 가장 직접적이고 사적이며, 자기 고백적인 ─ 그래서 가장 의욕적일 수 있는 ─ 형태의 봉사활동이라 할 수 있다. 지역사회에 대한 봉사활동은 고통과 빈곤을 완화하는 데 초점을 두지만, 그것은 또한 적극적으로 삶의 질을 향상시키는 것이 될 수도 있다. 예를 들어, 지역사회에 대한 봉사활동은 해변의 쓰레기 줍기와 같은 것을 할 수도 있지만, 서로 갈등하고 있는 집단을 화해시키는 것일 수도 있다. 궁극적으로 지역사회에 대한 봉사활동이란 개인 혼자만의 힘으로는 결코 할 수 없기 때문에 자발적 봉사활동은 자발적 결사체 활동과 긴밀하게 연결될 수밖에 없다는 사실을 기억해야만 한다.

사람들이 자원활동을 하는 이유도 기부를 하는 이유와 비슷하다. 요청을 받았기 때문이라는 것이 가장 일반적으로 거론되는 이유인데, 한 연구는 자원봉사활동을 요청받은 젊은이 중 93%가 그것을 하였고, 요청받지 않은 경우에도 어떤 식으로든 자원봉사를 하기는 했지만 그 비율은 24%를 넘지 못했다는 사실을 발견했다.36 청소년기에 자원봉사활동의 경험, 종교적 참여나 단체의 회원이 되는 일 등도 더 많은 자원활동을 독려하는 원인이 되며 대학에 재학하는 것도 자원봉사활동에 의미 있는 효과를 미치는 것처럼 보인다. 남성보다도 여성이, 독신자보다 기혼자가 더 많이 자원봉사활동을 한다. 또한 고령의 은퇴자, 혹은 '일할 필요가 없는' 사람이 자원봉사활동 인력의 대다수를 차지할 것이라는 고정 관념에도 불구하고, 이 연구보고서는 직장을 가진 사람이 없는 사람보다 오히려 더 많이 자원봉사활동에 참여한다는 점을 보여준다.37

그렇지만 또 다른 한편으로, 자발적 봉사활동에 대한 비판이 존재한다는 사실을 기억해야 한다. 어떤 점에서는 '자원봉사활동' 혹은 '서비스'란 단어는 상호 존중보다는 우월적 지위를 내포하고 있다. "내가 너를 도우러 왔다"는 식은 엘리트주의자로 배척될 수도 있으며, 자신의 도움에 대해 자화자찬하는 사람은 다른 사람이 무엇을 원하는가보다 자신이 해야 할 것에만 초점을 맞추기 쉽고 이는 곧 구설수에 오르게 된다. 이런 비판이 물론 새로운 것은 아니다. 19세기 후반에 영국과 미국에서 소위 '친절한 방문'(friendly visiting)이라 하여 가난한 집에 가정방문을 했던 상류계급 부인들에게도 동일한 종류의 맹렬한 비판이 쏟아졌던 일이 있었다. 그 당시 그들은 자신들의 방식과 충고가 가난이라는 질병을 고치는 데 도움을 줄 수 있을 것이라고 기대했었다. 자발적 봉사활동과 관련된 또 다른 비판은 모든 사람이 자신들이 선호하는 대의에 시간과 돈을 기부할 여유가 있다고 암묵적으로 전제하는 것이다. 가난한 사람은 소득이 있는 계층 사람만큼이나 공식적 조직에서 자원봉사활동을 하지는 못하지만, 자신이 가진 유일한 것으로서 시간을 자선적 목적으로 기꺼이 기부하는 것이다. 많은 사람에게 시간은 자신이 기부할 수 있는 유일한 것이라는 점을 기억해야 한다.

### 자발적 결사체(voluntary association)

필란트로피에 대해 우리가 내린 정의는 수많은 비공식적인 기부와 봉사활동을 포괄하지만, 이 책은 주로 조직화되고 체계적인 자발적 봉사활동과 자발적 기부에 대해 언급한다. 이렇듯 조직화된 형태의 자발적 행위를 위한 수단이 바로 자발적 결사체이며, 이는 작은 풀뿌리조직에서부터 크고 관료화된 비영리단체에 이르기까지 필란트로피라는 목적을 가진 일련의 그룹을 지칭하는 넓은 의미로 사용할 수 있을 것이다.38

많은 필란트로피 활동이 조직 없이는 이뤄질 수가 없다. 자발적 결사체를 통해 조직화된 필란트로피는 개별적인 개인의 노력에 지렛대 역할을 한다. 만약 결사체가 없었다면 고통의 짐을 완화하는 데, 혹은 필요하거나 바람직해 보이는 개선을 효과적으로 실행하는 데 개인만으로는 수행하기에 역부족이었을 것이다. 개인이 노숙자에게 음식을 제공하거나 숙박할 장소를 위해 몇 푼의 돈을 내놓는 것은 가능하다. 그러나 개인이 몇 달에 걸쳐 노숙자 쉼터와 숙식을 제공하면서 수십 명의 가족들의 각종 욕구를 챙겨주기는 불가능하다. 만약 한 개인이 지구 반대편에서 일어난 쓰나미로 고아가 되어버린 난민캠프의 배고픈 어린이와 관련된 TV방송을 보고 동정심을 느껴 그 어린이에게 돈을 기부하거나 개인적 도움을 주기를 바란다면, 중간에서 이를 효과적으로 수행하고 조정하는 조직을 통해서만 가능할 것이다. 또한 혈액, 장기조직을 가장 필요로 하는 사람들에게 제공하는 것은 이를 조정해주는 기구나 조직이 없이는 불가능할 것이다.39

토크빌이 잘 지적했듯이, 미국인들은 "끊임없이 결사체를 만들고 있는" 것처럼 보인다.40 또한 앞에서 언급한 것처럼, 결사체야말로 잘 작동하는 민주주의에 필수불가결한 존재라고 토크빌은 강력하게 주장했다. 결론적으로 결사체는 조직화된 필란트로피를 가능하게 하는 것일 뿐 아니라, 민주주의를 가능하게 한다.

필란트로피조직도 여러 가지 점에서 여타 다른 타입의 조직과 유사하다. 즉 조직은 자원이 필요하며, 조직의 사명, 목표와 목적을 가져야 한다. 조직은 경영되어야 하고, 성공과 실패를 평가할 수 있는 수단을 가져야 한다. 필란트로피조직의 목표와 사명은 정부기관이나 기업과는 다를 수 있지만, 이들 자발적 결사체를 경영하고 관리하는 원칙은 큰 차이가 없다.

모든 조직처럼 자발적 결사체도 다양한 범위에 걸쳐 활동을 한다. 필란트로피 프로그램을 운영하거나, 조직 구조와 문화를 만들고 유지하며, 변화하는 환경에 맞춰 개혁하고 적응한다. 최근 이러한 일련의 특별한 형태의 자발적 결사체, 예를 들어 새로운 혼종(hybrid)이라 할 수 있는 수익을 창출하는 필란트로피조직을 비롯하여 다양한 형식이 출현하고 있다.

자발적 결사체의 성공 비결, 필란트로피 행위의 진정한 시금석은 기부나 서비스가 아니라, 모금에 의해 좌우된다. 미국과 세계의 여러 다른 나라 간에 필란트로피 활동과 관련된 주된 차이는 조직화된 모금의 규모와 효과성이다. 전체적으로 보자면 모금에 관한 한 세계의 다른 어느 곳보다 미국이 가장 발전되어 있다. 우리가 미국 모금의 수준과 범위를 고려할 때 미국의 필란트로피가 독특하다고 주장하는 관찰자들은 그래도 목표기준에 가장 가까이 근접해 있는 사람일 것이다. 많은 미국인뿐 아니라 전 세계를 통해 많은 사람이 모금은 기껏해야 필요악이고 최악의 경우 품위를 떨어뜨리는 우둔한 행동이라고 생각한다. 그러나 그들은 모금이 품격을 높이고 자력화한다고 전혀 생각하지 않으며, 모금이 필란트로피조직의 품격을 떨어뜨리기보다는 오히려 사명의 확인 과정이라는 사실에 대해서도 전혀 생각하지 못한다.

조직화된 필란트로피 행위를 이야기하면 과거 수세기에 걸쳐 필란트로피 — 기부, 자원봉사활동, 모금 등 — 분야가 상당 부분 전문화되어 왔다는 사실을 마주치게 된다. 금전과 자원활동을 통해 서비스를 제공하는 사람, 그것을 제공받는 사람만이 있는 것이 아니라, 타인을 돕거나 혹은 타인을 도울 수 있도록 도움을 주는 일을 직업으로 하는 많은 사람이 존재한다. 이들은 필란트로피를 위해 산다기보다는 필란트로피에 의지해 살며, 막스 베버가 언급한 특징대로 다른 전문가들처럼 기술을 연마하고, 전문화된 지식을 쌓아 그들 나름의 작업 표준을 만들어 왔다.41 모금가로 활동하는 개인이나 혹은 모금 회사뿐 아니라 모금가와 모금회사의 협회도 있으며, 개인재단, 공공재단, 지역재단, 가족재단도 있고 재단연합회도 있다. 부자들의 자선적 기부 전반에 대해, 기부관련 세제 및 세금에 대해 조언을 해주는 전문가도 있다. DM광고 계획을 세워주는 사람도 있고, 헌옷의 기증을 위해 전화 요청을 해주는 사람도 있다. 전문 입양 그룹이 있는가 하면 어린이를 위한 의료서비스 또는 여름 캠프, 컴퓨터에 쉽게 접할 수 있도록 도움을 주는 전문화된 그룹도 존재한다. 아울러 워싱턴이나 각 주의 수도에서 비영리조직을 위해 전문적 로비활동을 하는 로비스트조차도 우리가 정의한 필란트로피부문에 포함된다.

## 2.3 필란트로피와 세 부문으로 이뤄진 사회

### 파일러위원회*와 세 부문 사회의 개념

지금까지 필란트로피에 대한 기본적 정의와 일반 개념의 핵심적인 요소에 대

---

\* 1973년, 필란트로피를 비롯한 미국 사회에서 민간부문이 차지하는 역할을 연구 조사하고, 자발적 기부의 증진 방법을 모색할 목적으로 만들어졌다. 순수 민간기구로 John D. Rockefeller III세를 비롯하여 Wilbur D. Mills, George P. Shultz, William E. Simon 등 종교계, 노동계, 관계, 재계, 문화계 인사들이 참여함으로써 다양한 시민사회의 경험과 의견을 구하고자 했다(Wikipedia).

해 살펴봤다. 이제부터는 이러한 토대 위에서 '세 부문 사회'(three sector society)라는 개념에 대해 탐색해보기로 하자. '세 부문'이라는 이미지는 미국에서 가장 뚜렷하게 나타나지만 약간 변용하면 다른 민주주의 사회에도 적용할 수 있다.

필란트로피는 미국 사회를 형성하는 데 두드러진 역할을 해 왔다. 그럼에도 불구하고 필란트로피의 규모와 역할, 필란트로피부문이 다루고자 하는 사회적 이슈의 중요성에 주목하고 미국을 세 부문으로 이뤄진 사회로 서술하기 시작한 것은 고작 30년 전의 일이다. 세 부문 사회란 정부(제1섹터), 시장(제2섹터), 그리고 필란트로피(제3섹터)로 이뤄진 사회를 말한다. 정부와 시장의 밖에 존재하는 공적, 자발적인 활동을 인정할 필요성이 대두되었고, 존 D. 록펠러 3세(록펠러의손자)의 제안으로 전국규모의 위원회가 설립되었다. 그것은 이미 잘 알려진 '사적 필란트로피와 공적 수요에 관한 위원회'(The Commission on Private Philanthropy and Public Needs)이고 위원회의 의장인 존 파일러(John Filer)의 이름을 따서 파일러위원회(Filer Commission)로 명명되었던 것이다.

1975년에 파일러위원회의 개척자적인 보고서는 종전의 공적/사적이라는 이원론으로 미국 사회를 대별해서 설명하던 것에 새로운 관점을 제시했다. 보고서는 『미국의 기부』(Giving in America)로 이름 붙인 1권의 요약본과 그에 부수되는 5권의 연구보고서로 구성되었다.42 아울러 이에 더해 도니 그룹(Donee Group)으로 알려진 반대 그룹에 의해 또 다른 보고서도 만들어졌는데, 파일러위원회의 결론이 소수자 및 또 다른 의견을 무시했다는 점, 그리고 행동주의적 실천과 애드보커시 활동에 대한 지원이 필요하다는 점을 강조했다.43

반대 의견과 함께 위원회의 특정 제안은 현재 정책에도 분명 일정한 영향을 미쳐왔고 앞으로도 그 영향은 단순한 역사적 관심 이상으로 지속될 것이다. 즉 위원회의 성과는 결코 과소평가 되어서는 안 될 지속적인 기여를 하고 있으며, 그 의미를 다음과 같이 두 가지로 정리해 볼 수 있다.

첫째로 위원회는 기부와 자원봉사활동을 가능하게 하는 조직에 대한 확장된 지식의 토대를 발전시키는 데 기여했다. 또한 미국 필란트로피의 규모와 범위가 어느 정도인지를 생생하게 드러내는 데 큰 기여를 했다. 또한 이러한 인식은 민주주의가 무엇을 의미하는지에 대한 이해를 심화시키기도 했다.

둘째로 위원회는 미국의 이미지를 세 부문 사회로 만들어 갔으며 이전에는 애매하거나 거의 감춰졌던 차원이 '제3섹터' — 공적이지만 비정부적, 필란트로피적 차원 — 라 명명되었다. 이런 식으로 위원회는 제3섹터라는 개념, 세 가지 부문이 가진 차별성과 유사성, 그리고 세 부문은 서로 어떻게 상호작용하며 영향을 주는지에 대해 새로운 관점을 제안했고, 이는 스스로를 단일 사회로 생각했던 우리의 사고방식을 바꾸는 데 큰 기여를 했다. 위원회 스스로도 다양한 필란트로피 활동을 제3섹터라는 범주 아래 묶는 것이 바람직하고 유용하다는 점을 제시했다. 물론 앞에서 언급한 것처럼 '제3섹터'란 용어의 용법에 대해서는 아무런 합의도 없었고, 전체를 '섹터'라는 비유를 통해 설명하는 것이 중대한 한계가 있는 것 또한 사실이다.44 그러나 그럼에도 불구하고 우리는 세 부문 사회로 단순화된 미국(그리고 다른 민주국가)이라는 개념이 유용하다고 믿는데, 그 이유는, (1) 그 동안 무시되어 왔던 제3섹터의 중요성을 강조한다는 점, (2) 필란트로피라는 다양한 행동을 하나의 단일 범주 아래 용이하게 개념화한다는 점 때문이다.

## 세 개 부문의 특징

어떤 종류의 조직을 제3섹터에 속하는 것으로 분류하는지, 세 개 부문에 속하는 각각은 어떤 특징을 갖는지 좀 더 구체적으로 살펴보면 이 책에서 제시하는 필란트로피의 정의와 제3섹터 개념은 잘 맞아떨어지게 된다는 것을 알게 될 것이다. 이를 통해 우리는 필란트로피 행동과 조직의 공유된 특징을 확인하고자 하는 목표에 좀 더 접근하게 될 것이다.

우선 필란트로피라고 부르는 것과 관련된 단체 리스트에 어떤 종류의 것이 포함되어야 하는지 생각해보자. 구세군, 하버드대학교, 엠네스티인터내셔널 등은 모두 리스트에 있겠지만, 공화당, 웨스트포인트 사관학교, AT&T 같은 것은 리스트에 없을 것이다. 공영방송국(NPR, National Public Radio)은 리스트에 있겠지만, CBS는 없을 것이다. 가톨릭구제회는 있겠지만 국제개발협력처는 빠지며, 엑손모빌사와 '세계의 수퍼마켓'이라 불리는 아쳐 다니엘 미드랜즈(Archer-Daniel-Midlands)는 둘 다 없을 것이다. 마찬가지로 YMCA는 있지만 힐튼호텔 역시 없는 것은 당연할 것이다.

그렇다면 리스트에 있는 조직은 공통적으로 무엇을 갖고 있으며, 어떤 유사성이 가장 중요한 것일까? 면세 자격이 핵심적인 것일까? 이익무분배(nodistribution)라는 제한성일까? 시에라클럽(Sierra Club)*과 기독교연합(Christian Coalition)의 이상한 조합이 '필란트로피'란 깃발 아래 함께하는 것이 왜 이해가 되는지? 그리고 그들을 외견상 자연스럽게 서로 잘 어울릴 것 같은 '정부'부문의 '환경보호국'(Environmental Protection Agency)과 '시장'부문의 대형 기독교 출판사인 조더반(Zondervan)과 분리하는 것을 이해할 수 있는지?

물론 그렇게 구분 짓고 분류하는 것은 어색하기도 하고 때로는 비생산적이다. 그럼에도 불구하고 필란트로피부문을 다른 것과 비교하고 구분하여, 그 차별성을 분명하게 밝혀내는 작업 또한 매우 중요하다고 생각한다. 왜냐하면 필란트로피를 그 자체만으로 규정하고 설명하게 되면 일반적으로 기업과 정부에 비해 한계성이 있어 보이고 덜 중요한 것으로 생각할 수도 있고, 정부와 기업의 특수한 사례로 간주되어 양쪽으로 쉽게 흡수되기 때문이다. 그러나 필란트로피부문은 몇 가지 방식에서 정부 및 기업과 유사한 특징을 갖는 것은 사실이지만, 세 부문 모두 각각의 사명과 공유 가치가 필요하다. 각 부문 모두가 사회적 조직에 관여하고 있고, 인적 및 물적 자원을 필요로 하며, 각자 나름대로 일정한 과거 경험을 토대로 한다. 그러나 세 부문의 개념은 몇 가지 중요한 방식에서 차별성을 갖는다. 즉 각각은 자신만의 사명과 차별적인 가치를 갖고 있고, 조직의 규칙과 자원은 일정 부분 차이점이 존재한다.

각 부문 간의 차이를 뚜렷하게 부각시키려면, 필수적이고 결정적인 용어나 개념, 즉 그것 없이는 해당 부문이 존립할 수 없는 그런 발상과 견해를 생각해 보는 것이 유용하다. '정부' 즉 제1섹터는 본질적으로 '권력'에, '기업' 즉 제2섹터는 본질적으로 '부'에, '필란트로피' 즉 제3섹터는 본질적으로 '도덕성'에 관한 것이라는 사실을 염두에 둘 필요가 있다.45 〈표 2.1〉은 각 부문의 정의된 발상과 견해를 포함, 수단과 목적이라는 점에서 서로 다른 유사성과

---

* 지구의 야생지역을 탐험하고 보호하며, 생태계와 자원의 책임 있는 사용을 촉구하고 실천함을 목적으로 1892년에 미국에서 설립된 비영리민간단체로서 현재 미국의 대표적 환경단체이다.

<표 2.1> 세 부문으로 구성된 사회의 부문 간 차이점

| 부문 | 수단 | 목적 | 정의된 견해 |
|---|---|---|---|
| 정부 | 공적 행위자 | 공익 | 권력 |
| 기업 | 사적 행위자 | 사익 | 부 |
| 필란트로피 | 사적 행위자 | 공익 | 도덕성 |

차별성도 비교해 볼 수 있다.

정치는 권력에 의해 정의되며, 제1섹터 즉 정부를 특징짓는 것은 강제력을 사용할 수 있는 합법적 힘이다. 막스 베버가 국가를 물리적 힘을 합법적으로 사용하는 독점적 실체로 정의한 것은 널리 알려져 있다46 이런 힘은 상당한 정도의 책임과 책무성을 동반한다. 따라서 우리를 다스리고 강제할 수 있는 힘을 부여한 자, 즉 선출된 권력에게 많은 것을 요구할 수 있는 것이다. 이 힘은 사적이거나 개인적인 것이 아닌 명백하게 공적인 것이다. 이 힘을 실행하는 수단 역시도 '공적' 행위자다. 힘의 사용의 표면상 목적도 공익을 달성하는 것에 있다. 이런 의미에서 필란트로피부문과 분명하게 다른 정부부문의 차별성은 세금을 부과하는 힘, 징세권을 갖는다는 점이다. 만약 비영리 무료급식소 신규 건축 모금을 위해 지역사회의 모든 노동자의 임금에서 일정 부분을 공제하고자 한다면, 큰 곤란에 봉착하게 될 것이다. 그렇지만 정부가 가난한 자를 위해 음식을 제공하기로 결정했다면, 필요 자원을 만들어 내기 위해 시민을 대상으로 과세할 수 있을 것이다. 그렇다고 해서 필란트로피부문(혹은 시장부문)이 권력 혹은 강제적인 힘에 전혀 관여하지 않는다는 것을 의미하는 것은 아니다. 단지 정부 기관을 특별한 행위의 수단으로 만들 수 있는 그런 정당성, 이를 기반으로 한 합법적 힘과 같은 것을 갖지는 못한다는 사실을 의미할 뿐이다.

기업과 사적부문인 경제적 시장은 재산 혹은 부를 획득하고, 사용하며, 처분하는 권리에 의해 정의된다. 기업의 행동은 사적인 재화 추구를 위한 사적인 행위자에 의해 수행된다. 시장에서 부에 대한 가장 일반적인 척도는 이윤이다. 이는 대차대조표나 연간 재무보고서를 읽는 교육을 전혀 받지 못한 사람들조차도 이들 맨 밑줄, 즉 최종 손익이 표시되는 '맨 마지막 줄'(bottom line)이라고 표현되는 것에 대해 잘 알고 있다. 제2섹터는 이윤을 통해 부를 창출해 가기 때문에 '최종 손익'이란 것에 궁극적인 목표를 둔다. 그러나 그런 부를 보게 되면 얼마나 불평등하게 분배되는지를 마주하게 된다. 왜 특정한 곳에는 축적되는 반면 다른 곳에는 그렇지 않은지. 자본주의 시스템은 부를 창출하는 데는 매우 효율적이고, 때로는 헨리 포드나 폴 게티, 빌 게이츠 같은 사례에서 보듯이, 놀랄 만큼 거대한 개인 재산을 만들어 준다. 그러나 자본주의는 부를 훨씬 효율적으로 창출하고 집중시키기는 하지만 분배는 그렇지 못하다. 모두가 그런 것은 아니지만, 여타 섹터는 부를 재분배한다. 특히 위에 열거한 대부분의 부유한 자선가들은 제3섹터가 제1섹터보다 재분배 역할을 더 할 수 있다는 점에서 선호한다. 요컨대 필란트로피를 극히 단순화하여 부자들의 게임이라 주장하는 비판자에 의해 종종 상기되듯이, 돈과 부가 필란트로피의 중요한 측면인 것은 사실이다. 그렇지만 부는 기업에서만큼 필란트로피에서 결정적인 것은 아니다. 필란트로피는 필요 자원의 상당 부분을 충당하기 위해서 사적부문인 경제적 시장에 의존하는 것이 사실이기는 하지만, 다른 한편 인간사에서 필란트로피를 필요로 하게 되는 요인 중 상당 부분은 바로 시장이 초래한 어둡고 불행한 결과에서 연유한다.

이미 언급한 것처럼, 필란트로피를 정의하는 견해, 즉 결정적인 특징은 그것이 도덕성과 도덕적 행동에 관한 것이라는 점이다. 이 점에 대해서는 약간의 입론적 설명이 필요하다. 왜냐하면 필란트로피가 도덕성에 의해 규정된다고 말하는 것은 일부 사람에게는 불편할지도 모르기 때문이다. '도덕성'(morality)이라는 껄끄러운 단어는 다른 어떤 것들, 말하자면 자발적 행동과는 상반된 것으로 보이는 내숭 떨기, 청교도주의, 검열 따위의 어쩌면 의무적인 행동을 마음에 떠올릴 수도 있다. 그러나 여기에서는 '도덕성'이라는 용어와 도덕적 행동을 특별한 방식으로 사용한다. 첫째로, 앞에 말한 것처럼, 우리 사회의 도덕적 의제 및 해결해야 할 중요한 이슈 그리고 옹호하는 가치를 만들고 추진시키는 데 필란트로피가 어떤 방식으로 기본적인 수단이 되는지에 중점을 둘 것이다. 기본적으로 필란트로피에 대한 이야기는 세상을 좀 더 나은 곳으로 만드는 방법에 대한 도덕적 상상력을 구체화시켜 그것이 제대로 작동할 수 있도록 노력하는 사람과 그런 사람이 모인 집단에 대한 이야기이기 때문이다.

또한 필란트로피란 타인의 편익을 위해 타인의 삶에 자발적으로 간섭하는 일에 관한 것이기도 하다. 우리는 그런 간섭을 도덕적 행위라고 정의한다. 왜냐하면 우선 타인지향적이고 자발적으로 그런 행위를 하기 때문이다. 정부도 가끔은 사람들의 편익을 위해 간섭하기는 하지만, 자발적이 아니라 강압적일 수 있다(공공수도 시스템에서 불소첨가 제도를 생각해 보라). 비록 이것이 자발적 간섭이라고 해도 그 의도가 항상 순수하게 이타적인 것은 아니며, 기본적으로 타인의 편익을 위한 행위만이 그렇다는 것을 말해주는 것이기도 하다. 물론 필란트로피 실천가의 필요와 관심에 기여하기 때문에 필란트로피가 행해질 때도 있다. 그러나 기본적인 도덕적 위치 ─ 그렇지만 어떤 경우에는 자주 그것이 얼버무려지거나 무시되곤 하지만 ─ 는 필란트로피의 편익을 얻는 사람의 필요와 관심이 우선적이라는 것이다. 아울러 도덕적 행동은 자유롭게 선택된다는 의미에서, 그리고 아무런 의무의 감정 없이 그렇게 한다는 의미에서 자발적이다. 즉 옳다고 스스로 판단하는 것을 다른 사람들에게 해주기로 선택하는 것이다. 비록 그렇게 하는 것이 의무라고 느낄 때(우리가 자주 그런 것처럼)조차 자발적 선택이란 것이 작용한다. 결국 필란트로피는 도덕성에 관한 것으로 정의되는데, 비록 도덕적 행동이 그 자체만으로 도덕적 결과를 이루지 못한다고 하더라도 그러하며, 우리가 흔히 경험하는 일이기도 하다.

세 부문에 대한 이러한 정의와 구분은 명확하고 깔끔하게 설명하고 있다기보다는 시사적이고 암묵적이라 할 수 있다. 필란트로피에 대해 처음으로 진지한 학문적 관심을 기울인 학자 중 한 명인 예일대학교 법과대학원의 존 사이먼(John Simon)은 이러한 세 부문 사이의 차이에 주목하는 것을 '국경 순찰'(border patrol)이라고 칭했다. 물론 출입국하는 것과 마찬가지로 필란트로피에서도 어느 쪽에 서 있느냐에 따라 차이가 있을 수 있다. 그런 점에서 사회학자 에비아타르 제루바벨(Eviatar Zerubavel)은 세 부문 사이의 경계에 대해 사회적 그리고 개념적으로 구성한 것이니만큼 사회적 삶 속에 존재하는 '불분명한' 경계선이라 부르기도 했다.47 그것은 상호 침투적이고 많은 사람에게 불분명하며 끊임없이 움직이고 있는 것이기는 하지만, 세상을 이해하기 위해서는 필수불가결한 전제이기도 하다.

이러한 차이점에도 불구하고 부문 사이에는 많은 유사성이 존재함을 이해해야 한다. 필란트로피와 기업부문은 자발적 행동을 하는 사적 행위자와 관련될 뿐 아니라, 두 부문 모두가 기업가적 행동과 혁신으로 동기가 부여되고 그런 바탕 위에서 독려되고 번창한다는 점에서 서로 유사하다고 할 수 있다. 그런 반면에 필란트로피부문은 공익을 달성하기 위한 행위와 관련된 것이라는 점에서 정부와 같다고도 할 수 있다. 그뿐만 아니라 경제학자의 관점에서도 그 둘은 '공공재' — 얼마나 지불했느냐에 관계없이 모든 사람들이 동등한 사용권을 갖는 — 를 제공한다. 또한 기업처럼 제3섹터는 개인의 선택 기회를 제공한다. 즉 스스로 선택해서 채러티(charity)를 '사는' 것이라 할 수 있다. 그러나 기업과는 달리 비영리조직은 시장의 검증을 거치지 않기 때문에 무한정 손해를 야기할 수도 있고, 또한 정부와 달리 다수의 승인을 얻을 필요도 없다. 사실상 마지막 두 가지 점이 필란트로피부문에 대한 통상적 비판과 관련하여 시사점을 제공하기도 한다. 즉 '성공 여부'에 대한 결정이나, 책임을 묻는 방법과 연계된 객관적인 수단 — 수익이나 투표 같은 — 이 존재하지 않는다는 것이다.

세 부문이 끊임없이 상호작용하면서, 협력하고 경쟁도 한다는 것 또한 기억할 필요가 있다. 실제 이런 점이 필란트로피를 정의하고 서술하는 일을 더욱 까다롭게 만든다. 정부는 서비스를 제공하기 위해 필란트로피부문, 기업부문의 '파트너들'에 의지하기도 하지만, 다른 한편으로 정부의 지원은 필란트로피부문 수입의 주요한 원천이기도 하다. 비영리조직은 통상적으로 신뢰성과 효율성을 제공하기 때문에 정부와 기업부문의 훌륭한 협력자로 간주되곤 한다. 즉 그들은 대중에게 가까이 다가갈 수 있으며 사명에 헌신한다. 정부는 예술 또는 과학 연구를 위한 보조금을 통하여 필란트로피조직을 지원하지만, 이와 반대로 기업과 필란트로피부문이 공공정책에 영향을 끼치려 시도하기도 한다. 즉 정부의 정치적, 경제적, 사회적 행동을 제약하거나 독려함으로써 정부의 공공정책에 영향을 미친다. 그리고 필란트로피는 이윤을 추구하는 기업에게도 또한 익숙한 주제다. 엑손모빌사(ExxomMobil Corporation)가 필란트로피기관 리스트에 없을지는 모르지만 이들의 기부는 엑손모빌재단에 대한 기부를 포함하여 세금공제 대상이 된다. '기업 필란트로피' 혹은 '기업사회공헌'(corporate philanthropy)이라는 용어 그 자체가 부문 경계 간의 상호 투과 가능성을 암시한다. 부문 간에는 경쟁이 존재하기도 한다. 비영리조직도 서비스를 '판다' — 예를 들면 가톨릭병원은 가난한 사람을 단순히 돕는 것 이상으로 지불 능력 있는 사람에게도 유상으로 의료서비스를 제공하며, 이것이 비영리조직 수입 중 가장 큰 부분을 차지한다는 점은 잘 알려진 사실이다. 일부 비영리조직은 기업과 정부부문이 판매활동을 하고 있는 바로 그 시장에서 자신의 재화와 서비스를 판매하기도 한다.

많은 관찰자가 부문 사이의 경계선이 어느 때보다도 흐려지고 있다고 믿는다. 즉 정부부문은 점점 더 많은 활동을 비영리부문에 '넘겨주고', 비영리부문은 지속적인 모금을 위해 노력하는 한편 점점 더 상업화의 길로 접어들고 있다. 우리가 부문 간 혼동의 시대에 살고 있는 것은 분명하다. 병원의 경우를 예로 들면, 역할 중 어떤 부분이 정부와 관련되고, 어떤 부분은 수익과 관련되며, 어떤 부분이 비영리와 관련되는지를 구분하는 것이 쉽지 않다는 사실을 인식해야만 한다. 이런 모든 일은 경계선을 완벽하게 긋게 하는 것을 방해는 하겠지만, 그렇다고 해서 필란트로피가 가진 차별성이 무엇인지에 대한 일반적 기준 자체까지 어지럽히지는 않을 것이다.

결론적으로 앞에서 제시한 세 개 부문 모델을 위한 몇 가지 일반적 필요조건을 정리해 보자.

> 1. 필란트로피조직은 정부 또는 기업과 자주 관련성을 갖는다.
> 2. 필란트로피의 실천은 통상적으로 정부 또는 시장과 결부된 행동과 유사하다.
> 3. 정부와 시장도 필란트로피에 대해 관심을 갖고 있다.
> 4. 세 부문으로 이뤄진 사회에서 필란트로피는 사회를 구성하는 데 정부, 시장과 연관되어 있다.

제3섹터, 즉 필란트로피부문은 완전히 순수하다거나 전혀 사적인 관심이 존재하지 않는다고 말하기는 어렵다. 왜냐하면 그것은 하나의 시스템에 통합된 부분이기 때문이다. 정부와 기업, 두 부문에만 관심을 둔 사회, 또는 아무런 상호연관 없이 제3섹터가 독립적으로 존재할 수 있는 사회는 바람직한 사회가 아니다.

## 2.4 자발적? 행동? 공익을 위하여?

필란트로피에 대해 우리가 내린 기본적 정의 각각에 대해 질문과 이의를 제기할 수 있을 것이며, 실제로 그러해 왔다. 필란트로피에 대한 정의를 제시하는 마지막 단계로서 그 내용을 풀어헤쳐서 한 번에 한 요소씩 비판적으로 다시 한 번 점검해 보고자 한다. 선한 일을 행하는 것이 실제로 자발적 선택이라기보다는 도덕적 의무로서 하는 것이 아닐까? 충동적이고, 무계획적이며, 조직화 되지 않은 행동도 의미가 있는가? 진정으로 공익을 추구하고 성취했는지 그 결과를 누가 평가하고 결정하는가? 공익을 위한 자발적 행동이 이뤄지는 것은 어떤 때인가? 간단명료하게 잘 정리된 정의를 원한다면 이들 질문을 피해 갈 수는 없다.

### 자발적

우리가 내린 정의에 의하면, 기술적으로 어떤 행동이 필란트로피적이 되려면 자발적이어야 하는데 그것은 상대적으로 자유롭고 강제되지 않은 행위여야 한다는 의미에서다.48 필란트로피에 기반한 행동은 법률에 의해 명령하거나, 협박이나 기타 다른 형태의 강제에 의한 대응으로 행해지는 것이 아니다. 사람들은 필란트로피조직에 자발적으로 참여하고, 그들이 다른 선택을 하게 되는 경우에는 그곳을 떠날 수 있다. 그러나 필란트로피적 행동을 순수한 의미에서 '자발적'인 것으로만 보게 되면, 우리가 내린 정의는 때로는 좀 불합리하고 불필요하며 지나치게 이상적으로 보일 수도 있다.

여기에서 자발적이라는 것은 아마도 돈을 기부하는 것과 세금을 내는 것

사이에 존재하는 차이를 통해 가장 극명하게 드러날 수 있다. 기부할 때는 자신이 선택하는 것이지만, 세금을 낼 때는 그러한 선택이란 전혀 존재하지 않는다. 세금을 내는 것 같은 공식적 의무를 다하지 못하게 되면 흔히 고통스러운 결과를 가져오게 된다. 즉 자발적 행동의 성격을 갖지 않는 그런 공식적 의무의 행동에는 '그렇지 않으면'이라는 조건하에 부정적 결과가 수반된다. 그렇지만 자발적 행동에 그런 것은 없다.

그러나 모든 자선적, 자발적 행동에 의무가 전혀 없다는 것을 의미하지는 않는다. 자발적 행동은 때로 도덕적 의무로 보일 수도 있다. 예를 들면 여러 종교적 전통에서 가난한 자에게 기부하는 것은 자발적 선택이 아니라 경전에 기록된 모든 신도의 의무로 간주된다. 이는 필란트로피에 필수적인, 그렇지만 상대적으로 온화한 강제형식으로 보일 수도 있다. 예를 들어 종교적 예배에 참여하는 사람이 그렇지 않은 사람보다 많이 기부한다. 그러나 여전히 그것은 강제의 한 형태여서 필란트로피의 '자유로운 선택'이라는 점에서는 흠이 될 수 있는 것처럼 보인다. 그러나 도덕적 의무는 흔히 법과 사업에 관련된 법률적, 계약적 의무와 같은 공식적 의무보다는 덜 구속적이고, 최소한 덜 강제적이다(가끔은 정반대의 느낌을 주는 경우도 있지만). 전쟁, 굶주림, 자연재해의 희생자를 돕기 위해 '무언가를 해야 한다'고 느끼는 사람들은 무언가를 하지 않았다고 해서 처벌받지는 않는다. 비록 필란트로피에 기초한 행동이 강력하게, 어쩌면 피할 수 없는 의무의 느낌을 갖고 행해졌다 해도, 대부분의 경우 선행을 실천하도록 하는 의무를 실행하기 위해 스스로 선택한 것이라면 그것은 자발적이라 할 수 있다. 이 경우 만일 실행으로 옮기지 않았더라도 통상적으로는 그저 부끄러움이라는 대가만을 지불했을 것이다. 그렇지만 일을 하기로 한 것은 스스로 선택한 것이었기 때문이다.

불가피하게 자선적 행위를 하도록 동기 부여 당하거나, 어떤 경우 의무까지 지우는 외부적 영향도 있을 수 있다. 앞에서 언급한 것처럼 일반적으로 언급되는 '기부 이유'에는 자원봉사활동가로서 이미 기부하고 있는 단체에 연관되어 있거나 혹은 단순히 기부를 요청받았을 때가 포함된다. 기부하라는 사회적 압력 또는 동료 간 압력이 때로는 강제적일 수도 있다. 예를 들면, 직장 내에서 기부에 대한 흔히 있는 불평은 그 기부라는 것이 결과적으로 거의 협박에 가깝다는 것이다. 케네스 볼딩(Kenneth Boulding)은 기부와 공물(tribute) 사이의 차이에 대해 서술하면서 후자는 기부로 보이지만 실제로는 독재자 또는 약탈자에게 줘야만 하는 강요된 지출이라는 사실을 강조했다. 그는 이런 생각을 『사랑과 공포의 경제학』(The Economy of Love and Fear)이라는 제목의 작은 책자에서 논했는데 타인의 복지에 대한 애정 어린 관심에서뿐 아니라, 강요된 지출을 따르지 않았을 때 일어날 수 있는 것에 대한 두려움 때문에 돈을 내 줄 수 있다는 사실을 언급했다49

유형적 대가에 대한 기대가 없는 기부라는 점이 필란트로피의 자발적 성격을 특정 지을 수 있는 또 다른 방법이다. 일반적으로 '자발적 봉사활동'이란 재정적 혹은 다른 물질적 보상 없이 시간과 노력을 기부하는 것을 의미한다. 비슷하게 금전(혹은 다른 가치 있는 것을 '현물'로)을 자선적 의미로 기부하는 것도 볼딩의 표현인 '교환 가능품의 일방적인 이전'(one-way transfer of exchangeables)으로 간주할 수 있다. 기부한 자가 받게 되는 '대가'가 있을 수 있지만, 그것은 (시장적 의미에서) 교환 가능품과는 다른 종류다. 즉 칭찬의 말이라든가 혹은 예술전시회의 특별관람권(비매품 티켓)과 같은 것일 수 있다.

일반적으로 자발적 행동이란 개념은 자율성에 대한 호소라는 점에서 강점을 갖지만, 신뢰할 수 없다는 점에서 약점도 또한 갖고 있다. 자발적이란 개념은 약속이면서 위협이다. 즉 내가 행동하는 것은 자유지만 행동하기 위해 나는 결정해야만 한다. 자유로운 인간에게 자발적 행동이란 거의 모든 경우에 의무적인 행동보다는 선호된다. 만약 필란트로피가 갖는 자발적 특징이 상실되거나 심각하게 손상된다면 중요한 무엇인가가 상실되는 것이기 때문에 이는 개인적 자유와 그에 대한 통제력을 상실했다는 것을 의미한다. 그리고 평상적인 삶 속에서 다양하게 우리의 자유를 저해하는 요인이 있게 되는데 이와 동일하게 필란트로피라는 행위를 실천에 옮길 때도 나타나게 된다. 즉, 삶을 살아가면서 다른 행위의 긴급성("내가 지금 하는 여러 일 때문에 나는 바로 자원활동을 할 수 없다") 또는 내가 가진 자원의 부족("내가 기부하고 싶다고 해서 모든 사람에게 줄 돈을 현재 갖고 있지는 않다") 같은 것이 그런 것이다.

결론적으로 필란트로피에 관한 정의에 '자발성'을 너무 두드러지게 포함시키면 분명 곤란한 경우에 놓이게 될 수도 있다는 점이다. 그러나 자발적 행동이 의무적으로 내는 세금이나 가시적 물품의 교환과는 다르다는 사실을 알게되었다. 특히 이는 자발적 행동의 도덕적 차원을 강조하게 될 때 그러하다. 그러나 강제와 '독려의 정당한 형태' 사이에 어디쯤 선을 그어야 하는가와 같은 중요한 질문은 앞으로도 지속되어야만 한다, 또한 자발적인 것의 경계선이 희미하게 된 사례에 대해 주의 깊게 생각해 봐야 한다. 예를 들어, 자신의 삶을 자원봉사활동에 헌신하지만, 종교기관이나 평화봉사단(Peace Corps), 비스터(VISTA), 빈민지구파견봉사단, 아메리코(AmeriCorps)와 같은 국가로부터 약간의 기본적, 기초적 수준의 지원을 받은 사람들을 포함하여 전통적으로 '자원봉사자'라고 정의를 내려 왔다. 그러나 몇몇 사람은 이런 자원봉사자에 대해서는 어쨌든 서비스에 대한 대가를 받았다는 이유로 반대한다. 또한 몇몇 고등학교와 대학에서 졸업의 자격으로 요구하는 '의무적 지역사회봉사' 할당량에 대해서도 같은 종류의 질문이 제기되어왔다. 이런 유형의 봉사활동도 여전히 자발적 봉사활동인가? 그것은 또한 필란트로피적인 것인가? 만약 그것이 젊은이들로 하여금 일생동안 강제되지 않은 자원봉사활동으로 이끌어주었다면 젊은 시절의 의무적 자원봉사활동이 가치가 있는 것일까?

이것은 매우 까다로운 주제다. 그러나 대부분의 경우 자발적 필란트로피 행위는 상대적으로 자유롭고 보상을 받지 않는 비강제적 행동으로 정의될 수 있다. 그리고 숙고가 이뤄진 후, 필란트로피를 실천하고자 하는 결정에 포함되는 한 의무감이나 외부적 영향도 행동하고자 하는 동기의 한 부분이 될 수 있다. 이는 우리가 공유하고자 하는 기대치와도 잘 어울릴 것 같다.

**행동**

필란트로피에 기반한 필란트로피적 행동은 여러 가지 형태를 취한다. 이론적으로 그런 행동에는 즉흥적으로 하는 일, 거의 생각 없이 하는 것까지도 당연히 포함된다. 타인이 짐 가방을 들고 있을 때 그가 먼저 지나갈 수 있도록 출입문을 열어주는 익숙한 행위를 포함하며 (통상적인 예절 혹은 허물없는 친절은 필란트로피의 한 형태다), 매우 드물기는 하지만 홍수가 난 강에서 낯선 사람을 끌어 올려주는 일도 이에 포함된다. 그러나 우리가 이야기하고자 하는 대부분의 행동은 좀 더 조직화되고 공식적인 것들이다.

즉흥적이든 미리 계획된 것이든 다른 사람의 직접적인 고통을 완화시키는 연민의 행동 — 착한 사마리아인의 행위 같은 것 — 은 많은 경우 가장 근본적인 필란트로피적 행동으로 간주된다. 그렇지만 또 다른 종류의 많은 행동도 마찬가지로 공익을 위한 자발적 행동이라는 정의에 포함된다. 지역 걸스카우트를 후원하는 것에서 자신이 회원으로 있는 가족계획연맹 지부에 기부하도록 친구를 설득하는 것에 이르기까지 다양하다. 필란트로피적 행동은 개인적 행동과 조직적 행동 둘 다를 포함한다. 기부나 봉사를 위한 개인적 행동은 필란트로피에 개인적인 의미를 부여해 주고, 조직적 행동은 의미 있는 사회적 결과와 안정을 가져다준다.

필란트로피적 행동은 또한 전통적으로 봉사활동과 애드보커시활동으로 나뉜다. 물론 이들 이외의 많은 다른 타입의 행동이 있는 것은 물론이다. 봉사활동이 필란트로피적 행동의 고전적 타입으로 생각되기는 하지만, 애드보커시활동도 과거 몇 십 년 동안 계속적으로 두드러진 증가를 보여 왔고 이 또한 긴 역사를 가지고 있다.50 애드보커시활동은 개인 또는 지역사회의 조건을 직접적으로 개선한다기보다는 다른 사람들(이웃, 일반대중, 정부)이 그런 조건을 개선하고자 하는 행동(특히 행동해야만 한다고 주장하는 바로 그 행동을 실천에 옮기도록)을 취하도록 독려한다. 미국의 필란트로피 역사에서 가장 잘 알려지고 존경받는 지도자 중 한 사람인 브라이언 오코넬(Bian O'Connel)은 애드보커시활동이야말로 실제 필란트로피의 가장 중요한 기능이라고 주장한 바 있다.51 의미 있는 사회적 변화를 이루기 원하는 많은 사람이 상반된 정치적 입장의 어느 쪽에서나 모두가 선호하는 방식이기도 하다. 이러한 행동 양식은 때로 개인의 참여로 이뤄지기도 하지만, 더 큰 영향력을 행사하기 위해 통상적으로는 자발적 결사체를 통해서 이루어진다. 실제로 애드보커시활동은 조직된 유권자의 이해관계를 대변하고 홍보하는 경우가 흔하다. 애드보커시는 전통적인 의미에서 실천적 행동이다. 그뿐만 아니라 어떻게 필란트로피가 신념에 대한 것이 될 수 있는지도 보여준다. 즉 견해와 신념을 독려하고 촉진하는 것이 때로는 필란트로피적 행동의 한 형태가 되기도 한다.

필란트로피 행위자는 전통적 혹은 물려받은 행동방식에 적응하고 이를 확장시킬 뿐 아니라, 지속적으로 새로운 형태의 행동을 혁신해 내고 창안한다. 이는 우리가 소위 필란트로피의 '선구자적 역할'(vanguard role)이라고 일컫는 것이다. 집단행동의 새로운 형태 그리고 공익을 위한 것으로 정의되는 사회적 변화를 끌어내는 새로운 수단을 만들어 내는 데 사회운동은 아주 비옥한 바탕이 된다. 그 사례로서 비폭력 시민불복종 전략을 살펴보자. 이 행동 기법은 간디와 그의 제자들에 의해 개척되었다. 그 후 미국에서 민권운동 지도자들이 그 기법을 적용하고 발전시켰는데, 이는 비폭력에 관한 기독교의 가르침과 헨리 데이빗 소로(Henry David Thoreau)와 같은 사람이 보여준 미국의 시민불복종 역사로부터 연유한 것이기도 하다. 그 후 그들은 자신이 가르쳤던 공식화된 훈련과정을 통해 새로운 행동주의자 세대에게 그 기법을 넘겨주었다. 예를 들면 점심 식탁에 허접한 음식이 놓였을 때도 그들의 폭력적 분노를 억누르는 방법 같은 것이었다. 그리고 지금 이러한 고전적 형태의 필란트로피적 행동은 낙태병원에서부터 세계무역기구(WTO)회의에 이르기까지 갖가지 일에 항의하는 운동가들에 의해 채택되고 있다.52 현대 운동단체는 새로운 형태를 고안해 낸다. '플래시 몹' 같은 새로운 행동 양식을 고안해 내기 위해 휴대폰 문자메시지와 같은 기술을 활용하는 것이 그런 예에 해당한다. 좀 더 일반적으로 말해, 접착식 주소 라벨을 부착하는 것에서부터 인터넷에 이르는 기술적 진보가 필란트로피와 관련 단체로 하여금 기부를 요청하고 그것을 사용하는 방식을 바꾸게 했던 것이다. 다시 한 번 강조하자면, 필란트로피 행동은 원래 여러 가지 형식을 통해 이루어지고 기술이 항상 새로운 것을 추가한다는 사실이다.

### 공익을 위하여

자발적 기부, 봉사활동 그리고 결사체. 앞서 살펴보았듯이, 자발적 행동의 요소로서 제안된 것들이다. 그러나 무엇을 위한 자발적 행동인가? 필란트로피 조직의 목표는 공익이라고 말하지만, 어떤 의미일까?

대부분의 사람에게 공익이라는 용어의 사용은 일종의 절대적 선이 존재한다는 사실을, 그리고 확실하게 그것이 무엇인지 안다는 사실을 암시한다. 이런 관점에서 공익은 순수하게 객관적인 기준에 의해 결정된다. 일반적이지 않을지는 모르지만, 순수한 의미에서는 어떤 경우건, 어떤 이슈건 간에 공익에 대해 유일하고도 '정확한' 비전을 성취하기 위해 전력을 기울여야만 한다. 그러나 공익에 대한 이런 이해방식은 문제를 일으킬 수 있다. 필란트로피 행위자에 대한 일반적인 비판 중 하나는 그들이 너무 생색을 내는 데만 열중한다는 것이다. 즉 어떤 의미에서 이는 진정한 공익이 무엇인지를 안다는 주장에 대한 비판일 수 있다. 예를 들어, 인보관운동(settlement house movement)에 참여했던 사람 중 일부는 높은 교육과 특권으로 알려진 소위 상위 고급문화와 같은 것을 통해 교육받지 못한 사람과 함께 공유함으로써 그들을 도와 어려운 환경을 극복할 수 있다는 입장을 취했고 이것이 가장 좋은 방법이라는 생각을 하고 있었다. 현대 사회운동가, 사회사업가들은 사회적 약자를 도와야 한다는 잠재적인 관심에 대해서는 공감했지만, 이런 접근 방식이 품위를 떨어뜨릴 뿐만 아니라 이들을 비하하는 방식 자체가 가부장적이라는 이유로 거부했다. 그렇지만 우리도 이런 잠재적인 관심에 공감하면서 동의한다. 왜냐하면 이렇게 하는 것이 빈곤과 누추함을, 배고픔과 절망을 그래도 감소시킬 수 있기 때문에 그들을 위해서는 좋은 것이라는 이유에서다. 이것이 공익과 같은 것이 존재한다는 사실을 의미하는 것일까?

절대론자의 관점에서 보면 공익은 '이기주의' 혹은 '특별 이익'과는 정반대여서 이런 것들은 배제될 수밖에 없다. 이와 관련해 루소의 '일반의지'(general will)의 의미에 대해 다시 귀 기울여 보면, '일반의지'는 통일된 결합체로서 모두에게 좋은 것일 때만 적용될 수 있으며, 그가 '전체의지'(will of all)라고 불렀던 개인의지의 단순한 집계나 합계는 이에 해당되지 않는다.53 그러나 공공적인 삶 그리고 자발적인 필란트로피 행동의 세계에서 누구 혹은 무엇이 특수 이익을 추구하고, 누구 또는 무엇이 공익을 추구하는지 구분하는 것은 그리 쉬운 일은 아니다. 많은 사람이 미국에서 가장 강력한 '이익단체'라고 생각하는, 과거에는 미국퇴직자협회(American Association of Retired Persons)로 알려졌고 지금은 AARP로 불리는 비영리결사체를 살펴보자. AARP가 노인학 연구를 위한 더 많은 모금을 주창할 즈음 사회 전체 구성원이 아닌 단체의 구성원만을 위한 편익 추구를 지향했다. 그러나 이 연구가 공익을 위한 것이 아니라고 문제 제기하는 사람은 없었다. 왜냐하면 거의 모든 사람이 언젠가는 '노인'이 될 것이고, 그렇게 되면 이 연구는 최소한 사회구성원 모두에게 혜택을 줄 수 있기 때문이다. 그렇지만 AARP는 관례대로 '특수 이익집단'으로 불리며, 그것이 추구하는 정책 목표는 공익보다는 자기 이익을 위한 것이라고 공격을 받는다. 우리는 이를 어떻게 이해할 것인가?

제임스 메디슨(James Madison)은 그의 『연방주의론』(Federalist Papers) 중 유명한 열 번째 에세이에서 '분파'를 "일반적인 열정의 충동 혹은 이해관계에 의해 통일되고 작동되는, 다른 시민의 권리 혹은 자기 지역사회의 항구적이고 총체적인 이해관계에 적대적인 다수 시민들"로 정의한다.54 이 정의의 앞부분은 '자발적 결사체'라는 우리의 설명에 잘 들어맞지만, 뒷부분은 분파란 것이 공익에 반하여 작동하는 자발적 결사체라는 것을 암시한다. 그러나 마틴 마티(Martin Marty)가 지적하는 것처럼, 일부 분파 — 마티의 예는 민권운동 그룹이다 — 는 특정 욕구와 이해관계를 공유한 사람의 집합체이면서 아울러 평화와 정의 그리고 '모두의 선을 위한 자유와 권리의 필연성'을 위해 일하는 그룹이란 것을 메디슨은 고려하지 않았다.55

경제학자들은 공익에 대한 또 다른 사고를 한다. 즉 '공공재'와 관련하여 재화의 기술적 특질에 초점을 맞춰 정의를 내린다. 공공재란 '불가분'하거나 '비경합적' — 한 사람의 사용이 다른 사람의 사용을 감소시키지 않는다는 의미에서 — 이며, '비배제적' — 누구든지 재화의 제공과 상관없이 해당 재화로부터 편익을 얻을 수 있다는 의미에서 — 인 재화다. 분명히 이런 종류의 재화는 정부부문과 마찬가지로 필란트로피부문이 제공하게 된다. 공공라디오방송 같은 공공재는 필란트로피부문과 정부부문에 의해 공동으로 제공되고, 국방과 같은 또 다른 공공재는 오직 정부부문만이 적절히 제공할 수 있다. 이는 '경제적 인간'(homo economicus)이 사는 세상에서 더 잘 이해되는 사익만이 아닌 공익을 위한 자발적 행동이라는 좀 이상한 현상의 존재에 대한 경제학자들의 주된 설명의 기초가 되기도 한다. 간단히 말하자면, 다양하고 복합적인 이유 때문에 시장과 정부가 특정 공공재에 대해 최적량을 제공하는 데 실패하기 때문에 공익을 위한 자발적 행동이 존재하는 것이라고 경제학자는 설명하는 것이다.56

또한 경제학자들은 공공재에 대한 이런 표준화된 관점을 토대로 한 사회가 적절한 공공재를 생산하고자 할 때 직면하게 될 내재적 문제를 제시하기도 한다. 일부 사람은 생산 과정에 기여했는지에 관계없이 해당 재화로부터 혜택을 누릴 수 있는데도, 즉 '무임승차'를 하기만 하면 되는데 왜 공공재 생산을 돕는 것일까? 이웃 가족이 모금캠페인에 아무 기여도 하지 않았는데 마을공원을 사용할 수 있는 경우 지역사회 공원을 위한 모금이 어떻게 가능할까? 맨커 올슨(Mancur Olsen)은 잘 알려진 '무임승차 문제'로 이를 잘 요약했다. 이런 문제를 극복하는 방법으로 사람들에게 '선택적 인센티브'(selective incentives)를 제공하여 그들로 하여금 공익을 공급하는 데 기여하게 하는 방법을 제시했다. 예를 들면 공공라디오에 기부하도록 유도하기 위해 고급 잡지 혹은 멋진 토트백을 제공하는 것 같은 방식이다.57 경제학자들의 입장에서 보자면, 선택적인 인센티브는 사람들로 하여금 공익을 위해 지속적으로 기부하게 되는 현상을 잘 설명해 줄 수 있다.

토트백이나 또 다른 인센티브가 상당수 사람으로 하여금 공익을 위한 자발적 행동에 참여하게 되는 이유를 잘 설명해 주는 것은 사실이지만, 또 다른 설명, 즉 무임승차를 하지 않겠다는 사람에게 공익 그 자체에 대해 호소하는 것 또한 무시되어서는 안 된다. 아마도 그런 유형의 사람들은 해당 단체의 사명에 공감하기 때문에 공익을 제공하는 데 도움이 되기 위해 자발적으로 기부한다. 이 점은 공익을 위한 필란트로피적 행동이 갖는 도덕적 차원을 다시 강조한다. 게다가 단지 '재화'가 갖는 단순한 기능적 특징을 넘어서는 공익에 대한 좀 더 보편적 관점이 이들 분야의 다양성을 더욱 잘 아우를 수 있을 것이라고 생각한다.

끊임없이 토론되고 논쟁되는 이상으로서 공익을 생각하는 것이 가장 유용하다. 그것은 행동을 통해 추구될 뿐 아니라 토론하고 논쟁할 만한 가치가 있는 포부이자 열망이지 미리 주어진 고정된 달성기준과 같은 것은 아니다. 필란트로피적 행동은 누군가가 가진 공익에 대한 비전을 구현하는 행동이다. 그것은 행위자 입장에서 어떤 식으로든 공익을 위한 것으로 생각되는 무언가를 실행하고, 주창하거나 또는 제공한다는 목적을 가진 자발적 행동이다.

이러한 공익적 사명은 겉으로 뚜렷이 드러나는 것이기보다는 암묵적일 수 있고, 우리가 짐작하는 것보다 더욱 논쟁의 대상이 될 수 있다. 보편적 공중을 위한 보편적 편익을 가진 이상이라기보다는 그 범위가 제한적이다. 그것은 흔히 다른 의도, 즉 스스로를 선하다고 느끼기 위한, 지역사회에서 자신의 이름을 드러나게 하기 위한, 혹은 세금 감면을 받기 위한 갈망 속에서 선한 행동을 보여주고자 하는 '이기적' 의도와 결합되기도 한다. 그리고 공익을 위해 계획된 행동이 모든 경우에 좋은 결과로 나타나지 않을 수도 있다. 연휴 기간 즈음 구세군의 자선냄비에 돈을 넣는 것 같은 널리 칭찬받고 상대적으로도 악의 없는 필란트로피적 행동은 때로 공익에 기여하지 못하거나, 장기적으로는 '공공의 불편익'(public bad)으로 귀결될 수도 있는 비효율적인 방식이라고 비판받는다.58 그러나 설사 거기에 약간의 이기적 요소가 포함되었다 해도 중요한 기준은 행위자가 그것을 공익을 위한 행동으로 생각하는지 여부이다.59

이런 관점은 기업사회공헌이 부분적으로는 '계몽화된 자기이익' — 즉 기부를 통해 해당 기업이 지역사회에서 좋은 이미지를 유지하고자 하거나 미래의 종업원을 교육시키고자 한다 — 에 의해 동기 부여된 것임에도 불구하고, 그것을 필란트로피의 정의에 포함시킬 수 있는 이유다. 몇몇 비판은 기업사회공헌이 위선적이거나 고의적인 속임수 혹은 둘 다 해당한다고 노골적으로 주장하지만, 우리의 접근방식은 실제로 자기이익에 의해서만 동기 부여된 것인지 혹은 그것이 속임수인지에 초점을 맞추는 것이 아니라, 기부를 실천하는 기업이 교육과 같이 유익한 공공의 목적에 기여하기 위한 기부에 대해 어떻게 생각하고 있는지에 초점을 맞춘다. 물론 여기서 교육이란 것도 또한 기업의 자기이익을 위한 것이라고 할 수 있지만 말이다.60 다른 식으로 말하자면, 공익을 위해 행동하는 것이 곧 이타적으로 행동한다는 것과 반드시 같지는 않을 수 있다는 것이다.61

그러나 가장 중요한 점은 사람들이 신뢰하는 것이 공익 안에 존재하며 사람들은 그런 공익에 기여하기 바란다는 것이고, 필란트로피라는 방식을 통해 이를 분명히 하고자 한다는 점이다. 이것은 어떤 사회에서든 공익의 의미가 부분적으로, 아니 어떤 경우에는 최우선적으로 필란트로피를 통해서 결정된다는 사실을 아주 극적으로 보여준다. 어쩌면 너무 편리한 표현방식이라고 할지 모르지만, "필란트로피가 공익을 만들어 낸다"고 말할 수 있다.

크레이그 칼훈(Craig Calhoun)은 공익에 대해 이런 식으로 구성된 훌륭한 사고방식 하나를 제시한다. 그는 공익이란 미리 존재하여 '발견되는' 어떤 것이 아니라, 적극적이고 논쟁을 즐기는 그룹 간에 공공의 장에서 이뤄지는 토론 과정에서 '빚어지는' 것이라고 주장한다. 즉 "공익이란 객관적으로 혹은 외관상으로 확인할 수 있는 것은 아니다. 그것은 공공의 장에 대한 사회적이며 문화적인 프로젝트다. … 그것은 공적 과정 속에서 그리고 그것을 통해서 만들어지는 것이며, 따라서 미리 존재하는 어떤 것이 아니다"62라는 주장이다. 우리는 그런 토론은 끝났고 공익의 의미가 확정된 듯이 흔히 행동하지만, 이런 지속적인 논쟁과 토론은 공적 삶의 필수적 부분이다. 그러나 잊지 말아야 할 것이 있다. 이와 같은 공익에 대한 공적 담론의 참여자는 흔히 자발적 필란트로피 조직이다. 이들은 공익에 대한 비전을 주창, 옹호하고 그런 비전에 의해 독려된 프로젝트를 수행해 간다.63 앞서 살펴 본 필란트로피가 가진 애드보커시 역할도 분명 공익에 대해 깊이 생각할 수 있는, 즉 숙고의 수단이 되며, 또한 어떤 의미에서 자원봉사활동의 역할 역시 그런 숙고의 한 부분이 된다. 예를 들어, 비영리 마약상담센터가 어떤 사람의 중독문제 해결을 위해 도움을 주게 될 때, 무엇이 공익인지 자신의 생각을 분명하게 주장한다. 즉, 고통은 반드시 완화되어야 한다는 점, 마약에 의해 초래된 지역사회의 문제가 감소돼야 한다는 점, 그리고 치료 또는 '피해 감소'가 금지나 투옥이라는 조치보다 더 나은 마약 문제 해결책이라는 점 등이 그런 것이다.

이 마지막 사례는, 공익이란 것이 지속적으로 구성되어 가고 있는 것으로 이해하더라도, 공익에 대해 모든 사람이 혹은 우리 대다수가 서로 공유하지 못하는 많은 견해 ― 마약 치료 방법을 위한 선호도와 같은 ― 가 존재한다 하더라도, 우리 대다수가 동의할 수 있는 공익과 이를 위한 것이 무엇인지와 관련된 수많은 비전이 여전히 남겨져 있다는 사실을 상기시켜 준다. 이들 비전은 흔히 필란트로피적 행동의 핵심적 사명이 된다. 이 장의 처음에 소개했던 필란트로피의 두 가지 핵심적 목적의 요약, 즉 고통을 완화하고 삶의 질을 개선하는 것에 대해 다시 생각해 보자. 서로 다른 필란트로피 실천가들은 이런 목적에 대해 서로 다른 방식으로 정의할 수 있는 반면, 그것이 일반적인 공익의 목적이라는 사실을 두고 논쟁을 벌이기는 쉽지 않다. 그렇지만 가족과 친구의 경계를 넘어 확장된다는 의미에서, 필란트로피 실천가가 공식적으로, 직접적으로는 책임지지 않는 사람들을 포괄한다는 의미에서 그것은 분명 '공적'(public)이다. 그것은 크게는 지역사회를 아우르고 낯선 사람도 포괄한다. 또한 그것은 공적 '타인'에게까지 선을 행하려는 의지도 포함한다.

분명히 우리는 고통을 완화하거나 삶의 질을 개선시키고자 하는 필란트로피적 행동이 공익을 위한 것이고 칭찬받을 가치가 있다는 데 동의할 수 있다. 필란트로피는 다른 많은 일에 자신의 돈과 시간을 쓰는 것보다 훨씬 칭찬받을 가치가 있다. 그렇기 때문에 필란트로피를 정의하고 그 의미를 밝히는 데 들이는 시간과 노력 또한 충분한 가치를 갖는다.

제3장

# 늘 문제는 존재한다
## ― 인간 문제에 대한 대응으로서 필란트로피

필란트로피(philanthropy)는 기록된 역사 전반에 걸쳐 모든 문화, 모든 문명에서 어떤 형태로든 나타난다. 세상에 대해, 온 세상에 존재하는 인간에 대해 무엇인가가 존재하는 것처럼 보이게 하며, 그 세상은 또한 필란트로피를 존재하게 한다. 필란트로피는 대응이다. 그러나 무엇에 대한 대응일까? 우리로 하여금 필란트로피적으로 대응하게 하고, 필란트로피를 합당한 대응으로 보이게 하는 세상은 도대체 무엇일까?

이 장의 목적은 필란트로피의 좀 더 큰 맥락, 우리가 인간의 문제라고 부르는 세상의 일반적 상황―그에 대한 한 가지 대응으로 필란트로피가 출현하게 되는―을 살펴보고자 하는 것이다. 우리는 앞 장에서 필란트로피에 대한 폭넓은 개념을 요약함으로써 그러한 개념 규정이 어떻게 확장된 세상에까지 적용될 것인지 그리고 그것이 인간에 관한 몇 가지 근본적 질문과도 어떻게 연결될지 탐구해 보았다. 아울러 이러한 이슈를 이해하는 것이야말로 왜 필란트로피가 존재하는지, 즉 우리가 사는 세상에서 인간을 둘러싼 상황에 대한 인간의 대응이 왜 나타나는지를 이해하는 데 필수적이라 믿기 때문이다.

이 장은 인간을 둘러싼 상황과 인간 본성의 기본적인 특징에 대해 몇 가지 이야기를 전개하면서 보편적인 지식의 제시보다는 개념을 일반화하고 실용적 철학을 적용해 보고자 한다. 따라서 인간사회에서 공익을 위한 자발적 행동의 근본적 특성과 그 이유를 고찰함과 동시에, 필란트로피적 행동이 항상 문화와 역사에 기초해 표현된다는 사실에 주목하면서 우리의 논지를 전개해 가고자 한다. 필란트로피는 인간을 둘러싼 상황의 불가피성에 대한 대응으로서 모든 곳에서 발견된다. 그렇지만, 적합한 혹은 관습적인 대응이라고 정의한다고 해서 엘리자베스시대의 영국과 마오쩌둥의 중국에서 모두가 똑같을 수는 없다.

## 3.1 인간의 문제

좋든 싫든 간에 인간은 살아가면서 해결하기 어려운 문제에 직면한다. 이것은 인간이란 어느 곳, 어느 때에나 응답해야 할 문제를 갖고 있다는 것을 의미한다. 이러한 근본적인 문제와 의문은 우리가 '인간의 문제'(human problematic)라 부르는 피할 수 없는 현실(reality)인 것이다. 이와 같은 인간의 문제는 또 다른 두 가지 기본적 현실, 즉 '인간을 둘러싼 상황'과 '인간 본성'에 의해 정의된다. 필란트로피의 존재 이유와 그 맥락을 결정하는 것은 이와 같은 인간의 문제이다.

필란트로피는 인간을 둘러싼 상황, 즉 인간 상황과 관련된 두 가지 진실 때문에 존재한다. 즉 세상일은 흔히 잘못되기도 하지만, 언제나 더 잘될 수도 있다는 사실이 그것이다.

첫째로 "세상일이란 흔히 잘못된다." 시스템이 작동하지 않는다. 자연적, 인간적, 그리고 사회적, 정치적, 경제적, 생물학적 시스템 모두가 작동하지 않음으로써 결과적으로 인간들이 고통을 겪는다. 성인이 되어가면서 그저 관찰하는 것만이 아니라 직접적인 경험을 함으로써 개인과 사회가 자연적 혹은 인위적 사정에 의해 압도되어 도움이 없이는 우리 모두가 그것을 극복할 수 없을 때가 많다는 사실을 알게 된다. 에티오피아인들이 굶어 죽는 것은 의지나 욕망 또는 도덕적 근성의 부족 때문은 결코 아니다. 사람들이 쓰나미로 휩쓸려가게 되는 것은 종족의 결함이나 도덕적 타락 때문도 결코 아니다. 비록 우리 중 몇몇이 다른 사람들보다 특정 유형의 고통에 더욱 취약할 수는 있지만, 우리 모두는 고통에 취약하다. 필란트로피란 이러한 불가피한 고통에 대한 하나의 대응 행동이기는 하지만 다른 가능한 대응도 존재한다는 사실을 잊어서는 안 된다. 무엇이 '잘못되어' 가는지에 대한 다양한 논란은 항상 존재하며, 잘못됨의 정의가 문화, 집단, 시대에 따라 변화한다. 그렇지만 남편이

주기적으로 부인을 구타하는 것이 잘못된 사실인지는 시대와 장소, 관련 당사자와 같은 상황과 조건에 의해 달라지지 않는다. 그런 상황과 조건은 필란트로피 방식 혹은 또 다른 간섭 중 어느 쪽이 바람직한가를 결정하는 데만 영향을 미칠 뿐이다. 실제로 필란트로피 행위 그 자체 — 도덕적 상상력의 실행 — 는 어떤 '상황'이 '문제'로 정의되는지 결정해 가는 과정의 한 부분일 뿐이다. 우리가 일을 더 나은 방향으로 이루고자 하는 것은 우리 판단에 현재 일이 잘 안 되고 있다는 뜻이다.

둘째로 "일은 항상 더 잘될 수 있다." 인간은 삶을 좀 더 합당하며, 편하며, 기쁘고 유쾌하며, 생산적이며, 유익할 수 있는 다양한 방안을 상상해볼 수 있다. 필란트로피는 삶의 질을 개선시키고자 하는 인간의 도덕적 상상력의 표현이다(다음 장에서 일이란 것이 필란트로피를 통해 좀 더 잘될 수 있다는 이러한 믿음에 대해, 그리고 '사회개량론'이라 부르는 철학과 어떻게 부합하는지 살펴 볼 예정이다). 물론 '항상 그렇게 될 수 있을 것이다'란 것이 반드시 '항상 그럴 것이다'라는 것을 의미하는 것은 아니다. 즉 필란트로피란 때로는 압도적으로 불리한 역경을 맞이하면서도 일이 좀 더 잘 이뤄지게 하려는 시도인 것이다.

인간이 문제에 대응할 때 인간을 둘러싼 상황과 관련된 이러한 두 가지 특성이 무대이자 장소라고 한다면, '필란트로피의 전통은 이에 대한 대응의 역사다'. 통상 '채러티'(charity)라고 불리는 전통의 흐름 속에서 고통과 곤경 그리고 긴급한 필요에 대응해 간다. '필란트로피'라 불리는 이러한 전통의 흐름 속에서 삶의 질을 개선하고 진전시킬 방도를 생각하고 이에 대응해 간다. 두 가지 흐름은 질서라는 정치적 힘과 시장이라는 경제적 힘과 함께 섞이고 조화를 이루게 되면서 인간애라는 강물의 자연스런 흐름에 적응해 가는 것이다.

인간을 둘러싼 상황에 대한 필란트로피의 대응을 어렵게 만드는 것은 그 상황이 불확실하다는 점이다. 인간 복지에 대한 가장 근본적인 위협 중 대부분은 인간의 통제로부터 많이 벗어나 있다. 대중매체를 통해 지진, 홍수, 허리케인, 화산폭발 같은 주기적 자연현상의 믿기 어려운 힘과 파괴력을 인지한다. 그러나 인간 그 자체는 인간에 대해 가장 폭넓게 허용한 정의조차 의심하게 하는 행동을 할 수 있고 따라서 종종 인간을 둘러싼 상황을 개선하기는커녕 더 악화시키기도 한다. 야만주의는 자신을 스스로 필요한 것으로 합리화하며, 대개 그러한 야만주의적 행동을 더 악화하기까지 한다. 이 점을 잊게 되면, 결국 자신을 속이는 꼴이 될 것이다. 내전이든 또 다른 형태든 대부분의 전쟁은 이런 현상을 증명해준다. 물론 그것이 어디에서 발생하든 우리로 하여금 이런 야만적 행동을 관찰할 수 있게 해주는 것 또한 대중매체다.

인간 본성 ― 인간의 문제를 초래하는 또 다른 현실 ― 이 일을 더 안 좋게 되도록 우리를 이끌고 간다. 그렇지만 우리를 필란트로피적으로 반응하도록 촉진하는 것도 부분적으로는 인간 본성이다. 많은 사람이 믿는 사실, 즉 이기적이고 자기이해 추구적인 것이 '바로 그 인간 본성'이라는 사실을 부정하기는 어렵다. 그러나 이런 사실을 인정한다고 해서 그와 반대적인 속성, 즉 이타주의 또한 '바로 그 인간 본성'이라는 사실을 부정할 필요는 없다. 타인을 위한 관심은 인간의 중요한 특성이다. 인간을 둘러싼 상황에 어떻게 필란트로피적으로 반응하는지 지속적으로 살펴보면 이를 분명하게 인식할 수 있다.

이런 모든 사실로부터 도출되는 하나의 결론은 삶이란 늘 문제와 함께한다는 것이다. 유토피아란 사고방식은 어떻게 하면 일이 더 좋게 이뤄질 수 있을지 생각해 본다는 점에서는 유용한 방식이다. 그렇지만, 일이란 것이 일상에서 항상 완벽하다든지 최소한 안정되기를 기대한다는 점에서는 도움이 되지는 않는다. 문제로 둘러싸인 세상에서 문제를 맞이하고 사는 삶을 피할 수 없다는 사실은 분명하다. 개인적이든 사회적이든 인간의 문제도 또한 피할 수 없는 현실이다. 그러나 다양한 종류의 서로 다른 문제의 조합은 악과 불행, 선과 행복을 이해하게 하며, 필란트로피적 대응을 통해 이에 대한 이해의 폭을 넓혀간다.

이러한 논의에 깊이 들어가기 전에 잠시 숨을 고르면서 필란트로피의 맥락에 대한 앞서 언급한 내용을 요약해 보자.

1. 일이란 흔히 잘못되거나 잘 안 될 수도 있지만, 그 일이란 또한 늘 잘 될 수 있다.
2. 필란트로피란 인간의 상황에 대한 한 가지 대응이지만, 그것이야말로

> 인간 본성을 이해하는 데 필수적이다.
> 3. 인간의 상황은 흔히 예측할 수 없는 기회와 함께 시련도 부여한다.
> 4. 고통을 완화하고 삶의 질을 진전시켜 가는 데 인간 본성은 흔히 예측 불가능한 방식으로 대응한다.
> 5. 인간의 상황과 인간 본성의 예측 불가한 특징이 인간의 문제를 만들어내며 거기에 필란트로피가 대응하고 응답한다.

자연적 세계에서 실제적 삶이라는 측면, 그리고 사회적 세계에서 '삶의 기회'(life chances)라는 측면, 두 가지 점에서 인간을 둘러싼 상황에 대해 논의해보자. 그리고 타인에 대한 관심을 인간 본성의 구성부분이라고 말할 때 우리가 무엇을 의미하는지 탐색해 보자. 일차적으로 인간 문제에 대한 인간적 대응의 하나가 필란트로피라고 정의했지만, 이와 관련하여 유일하게 가능한 대응이 필란트로피라는 사실을 논증해 나가고자 한다. 자조 노력(self-help), 상호부조(mutual aid), 정부 지원(government assistance)이 대응의 또 다른 방식임은 분명하지만, 그럼에도 불구하고 필란트로피는 이와는 다른 차별성을 가지며 필수불가결하다.

## 자연과 삶

인간은 물리적이고 물질적인 세계에 존재하며 최종적으로는 더 큰 우주 속에서 삶을 영위한다. 우주 전체를 통틀어 외부적 힘은 종종 예측 불가하게 인간사에 영향을 끼친다. 인간의 관점에서 보자면, 자연 세계는 불확실한 장소이며, 우호적이면서도 때로 적대적이기도 하다. 지구물리학적 관점에서 보자면 지진이란 지각 판의 이동에서 생겨나는 아주 자연스러운 현상이지만 인간의 관점에서는 지진이란 흔히 재앙이다. 지진, 홍수, 토네이도, 허리케인, 가뭄, 기근, 역병은 인간이란 존재에 대한 '악'으로 간주되며, 불완전한 세계에 살고 있음을 반증한다. 이는 여타 손실과 함께 생명의 손실까지 가져왔고, 때로는 감당할 수 없는 비용을 지불하게 했다. 예를 들면 2004년 12월에 발생한 인도양의 쓰나미는 과학적 관점에서 보면 쉽게 이해할 수 있는 것이었지만(극히 드문 일이긴 하나), 인간적 고통이란 관점에서는 엄청나게 파괴적인 것이었다. 30만 또는 그 이상의 많은 생명의 희생은 물론, 경제적, 환경적, 정신적 비용은 실로 충격적이다. 인간을 둘러싼 상황이 불확실하다는 사실을 아는 데 이보다 더 극적인 사례는 없을 것이다.

그러나 이와 같은 자연 시스템의 '실패'는 필란트로피적 솔선수범과 계획을 위해서는 하나의 기회가 된다. 즉 자연 시스템이 오작동할 때 인도주의적 지원이라는 깃발 아래 가장 명예롭고 존경받을 수 있는 행위가 바로 필란트로피다. 재난이 어디에서 일어나든 이에 따른 자연적 재해와 인간적 고통에는 차이가 없다는 것이 우리의 보편적인 세계관일 것이다. 따라서 이 지구상의 모든 사람은 고통을 받을 것이고, 자신들 스스로가 이 고통과 싸워 이길 능력이 없음을 깨닫고 누군가에게 도움을 요청할 것이다. 그 누군가는 지구 정반대쪽에 떨어져 있는 사람이라도 예외가 없을 것이다.

자연 재해는 물리적 환경의 한 부분이자 인간을 둘러싼 상황의 또 다른 한 부분이기도 하다. 그러나 그 물질적 환경은 인간의 삶을 가능하게 하는 일련의 화학적, 생물학적 특성을 갖고 있다. 재해는 토양의 생산력, 그것에 자양분을 주는 비, 겨울 추위에서 우리를 구해주는 햇살 등과 함께 물질적으로, 심리적으로 공존한다. 이따금씩 발생하는 상당한 규모의 파괴와 생명 손실에도 불구하고 일반적으로 인간은 자신을 둘러싼 상황과 조건을 받아들이고 생존을 위한 투쟁 방법에 의미를 발견해 가는 것처럼 보인다.

즉 인간을 둘러싼 상황에는 생존과 성장, 발전을 가능하게 하는 세계뿐 아니라, 일이 흔히 잘못되어가는 세계에서 생존하는 것도 포함한다. 지구는 인간의 삶을 지속시켜주기도 하지만 인간의 삶을 어렵게 만들기도 한다. 세상의 모든 일이 다 잘못되는 것도 아니고, 항상 잘못되어 가는 것도 아니다. 그러나 그 속에서 생존도 성장도 쉽지 않을 뿐 아니라, 발전은 아예 불가능할 수도 있다. 사람들 대다수는 이런 것이 인간을 둘러싼 상황이라고 생각한다.

우리는 또한 매우 다양한 물리적 환경 속에서 인간이 생존할 것이라는 사실, 그리고 사람이 살고 있는 서로 다른 자연환경은 사회적, 문화적 조건과 관계가 있다는 사실을 기억해야만 한다. 일반적으로는 대부분의 사람이 가혹한 환경에 적응하고 만족스러운 삶을 살 수 있을 만큼 환경 조건이 가진 안정성은 충분하다. 가혹한 조건 아래서도 어떻게 사람들이 만족스런 삶을 영위할 수 있는지 충분히 상상할 수 있고 이에 공감한다면 우리는 종종 그렇게 생각할 수 있다. 그러나 이를 위해서는 필란트로피에 대한 다음과 같은 중요한 물음에 응답할 필요가 있다. 즉, 조건과 환경이 너무나 열악해 이를 개선하거나 탈출하도록 도울 필요가 있을 때 우리는 어떤 자격으로 그렇게 할 수 있는 것인가? 무엇이 '잘못되어 가는지'를 누가 정의하며, 이에 따른 필요한 행동은 누가 결정하는가? 다시 말하자면 그것은 우리의 어떤 사업과 활동에 해당하는가?

자연재해는 단순히 '자연적'인 것이어서 인간의 개입에 의해 통제되지 않는다고 생각할 수도 있다. 그러나 1984년 에티오피아의 기근에서 감당할 수 있을 정도의 자연적인 강수량 부족 사태를 사회적 혼돈으로 만들어 버리는 정치적, 경제적 행위(혹은비조치)에 대해 알게 되었고 허리케인 카트리나에 대한 인간의 대응 지체가 어떻게 고통을 주게 되는지 TV를 통해 지켜봤다. 여기에서 교훈은 인간 시스템은 오작동 한다는 것이고, 어쩌면 모든 시스템이 그러하다는 것이다. 존 갈(John Gall)은 모든 대형 시스템이 거의 항상 '고장 상태'로 작동할 것이라고까지 주장한 바가 있다.1 에티오피아에서는 정치적, 경제적 시스템은 실패했고, 종족 간의 갈등과 여타 문제가 기근을 불러왔다. 이와 마찬가지로 소비에트연방의 붕괴에 이은 신생 독립공화국들은 서구 유럽이나 미국에 비해 훨씬 악화된 환경오염과 맞닥뜨리게 되었다. 이는 부분적으로는 수십 년간에 걸친 정부의 무관심, 환경오염 책임에 문제 제기한 활동가에 대한 억압 등이 그 이유가 되었다. 물론 의도적이든 아니든 오로지 인간만이 자연재해와 유사할 정도의 재앙적 결과를 초래할 수 있는 재해를 만들어내기도 하는데, 비행기를 납치해 사람들로 가득 찬 빌딩에 충돌하기까지 한 것이 바로 그런 것이라 할 수 있다.

나쁜 사례를 염두에 두면서도 자연의 힘을 약화시키려는 인간의 개입이 자주 실패하기는 하지만 종종 성공한다는 사실도 알고 있다. 지진의 피해는 직접적인 고통을 주지만, 때로는 새로운 건축 자재와 개선된 건축 및 공학적 디자인을 만들어 내기도 한다. 피츠버그시 공기는 수년 간 공중 건강에 심각한 위해를 입힌 후 더욱더 깨끗해졌다. 부분적으로는 산업공해로 혼탁해진 도시 하늘 대신에 맑은 하늘을 갖고자 하는 시민들의 열망 덕분이며, 독성물질이 공기 속으로 배출되기 전에 대부분을 제거할 수 있는 기술을 개발했기 때문이기도 하다.

요약해서 말하자면, 인간은 흔히 자연 조건과 그것이 초래한 상황보다 더 나쁜 상태로 자신의 삶을 만들 수 있고, 또 실제로 만들고는 있지만, 자연을 바로잡고 생물학적 사고가 갖는 가혹함을 감소시키며 질병을 완전히 치유할 능력도 갖고 있다. 그리고 이런 일들은 필란트로피라는 행위를 통해 자주 실현된다.

종합하자면, 인간은 때로 인간을 둘러싼 상황을 개선시키고자, 때로는 악화시키고자, 여러 복합적 방식 — 정치적·경제적·도덕적 — 을 통해 자연에 대응하며, 그러한 장소가 지구다. '진보'한다는 생각은 전체적으로 인간을 둘러싼 상황이 인간의 대응을 통해 개선되어왔으며, 과거보다 좋아진 이러한 상황 개선은 주로 인간의 개입 덕분이라는 사실을 전제한다. 특히 인간이 처한 상황에 대한 필란트로피의 대응은 — 국내에서든 해외에서든 — 극한 상황에 있는 사람들이 도움을 요청하든 말든 상관없이 우리의 도움으로 훨씬 나아질 것이라는 사실이 전제된다.

## 삶의 기회 (life chances)

인간을 둘러싼 상황은 자연 세계에 대한 인간의 대응, 그 이상의 것을 포함한다. 사회적, 경제적 세계에서 폭넓게 변화하는 '삶의 기회'에 대한 인간의 대처 또한 포함하기 때문이다. '삶의 기회'란 개념은 랄프 다렌도르프(Ralf Dahrendorf)로부터 나온 것이다. 그는 독일 태생의 사회학자로서 런던정경대학(London School of Economics)학장, 포드재단 이사를 역임하기도 했다. 다렌도르프는 '삶의 기회'라는 아이디어를 막스 베버로부터 차용해 왔는데, 베버는 어떤 사람의 계급적 조건을 표현하기 위해 『경제와 사회』(Economy And Society)라는 그의 두툼한 책에서 이 용어를 사용했다.2

다렌도르프는 베버의 견해를 확장시켜 삶의 기회란 개인이 자신의 잠재성을 구체화하는 사회적 조건이라고 주장했다.3 즉 삶의 기회란 개념은 인간이 자신을 자각하는 다양한 환경에 대해 이야기하는 방식 중 하나라 할 수 있다. 예를 들면, 우리가 2005년 평양에 사는 8살짜리 소녀와 미국의 전형적 도시인 피오리아(Peoria)에 사는 소녀 사이의 대조적인 삶을 비교해 생각해 보면, 인간을 둘러싼 상황이란 개념은 훨씬 더 이슈가 될 수 있다.

개인의 특성과 별개로 삶의 기회는 흔히 다른 사람이 던지는 주사위게임의 결과인 것처럼 보인다. 21세기 미국에서 척추분리증을 갖고 태어난 아이는 생존 가능성이 매우 높다. 그 이전이었다면 그 아이는 아마도 죽었을 것이다. 이 경우를 포함해 다른 경우에도 이런 유형의 선택은 해당 어린이가 하는 것이 아니다. 거의 모든 미국인의 삶의 기회는 대부분의 르완다인, 쿠르드인 또는 아이티인보다 실질적으로 월등하다. 1926년에 인디아나주 사우스밴드에서 태어난 백인 남성의 기대수명을 추산한 보험통계표는 같은 사람이 50년 혹은 100년 전에 사우스밴드에서 태어났을 때보다 더 긴 기대수명을 보여줬을 것이다. 어떤 사람은 좋은 음식물이 결코 문제시 되지 않는 환경 속에 태어나는 반면에, 어떤 사람은 불충분한 영양이 문제가 되는 상황에 태어난다. 전자에서 시급하고 중요한 문제는 해당 부모가 대학등록금을 댈 수 있는지 여부다. 해외협력개발처(Overseas Development Council)가 개발한 삶의 물리적 품질 지수(Physical Quality of Life Index)는 문맹률, 유아사망률, 기대수명의 추산에 근거하여 세계에서 살기 가장 바람직한 장소로 한때 스리랑카를 특정하기도 했다. 역설적인 것은 스리랑카가 끝날 줄 모르는 골육상쟁의 내전이 일어난 장소였다는 점이다.

다랜도르프는 삶의 기회가 미치는 의미 있는 영향의 두 가지 측면을 탐구했다. 소위 연줄(ligatures)이라는 것과 옵션(options)이 그것이다. 연줄이라는 것은 우리를 장소, 문화, 사람과 묶어준다. 옵션이란 우리가 자유롭게 할 수 있는 선택이다. 연줄은 사람들이 주변의 일이 어떻게 돌아가는지 그 구조를 이해하는 데 결정적인 역할을 한다. 마이클 왈처(Michael Walzer)와 그 동료가 관찰했던 것처럼, 멤버십 같은 것은 인간의 마음속 깊은 요구를 충족시키므로 중요한 사회적 가치다.4 옵션은 다양한 방식으로 이용 가능하다. 예를 들면 소녀는 성장해 가면서 소년들과는 다른 옵션을 갖는다.

모차르트에게 주어진 삶의 기회는 그의 아버지 레오폴드에 의한 착취에 가까운 재능의 활용도 있었지만, 18세기 유럽이라는 풍족하고 생산적인 음악적 문화에 참여할 수 있었던 점도 포함된다. 모차르트를 그의 아버지에게 묶어주던 연줄은 당시에 음악적 관행처럼 매우 강했기 때문에 무한한 그의 창의성을 제약했다. 모차르트의 삶의 기회 또한 당시 문제점을 노정하고 있었던 후원자의 지원과 함께 귀족과 궁궐의 생활양식을 포함하고 있었다(예술가 후원으로서 필란트로피가 갖는 문제점은 예술사의 중요한 주제다). 1968년 비아프라의 분리독립주의자 지역에 있었던 8살짜리 나이지리아 소년은 그의 나라가 봉쇄당하는 동안 심각한 영양실조의 결과로 두뇌손상을 겪었다. 지금도 마찬가지로 르완다와 브룬디 그리고 수단의 다르푸르 지역의 아이들은 수만 명에 이른다. 자신의 잠재력을 구체화시킬 수 있는 사회적 조건이라는 의미에서 그들이 가진 삶의 기회는 모차르트와 동떨어진 만큼이나 미국에 사는 우리와도 동떨어져 있다.

근대 지향적 운동은 연줄의 세계에 의해 묶여 있던 사람에게는 더 많은 선택의 옵션을 제공할 수 있는 세계로 보였을 것이다. 전근대적 세계와 근대적 세계의 근본적 차이점은 전자는 연줄에 의해, 후자는 옵션에 의해 지배되는 세계라는 것이었다.

결국 요점은 필란트로피는 삶의 기회라는 인간이 처한 현실에 대한 대응이며, 필란트로피는 언제나 옵션의 편이라는 것이다. 필란트로피에 대해 익히 알려진 원리는 스스로 돕는 사람을 돕는다는 것이다. 사람은 자주 자신의 삶의 기회를 바꿈으로써, 자신의 옵션을 진전시킴으로써, 예를 들면 모든 형태의 편견과 고정관념, 억압에서 벗어남으로써 스스로 돕기를 원한다. 필란트로피는 흔히 이런 노력 속에 존재하며 항상 자유로운 선택, 즉 옵션의 편에 서서 무엇인가 더 나아지도록 추구해 간다.

몇몇 사람의 도덕적 상상력의 실험적 시도를 통해 다른 사람의 삶의 기회는 극적으로 확장될 수 있었다. 여성들은 정치지도자가 되기를 열망할 수도 있고, 소수자들도 고등교육의 기회를 얻을 수 있으며, 휠체어에 의지하는 어린이들도 원하는 학교에 다닐 수 있다. 여성 및 어린이, 장애인에 대한 노동조건도, 건강한 성인 남성(역사적인 기준에서 가장 훌륭한 작업장에서 삶의 기회를 가진 사람)에 근접할 정도로 개선되어 왔다.

삶의 기회에 대한 도덕적 상상력의 영향력을 테스트해 보면 흔히 매우 상충적인 결과를 확인할 수 있다. 도덕적 상상력은 지금까지 배제된 사람도 포함되도록 확장해야만 하는 한편, 애초부터 포함되었던 자의 타당한 주장도 보호해야만 한다. 몇몇 개인의 삶의 기회를 향상하기 위해 권리의 일정 부분을 재조정하게 되면, 역으로 또 다른 사람의 권리가 축소된다.

그렇지만 이 분석을 더 진행해 보면, 어떤 경우에는 필란트로피가 자유로운 선택과 관련된 옵션을 확장시키기보다는 연줄을 강화하는 결과와 연관된다는 사실을 발견하게 된다. 이는 필란트로피적 성격을 갖는 포괄적인 범주에는 오히려 배제해야 할 역겨운 결사체의 경우에 해당한다. 쿠 클럭스 클랜(KKK, Ku Klux Klan) 멤버가 그런 경우라 할 수 있으며, 불행하게도 그들은 유색인종의 선택권을 제한함으로써 자신들이 '공익을 위한 자발적 행동'에 참여하고 있다고 믿고 있다. 그렇지만 필란트로피는 특정 인종의 유산이나 고향 같은 연줄을 기리는 수단으로서 긍정적으로 활용되기도 한다. 예를 들어 전국유색인지위향상협회(National Association for the Advancement of Colored People)에 가입하거나 또는 자신의 고향에 있는 도서관에 기부함으로써 특정 사람, 장소, 문화에 대한 자신과의 유대관계를 표출하고 이를 위해 필란트로피적인 행동을 하게 한다. 이 경우 자신 혹은 조만간 연고를 토대로 성장해 갈 사람들의 삶의 기회를 진전시켜나가기 위해, 자유로운 선택의 옵션을 증가시키기 위해 행동하게 된다.

결국 정리하자면, 또 다른 의미에서 '삶에는 많은 문제가 존재한다'는 것이다. 즉 사람들은 서로 다른 삶의 기회를 갖는다. 이것 또한 인간을 둘러싼 상황의 한 부분이며 필란트로피를 존재하게 하는 또 다른 현실이다. 인간을 둘러싼 상황의 이러한 부분에 대해 흔히 이야기하는 방식 중 한 가지는, '공정'과 '정의'라는 용어를 통해 표현하는 것이다. 어떤 사람들은 불공정하게 보이는 방식으로 불이익을 받거나 고통을 겪는다. 귀에 거슬리는 사실을 피하기 위한 흔한 방법은 흔히 존 에프 케네디가 말했다고 하는 격언, 즉 "삶이 공정해야 한다고는 누구도 말한 적이 없다"는 말을 곱씹는 것이다. 우리 앞에 놓인 질문은 공정한 사회에 필란트로피가 필수적인가라는 것이다. 그러나 우리는 이에 대해 결코 알 수 없을 것이다. 다만 사회는 공정하지 않으며 그것이 바로 필란트로피가 존재하는 한 가지 이유다.

## 인간 본성 (human nature)

플라톤의 『공화국』(Republic)에서 소크라테스가 아데이만투스 및 그의 동료와 대화를 중단하면서,

> "나는 우리가 특히 한 가지를 무시해 왔다고 생각합니다."
> "그것이 무엇이지요?"
> "우리는 인간의 욕망에 대해 아직 완전히 설명하지도 못했고, 그 천성을 충분히 서술하지 못하고 있습니다. 우리는 그것들에 대해 숙고해야만 합니다. 그렇지 않으면 우리의 탐구는 불완전한 상태로 남을 수밖에 없습니다."5

플라톤은 어떻게 독재적인 인간이 민주적 인간으로부터 진화해 오는지 이야기하면서 이러한 진화를 이해하기 위해서 인간 본성을 이해해야만 한다는 사실을 언급하고 있다. 그러나 오늘날이라면 그는 아마도 마더 테레사 같은 사람이 어떻게 진화했는지에 대해 이야기했을 지도 모를 일이다. 독재자가 하나의 예외(물론 상반된 종류라는 의미에서)인 것과 마찬가지로 그녀는 하나의 예외라고 말할 것이다. 그러나 무엇에 대한 예외일까? 아마도 그들은 인간 행위에 대한 '평균적인' 개념, 즉 '인간 본성'이라는 말을 쓸 때 통상적으로 염두에 두는 것에 맞지 않기 때문에 예외적으로 보인다. 인간은 공통적으로 몇 가지 특성, 즉 인간을 정의하고, 다른 생명체와 구분할 수 있는 특성을 갖는다. 필란트로피 지향적인 인간을 이해하기 위해서는 이런 인간의 공통적 특성을 이해하는 것이 필요하다.

그러나 무엇이 그러한 특성이며 어떻게 결정하는가? 플라톤의 접근방식을 약간 비틀어 제임스 메디슨(James Madison)은 『연방주의론』(Federalist Papers) 51편에서 "인간 본성을 가장 잘 반영하는 정부 그 자체는 무엇인가"라는 질문을 던지며 인간 본성을 정의하기 위한 방법을 제안한다.6 즉, 헌법 문장에 있는 단어들

이면에는 인간이란 어떤 것이며 어떤 식으로 행위하고 그 경향성과 선호는 어떤 것인지에 대한 가정이 전제되어 있다는 것이다. 종종 헌법은 인간 본성에 대한 가이드로 유용하기도 하지만, 때로는 1936년 소비에트연방헌법과 같이 그렇지 않은 때도 있다

메디슨이 보편적 인간의 제도로서 정부에 대해 말한 것과 같이 또 다른 제도, 즉 필란트로피에 대해서도 말할 수 있다. 필란트로피 또한 상당히 훌륭한 인간 본성의 반영이고 따라서 이러한 전통은 인간 본성에 대한 가정 위에 구축된다. 그러나 좀 더 중요한 사실은 그것이 우리가 공유하는 인간적 특성 중 일부를 보여준다는 것이다.

많은 철학자가 주장해 온 것같이, 인간 본성이라는 포괄적인 개념에 지나치게 많은 비중을 두는 것은 아마도 바보 같은 짓일 것이다. 하나의 개념으로서 인간 본성은 점점 더 비판을 받고 있는 실정이고 인간 본성 이론이 인간성의 필수적 다양성을 다 포괄하기에 충분하지 못하다고 하는 것은 합리적이다. 그리고 대부분의 학자들 — 우리도 포함하여 — 은 인간 본성이 기본적 역량과 근본적인 '하드웨어'를 제공하는 것으로 생각하며 이를 선호한다. 물론 그 하드웨어는 나중에 사회화라는 '소프트웨어'를 통해 조정되며 구체적 사고와 행동으로 유도된다. 그래서 플라톤이 말하는 보편적 '인간 욕구'란 것도 항상 문화적으로 특별한 방식으로 표현되며, 그 방식 자체도 시간에 따라 변화한다. 우리 모두는 자연스럽게 연민 혹은 슬픔을 느꼈을 수는 있지만, 지구상에 다른 사람도 이해하고 받아들일 수 있는 방식으로 연민을 느끼고 슬픔을 표현하는 법을 배워야만 한다.

사람들 대부분이 인간을 정의하는 데 사용할 수 있는 공통적 특성이 있다고 믿기 때문에 인간 본성은 유용한 개념이다. 그리고 실제로는 문화라는 것을 통해 공통적 특성이 무엇인지를 배운다. 예를 들어 우리 대부분은 인간이란 폭넓은 범위의 감정을 가질 수 있다고 생각한다. 그리고 실존, 의미, 전체로서 삶에 대해 이성적 사고를 하고 반성할 수 있는 능력도 또한 부여받는다. 인간은 영리하며 다른 생명체와의 관계에서 결정적인 비교우위를 갖는다. 그러나 서론에서 제시된 것처럼, '다중체'(multiplicity)라는 개념을 기억할 필요가 있

다. 인간 본성은 하나의 '다중체,' 다중적 존재인 것이다.

인간 본성에 관한 두 가지 사고—우리 대부분이 적어도 거의 전 시대에 걸쳐 생각해 온 인간 본성—는 필란트로피를 이해하는 데 특히 중요하다. 첫 번째는 타인에 대한 관심인데 그것은 인간을 정의하는 중요한 특성이다. 두 번째는 인간 본성이 우리에게 선과 악, 미덕과 악덕 두 가지 모두에 대한 능력을 부여한다는 점이다(자신의 능력을 표현하거나 성취하는 것과 관련하여 인간이 가진 차이와 변이의 다양성을 염두에 둘 때 '능력'에 대해 강조하는 것은 물론 중요하다).

인간이고자 하는 것은 다른 사람의 요청에 대해 어떤 식으로든 응답할 수 있는 것, 그리고 자기 자신을 넘어설 수 있는 능력을 갖는 것을 의미한다. 인간 본성은 자신의 이웃을 사랑하고, 도덕적 황금률을 따르며, 착한 사마리아인을 모방할 수 있는 능력을 포함한다. 인간은 다른 사람이 처한 상황에서 그들의 요청을 인식하고, 그들이 이방인이든 적이든 손을 뻗어서 어떤 식으로든 도움을 줄 수 있는 능력을 갖는다. 만약 다른 사람의 고통이나 어려움에 완전히 무관심할 수 있는 사람이 있다고 가정한다면, 통상적으로 우리는 이를 '비인간'(非人間, inhuman)이라 칭한다.

다른 사람에 대한 관심이라는 능력이 수백만 년의 진화의 결과인지, 인간 문화 전체에 걸친 윤리적 진화의 결과인지, 아니 어쩌면 신으로부터의 선물인지는 논란의 여지가 있는 질문이다. 전 지구에 걸쳐 모든 문화 속에 '이타주의'라고 부르는 것이 어떤 형태로든 존재함을 우리는 알고 있으며, 그것이 바로 필란트로피 실천가들이 곧잘 '문화적 보편성'이라 부르는 것이기도 하다. 물론 다른 사람에게 관심을 보이는 구체적 형태는 각 문화마다 다르게 나타나지만, 수천 년 동안 수백만의 사람들이 다른 사람의 고통을 완화하는 행위를 통해 행복과 그 의미를 발견해 왔다. 언어, 역사, 전쟁, 역병, 승리, 비극을 가로질러 고통을 줄이고 행복을 성취해 온 인간 노력의 증거는 도처에 존재한다.[7]

타인에 대한 관심을 근본적인 인간 특성으로 생각한다면, 이것이 인간사의 다양한 측면에서 나타난다고 하더라도 놀랄 것이 없다. 여기에는 보통 '비(非)필란트로피적'(nonphilanthropic) 혹은 심지어 '반(反)필란트로피적'(antiphilanthropic) 상황과 조건에서만 생각할 수 있는 삶의 측면까지도 포함한다. 예를 들면, 군대도 때로는 인도주의적 구제노력에 참여하고, 정부도 "그렇게 하는 것이 옳다"고 판단하여 난민을 받아들이며, 기업도 지역 학교를 위해 기부하는 등의 일을 수행한다. 이방인에 대한 환대는 근대에서보다 고대세계에서 더욱 널리 칭송되는 필란트로피의 한 형태였다. 그것은 "다른 사람을 도와주라"는 엄격한 종교적 명령 아래 작동되는 사회뿐 아니라 명시적으로 비종교적인 사회에서도 나타났다.

거의 모든 인간의 행위가 자기 이익에 따라 이뤄지는 것처럼 보임에도 불구하고, 인간 본성은 이타주의적 행위를 허용한다는 사실에 대해 우리 대부분은 잠정적으로 동의하고 최종적으로는 그렇게 결정한다. 때때로 우리는 자기 이익 이외에 다른 어떤 것이 존재할 수 있는지를 두고 벌였던 미숙했던 토론을 떠올리기도 할 것이다. 어떤 사람들은 자신이 매우 영리하기 때문에 다른 사람이 느끼는 고상함은 이기주의의 또 다른 형태일 뿐이라는 실체를 밝혔다고 생각할 수도 있다. 즉 "당신은 그렇게 함으로써 당신 자신에 대해 멋있게 느끼기 때문에 그녀를 돕는 것에 지나지 않는다"라고 하는 식이다. 그러나 자신의 안녕과 행복에 대한 관심 때문에 다른 사람을 돕는 것일 뿐이라고 단순히 설명할 수도 있지만, 이것만으로는 설명될 수 없는 인간 행위와 종종 마주치게 된다. 뉴욕의 건설노동자인 웨슬리 오트리(Wesley Autrey)는 지하철 정거장에서 발작을 일으킨 한 대학생을 도우려 했지만, 그 학생은 갑자기 지하철 선로 위로 떨어졌다. 오트리가 그를 도우려 뛰어내렸고 마침 들어오는 열차가 그들 앞에서 급정거하기 바로 직전에 자신의 몸으로 막아섰다. 그는, "나는 도움이 필요한 한 사람을 보았을 뿐이고 내가 옳다고 느낀 일을 했을 뿐이다"라고 담담하게 진술했다.8

전체적으로 보자면 사람들이 끔찍한 일을 할 수도 있지만 훌륭한 일을 할 수도 있다는 것을 경험에서 배우게 된다. 또한 인간 혐오를 불러일으키는 행위에 대한 수많은 증거가 있는 것은 부정할 수는 없지만 악의 존재가 곧 선의 부재를 말하는 것도 아니다. 이 점은 우리에게 두 번째 사실을 깨우치게 된다. 악덕뿐만 아니라 미덕으로 여기는 특성도 나타낼 수 있도록 인간 본성은 악덕의 방식으로만이 아니라, 선의 방식으로도 행동할 능력을 부여한다는 사실이다. 그리고 만일 이타주의란 것이 인간답게 하는 능력이라면, 그것은 비인간화하려는 또 다른 능력과 경쟁하게 된다는 사실이다.

서양 문명에서 칭찬받을 만한 일과 비난받을 만한 일에 관련하여 전해진 유용한 체크리스트, 즉 7가지 '신학적이고 기본적인 덕목'과 7가지 '치명적 죄악'이라는 리스트가 있다. 17세기에 대부분의 교육받은 사람들은—종교적인 사람이든 아니든—그것을 확인해 볼 수 있었을 것이다. 7가지 덕목은 믿음(faith), 희망(hope), 채러티(charity), 사려 분별(prudence), 정의(justice), 용기(fortitude), 절제(temperance)다. 7가지 죄악은 자만(pride), 질투(envy), 분노(wrath), 태만(sloth), 탐욕(avarice), 폭식(gluttony), 욕정(lust)이다. 두 가지 리스트 중에서 몇몇 항목은 서구 세계에서 몇 천 년 동안 논쟁이 이뤄져 왔지만, 최근 우리의 문화적 유산으로부터 옮겨져 온 것처럼 보이기도 한다. 모든 젊은이 혹은 성인 중에 두 가지 이상을 말할 수 있는 사람은 거의 없을 것이다(현대 기독교인은 10계명을 좀 더 잘 기억한다. 그렇지만 한 아버지가 언젠가 아들에게 "10계명을 지켜라. 그중 두 가지만이라도!"라고 외쳤던 것에서 보듯이 그렇게 많은 내용을 기억하지는 못하지만). 요즘에는 이런 방식이 크게 환영받지는 못하지만, 윌리엄 베넷(William Bennett)의 『덕성의 책』(The Book of Virtues)과 스티븐 코비(Stephen Covey)의 『성공한 사람들의 7가지 습관』(Seven Habits of Highly Successful People)의 일부 예에서 보듯이 많은 인기를 누린 경우도 있다.9

동양의 종교적 전통과 문화는 몇 가지 특수한 차이점이 존재하지만, 선과 악으로 규정되는 특징을 갖는다는 점에서는 크게 보아 비슷한 비교 리스트를 갖고 있다. 그 리스트는 모든 특성을 '인간'적인 것으로 간주하는 점에서 또한 비슷하다. 희망, 정의, 질투, 탐욕—이 모든 특성이 행동을 통제하기 위해 서로 다투면서 항상 인간으로서 우리 속에 존재하는 것처럼 보인다.

필란트로피는 채러티라는 이름으로 덕목 리스트에 올라 있지만, 좀 더 광범위하게 미덕과 악덕에 대해 철학적 사고를 해보는 것이 필란트로피를 이해하는 데 도움을 줄 수 있을 것이다.10 예를 들어, 인간 본성을 미덕과 악덕 사이의 긴장이라고 생각하게 되면, 해야 할 옳은 일이 무엇인지 알 수 있음은 물론, 왜 우리가 그것을 실행하는 데 실패하는지 이해할 수도 있을 것이다. 그리스인들은 이것을 '의지의 나약함'이라 불렀다. 아리스토텔레스는 미덕이 초과하는 것에서부터 부족에 이르기까지에 대해 논했지만, 진정한 미덕은 중간에서 찾았다.11 물론 예외를 언급하는 사람도 있다. 왜냐하면 그런 정형성은 기대되는 만큼 깔끔하게 작동되지 않기 때문이다. 예를 들면 초과된 용기의 경우 그것을 진정한 영웅주의라고 부르기도 하는 것이 그런 것이다. 관대함과 탐욕 사이에 적절한 지점을 찾는 데는 사려 분별(prudence)이라는 좀 애매한 미덕을 필요로 한다. 그러나 사려 분별은 모험이 요구될 때 장애물이 될 수도 있다. 재단이 새로운 발상을 해야만 할 때, 그리고 사회적 신용도가 낮은 사람을 위해 뭔가를 시도해야만 할 때 위험을 감수하려 하지 않으려고 한다고 자주 비판받곤 한다. 이런 예가 이에 해당한다고 할 수 있다.

인간 본성이 가진 특징으로서 미덕과 악덕은 필란트로피가 가진 문제와 그것의 특별한 성격을 이해하는 데도 도움을 준다.12 우리가 필란트로피와 관련된 사업을 함께하고자 할 때, 우리가 하고자 하는 것과 다른 사람들이 하고자 하는 것을 예측할 수 있는 리스트가 있다는 가정을 할 수 있다. 자만심과 우월감은 채러티를 방해할 수 있다. 자만심과 우월감은 또한 관심의 초점을 수혜자로부터 기부자에게로 옮겨버릴 수 있다. 그렇게 되면 이는 수혜자가 다른 사람으로부터 도움 받는 것을 어렵게 만든다. 왜냐하면 혜택을 위해 열등감을 감수하는 것은 쉬운 일이 아니기 때문이다. 이것이 바로 인간의 문제에 대한 필란트로피적 대응 맥락의 모든 것이라 할 수 있다.

20세기 전반기에 널리 알려지고 존경받는 미국의 철학자 아서 러브조이(Arther O. Lovejoy)는 『인간 본성에 관한 성찰』(Reflections on Human Nature)이란 작은 책을 썼다.13 이는 소위 '사상사' 분야에 상당한 기여를 했다. 러브조이는 인간 본성에 대한 이해를 추구한 17, 18세기의 신학자와 철학자의 저작을 연구한 후, 인간의 동기 부여에서 가장 중요한 요소는 칭찬을 바라는 욕구라고 결론 내렸다. 칭찬이야말로 흔히 사람이 하는 선행에 대한 대가로 우리가 줘야할 모든 것이다. 그러나 러브조이가 지적했듯이, 칭찬을 바라는 욕구가 사람을 실천과 봉사의 더 높은 단계로 추동하는 반면에, 만일 지나치게 많은 칭찬을 바라는 것으로 비춰지면 칭찬을 거둬들이게 된다. 이런 경우에도 칭찬을 지속하게 되면 결국 자만심이란 죄를 범하게 될 것이다. 칭찬은 명령이나 요구에 의해서가 아니라, 존경과 명예처럼 자연스럽게 얻어지는 선물이기 때문이다.

우리 자신이 그녀의 치유와 인정 많은 손길을 필요했기 때문이 아니라, 가난한 자와 죽어가는 자에게 베푼 그녀의 행위를 존경하기 때문에 테레사 수녀를 칭송한다. 그녀는 우리가 가장 높게 가치를 부여하는 것 — 비록 그녀의 행위를 우리가 모방할 수 없고 또 하지도 않지만 — 가운데 일부를 다양한 방식으로 상징화한다. 그녀는 미덕을 위한 능력을 일구어 왔으며, 악덕은 받아들이지 않으려고 노력했다. 테레사 수녀가 말하기를, 자신의 동기가 칭찬받는 것이 아니라 신을 섬기는 것이었다고 했다.14 만약 그녀가 우리의 칭송을 진정으로 바랐다면, 그녀를 하찮게 보았을까?

이런 유형의 것들은 금전적 보상이 거의 존재하지 않는, 너무 손쉽게 기부가 이뤄짐으로써 항상 값싼 칭찬만을 받는 그런 필란트로피 문화 내에서 이뤄질 수 있는 결과 중 하나다. 방치된 무덤에 퇴락한 명성만을 가진 채 내팽개쳐져 있어야 할 사람들에게 오히려 수세기에 걸쳐 칭송을 해왔다는 사실을 역사는 말해준다. 예를 들면, 앤드류 카네기는 노동자와의 갈등에서 잔혹한 수단을 사용했음에도 불구하고 우리의 칭찬을 받아 왔다고도 할 수 있다. 거의 비슷한 내용이 존 록펠러에게도 마찬가지다.* 반면에 아프리카에서 에이즈 희생자를 돌보는 사람들, 시내의 노숙자 쉼터에서 '영웅' 또는 '성인'으로 불렸던 자원봉사자들을 칭송하는 것은 전적으로 합당한 것처럼 보인다. 때때로 우리는 칭찬할 만한 것이 실제로 없는데도 칭찬할 이유를 찾아내려 애쓰는 경우가 있기도 하다. 그러나 그런 경우가 아니라면 칭찬은 필요하며, 또 그럴 가치가 충분히 있다. 영웅이 칭찬을 필요로 한다면, 우리는 영웅을 필요로 하는 것이다.

필란트로피를 위한 맥락의 한 부분으로서 인간 본성에 대한 토론은 궁극적으로는 간단한 결론에 이르게 된다. 즉 필란트로피란 우리 자신의 인간다움과 타자의 인간다움에 더 가까워질 수 있는 수단이란 것이다. 필란트로피는 악덕과 미덕의 실험실인데 한편으로 그것은 최상의 인간 본성을 탐구하는 실험실

---

* 카네기의 '홈스테드 파업'(Homestead Strike, 1892), 록펠러의 '러들로우 대학살'(The Ludlow Massacre, 1914)은 이들이 행한 대표적인 노동탄압 사건으로 기록된다. 이들은 한때 '강도귀족,' '악덕 자본가'(Robber Baron) 등으로 불리기도 했다. 즉 압축적 성장과 엄청난 규모의 자본축적이 이뤄지던 시기 독점적 행태와 노동탄압으로 지탄을 받기도 했다.

이기도 하지만, 또 다른 한편으로는 가장 실망스런 결과를 보여주는 곳이기도 하다.

## 3.2 인간 문제에 대한 대응

이제까지의 토론은 필란트로피라는 대응을 불러오는 인간 문제의 특징에 초점을 맞춰왔다. 일이란 흔히 잘못될 수도 있지만, 그 일은 또한 항상 더 잘 될 수도 있다. 필란트로피란 많은 경우 일을 더 좋게, 아니 최소한 덜 나빠지도록 하는 방법에 대한 것이라 할 수 있다. 그러나 어떤 때, 그리고 왜 최고의 대응, 아니 최소한 선호되거나 적합한 대응인지 생각해 볼 필요가 있다.

필란트로피야말로 유일하고 특별한 유형의 대응이기는 하지만, 문제 자체를 무시해 버리는 것(여기서 그것을 논의하지는 않겠지만)을 포함하여 다양한 대응이 존재한다. 필란트로피적 대응의 차별성이 무엇인지, 그것이 갖는 특별한 역할은 무엇인지 이해하기 위해 가능한 대응의 전체 모습을 살펴봐야 한다. 그런 가운데 한 사회 내에서 책임을 어떻게 나눠가질 것인지에 대한 생각과 방식 또한 좀 더 보편적 형태로 발전시켜 갈 수 있을 것이다.

다음과 같은 시나리오로 시작해 보자. 아무런 공식적 책임을 지지 않는 어떤 사람이 아무런 대가의 약속도 없이 도움을 요청해 온다고 상상해 보라. 도움을 간청하고 구호품을 부탁하는 그런 시나리오는 기록된 역사만큼이나 오래된 것이다. 필란트로피를 어떻게 정의했는가에 따라 다르겠지만, 이는 필란트로피적 대응을 요청하는 매우 그럴듯한 사례로 간주할 수 있을 것이다. 실제로 도움을 바라는 직접적 요청에 대해 관대하게 대응하는 것은 가장 근본적이고 원초적인 필란트로피로 생각될 수 있다. 그러나 이런 시나리오를 전개하는 것은 단순히 필란트로피만을 생각하자는 것이 아니라, 전체적으로 가능한 모든 대응에 대해 생각해 보자는 뜻이기도 하다. 당신의 대응은 당신 자신의 의사에 달려 있다고 가정하자. 즉 당신이 무엇인가를 기부할 때 그것은 강제된 것이 아닌 자발적인 것이며, 그러한 대응에서 어떠한 금전적 혜택이나 보상도 없다는 사실을 전제한다.

필요하다면 시나리오를 좀 더 특별하게 만들어 볼 수도 있다. 안타깝게도 걸인 한 사람이 당신에게 구걸했다고 가정해 보자. 걸인으로부터 도움을 요청 받는 일이야말로 가장 직접적으로 양심, 특히 젊은이의 양심을 건드리는 상황이 될 수 있을 것이다. 그리고 그렇다는 사실 자체가 인간 본성의 한 측면을 말해주는 것임에 틀림없다. 그런 호소에 직면했을 때 어떻게 대응해야만 할까? 걸인과의 이런 대면은 모든 사람에게 매우 익숙하며, 각자는 자신의 도덕적 신념에 따라 대응했던 나름의 경험이 있을 것이다. 그러나 우리의 대응은 사회적 규범과 기대, 문화적 관습에 의해, 그리고 가용한 사실에 토대를 둔 숙고와 추론에 의해서도 또한 영향을 받게 된다. 이렇게 되면 이 시나리오야말로 하나의 모델로서 사용하기에 좋은 것이 될 것이다. 즉 필란트로피적 선택이 개인에 의해 어떻게 이뤄지는지에 대해 숙고해 볼 수 있는 좋은 기회가 된다. 그러나 여기서 좀 더 중요한 것은 이를 통해 사회에서 필란트로피의 역할이라는 좀 더 확장된 이슈를 충분히 생각하게끔 하는 한 가지 방법이 될 수 있다는 점이다.

이런 상황 속에서 몇 가지 질문(그것을 소리 내어 말하지 않더라도), 즉 요청에 대해 어떤 형태의 대응이 필요한지에 대해 자신에게 자문을 해 본 뒤, 필란트로피적으로 대응할지 안 할지를 결정하는 것이 합리적일 것이다. 그러한 필란트로피 요청이 걸인에게서 나온 것이든(가장 흔히 거론되는 사례이지만), 예술단체, 폭력피해여성을 위한 쉼터, 장학금이 필요한 자유교양 대학에서 나온 것이든 이런 유형의 질문은 동일하게 적용될 수 있을 것이다. 이 질문은 개인 차원의 사고 과정뿐만 아니라, 재단 이사회 혹은 비영리 자원봉사기관 같은 조직체 차원의 '생각'에도 마찬가지로 적용될 수 있다. 네 가지 대응과 관련된 네 가지 질문을 생각해 볼 수 있는데, 가능한 지원의 출처와 이를 주관하는 자에 따라 다음과 같이 분류될 수 있다. 즉 자조 노력, 상호부조, 정부지원, 필란트로피가 그것이다.

### 자조 노력(self-help)

첫 번째 그리고 가장 근본적 질문은 자조 노력에 관한 것이다. '사람은 자신을 스스로 돕기 위해(자조노력으로) 무엇을 하는가?'라는 질문이다. 우리 모두에게는 자신의 생존과 안녕에 대해 스스로 상당한 책임을 져야 한다는 뿌리 깊고도 굳건한 도덕적 신념이 있다(물론 명백한 예외도 존재하지만). 필란트로피적 관심이라 해도 해당 개인의 존엄을 전제로 해야 하며, 그것은 자신을 스스로 돕는(자조 노력하는) 개인의 능력에 대한 존중이야말로 큰 덕목 중 하나라고 보기 때문이다. 물론 종종 본인 자신이 완전히 속수무책이 되는 경우에 이런 질문이 부적절할 것이다. 예를 들면, 두 살짜리에게 그런 질문을 하는 것은 부적절하며, 길에서 마주치는 알츠하이머 환자에게 자신을 스스로 돕기 위해 더 열심히 노력해야 한다고 하면서 도움을 주지 않는 행위 또한 적절하지 못하다. 뭔가 나를 속이려고 하는 것은 아닐까하고 의심하는 이유는 상대방의 몸이 아무런 이상이 없이 정상적으로 보이기 때문일 것이다.

이 질문은 '그럴 자격'이라는 개념과 관계가 있다. 즉 '내가 도울만한 가치가 있는가?'라는 것인데, 육체적으로 그리고 정신적으로 스스로 자신을 건사할 수 있을 것 같아 보이는 걸인에게 이런 질문을 하게 된다. 19세기에는 이런 사람을 '도울 가치 없는 빈민'(undeserving poor)이라고 불렀다. 즉 일을 할 수 있음에도 일하지 않고 다른 사람의 수고에 기대어 살기를 원하는 사람이라고 생각했다. 물론 '도울 가치 있는 빈민'(deserving poor) 또한 존재하는데, 자신을 둘러싼 환경을 이겨내기 어렵거나 압도당한 것처럼 보이는 사람들이다. 걸인에게 속았을 수도 있겠지만, 모든 걸인을 일률적으로 도울 가치 없다고 무시해버리는 것 또한 스스로 잘못을 범할 수도 있다는 점을 유념해야 한다.

가치와 복잡성과 관련하여 도움의 요청이 있을 때 앞의 질문은 또 다른 미묘함이 뒤따른다. 대학생은 자신의 교육비를 어느 정도 지불해야 하는가? 로켓과학자를 위해 대학원 학비를 보조해야 하는가? 신경외과 의사를 위해서는? 이런 경우는 심각하게 숙고하고 판단해야 필요가 있다. 즉 자신을 스스로 돕지 않는 사람을 돕는 것은 해롭기까지 할 수 있다는 점, 그리고 그런 도움은 의존성을 부추기고 심화시킬 가능성이 크다는 점이다. 개인에게 진실일 수 있는 것은 조직에게도 또한 진실일 수 있다. 가끔 단일 후원자에 너무 과도하게 의존하는 조직을 보게 되는데 이런 조직은 다른 후원자를 대상으로 하는 모금 노력을 등한히 할 수도 있다. 만약 그렇게 된다면 그들은 결국 자신의 경제적 독립과 더불어 도덕적 일관성도 방기해버릴 가능성이 점점 커질 수밖에 없다.

자조 노력이라는 대응과 관련하여 생각해봐야 할 또 하나는 간섭, 그렇지만 '스스로 자신을 돕도록'하는 목표를 갖고 하는 간섭이 최선의 방법인가 하는 점이다. 물론 이런 대응은 좀 다른 목적을 갖고 있다. 실직자를 위한 교육훈련을 제공하는 정부기관, 소규모 사업을 하는 저소득층에게 약간의 '소액신용' 대출을 제공하는 비영리그룹 같은 것이 그런 경우다. "물고기를 주면 하루치의 먹을거리를 주는 것이지만, 물고기 잡는 법을 가르치면 평생의 먹을 것을 준다"는 고전적 격언을 실천하고자 하는 것이다. 그러나 언젠가 존 록펠러가 서술했듯이, "가장 좋은 필란트로피, 즉 가장 큰 선행과 더불어 가장 작은 해를 끼치는 도움이란 것은 … 통상적으로 채러티라고 불리는 것은 아니다. 내 판단으로는 후한 보수와 함께 고용할 수 있는 능력이 있는지 면밀히 검토하고 노력, 시간, 자금을 투자하는 것이다. … 만일 우리가 사람들로 하여금 자신을 스스로 돕도록 도울 수 있다면 그것이야말로 영원히 축복받을 일이다."15

록펠러는 12세기의 유태인 철학자 마이모니데스(Maimoides)의 가르침을 정확히 상기시킨다. 그는 8단계의 체타카(tzedakah)*를 최고 수준(최선)에서 최하 수준까지의 형태로 서열화했는데 최하의 형태는 슬픈 마음으로 혹은 부정적인 태도(그것을 숨기는 한, 그것 역시 채러티라고 마이모니데스는 말했지만)를 갖고 기부하는 것이다. 그에 비해 채러티의 '최선'의 형태는 록펠러가 말한 것처럼, 도움이 필요한 사람이 자급자족할 수 있도록 뭔가를 해주는 것이다. 예를 들면, 대출을 해주거나 여러분의 사업체에서 일자리를 제공해주는 것이다.16 자조 노력을 가능하게 하는 것이 필란트로피의 최고의 형태인 것이다. 이를 믿고 실천한 사람으로 무함마드 야누스(Muhammad Yanus)를 들 수 있는데, 그는 방글라데시 출신의 경제학자로 빈곤을 완화하는 전략을 소액금융이라는 방식으로 제시했다. 이런 아이디어로 최근에 노벨상을 받기도 했다.17

---

* 히브리어로 justice, fairness, rightness, 즉 정의, 공정의 뜻을 갖고 있다. 일반적으로 채러티를 나타내기도 하지만, '의무', '해야 할 당연한 행위'이기 때문에 채러티와는 다른 개념이라 할 수 있다. 따라서 자발적 성격을 갖는 채러티 혹은 필란트로피와는 달리 종교적인 의무 성격이 강하며, 재산이 얼마인지 상관없이 이행해야만 한다(Wikipedia).

그러나 기업이 자기이익을 추구하는 것이 정당하다고 하여 그 이익에만 편협하게 집착함으로써 불행하게도 이런 방식의 관점이 망각되고 방기되었다. 또한 도움이 필요한 사람을 위해 기업이 할 수 있는 유일한 방법이 다른 두 부문, 즉 세금을 내거나 기업 필란트로피 또는 기업의 사회적 책임 프로그램을 통한 '사회적 환원'뿐이라고 단순하게 전제해 버릴 때도 마찬가지로 이런 관점은 간과되기 쉽다. 자조 노력이 가능하도록 일자리를 창출하는 것이야말로 진정으로 도움을 주는 길이라는 사실은 아무리 강조해도 지나치지 않다.

## 상호부조(mutual aid)

자조 노력 다음, 두 번째 이슈는 상호부조에 대한 것이다. 이들에 대해 공식적 책임이 있다고 간주되는 사람들은 누구며 그 혹은 그녀를 돕기 위해 하는 일은 무엇인가? 개인의 경우, 통상적으로 가족이나 가까운 친구 그리고 아마도 가까운 이웃을 의미할 것이며, 조직의 경우에는 일반적으로 가장 직접적으로 연관되거나 연결된 단체를 의미할 것이다. 예를 들면, 대학의 재단이나 동창회, 특정 조직으로부터 혜택을 받은 지역사회의 구성원이 되겠지만, 낯선 사람에게 도움을 청하기 전에 가족, 친구, 혹은 자신에게 중요한 사람에게 요청할 것이다.

우리는 모두 상호부조에 기초한 관계망의 한 구성 요소라는 의미에서 자신을 제외한 '중요한 타자'(significant others) 없이 존재할 수 없다는 사실을 인지하고 있다. 이 때문에 우리는 상호부조라는 두 번째 질문과 마주하게 된다. 사회학자 게오르그 짐멜(Georg Jimmel)이 이야기 했듯이, 우리는 '제휴집단의 그물망'(web of group-affiliations)이라는 관계망 속에 존재하며,[18] 우리를 대신하여 이 그물망이 다른 것과 교섭하게 된다. 가족이야말로 첫 번째의 그리고 가장 분명하게 의지할 수 있는 곳이다. 그러나 직장 동료, 이웃, 우애 단체, 필란트로피조직의 구성원, 노동조합, 비즈니스 클럽 그리고 '호혜'라는 규범을 따르는 다양한 결사체로부터도 상호부조가 이뤄진다.[19] 이 규범이 일반화되면 관계망 속에 있는 타인으로부터 도움을 기대할 수도 있고, 타인에게 도움을 줄 수도 있다는 것을 의미한다. 또한 이 규범을 통해 신뢰가 생기고, 이를 토대로 사회가 제대로

작동할 수 있다.[20]

　상호부조는 그것이 존재하지 않는 상황과 마주쳤을 때 오히려 그 중요성이 가장 극명하게 드러난다. 많은 사람이 바로 자신의 가족에 의해 내쫓겼기 때문에 노숙자가 되며, 또 다른 사람들도 역시 집에서 사는 것보다 노상에서 사는 것이 나으리라고 결정하기 때문이다. 종종 그런 일이 생기기도 하지만, 만일 비슷한 상황에 처한 또 다른 사람과 파트너가 될 방법을 찾지 못하면, 이유야 어쨌든 실제 작동하는 상호부조라는 관계망을 갖지 못하게 된다. 이렇게 상호부조가 이뤄지지 못하면, 다른 대응 — 정부로부터 혹은 필란트로피로부터 — 이 마지막 기댈 곳이 될 수밖에 없다.

　대부분의 자조 노력과 상호부조는 사적인 이해관계가 존재한다. 즉 우리는 자기 자신이 사적으로 그리고 직접적으로 혜택을 받을 수 있는 다양한 방식으로 자조의 노력을 한다. 또한 이를 위해 사업적 혹은 경제적 활동과 관련해서 가족 및 친구들과 관계를 맺는다. 예를 들어, 내과 의사가 되려는 사람은 자기 노력으로 그 비용 중 상당 부분을 부담해야 하며, 그의 가족은 가능하다면 도와야만 한다고 어렵지 않게 결론을 내릴 수 있다. 그러나 자조 노력을 하는 개인과 집단을 돕는 이유는 개인과 집단에게 돌아올 혜택의 수준을 넘어서기 때문이다. 즉 개인과 집단이 자신을 돕는 것 이상의 일을 할 수 있게 되면 해당 지역사회가 바로 혜택을 입게 된다는 사실은 중요하다. 그리고 그러한 도움이 지역사회에 혜택을 줌으로써 결과적으로 도움 그 자체가 사적 영역에서 공적인 것으로 이행하게 된다. 많은 조직과 단체에게 자조 노력과 상호부조는 흔히 얼마나 창의적이냐와 관계가 있다. 왜냐하면 아무런 보상 없이 오랜 시간에 걸쳐 작동해야 하고, 자원봉사자로부터 그리고 심지어 도움을 받아야 할 대상자로부터 도움을 이끌어내야 하기 때문이다.

## 정부지원(government assistance)

　세 번째 질문은 정부지원에 대한 것이다. 정부가 충족시켜줄 필요가 있는 그런 도움 요청인가? 혹은 그 필요는 오직 정부만이 충족해줄 수 있는 그런 것인가? 종종 일부 요청 내용은 자조 노력과 상호부조의 기대 수준을 훨씬 뛰어

넘거나, 자신의 문제를 해결하기 위해 걸인이나 그의 친척 혹은 그 주위를 지나가는 누군가에게 뭔가를 기대한다는 것이 부당하거나 불합리한 경우다. 그런 경우가 — 비록 논란이 뜨겁긴 하지만 — 흔히 정부의 간섭이 이뤄질 수 있는 근본적 이유가 될 수 있다.

대다수 사람은 우리 모두가 음식, 주거, 의복, 건강 같은 '기본적 욕구'에 대한 권리를 갖고 있다고 주장한다. 그렇지만 그런 것은 한 개인, 가족 혹은 필란트로피 실천가가 제공해줄 수 있는 수준을 넘어서며, 이를 충족하기 위해서는 기대하는 것보다 훨씬 많은 돈이 든다. 만약 기본적 욕구가 권리의 문제라면 우리 모두가 해당 요구에 응해야 할 것이기 때문에 당연히 정부지원이 필요하다. 그런 경우 우리는 소요되는 자원을 산출하기 위해 세금을 부과해야 한다는 사실을 안다. 그러나 세금 수입이 구호금품을 대체하지만, 그럴 가치가 있건 없건 사람들은 기부를 한다.

그렇다면 이 세 번째 질문은 공익을 위한 정부의 책임과 관계가 있다. 공공정책의 모든 영역에서 정부의 책임에 대한 논쟁이 존재했고, 그 역사 속에서 관련된 질문을 발견할 수 있다. 우선 미국에서 공적 교육의 사례를 살펴보자. 19세기 중반 이전에 아이들 — 교육을 받기 충분한 특권을 가진 소수에 국한되었지만 — 에 대한 교육은 사적인 기부, 즉 가정에서 교회까지 그리고 사립학교의 책임으로 간주되었다. 말하자면 그것은 자조 노력과 상호부조 그리고 필란트로피의 혼합을 통해 제공되었다. 그러나 그 후 산업화, 민주화 과정과 병행하여 어떤 환경에 있든 모든 계층의 어린이가 함께 '공립' 학교에 가야만 한다는 생각이 지배적인 위치를 점하게 되었다. 다만 매우 부유하거나 특별히 종교적인 사람만이 새로운 정부 시스템의 밖에 존재하게 되었다. 이렇게 되자 정부지원은 실제로는 경제적 욕구가 아니라, 교육받은 시민을 양성하여 공익을 확장하고 민주적 정부조직을 만들고 유지할 필요에 근거를 두게 되었다. 물론 최근 정부의 역할에 대해 재논의가 이뤄져 왔고, 많은 개혁가들은 교육에 대한 일부 책임을 민간 교육자와 사립 기관(비영리 및 영리 기관까지도 포함한)에 돌려주는 것이 — 바우처 방식 혹은 다른 정책 수단을 통해 — 공익에 더 기여할 수 있을 것이라 주장하기도 한다.

몇몇 문제는 — 미국의 빈곤, 아프리카의 에이즈 창궐 같은 — 자조 노력 혹은 상호부조를 통해 다루기에는 정말이지 너무 큰 문제다. 또한 문제 해결을 위해 정부의 간섭이 갖는 특수한 성격, 즉 생명과 재산을 보호하려면 꼭 필요한 물리적 힘의 합법적 사용에 대한 독점 같은 것이 요구된다. 그리고 사회가 개인에게 요구하기도 하지만, 개인이 해당 비용을 완전하게 부담할 것으로 기대할 수 없는 몇몇 사안도 있다. 예를 들면, 의학과 천체물리학 분야의 고급 교육과정 같은 것이다. 이런 경우 많은 사람이 정부지원이야말로 해답이라고 서슴없이 주장하겠지만, 또 다른 많은 사람은 이와 대립하는 매우 강경한 입장을 취할 수도 있다. 분명한 것은 이런 욕구를 중심으로 야기되는 논란은 어느 사회에서나 근본적이고 항구적인 성격을 띤다는 점이다. 어떤 것들이 자발적인 기부 혹은 사적 투자가 아니라 세금을 통해 해결해야만 하는가? 너무 많은 비용이 들어 개인 또는 그 가족이 자신들의 노력만으로 도저히 감당하기 어려운 것은 또한 어떤 것들인가? 예를 들어, 의료기술에 대한 높은 비용은 누가 부담해야 하는가? 주간보호는? 무연고 불치병 환자에 대한 호스피스 서비스는? 미술관은? 공원은? 철학연구는?

좀 더 광범위하게 보자면, 지역사회의 구성원을 돕는 것을 비구성원 — 아마도 납세자 혹은 합법적인 시민이겠지만 — 보다 우선해야 한다는 정도의 수준에서 정부지원은 상호부조가 놓치는 부분을 떠맡을 수 있다. 미국이 인도주의적 지원의 요청을 받았을 바로 그 때, 그리고 해외원조가 논란이 될 때마다 누군가는 해외지원 대신 도움이 필요한 미국인에게 우선적으로 지원해야 한다고 주장한다. 정부는 분명 도움에 대한 요청에 대응해야 하지만, 그렇다고 해서 도움에 대한 모든 요청에 동일한 비중을 두는 것은 아니다. 미국정부는 미국인에 대해 갖는 책임만큼 똑같이 비미국인에 대해 책임을 갖고 있질 않기 때문이다.

## 필란트로피: 최후의, 그러나 최소는 아닌

앞서 언급한 세 가지 질문을 거쳐 네 번째 질문에 다다르게 된다. 특히 앞의 질문과 답을 거치면서 문제가 해결되지도 않고 그 결과도 만족스럽지 못할 때 네 번째 질문은 좀 더 분명하게 다가온다. 내가 기부를 해야 하나? 도움이 필요한 사람에게 편익을 제공하기 위해 얼마나 많은 자발적인 봉사활동 혹은 금전적 기부를 할 수 있을까? 특히 어떤 공식적인 책임도 없고 그 대가로 물질적인 어떤 것도 약속되지 않은 상황에서 어떤 경우 자발적 행동이 공익을 위해 필요하며, 또 가장 바람직한 방식이 될 수 있을까?

종종 필란트로피는 다른 모든 것이 실패했기 때문에 혹은 다른 대응이 너무 많은 시간을 필요로 하거나 불완전하기 때문에 의미가 있다. 어떤 경우에는 자조 노력과 상호부조가 필요성을 충족시키기에 불충분하고 정부지원도 부적절하거나 이용할 수 없게 되는 경우가 있다. 따라서 궁극적으로 필란트로피는 우리가 선택해야 할 인간적 대응으로 남게 된다. 아울러 다른 대응 자체가 존재하지 않는 경우, 공백을 메우거나 또는 여타의 대응이 실패했는지 여부에 관계없이 필란트로피가 가장 바람직하고 적절한 대응이라고 판단하는 경우도 존재한다. 앞선 물음에 대한 답이 불확실하거나 정보 부족으로 의문을 갖기도 한다. 그리고 우리는 기존의 정책이나 프로그램의 문제로 인해 도우려는 일이 실패할 것이라는 두려움 때문에 행동하기도 하며, 종종 그렇게 하는 것이 옳은 것처럼 보이기 때문에 필란트로피가 필요하다고 단순하게 판단하기도 한다.

그러므로 필란트로피가 종종 최후의 수단이기도 하지만, 또 다른 경우에는 도움에 대한 보조수단이 되기도 한다. 필란트로피는 때로 가족이나 정부(혹은 자조 노력)가 장기적 관점에서 상응하는 조치를 하기 전에 임시적 도움을 제공하기도 하며, 친구나 정부로 하여금 임시적 도움을 제공하게 하는 동시에 문제의 원인을 제거하기 위해 노력하기도 한다. 낯선 사람의 요청은 어떤 식이든 긴급성을 띤 경우가 많기 때문에 모종의 대응 행동이 즉각적으로 요구되며, 전체적인 상황이 불명확한 상태에서 우선 필란트로피를 통한 실천을 행동으로 옮기게 된다. 아마도 행동을 자극하는 것은 또 다른 종류의 행동을 하라는 결정일 것이다. 예를 들면, 노숙자문제에 직면하여 아무 조치도 취하지 않는 정부에 대해 공공 항의 집회에 다른 사람과 함께 나서는 것이 이러한 경우에 해당한다. 그리고는 "나는 직접적으로 이 사람을 돕지는 않을 것이지만 그와 같은 사람을 도우러 나설 것이다. 나는 그 같은 사람이 이러한 상황에 빠지는 것을 막기 위해 노력하겠다"고 공언한다.

## 3.3 대응하는 방법 결정하기

### 대응 방식의 의미

이들 네 가지 질문은 개인적인 존재로서 그리고 사회라고 하는 한 집단으로서 자신의 삶을 살아가기 위한 선택에 중심적인 문제가 된다. 즉 질문에 어떻게 답하는가가 우리의 삶을 결정짓는다. 그것은 인간의 문제로 초래되는 불가피한 결과로서 일련의 근본적 질문이라 할 수 있다. 개인으로서 우리는 일이란 흔히 잘못될 수 있다는 사실을 알고 있기 때문에 조만간 요청될 것으로 짐작되는 도움에 어떻게 대응할 것인지 생각해야만 한다. 사회에 필요한 다양한 종류의 욕구에 대해 미리 숙고하여 자조 노력, 상호부조, 정부지원, 필란트로피에 어느 정도의 비중을 둘 것인지도 결정해야만 한다.

　미국 같은 사회에서는 이러한 네 가지 유형의 대응 사이에 상호작용이 정치적, 사회적 삶의 의제를 구성하게 된다. 자조 노력, 상호부조, 정부지원, 필란트로피라고 하는 네 가지 대응 방식이 우리 사회의 책임 배분 방식에 대한 생각을 검토하고 확인할 수 있는 체크리스트를 제공한다. 예를 들어, 건강관리 혹은 아프리카에 대한 채무면제, 또는 예술의 후원 혹은 교육개선 나아가서는 재난대응 비용에 대해 생각해보자. 젊은 음악가를 후원할 책임은 그 가족만이 유일하게 갖는가? 장래가 유망한 어린이에게 장학금을 주는 곳이 정부여야만 하는가? 미국은 서로 싸우고 있는 아프리카 국가들이 진 빚을 탕감해 주어야 하는가? 또는 그런 나라들이 자기 스스로 시장경제를 육성할 수 있도록 돕기 위해 다국적기업을 장려하는 데 초점을 맞춰야 하는가? 만약 미국인 중 어떤 사람이 평생 담배를 피워 폐암에 걸렸다면, 그리고 비록 그(또는 그의자식)가 스스로 그것을 부담할 재력을 가지고 있다 하더라도 치료를 위해 건강보험이 비용을 부담해야 할 것인가?

좀 더 광범위한 차원에서 보자면, 대형 공공 이슈에 대한 모든 정치적, 정책적 토론은 사회적 과제에 대한 이들 네 가지 가능한 대응조치와 관련된 주제를 포함한다. 정치적 갈등이란 것도 흔히 네 가지 대응의 조합을 어떻게 구성할 것인지 여부를 둘러싸고 벌어지게 된다. 이들 질문이 미국의 모든 대통령 선거운동에서 그 배경을 이루게 되며, 정당의 공약을 구성한다. 우리 각자는 어느 정도까지 자신에게 책임을 지는가? 우리는 공식적 책임을 나눠 갖고 있는 다른 사람에게 어느 정도까지 의존할 수 있는가? 함께 공유한 문제와 욕구를 해결하기 위해 자기 자신에게 어느 정도까지 과세하는 데 동의하는가? 자발적 기부와 봉사에 어느 정도까지 의존할 수 있는가? 이타적 관심이 우리의 대응에 얼마나 많은 영향을 끼칠까? 이해타산에 대한 관심이 우리 자신에게 얼마나 많은 영향을 주는가? 정부보다 종교기반(faith-based) 비영리조직 혹은 민간서비스제공자를 통해 더 많은 일을 할 수 있고 해야만 하는가?

그러나 이들 네 가지 대응이 뚜렷하게 구분되어 별개의 것으로 존재한다고 생각해서는 안 되며, 제기된 질문에 대한 답이 네 가지 범주 중 하나에 반드시 포함된다고 가정해서도 안 된다. 실제로 앞에서 논한 록펠러와 마이모니데스로 되돌아가 보면, '자기 스스로 돕는 자를 돕는' 오래된 노력의 역사가 있고, 그 과정에서 다양한 대응이 서로 뒤얽히어 서로 분리되기 쉽지 않다는 사실을 잘 알 수 있다. 이런 노력은 '자조 노력'에 대한 것일 뿐 아니라, 그 자체로 필란트로피의 목적이기도 하다. 예를 들면, 19세기 런던에 살던 젊은 옥타비아 힐(Octavia Hill)은 가난한 사람을 위해 제대로 된 주거환경을 마련해 줘야 한다고 생각했지만,21 자금이 부족하여 사회철학자이며 예술비평가인 존 러스킨(John Ruskin)에게 도움을 청하러 갔다. 그는 그녀에게 5천 파운드를 빌려주면서 다른 사람에게도 돈을 빌려달라고 설득하려면 수익률 5%라는 조건을 붙이라고 충고했다. 러스킨의 충고를 따라 힐은 모든 세입자에게 집세 지불을 가장 우선적이고 확고한 요구사항으로 받아들이게 했다. 그녀는 또한 엄격한 자기수양을 요구했다. 즉, 그녀의 세입자들은 때맞추어 집세를 지불해야 할 뿐만 아니라, 항시 그녀가 제시한 바람직한 사회적, 도덕적 행위의 기준을 벗어나서는 안 되었던 것이다. 기독교 사회주의뿐 아니라(그것과는 정치적으로 완전히 반대 입장인)

채러티단체협의회(Charity Organization Society)의 접근방식의 영향을 받아 힐은 실용적이었다. 거트루드 힘멜파브(Gertrude Himmelfarb)는 힐의 경영방식을 언급하면서 "그녀의 목표는 독립의 전제조건으로 제대로 된 주거시설을 제공할 뿐만 아니라, 바로 그 독립성을 지속시킬 습관, 능력, 감수성을 고취하는 것이다. 이는 세입자를 남에게 의존해서 사는 사람이 아니라 대등한 존재로 대우하고, 자신의 친구를 돕고자 할 때 갖게 되는 마음가짐으로 돕는 것을 의미한다"22라고 평했다. 힐이 해왔던 것은 분명 자조 노력을 고취하는 것이지만, 이와 동시에 상호부조의 요소도 함축하고 있어 그녀의 모든 행위는 자발적이고 필란트로피적인 간섭에 토대를 둔 것이다. 욕구와 필요 — 가난한 사람에게 충분한 주거시설을 제공할 필요 — 에 대한 힐의 대응은 얼마나 자주 다양한 대응이 혼합되면서 상호작용을 이뤄나가는지 보여준다. 아울러 이를 통해 사회가 자신의 문제를 어떻게 대응하고 처리해 가는지에 대한 전체적 모습을 이해할 수 있게 해준다.

## 이타주의와 이기주의

도움 요청에 어떻게 대응하는지, 그 요청을 어떻게 충족시키는지, 이와 관련된 책임을 어떤 방식으로 나눠 갖는지에는 많은 요인이 영향을 끼친다. 우선 우리의 대응은 인간 본성에서 되풀이되는 긴장관계의 두 가지 측면, 즉 이타주의와 이기주의 사이의 긴장 모두를 반영한다는 것을 알 수 있다. 우리 대부분은 타인의 안녕과 행복에 대해 그리고 지역사회의 요구사항에 대해 상당한 관심을 두고 있기 때문에 이들 질문에 대해 이타주의적 가치라는 측면에서 답을 하게 된다. 그러나 우리는 또한 자신을 위한 욕구도 있고 공정성에 대해서도 큰 관심을 갖기 때문에 — 내가 스스로 도우려 노력하는 만큼 다른 사람도 마찬가지로 그래야만 한다 — 우리 자신도 이기주의적 가치를 갖고 있다는 사실을 인정해야만 한다.

한편으로는 인지한 욕구와 필요를 해결하기 위해 노력하면서, 또 다른 한편으로는 인간이 갖는 두 가지 경향성에 대해 균형을 유지하면서 삶을 영위한다. 또한 걸인의 자조 노력에 대한 질문과는 별개로, 이미 노숙자를 돕기 위해 세금을 내고 있는데 왜 자발적 기부도 해야 하는지 의아해 하면서, 혹은 위기에 처한 모든 사람에게 연민을 가져야만 한다는 의무감에 대해 생각을 하면서, 타인에 대한 관심뿐 아니라 자신에 대한 관심 두 가지 모두를 염두에 두게 된다. 이타주의와 이기주의는 앞서 말한 네 가지 대응이 서로 간에 어떤 중요성을 가질지에 대한 우리의 판단에 영향을 미친다. 중요도에 대한 레토릭(rethoric)은 양극단의 영향을 반영하면서 동정과 연민에 대한 호소에서 욕망에 대한 호소에 이르기까지, 가치에 기초한 행동에서 잠재적 반대급부의 계산에 기초한 행동에 이르기까지에 걸쳐 존재한다. 따라서 모든 답은 양쪽의 것을 전부 포함할 수밖에 없다.

기부할 것인지 말 것인지와 함께 어떻게 그리고 얼마나 많이 기부할 것인지도 결정해야만 한다. 이런 과정과 결정의 고심 속에 이기주의와 이타주의의 긴장이 나타난다. 누구든 자신의 잉여, 즉 여분의 자산으로부터 아무런 공식적 책임을 질 필요가 없는 타자를 위해 기부해야 한다는 것이 아주 오래 전부터 내려 온 필란트로피의 원칙이다. 잉여를 갖는다는 것은 자신을 위해(아마도 공식적 책임을 갖는 사람을 위해서도) 충분히 갖고 있다는 것을 의미한다. 그렇지만 '충분하다'는 것은 무엇일까? 잉여에서 나오는 기부는 언제쯤 핵심을 건드리기 시작할까? 많은 경우 소유 자산에 대한 평가를 통해 결론을 내릴 수 있다. 즉, "내가 도울 수 있긴 하지만 충분하지는 않다. 다른 사람이 여기에 협력해야만 할 것이다"라든가, "내가 당신에게 장학금으로 100달러를 기부할 텐데, 나머지 부분은 가족의 도움을 받거나, 혹은 대학에서 장학금이나 학자금 대출을 받는 식으로 당신이 해결해야 할 것이다"라고 말할 수 있다. 이와 달리, 이런 원칙을 따르지 않는 대신 "곤란함을 느낄 때까지 준다"라고 아주 관대하게 결정할 수도 있다. 신규 소득에서 기부하는 경우와 기존 저축에서 기부하는 경우를 구분할 수 있을까? 일주일에 다섯 시간 자원봉사활동을 한다면 어떤 경우 너무 적다고 하고, 어떤 경우 너무 많다고 할 것인가? 그리고 어떤 식으로 기부해야 하는가? 개인에게 직접 기부함으로써 도움이 미치는 영향을 바로 확인할 수 있어야 하는가? 돕고자 하는 사람과 개인적 관계를 갖기 바라는 것은 허용할 만한 수준의 이기주의라 할 수 있는가? 단체에 기부하여 다른 사람의 기부와 합쳐짐으로써 궁극적으로는 좀 더 많은 사람에게 혜택이 돌아갈 수 있게 하는 것이 좀 더 이타주의적(따라서 좀 더 바람직한)인 것이라고 할 수 있을까? 여기서 강조하고자 하는 점은 어떻게 대응할까, 즉 언제, 어떻게 필란트로피 적으로 행동할까에 대해 충분히 숙고하고, 이를 위해 이기주의와 이타주의 사이의 긴장이 엄연히 존재한다는 사실을 인정해야만 한다는 것이다. 단순히 그런 갈등요소가 없기를 기대하는 식의 자세는 지양되어야 한다.

## 무슨 일이 일어나고 있고 우리는 어디서 왔을까?

인간의 문제와 그 결과 때문에 발생하는 문제와 관련하여 도움을 요청해 올 때 이에 어떻게 대응할지 결정하기 전에, 그리고 필란트로피를 행동으로 옮길지 여부를 결정하기 전에, "무슨 일이 일어나고 있는가?"라는 첫 번째 윤리적 질문에 답해야 한다. 예를 들면, 우리는 길거리에서 '노숙자이며 에이즈로 죽어감,' '지체장애자. 일하기를 원하나 할 수 없음. 도와주세요!'라는 팻말을 들고 있는 사람을 본다. 이런 종류의 팻말을 읽는 모든 행인은 해당 표현의 신뢰성에 대해 순간적인 평가를 한다. 만약 첫 번째 팻말을 든 젊은이가 실제로 노숙자로서 죽어가고 있거나, 두 번째 팻말을 들고 있는 나이 든 사람이 휠체어에 앉아 있는 것이 눈앞에 벌어지고 있다면 즉각적인 기부가 필요할 것이다. (정부지원 또한 이뤄지고는 있지만). 만일 그것이 단지 흔히 있는 속임수이고 새로이 대도시에 들어오는 사람들이 당하지 않도록 경고를 하는 그런 종류의 일이라면, 그 대응은 어떤 이에게는 풍자일 수도, 또 다른 어떤 이에게는 역겹고 화가 나게는 할 수도 있지만, 아마도 연민이나 채러티는 아닐 것이다.

따라서 어떻게 대응할지를 결정하는 데 한 가지 중요 부분은 무엇이 일어나고 있는지를 알아보고 이에 대한 정보를 탐색해 보는 것이다. 구체적인 정보가 없다면, 결론을 이끌어 내거나 가정이라도 할 수 있을 미묘한 단서나 힌트를 찾는다. 그렇지만 이 같은 첫 번째 질문만이 아니라, "우리는 어디에서 왔을까?"라는 두 번째의 보충적 성격의 질문과 관련된 것까지 감안하여 어떻게 대응할지 결정해야 한다. 우리의 대응은 자신의 도덕적 신념(예를 들면, 낯선 사람을 돕는 것이 도덕적 의무라고 믿는지 여부), 인식론적 또는 이념적 편견(예를 들면 정부는 노숙자를 돕는 일까지 간섭해야 하는가?)에 의해 영향을 받는다. 그리고 다양한 문화적 관습과 학습된 관념 (예를 들면, 뭔가 필요한 사람이 이런 식으로 도움을 요청하는 것이 정상적인가?) 나아가 우리가 사는 좀 더 넓은 사회적, 경제적 상황(예를 들면 복지국가 장애자나 에이즈 보균자를 책임지는 '사회민주주의', 혹은 신자유주의적 자본주의에 사는지 여부)에 의해서도 영향을 받는 것은 물론이다.

우리의 대응은 사회적, 문화적 삶에 이런저런 방식으로 '배태'(embedded)되어 있다. 해당 사회에서 필란트로피가 선호적 대응인 이유, 그리고 이런 형태나 역할을 하게 된 이유에 대한 이론과 관련하여 배태성은 매우 중대한 요인이 된다. 이것은 레스터 설러먼(L. Salamon)과 헬무트 안하이어(H. Anheier)가 비영리부문에 대한 '사회적 기원'론이라 이름 붙인 것과 비슷하다. 그들은 필란트로피 전통과 비영리부문이 여러 다른 사회에서도 각기 다른 모습을 보이고 다른 역할을 수행해 왔다는 사실을 상기시킨다. 즉, 비록 필란트로피라는 것이 모든 사회에 나타나는 하나의 공통적 대응이기는 하지만, 각 사회별로 다양한 변형이 나타나는 것은 어느 특정 사회의 비영리부문의 발전 경로와 해당 사회의 '문화적, 종교적, 정치적, 경제적 현실'에 의해 근본적으로 영향 받을 수밖에 없기 때문이라는 것이다.23

우리의 대응 방식에 미치는 일련의 다중적 영향력은 조직적 차원에서도, 혹은 사회적 책임의 배분 방식에 대한 선택을 고려할 때도 마찬가지다. 예를 들어, 미국의 도덕적, 문화적, 정치적 변화가 빈곤에 대한 대응—개인, 지역사회, 정부, 필란트로피의 대응—의 혼합적 구성과 그 변화에 어떻게 영향을 끼쳐 왔는지 생각해보라. 국가가 가난한 사람을 돌봐야 한다는 사고는 거의 서양 문명만큼이나 오래 되었고, 개인과 종교기관이 그것을 도와야 한다는 사고는 역시 고대적인 아이디어다. 그러나 이에 대한 지원이 채러티가 갖는 자연발생적이고 즉흥적인 표현에 맡길 것이 아니라, 합법화 되어야만 한다고 사회와 문화가 인식했을 때 결정적인 변화가 일어났다. 그리고 서로 다른 문화적·민족적 맥락에서 그 역할에 여전히 차이가 존재하기는 하지만, 정부지원의 역할을 좀 더 분명히 하는 계기가 되었다.

물론 이들 '결정' 방식을 서술해 오기는 했지만, 질문에 대한 우리의 대답 방식, 제시해 온 우리의 대응이 항상 의식적이고 합리적인 선택의 결과는 아니다. 실제로 질문에 대한 답이 분명하지 않았고 심지어 너무 단순하기까지 했다. 종종 한 가지 이상의 대응이 요구된다고 결정하기도 하고, 시간의 경과에 따라 대응의 구성도 바꿨다. 혹은 우리가 원하는 대응을 진행시키고 또 다른 대응에 대한 결정은 다른 사람에게 맡기기도 했다.

### 3.4 필란트로피적 대응의 이유

인간의 문제에 대한 대응으로서 필란트로피의 역할과 관점 — 그리고 좀 더 광범위한 질문으로서 왜 필란트로피가 존재하는지 — 의 확립과 관련된 마지막 단계는 다양한 대응이라는 맥락 가운데 왜 필란트로피적 대응이 정당화되고 선호되는지, 더 나아가 필요한 것으로 인식되고 적극적으로 요청되는 이유가 무엇인지를 탐색하고 정리하는 것이다. 이를 개념적으로 세 가지 넓은 범주로 나눠 보는 것이 도움이 된다. 각 범주에는 대응의 필요와 연결된 시나리오가, 그리고 이에 대응하는 필란트로피의 역할이 언급된다. 세 가지 범주로 나눠 그 이유를 설명하면 다음과 같다.

> 1. 필란트로피는 최적의 효과적 대응이다.
> 2. 필란트로피는 다른 대응을 보완한다.
> 3. 필란트로피는 우선적 대응 혹은 가장 적절한 대응이다.

**필란트로피는 최적의 효과적 대응이다**

때때로 우리는 다른 대응이 부재하거나 작동되지 않을 때 필란트로피로 눈을 돌린다. 길거리 걸인에게 돈을 적선하는 이유는 그의 기본적 욕구를 자조 노력과 상호부조, 정부지원 등의 방법을 통해서는 충족시킬 수 없다고 판단했기 때문이다. 또한 걸인이 글을 읽을 수 있도록 돕지 않으면 자기 스스로 돕는 노력, 즉 자조의 노력을 할 수 없고, 또 다른 누구도 도울 수 없다고 생각하기 때문에 글을 가르치는 교사로서 자원봉사활동에 참여하게 된다. 우리는 또한 공영 텔레비전에 대한 정부지원이 줄어드는 것을 우려하기 때문에 이를 위해 기부하기도 한다.

학자들은 비영리부문이 왜 존재하는지 이론적으로 설명하는 한 가지 방법으로 이 같은 종류의 소위 '실패'에 대한 논의를 오랫동안 해왔다.* 즉 정부와 시장부문의 불충분성, 한계 또는 실패 때문에 제3섹터가 존재한다는 것이다. 시장은 개인적 선택을 가능하게 하지만, 건강한 사회에 필수적인 모든 공공재 — 예를 들면 맑은 공기 — 를 제공해 주지는 않는다. 그리고 시장은 비싼 대가가 수반되는 '외부효과' — 예를 들면 대기오염 같은 — 를 만들어내며 그것은 어떤 식으로든 해결해야 한다. 이런 종류의 '시장의 실패' 논의는 오랫동안 정부의 행동과 공공정책 개입을 정당화했으며, 우리로 하여금 왜 정부가 존재하는가라는 까다로운 질문에 답할 수 있도록 해준다.

그러나 정부가 중요 공공재를 제공해 주기는 하지만, 간혹 충분한 정도의 공공재를 제공해주지 않는 경우가 있다. 이러한 '정부의 실패'가 없었다면 '비영리' 조직이라는 비논리적 실체가 존재하지 않았을 것이라고 경제학자들은 주장한다. 더구나 정부는 욕구 충족 방법에서 제한적이다. 즉, 제임스 더글러스(James Douglas)가 '범주적 제한'(categorical constraint)이라고 부른 것이 그것인데 모든 사람이 동등하게 대우 받아야 한다는 요구조건은 정부로 하여금 특정 계층을 제외시킬 수 있다는 점을 강조한다. 또한 버튼 와이스브로드(Burton Weisbrod)가 집단의 '이질성'(heterogeneity)이라 칭한 것으로 사람들의 욕구와 관심이 다양할수록 (거기에 덧붙이자면 '공공재'가 무엇인지에 대한 해석이 다양할수록) 정부는 그런 논쟁에 끼어들지 않을 것이라는 것이다.24

이렇듯 시장의 대응과 정부의 대응 양쪽 모두의 실패에 직면하면 그때 자발적이고 필란트로피에 기반을 둔 행위가 그 공백을 메우게 된다. 필란트로피는 시장과 같이 개인적 선택을 가능하게 하면서 또한 정부처럼 공공재도 제공한다. 그렇지만 다양성과 유연성이라는 조건과 상황에서는 시장과 정부보다 훨씬 잘 대응할 수 있다. 이는 지역 공공병원이 제대로 기능하지 못하는 빈민

---

* 이들 논의에 대해서는 D.R. Young과 R. Steinberg, *Economics for Nonprofit Managers* (번역본, 『비영리 경제학』) 참조.

지역의 비영리 에이즈병원의 사례에서부터 학부모가 직접 교외에 차터스쿨(charter school)을 세우는 사례에 이르기까지 이 이론은 필란트로피가 개입하게 되는 이유를 무엇보다 잘 설명해 줄 수 있다. 그렇지만 필란트로피가 그야말로 "가장 괜찮은 방법"일 수밖에 없는 엄연한 현실도 존재한다는 점을 기억할 필요가 있다.

대부분의 학자가 비영리(제3)부문의 존재를 설명하기 위해, 혹은 다른 조직형태가 제공할 수도 있는 편익을 굳이 왜 비영리조직이 제공하는지 설명하기 위해 '이중 실패' 이론을 적용해온 반면, 우리는 필란트로피 개념과 자조 노력, 상호부조, 정부지원이라는 세 가지의 대응 개념에 맞도록 이 이론을 확장해 볼 예정이다(다음 장에서 설명하듯이, 어떤 의미에서는 '삼중 실패' 론을 제시하는 셈이다. 물론 여기서는 '실패'를 둘러싼 모든 아이디어가 적용되는 것은 아니다).

또한 종전의 여러 연구가 갖는 한계를 넘어 필란트로피가 서비스 제공뿐만이 아니라 애드보커시와 관련해서도 그 존재 이유를 설명할 수 있다는 점을 탐색해볼 것이다. 지금까지 토론해 온 필란트로피와 또 다른 대응들이 모두 뭔가 직접적 욕구에 대한 대응이었다면, 자신의 목소리를 내거나 누군가의 이해를 대변하고자 하는 '욕구'를 포함하는 것도 염두에 둘 수 있다. 그리고 필란트로피조직은 특정 인구집단이나 서로 다른 가치를 가진 사람을 위해 주창하고 옹호하는 그런 역할을 실천에 옮길 수 있다. 왜냐하면 이들 인구집단과 가치는 영향을 받거나 스스로 이해관계가 있는 집단(자조노력), 직접적인 네트워크(상호부조), 혹은 애드보커시의 대상인 정부에 의해서는 효과적으로 주창되거나 옹호될 수 없기 때문이다.

## 필란트로피는 다른 대응을 보완한다

그렇지만 필란트로피가 왜 존재하는지에 대한 설명을 정당화하기 위해 다른 대응이나 다른 형태의 실패가 꼭 필요한 것은 아니다. 실제로 많은(아마도 대부분) 경우 복합적이고 뒤엉킨 혼란 속에서 여러 다른 대응과 병존하는 하나의 대응으로서 필란트로피가 존재하게 된다. 삶에는 문제가 있을 수밖에 없고 이들 문제에 효과적으로(그리고 도덕적으로) 대응하는 데는 사회의 모든 자원 ─ 정치적,

경제적, 개인적, 가족적, 자선적— 을 적절하게 활용할 능력이 요구된다. 세 부문에 대한 각각의 역할을 재검토하고, 새로운 횡적 거버넌스 체계가 진전됨에 따라, 다중적 대응의 결합은 여러 측면에서 볼 때 점점 더 보편적인 것이 되었다.25 오작동하는 것에 일정하게 대응하면서 정부와 필란트로피, 시장 사이의 '파트너십'을 통해 이를 바로잡을 수 있는 방법이 고안될 수도 있을 것이다. 또한 앞서 서술한 네 가지 대응 가운데 어느 것이 최선인가를 선택하기보다는 상호 간에 보완적인 역할을 모색하는 것도 바람직한 방법 중 하나다.

모든 사회에서 가장 근본적인 욕구 중 하나인 어린이를 돌보는 일, 특히 어려움에 처할 가능성이 있는 어린이를 예로 들어보자. 어린이가 가진 욕구에 대한 대응과 관련해서 자조 노력이라는 방식을 기대할 수는 없고 직접 접촉하여 뭔가를 해야만 한다. 어린이도 분명히 자기 스스로 도울 수 있지만, 사회 어느 집단보다도 훨씬 더 그 능력이 제한되기 때문에 자조 노력을 하지 않는다고 해서 어느 누구도 어린이를 비난하지는 않는다. 그래서 어느 사회에서나 어린이를 돕기 위해서 자조 노력을 넘어 다양하고 중요한 자원이 사용되어야만 한다는 사실을 이해한다. 비록 많은 어린이가 가족 혹은 상호부조 관계망에 의해 전혀 혹은 원활히 지원받지 못하는 것이 현실이긴 하지만, 가장 중요한 것은 가족 그리고 가까운 친구들이며, 모든 어린이가 기대하는 최우선적인 지원의 형태다. 그렇지만 어린이를 돕는 일을 업으로 삼는 많은 사람도 존재한다. 소아과의사와 기타 의료 전문가, 교사와 코치, 교육전문가, 사회운동가와 치료전문가, 카운슬러, 지도자, 멘토 등이 그런 사람들이다. 이들 중 대다수는 정부에 의해 고용되며, 그들은 보편적으로 널리 인정된 임무를 수행할 책임을 진다.

또한 어린이를 위한 프로그램과 이를 운영하는 필란트로피 단체에는 이들 이상으로 다양한 자원봉사활동가와 전문가도 존재한다. 미국에만 해도 수십만, 수백만의 사람이 어린이를 돕기 위해 이런 필란트로피 단체에 자원봉사활동가로 참여하고 있다. 소년, 소녀클럽, YMCA와 YWCA, 경찰체육리그, 4H클럽, 가톨릭청년단체, 보이스카웃, 걸스카웃 그리고 최근 설립된 많은 단체가 그런 유형의 것이라 할 수 있다. 이 필란트로피 단체는 단순히 어린이 지원에 대한 정부의 실패, 가족의 실패 때문에 존재하는 것이 아니라는 사실을 유념해야 한다. 물론 그것이 이들 단체가 존재하는 중요한 이유 중 하나라는 사실을 부정하는 것은 아니다. 다른 단체와 기관이 무엇을 하든 관계없이 어린이를 돕고 지원하는 것은 공익을 위한 것이라고 믿기 때문에 그들은 존재하며, 이러한 필란트로피적 대응은 사회 내에 여러 단체 및 기관과 함께 보완적 역할을 수행하게 된다. 지지와 후원에 적극적인 가족이 함께 참여하게 될 때 소녀클럽이 위험에 처한 소녀들에게 더 많은 도움을 줄 수 있는 이치와 같은 것이다. 그렇지만 필란트로피 단체가 항상 효과적이지는 않았으며 정부나 가족으로 하여금 적극적으로 대응하게 하는 데 그들 스스로가 성공적이지 못했다는 사실을 인정해야 한다. 언급된 단체 중 많은 수가 50, 60년 전보다 덜 효과적이라고 평가된다. 특히 가장 힘든 문제에 봉착한 소수 인종그룹과 저소득층에게 접근하는 데는 그리 효과적이지 못한 것 같다. 이러한 현상은 사회의 다양한 행위자 — 가족, 정부, 필란트로피 — 가 서로 제휴하고 함께함으로써 이에 대한 책임을 확산시켜 나갈 필요가 있다는 사실을 보여주는 유력한 증거가 된다.

### 필란트로피는 우선적 대응 혹은 가장 적절한 대응이다

우리는 이 책에서 필란트로피는 도덕적 행동이며 공익을 위한 자발적 행동이란 주장을 펼쳐왔다. 따라서 필란트로피에 대한 이 마지막 — 실제로는 첫 번째의 — 이유를 분명하게 기억해 둘 필요가 있다. 필란트로피는 우리 자신이 착하고 어진 행동, 즉 선행을 하고자 할 때 흔히 선호하는 방법 중 하나이며, 좀 더 나은 삶을 만들어 나가기 위한 적절한 방법이다. 아울러 공익을 위한 적절하고 도덕적인 방법으로서 문화 속에 배태되어 왔기 때문에 대개의 경우 필란트로피에 토대를 둔 방식으로 대응하는 것은 보편적 현상이다.

다음 장에서는 필란트로피가 왜 존재하는지를 설명하는 데 많은 부분을 할애할 예정이다. 아울러 필란트로피가 어떻게 특별한 도덕적 행동이 되며, 사회개량적 목적과 차별화된 필란트로피적 의미를 갖게 되는지도 함께 탐구해 볼 것이다. 그러나 앞서 논의했던 필란트로피의 적극적인 역할은 우선적 대응으로서 혹은 가장 적절한 대응으로서 필란트로피의 개념을 설명한다. 예를 들면 우리의 행동이 정부와는 독립된 종교적 가치와 신념을 표현하거나 독려하고자 할 때 필란트로피는 가장 적절하다는 점이다. 즉, 필란트로피는 그 목적이 광범위한 사회적 변화를 지원하거나 지역사회 내에서 변화를 일으킬 수 있는 새로운 아이디어를 실천해 보고자 할 때 선호된다. 어떤 의미에서 필란트로피는 제1섹터라 할 수 있으며, 그 곳에서 우리는 나머지 두 부문이 무엇을 하고 있는지, 혹은 자조 노력이 가능한지 여부와는 관계없이, 공익에 대한 비전을 표현하고 공공적인 일을 실천해 나가기 바란다. 필란트로피의 핵심적 역할로서 사회적기업가 정신에 대한 대중적 인식의 근저에는 이런 요소가 부분적으로 깔려 있다.26

필란트로피가 가장 적절한 대응이 되는 상황도 다양하게 상상해 볼 수 있다. 어떤 경우에는 주변 사람에게 자신의 관용을 공개적으로 천명하기 바라며 또한 그럴 필요를 느끼기도 한다(아마도 다른 사람의 관용을 이끌어내기 위해서). 그렇지 않은 경우에도 처음에는 전혀 안면이 없던 낯설었던 사람을 나서서 돕게 되고 그들과 개인적인 관계까지 갖게 되기를 바라기도 한다. 어쩌면 상반되어 보이는 두 상황 모두에서 소위 상호부조 혹은 정부지원을 택하는 것보다는 필란트로피라는 방식이 더욱 적절할 수 있다. 종종 텔레비전에 비치는 굶주린 어린이의 얼굴을 보고 도움이 필요함을 알게 되고, 다른 사람으로 하여금 그 아이를 돌보게 하기보다는 우리 스스로 뭔가를 해야 할 필요를 느끼게 된다. 아울러 과거에 우리를 도와주었던 어떤 사람에게 되갚기 위해 기부를 하기도 한다.27 특히 여러 대응 가운데 어떤 것이 좋을지 생각하고 검토할 여유가 전혀 없을 때, 즉 비상 상황을 맞닥뜨리게 되면 자발적 개입이 바로 이뤄져야만 하고 이는 분명 합당한 것이다.

필란트로피적 행동은 모든 공간과 시간에 문화적으로 규범화되어 있고 그 자체로서 높은 가치를 지니고 있다. 그러나 언제 필란트로피가 적절한지, 또 언제 정부지원 혹은 상호부조가 적절한지는, 부분적으로는 문화적 전통과 역사적 발전에 의해, 그리고 사회적 기원에 관련된 또 다른 측면 ― "우리는 어디로부터 왔는가?" ― 에 의해 결정되는 사회적 선택이라 할 수 있다.

사람들이 자신의 기부를 정당화하기 위해 제시하는 설명과 이해 속에서 필란트로피가 왜 적절한 것인지 그 논거를 찾을 수도 있다. 예를 들어, 어떤 사람은 어린이들에게 독서 방식을 가르치거나 혹은 지역 도서관에 돈을 기부하는 것이 '해야만 할 옳은 일' 혹은 '되갚는 한 가지 방식'이라고 말한다면, 이는 단순히 자기 자신의 동기가 무엇인지를 표현하는 것이다. 그뿐만 아니라, 이는 자신의 문화로부터 배워 온 것을 토대로 자신에게 의미있는 특별한 행동으로서 자신의 필란트로피적 행위를 정당화하고 있는 것이다. 이를 좀 더 일반적으로 보자면, 어느 사회나 나름의 사회적, 역사적 패턴이 존재하며, 이러한 패턴에 근거하여 필란트로피가 문제 해결이나 필요한 욕구에 대응하는 가장 적절한 방식이라 판단하게 된다. 그것이 "'우리가 할 일"이기 때문이다.

## 3.5 허리케인 카트리나에 대한 대응

일이 잘못되어 문제가 되는 것을 인간이 피하기는 쉽지 않다. 그러나 2005년 루이지아나와 미시시피 해안 지역에 불어 닥친 허리케인 카트리나(Katrina)의 예에서 보듯이, 간혹 파괴적이고 치명적인 위기를 초래하는 경우도 종종 있다. 이를 통해 위기에 대한 대응 방식 결정에 영향을 주는 요인이 어떤 것이며, 여러 대응 방식 가운데 필란트로피가 차지하는 중요성에 대해서도 재확인해 볼 수 있다.

흔히 자연적인 일은 극적으로 삶을 파괴하고, 이에 수반한 고통을 완화시키기 위해 필란트로피를 기반으로 한 행동이 요구된다. 그러나 홍수나 산불, 허리케인 같은 자연재해는 필란트로피 능력뿐만 아니라 그것이 갖는 본연의 역할 또한 넘어선다. 가족과 친척도 일정한 역할을 할 수 있지만, 정부의 역할이 절대적이라 할 수 있다. 따라서 자연재해 — 흔히 자연재해에 동반하는 인간적 재해 또는 시스템의 실패 — 는 모든 대응 방식이 총동원될 필요성을 가장 잘 보여준다. 물론 재해가 전적으로 인위적인 것일 때도 이것은 마찬가지다. 9/11 사태에 대한 대처와 관련하여 네 가지 대응 — 자조 노력, 상호부조, 정부지원, 필란트로피 — 모두가 함께 이뤄졌던 것은 좋은 예다.

카트리나 사태에서도 상당 규모의 필란트로피적 대응이 자조 노력, 정부지원과 함께 이뤄졌다. 이를 통해 필란트로피는 다른 대응이 여의치 못했을 때 그 공백을 메우는 것처럼 보이기도 했지만 좀 더 가까이 살펴보면 다른 대응이 이를 보완하는 식이었다. 다른 대응이 이미 이뤄진 후에는 추가적인 조치로서 필란트로피를 통한 대응이 많은 사람에 의해 선호된다는 사실을 확인할 수 있다.

카트리나에 대한 정부 대응의 실패와 그 후유증에 대해서는 여러 곳에서 언급되고 있지만 텔레비전을 통해 그 참상이 매우 생생하게 방영되면서 많은 사람이 기부를 하거나 자원봉사활동을 결심하고 실행에 옮겼다. 이렇듯 필란트로피로 눈을 돌리게 한 이유 중 하나는 도움 요청에 대한 다른 대응의 실패에 있다고 할 수 있다. 특히 정부 공무원들은 공개적으로 그들의 실패를 인정하기도 했다. 실제로 그들은 재해의 와중에서 기자회견을 통해 도움이 필요한 사람은 혼란에 빠진 연방재해대책기구(Federal Emergency Management Agency)보다는 구세군이나 적십자에 도움을 요청하라고 솔직히 말하기도 했다. 그러나 실패했던 것은 단지 정부만이 아니라 자조 노력과 상호부조의 경우도 마찬가지였다. 많은 뉴올리언즈 거주자의 경우, 만성 질환과 생필품 부족 때문에 자조 노력은 아예 하나의 선택지가 되지 못했다. 왜냐하면 자신의 힘만으로 생존하도록 내몰렸을 때 필요한 것을 얻기 위해 자기 집으로 돌아갈 수도 없었기 때문이었다. 아울러 상호부조라는 대응을 통해 많은 생명을 구한 것은 분명 사실이지만, 가족 구성원끼리 함께 모여 있게 되면서 가족이 없거나 가족이 아닌 많은 사람이 목숨을 잃기도 했다. 휩쓸려가는 교량과 도로 건너편에서 무력하게 지켜볼 뿐이었다. 어린이를 포함하여 많은 사람이 가족과 헤어지게 되고 그들이 다시 재회할 때까지 구호 인력의 돌봄에 의존할 수밖에 없었다. 특히 이런 경우 필란트로피는 유일한 도움 수단이 될 수밖에 없었으며, 며칠 동안이나 외로운 구세군 승합차 외에 어떤 조력자도 찾아볼 수 없었던 가장 외진 미시시피 시골 마을의 경우는 이를 잘 대변한다.

필란트로피 공동체 자체 내에서도 각 대응 간의 경계선을 모호하게 하는 이와 유사한 역동적인 현상을 확인할 수 있다. 적십자사 같은 국제적 구호기관들이 대응조치를 취하고 있는 동안, 루이지애나와 미시시피의 교회와 지역사회 조직은 잔해 무더기 속에서 자신들이 할 수 있는 일을 했다. 뉴올리언즈재단(Greater New Orleans Foundation)과 중남부지역재단(Foundation for the Mid South)과 같은 지역재단은 구호기부금 모금과 지역조직 간의 역할 조정을 도왔다. 아울러 지역의 기존 비영리조직들도 그동안 활동해왔던 지역사회 욕구의 변화 추세에 대응하여 자신의 사명을 재점검해야만 했다. 예를 들면, 주의 여러 지역사회 ― 그 중 많은 곳이 허리케인 카트리나와 리타의 피해를 입은 ― 에서 일상적으로 유독물질과 관련된 애드보커시 활동을 하던 루이지애나 환경행동연대(Louisiana Environmental Action Network)는 구호그룹으로 전환하여 자신의 집으로 돌아온 사람들이 유독물 처리와 이를 위한 자원활동이 원활하게 하게 이뤄질 수 있도록 필요한 물자를 공급하였다.

그러나 이렇게 지역사회 단체와 조직이 상호부조/필란트로피 간의 복합적 형태의 활동에 참여하고 있는 동안, 그 지역 바깥의 많은 기부자들은 전통적인 필란트로피 활동을 통해 이를 뒷받침하고자 했다. 여기서 '전통적'이란 자신은 아무런 공식적 책임을 갖지 않지만 때로는 멀리 떨어진 낯선 사람의 삶에 자발적 개입을 하는 것을 의미한다. 예를 들면 시카고에 있는 맥코믹트리뷴재단(McCormic Tribune Foundation) ― 통상적으로는 멕시코만 연안의 지역 이슈에 관심을 갖고 기부하는 재단이 아니었다 ― 은 카트리나의 피해가 발생한 후 바로 특별 구호 기금을 조성하였고, 개인 기부와의 매칭, 관리운영비용의 부담을 위해 재단 자금의 사용을 약속하기도 했다. 따라서 "내 기부금 중 얼마가 필요로 하는 사람을 위해 직접적으로 사용되는가?"와 같은 문제는 제기되지 않았다.

그렇지만, 필란트로피가 단순히 다른 대응 방식의 실패로 방치된 공백을 메우는 대응만은 아니었다. 앞에서 언급했던 여러 갈등에도 불구하고, 연방재해대책기구(FEMA)도 구세군 트럭도 도착하지 않았을 때, 즉 재해 초기 단계에 이뤄진 수많은 자조 노력과 상호부조는 이를 반증하는 것이었다. 어떤 경우에는 가족과 친구가 '첫 번째 대응자'이면서 동시에 사태의 처음 며칠 동안 유일하게 접할 수 있는 효과적인 대응자였다. 슈퍼돔에서 대기했던 사람들, 그리고 미시시피의 무너진 시가지에서 도움을 기다리던 사람들은 처음 며칠 동안은 상호 간에 이뤄진 의료조치, 물자공급, 정서적인 도움에만 의존했을 뿐이었다. 그러나 여기서 중요한 것은 이런 식의 대응이 궁극적으로 불충분한 것이지만 — 그들 앞에 놓인 과제는 너무나 거대했기 때문에 — 정부와 필란트로피의 대응이 자조 노력과 상호부조에 대해 보완적이라는 것이다.

이런 노력은 구호 수준에서 회복 단계로 이동해 가면서 좀 더 다양한 대응 방식이 요구된다. 카트리나가 발생한 지 1년 후 정부가 무엇을 할 수 있고 또 해야 하는지에 대해 많은 관심을 두게 되었고 그것은 어쩌면 당연한 일이기도 했다. 일이 그렇게 큰 규모로 벌어지게 되면 필란트로피는 물론이고, 개인과 가족 나아가 시장조차도 역부족일 수밖에 없다. 따라서 당연히 다양한 차원의 정부기관(군대도 포함하여)이 우선적으로 긴급지원을 해야만 하지만, 다양한 장기적 도움, 즉 사회간접자본의 재구축에서부터 비즈니스가 심하게 파괴된 지역으로 다시 돌아올 수 있도록 세금 혜택을 제공하는 것에 이르기까지 많은 지원이 필요하다. 그렇지만 궁극적으로 이런 재앙으로부터 회복해 가기 위해서는 정부에게만 의지할 수 있는 것이 아니다. 자조 노력, 자신들의 네트워크 내에서의 상호 협조, 시장에서 경쟁 등을 통해 자신의 경제활동으로 복귀하는 것에 최우선 순위가 있어야 함은 물론이다. 정부 보조금이나 지속적인 기부는 오직 이차적일 수밖에 없으며 소액신용대출을 포함한 상호부조와 자조 노력이 재난으로부터 장기적인 회복을 이뤄가는 데는 필수불가결한 요소다.

그러나 필란트로피가 카트리나 재해에서 가장 선호한 대응, 가장 적절한 대응이었다는 점은 두말할 나위가 없다. 그런 위기사태를 직면했을 때 미국인은 '뭔가 하기'를 바랐고, '뭔가를 한다는 것'은 필란트로피적인 대응, 예를 들어 입을 옷을 기증하고, 긴급 통신 시설에서 자원봉사하고, 온라인 기부를 하고, 혹은 지역으로 달려가 자원활동을 하는 등 다양한 필란트로피적 실천을 의미하는 것이었다. 따라서 이런 대응은 설령 정부 대응이 재빠르고 잘 조율되었다고 하더라도 일어났을 것이라는 사실은 분명하다.

이 장에서 지금까지 논의했듯이, 카트리나에 대한 대응과 그 대응 방식의 결정에 영향을 끼치는 다양하고 다중적인 요인과 고려사항에 대해 잘 설명해

준다. 즉, 이는 "무슨 일이 일어나고 있는가?" 그리고 "우리는 어디에서 왔는가?"라는 물음에 대한 판단과 답에 대한 것이기도 하다. 분명 이런 위기사태에서 필란트로피와 이에 토대를 둔 기부가 다른 대응보다 큰 규모였고 신속했다. 이는 무슨 일이 일어났는가에 대한 평가와 판단을 통해 대규모의 필란트로피적 대응이 필요하다고 결정했기 때문이었다. 필란트로피에 대한 요청이 필요하다는 점은 분명히 뭔가 잘못되고 있고, 도움이 필요한 확실한 상황이었기 때문에 어떠한 의문도 있을 수 없었다. 그렇지만 필란트로피적 대응이 어떻게 이뤄져야 하는가는 대응하는 그들은 누구이며, 실제 어떤 방식이 가장 큰 도움이 될 수 있는지 등의 요인에 의해 영향을 받을 수밖에 없다. 캘리포니아 오렌지카운티에 살던 베트남인들은 멕시코만 연안의 베트남 어업공동체를 돕기 위해 모금 운동을 벌였고, 수의사들과 동물애호가들이 버려지고 오갈 데 없게 된 동물을 구조하기 위해 뉴올리언즈로 달려가 조직적인 활동을 전개했다. 아울러 기업은 위성전화에서부터 희생자 등록을 위한 인터넷서비스, 자동차할부금의 한시적 면제에 이르기까지 다양한 도움과 물품을 기부했다.

그러나 이러한 여러 유형의 활동에도 불구하고, 궁극적으로 카트리나에 대한 대규모 필란트로피적 대응이 최남단 지역이 아닌 그 밖의 다른 곳에 살고 있는 사람들로부터 왔고, 도움을 받게 될 사람들과는 아주 다르게 생긴 사람들로부터 왔다는 사실은 매우 희망적인 일이다. 그렇지만 필란트로피가 어떻게 작동하는지 아는 사람에게는 이런 일은 전혀 놀랄 일이 아닌 것이다.

## 3.6 보편적인 대응 속에 내재된 문화적 패턴

이 장에서는 어떤 의미에서 불가피하게 인간이 처한 문제에 대한 대응으로서 필란트로피를 존재하게 하는 인간 조건과 인간 본성의 몇 가지 근본적 특징을 개략적으로 기술했다. 그러나 최종적으로는 이 장의 첫 부분에서 서술했던 것, 즉 보편적으로 보이는 대응이란 것이 문화적, 역사적 문맥에 따라 영향을 받을 수밖에 없다는 점을 기억하는 것은 중요하다. 대응은 인간 본성에 의해 추동되겠지만, 인간 본성의 표현 형태는 문화적으로 미리 규정된다. 물론 불평등성을 내포한 몇 가지 '삶의 기회' 상황은 일반적으로는 용인할 수 없을 것이다. 그러나 많은 경우 필란트로피적 개입이 받아들일 수 있는지 없는지 여부는 각기 다른 도덕적 상상력에 대한 사회적 정의 혹은 논쟁적인 주장에 달려있다. 그리고 전술한 것처럼 어떻게 대응할 것인가 그리고 필란트로피가 어떤 역할을 수행할 것인가에 대한 선택은, 사회적 기원 즉, "우리가 어디로부터 왔는가"라는 물음에 의해서도 또한 영향을 받는다. 즉, 비영리부문의 역할과 관련하여 각각의 나라가 상당한 차이를 보이고 있고, 이러한 차이 속에서 선택할 수밖에 없다. 이러한 문화적 차이는 토크빌로 하여금 미국인의 공적 삶과 결사체에 대해 주목하게끔 했다. 이는 프랑스에 그런 결사체가 없었다는 것을 뜻하는 것은 아니다. 다만 토크빌이 생각하기에, 미국에서는 시민들이 우선적으로 자발적 결사체로 향했던 반면에, 프랑스 시민은 인간 욕구의 충족, 일반의지의 표현을 위해 정부에 의존했다는 뜻이기도 하다. 만약 허리케인 카트리나가 뉴올리언즈 대신에 뉴질랜드를 강타했다 하더라도, 물론 나름의 필란트로피적 대응이 있었겠지만, 그것은 미국과는 조금은 다르게 나타났을 것이다.

어떤 문화에서나 그 나름의 독특한 필란트로피 전통은 해당 문화 속에서 형성된 대응의 역사다. 미국의 전통이 활기차고 외향적인 것이라 한다면, 러시아는 소비에트연방 시기 지하출판(samizdat) 문학을 하는 자발적 지하조직활동과 같은 그들 나름의 필란트로피적 전통을 갖고 있었다. 각각의 독특한 전통에 토대를 둔다는 전제 하에 한 사회의 도덕적 의제를 반영하고 결정하는 쉽지 않은 도덕적 행동으로서, 그리고 '도덕적 상상력에 대한 사회사'로서 필란트로피를 탐색해 가보자.

## 제4장
# 도덕적 행동으로서 필란트로피
— 좀 더 나은 세상 만들기

앞선 장에서 필란트로피(philanthropy)는 '도덕적 행동'이며 필란트로피의 도덕적 차원이 가장 중요하다는 사실을 강조했다. 특히 제2장에서는 도덕성과의 연관이 필란트로피와 비영리부문의 결정적인 특징이며, 그것이야말로 정부, 시장과 필란트로피를 차별화하는 기본적 전제이자 전체를 관통하는 인식의 기초라고 주장했다. 그러나 '도덕적 행동'과 '도덕성'은 각각의 독자에게 아주 다른 의미로 읽힐 수 있기 때문에 우리가 제시하고자 하는 필란트로피의 이론체계에서 어떤 의미로 사용되는지를 분명히 할 필요가 있다.

본질적 측면에서 필란트로피가 얼마나 도덕적 행동인가에 대해 두 가지 일반적 이해를 소개했었다. 이 장에서는 이를 좀 더 구체적으로 살펴보기로 하자.

> 1. 필란트로피는 자신의 도덕적 상상력을 실행하는 데 사용하는 주요한 수단이다. 또한, 우리 사회의 도덕적 의제를 구체화하고 진전시켜가는 일차적 수단이기도 하다.
> 2. 필란트로피는 타인의 편익을 위해 타인의 삶에 자발적으로 개입하는 것이다. 그것은 선을 행할 뿐 아니라 공익도 진전시키는 것이므로 필란트로피를 위한 행동은 본질적으로 도덕적이다.

도덕적 행동으로서 필란트로피가 갖는 첫 번째 의미는 다음 장에서도 언급하겠지만, 적극적인 사회적 역할에 있다. 이를 통해 우리는 비영리부문이 갖는 사고와 접근법보다는 필란트로피가 갖는 긍정적 개념을 선호하게 된다.

　모든 사회에서 필란트로피에 대한 이야기는 도덕적 상상력 — 즉, 잘못되고 있는 것에 대한 정의와 그것을 개선하려는 특별한 대응에 대한 요청 — 의 표출을 둘러싼 자발적 결사체와 함께하는 사람들에 대한 이야기이자, 도덕적 사명의 진전을 위한 자발적 기부와 봉사(애드보커시를 포함한) 참여에 대한 이야기다. 궁극적으로 이러한 필란트로피를 향한 노력은 모든 사회가 도덕적 의제를 설정하고 실천하는 데 기본적이고 필수적인 수단이다. 비영리분야의 다수의 이론가가 이미 지적해온 것처럼, 우리가 필란트로피라고 명명하는 공적 행동영역은 대의와 해결책의 경쟁을 포함하여 사회적 문제에 대한 새로운 대의, 새로운 가치 표명과 아울러 새로운 혁신적 해결책이 처음으로 도입되는 곳이다. 따라서 필란트로피는 미국과 같은 사회가 직면하고 있는 주요 도덕적 이슈와 논쟁 전반을 아우르고 있다. 점증하는 부의 불균등에 대한 관심에서부터 인터넷 도박이 규제되어야 할 악덕인가 여부에 대한 논쟁에 이르기까지 다양한 분야를 망라하고 있는 것이다.

　도덕적 행동으로서 필란트로피가 갖는 두 번째 의미는 필란트로피를 토대로 한 행동이 갖는 실천적 윤리와 원리에 관한 것이다. 사람들은 연민과 동정심을 나타내는 행위로서 타인을 돕는다고 생각하거나, 삶의 질을 개선하거나 공익에 기여하고자 개입을 한다고 여길 때 도덕적으로 행동하게 된다. 도덕적으로 행동한다는 것은 자신만을 위한 사적 관심을 벗어나 타인과 관련된 타인을 위한 행동이다. 그 행동이 자발적일 때, 특히 공익을 위한 자발적 행동일 때 도덕적 행동이 된다. 그러나 착한 사마리아인이 인식한 것처럼 자발적인 도덕적 행동은 쉽지 않은 일이며, 불확실하거나 혹은 위험에 처할 수도 하다. 이 장의 중간 부분에서는 이러한 도덕적 행동에 참여하고자 하는 사람을 안내해 주는 일련의 원칙, 질문, 개념에 대해 살펴볼 것이다. 그런 연후에 우리는 그것을 실천적 철학, 즉 '사회개량론'(meliorism)이라는 실용적 원칙으로 압축해 정리하고자 한다. 이는 도덕적 행동으로서 필란트로피의 배후에 있는 세계관을 가장 잘 표현하며, 인간 사회에서 필란트로피의 존재 이유로 거론되어 왔던 많은 것을 압축해 보여준다. 사회개량론은 올바르게 인도된 인간의 노력에 의해 세계는 더 나아질 수 있다는 원칙을 갖고 있다. 그것은 가장 간결하면서도 함축적 표현으로 이뤄진 필란트로피의 철학이기도 하며, "왜 필란트로피가 존재하는가?"라는 질문에 대한 훌륭한 답이기도 하다.

## 4.1 필란트로피, 도덕적 상상력, 도덕적 의제

### 도덕적 상상력에 대한 독특한 표현

필란트로피는 착하고 어진 행실, 즉 선행(good work)을 통해 좋은 삶과 좋은 사회를 추구하는 것이다. 물론 여기에는 타인뿐만 아니라 우리 자신을 위한 것도 당연히 포함된다. 물론 좋은 삶 또는 좋은 사회와 같은 것은 존재하지 않는다. 좋은 삶에 대한 정의는 이를 정의하는 사람만큼이나 다양하고 좋은 사회의 정의 또한 그러하다. 우리 각자는 이러한 이상에 대한 나름의 정의 또는 최소한 직감을 갖고 있으며, 기질과 선호 그리고 더 좋은 무엇을 바라는 소망을 각기 갖고 있다. 그러나 사회적 삶 속에서 우리가 직간접적으로 아는 타인과 똑같은 목표를 우리 자신 또한 추구하고 있다는 사실을 알게 된다. 우리가 그런 이상을 어떻게 정의하든, 여기서 중요한 점은 필란트로피를 통해 그것을 달성하려 노력한다는 것이다. 선행이야말로 좋은 삶과 좋은 사회에 필수적 전제 조건인 것이다.

이전에 학자들도 필란트로피 참여자가 자신의 삶 중 이런 부분에 대해 어떻게 생각하는지에 대해 연구해 왔으며, 도덕적 상상력의 표현으로서 필란트로피를 이해하고자 하는 우리의 관점을 지지한다. 폴 쉐비쉬(Paul Schervish)와 로버트 우스노우(Robert Wuthnow) 같은 사회학자는 기부자 및 자원봉사활동가와의 한 인터뷰에서 좀 더 폭넓은 증거를 제시했는데, 필란트로피적인 행동이야말로 당사자에게 의미 있을 뿐 아니라, 특별히 도덕 지향적 행위가 된다는 것이다. 필란트로피를 통해 기부자와 자원봉사활동가는 자신의 도덕적(때로는 정신적) 가치를 표현하고, 세상이 어떤 식으로 좀 더 좋아질 수 있는지에 대한 자신의 도덕적 견해를 표방한다. 쉐비쉬에 따르면, 기부자는 '도덕적 자서전'이라 부르는 것을 공들여 작성하게 되는데, 자신의 필란트로피적 행동을 자기실현적 행동일 뿐 아니라 도덕적 행동으로도 이해하고자 하며, 문화적으로 가용한 의미와 어휘(우스노우가 말한 바에 따르면)로 그것을 기술한다.1

우리는 이를 개인의 필란트로피 행동에 대한 사회학적 연구의 중요한 결과로 이해하고, 도덕적 행동으로서 필란트로피 전 영역으로 확장하고자 한다. 개인과 그룹은 필란트로피를 통해 자신의 가치를 표명하고, 공익에 대한 자신의 구상을 옹호하며, 자신의 사명을 달성하려고 노력하면서 삶의 의미와 목적 그리고 희망을 발견한다. 사회의 도덕적 의제 또한 필란트로피를 통해 구상, 제안, 토론, 실행의 과정을 거쳐 또 다시 개선된다.

필란트로피는 더 나은 어떤 것을 위해, 공익에 대한 공유된 이해를 위해 타인과 함께 노력할 수 있는 방식이다. 어쩌면 이미 좋은 것이라 판단한 것을 최소한 유지해 가기 위한 것일 수도 있다. 그러나 도덕적 이슈에 대해 첨예하게 대립해 있는 사람들도 표면적으로는 공익을 위한다는 명목 하에 자발적 결사체를 통해 결집한다는 사실을 염두에 둬야 하며, 대부분은 논쟁적인 생각과 제안에 대해 개방적이기를 원한다. 그렇지만, 무엇이 논의되어야 하고 논의되어서는 안 되는지, 어떤 경우에 궤도를 벗어난 수준이 되는지, 그리고 무엇이 공익을 위하는 것인지 등 소위 보편적 기준을 도출하기란 쉽지 않다. 그러나 이렇듯 첨예한 대립이 내재하는 곳에서도 필란트로피는 보편적 기준을 찾는 유용한 수단이 될 수 있다.

필란트로피가 왜 모든 사회에 존재하는가가 이 책의 주된 관심이며, 도덕적 상상력을 실행하고, 사회의 도덕적 의제를 형성, 진전하고자 할 때 필란트로피를 주요 수단으로 삼는다는 점이 우리가 이 책에서 설명하고자 하는 핵심이다. 하지만 필란트로피에 대한 이런 중요 근거는 또한 필란트로피적 전통이 서로 다른 사회에서 어떻게, 왜 서로 다른 내용을 갖게 되는지를 설명해 주기도 한다. 각각 문화는 도덕적 가치, 공공의 역사, 민족 구성, 정치적 전통 등의 혼합물이며 이에 대한 독특한 해석으로 이뤄지기 때문에 도덕적 행동을 위한 수단으로서 필란트로피가 그 역할을 수행해 가는 방식은 해당 문화가 갖는 독특한 요소에 의해 필연적으로 영향을 받을 수밖에 없다. 멕시코인의 도덕적 상상력은 모로코인의 그것과는 다를 것이며, 이란에서 필란트로피에 의해 형성된 도덕적 의제는 인도에서의 그것과는 다른 것이다. 앞 장에서 살펴본 것처럼, 무엇이 잘못되어 왔으며 잘못되고 있는지를 어떻게 정의할 것이며, 어떻게 대응할 것인지에 대한 결정 — 필란트로피 행동의 성격을 포함하여 — 등 모든 것들이 문화적, 역사적 맥락에 의해 영향을 받게 된다.

실제로 이 단계를 좀 더 진전시켜보면, 특정 문화의 지속적이고 강한 차별성을 만들고 유지해 가는 데 필란트로피가 수행하는 중심적 역할을 알 수 있게 된다 — 그 점은 필란트로피의 '문화적 역할'로서 제2장에서 이미 확인한 바 있다. 각 문화의 차별성을 만들고, 해당 전통, 가치, 의례 등에 반영시킴으로써 이를 유지하게 하는 필란트로피의 역할을 이해하기 위해서는 모든 사회에서 필란트로피 행동의 가장 큰 영역 — 종교그룹의 활동 — 을 살펴봐야만 한다. 예를 들어 미국교회가 신도들의 헌금을 통해 빈자에게 구호품을 기부하는 것(결국 자발적 결사체에 대한 필란트로피에 기반한 기부)은 미국 문화의 중심에 있는 도덕적 이상과 관습을 더욱 튼튼하게 만든다. 또한 태국의 시골지역에서 동냥하는 스님에게 음식을 시주하는 일에 대해서도 같은 이야기를 할 수 있을 것이다.

사회적 문제의 발생과 소멸에 따라, 문화가 진화해 감에 따라, 과학과 기술이 발달함에 따라, 필란트로피에 의해 만들어지고 논의된 도덕적 의제 또한 변화한다. 적극적 필란트로피 실천가는 자신의 열정을 창의적으로 실천해 감으로써 우리로 하여금 새로운 도덕적 이슈에 주목하게 한다. 예를 들어, 가정폭력은 과거보다도 지금에 와서 '문제'로서 더 분명하게 규정되며, 이는 주로 여성 애드보커시그룹과 비영리부문의 최전선에서 활약하는 사회활동가의 도움과 활동 덕분이다. 같은 이야기를 음주운전에 대해서도 할 수 있는데, 가시적이고 구체적인 결과를 낸다는 점에서 볼 때 '음주운전에 반대하는 어머니들'(Mothers Against Drunk Driving: MADD)보다 더 성공적인 풀뿌리 필란트로피 활동을 찾기는 어려울 것이다. 시민권이라는 이슈는 더 많은 소수자 그룹까지 포괄할 수 있도록 다양한 운동조직에 의해 변화해 왔으며, 그것은 이민자의 권리를 보호하는 일에서부터 총기소지자를 처벌하자는 운동에 이르기까지 실로 광범위하다. 과학적 발전은 공중보건과 영양에 혁신을 일으켰고, 기대수명을 19세기에 가능하다고 생각했던 것보다 훨씬 높은 수준까지 끌어올렸다. 이에 따라 노년층에 대한 돌봄과 관련된 도덕적 의제가 과거에 생각했던 것과는 많이 달라졌으며, 그 결과는 이 같은 영역에서 정부의 느슨함에 고삐를 죄는 필란트로피의 역할을 한층 더 증가시켰다. 머지않은 장래에 안락사와 같은 주제도 도덕적 의제 이슈로서 분명하게 부각시킬 가능성은 충분하다. 즉, 시간의 경과에 따라 도덕적 의제는 변화하는 것이고, 이에 따라 우리가 정의한 필란트로피의 역할 또한 변화할 수밖에 없다는 점이다.

우리는 지역사회 내에서 고통을 완화하고 삶의 질을 개선하기 위해, 정책적 목표를 주창하고 옹호하기 위해, 사회개혁에 대한 새로운 접근 방식을 시험해 보기 위해, 가치에 대해 판단을 내리기 위해 필란트로피를 선택한다. 그러나 도덕적 행동으로서 필란트로피가 갖는 가장 큰 이점은 해당 이슈로부터 멀리 떨어져 자신의 옷을 더럽히지 않는 깔끔한 도덕성보다는 아마도 일상적 이슈에 대한 자신의 생각을 좀 더 명확하게 해준다는 점일 것이다. 필란트로피의 실천과 참여는 자신의 도덕적 신념을 이해하고 그것을 시험해보는, 복잡하기는 하지만 많은 깨달음을 주는 과정과 방법을 제시한다. 필란트로피를 협소한 논리적 과정으로 축소하려는 사람들은 이런 근본적 측면을 파악하는 데 실패하고 만다. 프란시스 베이컨이 말했듯이, "인간의 이해는 편견 없는 견해는 아니며, 의지와 감정으로부터 영향을 받는다."[2] 필란트로피는 대의에 복무한다. 그 대의란 강제하고 재촉하고 고취하고 동기를 부여하기도 하지만, 감정적으로 흘러가 때로는 분노에 빠트려 버리기도 한다. 필란트로피를 통해 도덕적 상상력을 추구하는 것이 정교하지 못할 수 있지만, 그것이야말로 우리 자신이 누구인지 그리고 신뢰하고자 하는 것이 무엇인지를 보여줄 수 있다.

## 사명과 비전

백만이 넘는 미국 필란트로피부문은 사회 내 대응을 필요로 하는 일이 있기 때문에 출현했고 또한 존재한다. 예를 들어, 도심에 사는 소년을 위한 멘토 부재, 필수적인 기관이 필요로 하는 양질의 교육을 받은 리더의 항시적 부족, 건강보험이 없는 사람의 교통사고와 방치, 삶의 질을 높이기 위한 예술 활동의 필요, 주거와 지역사회 경제적 발전을 위한 재정의 요구 등이 그런 것들이다. 이러한 사회적 조건과 문제가 바로 필란트로피조직을 필요로 하는 이유이자 존재해야만 하는 이유가 된다.

제1장에서 언급한 것처럼 필란트로피의 존재 이유에 대한 이와 같은 생각과 방식은 모금학교(The Fund Raising School: 지금은 인디애나대학의 필란트로피 연구센터의 일부가 됨)의 설립자인 고 헨리 로소(Henry Rosso)로부터 유래하며 그가 언급한 '사명'(mission)이라는 개념이 그 토대가 된다.3 로소는 "왜 우리가 존재하는가?"라는 질문에 대한 답을 통해 조직의 사명이 발견될 수 있다고 가르쳤다. 대응이 필요한 매우 긴급한 사회적 이슈나 문제 그 자체가 바로 사명이다.4 로소의 의도는 학생들로 하여금 자신과 관련된 조직을 넘어 사회 전체적 차원에서 필란트로피가 필요한 이유가 무엇인지 이와 관련된 이슈에 관심을 두게 하는 것이었다. 그는 학생들이 단지 세부적 프로그램 혹은 조직의 전략에 대해서만 생각하는 것에서 벗어나기를 바랐다. 그는 또한 "우리의 사명은 가난한 어린이에게 보건의료서비스를 제공하기 위한 것이다"와 같이 '하기 위한'(to)으로 시작되는 사명선언문을 거부했다. 즉 사명은 해당 조직에 대한 무엇이 아니라, 사회 전체에 대한 무엇인 것이다. 사회 전체에 대한 도덕적 비전, 공익에 대한 비전 그리고 사회가 어떤 측면에서 어떤 식으로 그 비전과 부합하지 않은지를 밝힌 후에야 비로소 그곳을 출발점으로 삼을 수 있으며, 그곳에서부터 필란트로피조직은 자신의 사명을 성취하기 위한 프로그램과 전략을 끌어낼 수 있는 것이다.

예를 들어, 많은 어린이가 위험에 처해있고 불리한 처우를 받고 있어 빈곤과 질병은 물론, 가족 문제로 인해 학교로부터 방출되는 등 다중적이고 다층적인 사회적 문제를 함께 겪고 있다면, 이런 문제는 아동보호기금(Children's Defence Fund: CDF) 같은 조직의 사명과 밀접하게 연관된다. 아동보호기금의 직원, 후원자, 자원봉사자를 포함하는 모든 구성원은 어린이 건강 개선을 위해 정부 지원 프로그램, 교육기회와 학교급식 프로그램 확대 등을 주창하고 옹호하기 위

---

\* 2013년 필란트로피 연구센터(Center on Philanthropy)는 릴리패밀리 필란트로피대학(Lilly Family School of Philanthropy)으로 이름을 바꾸고 프로그램을 확대 개편함. Fund Raising School은 40여 년 동안 해당 센터의 프로그램으로 존재해 옴. http://philanthropy.iupui.edu 참조.

해 앞장서야 한다. 그러나 아동보호기금의 사명을 프로그램 수준과 활동 차원에서 정의하는 것 ― "아동보호기금은 어린이를 대신하여 주창하고 옹호하기 위해 존재한다" ― 은 도덕적인 차원 그리고 사회 전반적 조건에 대한 고려를 간과하게 된다.

로소는 여러 해 동안 많은 모금 전문가와 비영리부문 리더를 대상으로 사명에 대한 이러한 견해와 이해 방식에 대해 가르쳤다. 즉 스스로 윤리적인 필란트로피 분야 전문가가 되기 바란다면, 최우선적으로 항상 사명에 초점을 맞춰야 한다고 주장하면서, 이런 접근 방법이야말로 모금을 위한 가장 효과적인 방식이라고 믿었다. 기부자로 하여금 조직에 충실하기보다는 사명에 헌신하도록 하는 것이 효과적 모금의 비결이라는 것이다. 사명에 대한 이러한 관점이야말로 필란트로피에서 도덕적 차원이 가장 중요한 것이라는 우리의 견해를 독창적인 방식으로 표현해주는 것이며, 필란트로피가 존재하는 이유에 대한 도덕적 논거를 제시해주는 것이다. 그것은 또한 필란트로피에 기반한 행동을 이해하기 위해서는 그 행동에 대한 도덕적, 사회적 정당화의 이유와 전제가 필수적임을 반증하는 것이기도 하다. 정당화의 중요성은 그것이 사라지게 될 때 가장 극명하게 드러난다. 이는 소아마비 구제와 연구를 위한 모금 운동인 '마치오브다임'(March of Dimes, 소아마비구제모금 운동)의 사례를 통해 좀 더 구체적으로 살펴볼 수 있다. 마치오브다임은 소아마비 구제와 이를 위한 연구를 위하여 모금 활동을 전개했다. 일정한 시간이 흐른 후, 소아마비 백신이 만들어졌고, 이는 해당 조직과 모금 운동의 사명이 완수되었음을 의미하는 것이기도 했다. 모금 운동은 이제 선택의 기로에 놓이게 되었다. 목적, 즉 사명을 달성했다고 선언하고 운동을 중단할 수도 있었고, 아니면 세상의 또 다른 문제와 이슈의 해결을 위한 자신의 새로운 사명을 선언할 수도 있었다. 전혀 논란의 여지가 없었던 것은 아니었지만, 그들은 후자를 선택했고, 그 이후 해당 조직은 선천적 장애와 유아사망 방지를 위한 모금 활동을 해 오고 있다.5

이렇듯 사명이란 이미 확정되었기 때문에 변경 불가한 것은 아니다. 그렇지만 사명에 대한 이의와 질문은 종종 일부 필란트로피 그룹에 대한 논쟁을 불러오기도 한다. 미술관 기부자에게 쏟아진 호화파티라는 보도나 덕스언리미티드(Ducks Unlimited) 같은 그룹에 대한 비판이 바로 그런 사례라 할 수 있다. 특히 덕스언리미티드와 관련된 비판의 경우, 야생오리 서식지를 위한 습지 보존과 복원을 위해 실제 많은 자금을 모금하고는 있지만, 그 자금이 조직의 회원인 야생오리 사냥꾼들로부터도 나온다는 것이다. 또한 덕스언리미티드에 대한 비판 이전에도 교회 장년부 교제그룹이나 면세대상인 학술잡지의 사명이 갖는 모호성에 대해서도 기억할 필요가 있다. 도덕적 행동으로서 필란트로피는 사명에 대한 것이기는 하지만, 사명이란 것이 항상 정의하기가 쉽지만은 않다. 또한 어떤 특정 사명이 공익을 위한 것이라고 모든 사람이 동의하지 않을 수도 있고, 사명은 원래 의도로부터 벗어나 '표류'할 수도 있다.6

사명이란 또한 항상 분명한 것은 아니다. 종종 필란트로피의 대응이 필요한 특정 문제를 직시하기 위해 창의적인 도덕적 상상력이 필요하다. 사명을 정의하는 일은 때로는 극히 이례적인 특출한 비전 혹은 흔히 선견지명이란 것이 필요할 수도 있다. 때로는 다른 사람이 인지하지 못한 사안의 긴급성을 파악하고 판단할 수 있는 리더가 필요할 수도 있다. 필란트로피 역사에서는 그런 선견지명을 가진 자가 실천가, 활동가가 되어 나타났다. 예를 들어, 존 뮤어(John Muir)는 자연세계에 대해 동시대 사람과는 매우 다른 생각을 갖고 있었다. 그는 장엄한 환경이 당연하게 주어진 것으로 봐서는 안 된다고 생각했고, 자연주의자와 환경보존단체들은 이러한 그의 비전을 뒤따랐다. 사회 내에서 여성이 처한 상황에 대해 대부분의 사람이 그것을 당연하게 받아들였지만, 엘리자베스 케디 스턴튼(Elizabeth Cady Stanton)은 이를 용납할 수 없으며 정의롭지도 못하다고 생각했다. 그녀는 자기가 바라는 미래 사회와 성취해야 할 비전에 대해 여성 단체들과 함께 고민하면서 이를 실천하고자 노력했다.

그러나 감동적인 비전과 강렬한 사명이 있다고 하더라도 조직, 자원, 지속가능한 헌신 없이는 필란트로피의 도덕적 의제를 성취하는 것은 불가능하다. 즉, 필란트로피는 생각하는 힘, 실천하고자 하는 힘, 그리고 열정을 필요로 한다. 다른 사람과 도덕적 상상력을 공유하고 참여, 행동하는 데 함께하지 않으면, 선견지명을 가진 자가 제아무리 노력을 해도 그저 '광야에서 외치는 소리'일 뿐이다. 사회적 비전을 사회적 현실로 바꾸고, 이를 실현할 자금과 재정뿐만 아니라, 자원활동 인력을 포함한 인간자원까지 포괄하는 자원을 동원하고 활용하기 위해 함께하는 리더가 되어야 한다. 민권운동에서도 종교 집회를 조직할 수 있는 특별한 재능과 능력이 중요한 버팀목이 되었으며, 이러한 기반 위에서 운동은 가장 우선적이면서 중요한 승리를 쟁취할 수 있었다. 승리는 마틴 루터 킹이 비전에 대해 토로했던 연설과 빛나는 웅변술, 혹은 대의가 갖는 절대적 정당성에서만 왔던 것은 아니다 — 일부 역사가가 그렇게 믿도록 유도하긴 하지만. 물론 참여자들이 가졌던 열정적인 헌신과 참여가 필수적이기는 하지만, 민권운동의 비전이 실현되기 위해서는 조직이 핵심적인 요소였다. 로자 팍스(Rosa Parks)도 자기 나름대로는 선견지명을 가진 사람이었다. 그렇지만 버스에서 백인에게 자리를 비켜주기 거부함으로써 유명인사가 되기 전에 그녀는 이미 유색인지위향상전국연합(National Association for the Advancement of Colored People)의 열렬한 자원활동가였던 것이다.

로자 팍스의 사례는 도덕적 이상을 진전시키는 자발적 행동 — 특히 그녀와 같은 용감한 행동 — 은 쉽지 않을 뿐만 아니라 때로는 위험할 수도 있다는 사실을 우리에게 깨우쳐준다. 책임 있는 도덕적 행동에 참여하는 도전적 일에 대해 좀 더 구체적으로 살펴보자.

## 4.2 필란트로피와 착한 사마리아인

착한 사마리아인에 관한 기독교의 우화는 비기독교인들에게도 잘 알려져 있다.7 그 이야기는 짧고 믿을 수 없으리만큼 간단하지만, 그것은 또한 심금을 울리는 동시에 모든 사람의 공통적인 경험에 닿아 있기도 하다.

어떤 율법사가 "선생이시여, 내가 영원한 삶을 물려받으려면 무엇을 해야만 하나요?"라는 질문으로 예수를 시험하자, 예수는 하느님과 자신의 이웃을 자신처럼 사랑해야 한다는 대답을 하도록 이끌었다. 그러자 그 율법사가 끈질기게 물었다. "그러면 누가 나의 이웃입니까?" 그러자 예수는 이런 이야기를 들려준다.

어떤 사람이 예루살렘에서 예리코로 내려가다 강도들을 만났다. 강도들은 그의 옷을 벗기고 그를 때려 초죽음으로 만들어놓고 가버렸다. 마침 어떤 사제가 그 길을 내려가다가 그를 보고서는 길 반대쪽으로 지나가버렸다. 레위인도 마찬가지로 그를 보고서는 길 반대쪽으로 지나가버렸다. 그런데 여행을 하던 어떤 사마리아인은 그가 있는 곳에 이르러 그를 보고서는 가엾은 마음이 들었다. 그래서 그에게 다가가 상처에 기름과 포도주를 붓고 싸맨 다음 자기 노새에 태워 여관으로 데리고 가서 돌봐주었다. 이튿날 그는 두 데나리온을 꺼내 여관주인에게 주면서 "저 사람을 돌보아주십시오. 비용이 더 들면 제가 돌아올 때 갚아드리겠습니다"라고 말하였다.

이 구절은 또 다른 질문에 의해 결론으로 이끌어지고 있다. 즉 "너는 이 세 사람 가운데서 누가 강도를 만난 사람에게 이웃이 되어 주었다고 생각하느냐?"란 질문이다. 율법사는 대답한다. "그에게 자비를 베푼 사람입니다" 예수가 그 사람에게 대답했다. "가서 너도 그렇게 하라"(루가복음 10:25-37).

예수는 예루살렘에서 예리코로 가는 길에 어떤 일이 있을 것인지 익히 알고 있는 사람들에게 그 이야기를 해주고 있었다. 즉 그의 청중은 강도를 만난 사람에게 무슨 일이 벌어질지를 곧바로 알 수 있는 상태다. 그럼에도 청중 중 어느 누구도 예수가 사마리아인에 대해 이야기한 것에 호응할 준비가 되어 있지 않은 것 같았다. 예수가 그 사마리아인은 낯선 사람에게 동정심을 가졌다고 말했기 때문이다. 그것도 특히 유태인에게 말이다.

사마리아인은 유태인의 불구대천의 적이었고 예수는 유태인 청중에게 연설하는 한 유태인이었다. 유태인과 사마리아인 사이의 적대감의 심각성은 우리가 이해하기는 어려울 것이지만 예수의 청중은 잘 알고 있었을 것이다. 성서학자 로버트 펑크(Robert Funk)는, "지나칠 정도로 자신의 혈통에 자부심을 느끼고 자신의 전통에 배타적이었던 유태인은 사마리아인의 도움을 허락하기는커녕 손대는 것도 허용하지 않으려 했을 것이다"라고 말한다.8 그러나 청중이 그런 줄 잘 알면서도 이야기 속에서는 사마리아인이 영웅으로 나타난다. 그 사마리아인이야말로 옳은 일을 한 바로 그 사람이기 때문이다.

착한 사마리아인 이야기는 기독교인이든 아니든 그 여부와는 별개로 서구에서는 필란트로피 전통과 문화의 한 부분이 되었다. 즉, 그것은 필란트로피에 기반한 도움의 행동을 상징하는 것이다. 이 우화는 필란트로피가 갖는 이상의 가장 순수한 표현이 될 만한 것을 정확히 포착해 냈다. 비록 자신에게 위험이 될지라도 도움이 필요한 낯선 사람을 도우러 가라는 명령이 바로 그것이다.

우리가 이 이야기로부터 끌어낼 수 있는 많은 교훈이 있는데, 우선 필란트로피를 특별히 도덕적 행동으로 이해할 수 있도록 도와주는 많은 교훈이 포함되어 있는 것은 당연할 것이다. 또한 이 이야기 속에는 책임 있는 방식으로 선행을 하고자 할 때 직면하게 되는 윤리적 질문과 도전 그리고 쉽지 않은 결정을 어떻게 내려야 하는지를 보여주는 좋은 사례가 포함되어 있다.

## 도덕적 행동으로서 필란트로피와 우화로부터 얻는 교훈

착한 사마리아인 우화로부터 우리가 얻어야 할 가장 기본적이고 핵심적인 교훈은 도덕(moral)이다. 그것은 사마리아인이 한 것처럼 다른 사람의 삶에, 바로 그 사람을 위해 개입하는 것에 대한 이슈다. 또 다른 분명한 교훈은 "누가 나의 이웃입니까?"라는 율법사의 질문에 대한 함축적 대답이다. 기독교도들은 도움이 필요한 사람이면 누구든지, 아니 그들의 도움으로 혜택을 받을 수 있다면 누구든지, 그들의 이웃이 된다는 가르침을 받아오고 있다. 비록 경원시하고 경멸하도록 가르침 받아온 바로 그런 사람들에 대해서도 말이다.

세 번째의 교훈은 필란트로피란 우리 대부분이 관련될 수 있는 살아 있는 체험이라는 것이다. 즉, 그 이야기는 우리 중 대다수에게 공감을 불러일으킬 수 있다는 점이다. 그러나 그렇게 행동하기를 원할 것이라는 의미에서이지, 착한 사마리아인이 했던 방식으로 행동할 만큼 우리가 충분한 용기까지 갖고 있을 것이라는 의미에서는 아니다. 우리 대부분은 자동차사고가 난 것을 목격하고 경찰 또는 구급차가 도착하기 전에 '착한 사마리아인이 될' 기회를 가질 수 있으며, 그런 경험을 할 수도 있다. 필란트로피와 관련된 이런 이야기의 문화적 의미는 우리로 하여금 그런 상황에 처하게 함으로써 자신의 대응이 어떨지에 대해 생각해 보게 하는 것이다. 즉, 누군가를 돕기 위해 위험을 무릅쓰고 자신의 시간과 돈을 희생할 수 있는 용의가 있는가 하는 물음이다.

로버트 우스노우(Robert Wuthnow)는 다양한 성격의 미국인들에게 연민을 느끼게 되는 이유에 대해 물었다. 응답자의 대부분은 그런 행동을 도덕적 의미로 생각했지만, 꽤 많은 사람이 설득력 있는 도덕적 혹은 종교적 설명을 찾는 데 어려움을 겪는다는 사실도 알게 되었다. 그러나 자신의 행동을 착한 사마리아인의 우화에 비춰 설명하기 시작하면서 생기를 띄고 조리 있게 설명했다.9 물론 많은 현대 신학자들이 그 우화의 타당성을 확보하기 위해 그렇게 해온 것처럼, 그들은 우화를 자신의 상황에 맞추기 위해 어느 정도 변형시키기도 했고, 실제 이 우화는 상당 부분 상황에 맞게 응용되기도 했다. 영국의 한 필란트로피 실천가인 차드 바라(Chad Varah)가 1953년 '자살 충동과 절망에 빠진 사람의 친구'가 되고자 '사마리아인들'(Samaritans)이라는 단체를 설립했을 때도 이 우화로부터 아이디어를 빌려 왔다.10

우리 모두는 자신이 착한 사마리아인이 되어 옳은 일을 하기에 충분할 만큼 성숙하고, 책임감 있으며 도덕적이라고 믿고 싶어 한다. 그러나 만일 수지 타산만을 따지는 데 너무 많은 시간을 쓰게 되면, 스스로 좌절하거나 단순히 용기 부족 또는 위험에 대한 두려움으로 옳은 일을 하지 못하게 될 수도 있다는 사실을 우리는 잘 알고 있다.

우리는 착한 사마리아인을 아무 곳에서도 발견할 수 없었던 상황에 대해 익히 잘 알고 있다. 멀리 떨어진 도로 위에 자동차 고장이나 사고가 발생한 상황에서 이를 정리하고 도와줄 사람이 없어 곤경에 빠진 불행한 사람에 대한 기사를 읽은 적이 있을 것이다. 우화에서 사제와 레위 사람처럼 사람들 대부분은 지나쳐버린다. 착한 사람이 없는 이유가 사람들이 언제나 멀리 떨어져 있기 때문만은 아니다. 독자 대부분은 1964년 뉴욕에서 일어난 키티 제노베제에 대한 공격과 살인행위\*를 본 38명의 증언을 틀림없이 기억할 것이다. 그때 그 38명은 바로 가까이 있기는 했지만 그 중 어느 누구도 경찰에 신고하

---

\* 1964년 3월 13일 뉴욕주 퀸스에서 캐서린(키티) 제노비스라는 여성이 강도에게 강간 살해당한 사건으로, 제노비스는 분명하고 큰 목소리로 구조요청을 하였고 아파트에 살던 동네 사람들(38명)은 불을 켜고 사건을 지켜보았지만 그 중 한 명이 소리쳤을 뿐 아무도 직접 사건 현장으로 내려가 그녀를 구출하려고는 하지 않았다. 사건이 끝나고 한 명이 경찰에 신고했으나 그녀는 이미 죽어 있었다.

는 일까지는 할 생각이 없었다.11

키티 제노베제 사건의 여파로 심리학자들은 어떤 경우에 '방관자 개입'이 발생하고, 어떤 경우에는 발생하지 않는지를 밝히는 데 많은 관심을 두게 되었다. 예를 들어, 그들이 밝혀낸 바에 따르면, 자신이 그 상황에서 도울 수 있는 유일한 사람이라고 생각할 때 도움에 나설 가능성이 크다는 것이다. 그러나 그녀의 비명을 들었던 제노베제의 주위 사람들같이 여러 사람 사이에 '책임감 분산'이 있게 되면, 한 사람 한 사람은 도움에 나설 가능성이 거의 없다는 것이다. 이와 같은 개념은 집단 학살 또는 인권착취 사례에서 이를 중단시킬 공동체의 행동 또는 인도주의적 개입이 왜 없었는지를 설명하는 데 사용되어 왔다.12 또한 일련의 심리학적 연구는 시간이 없어 바쁜 경우에 도움의 가능성이 낮다는 사실을 밝혀내기도 했다. 한 유명 연구에서 실험자들은 세미나 참여 학생에게 시간 여유를 각기 다르게 주면서 자신이 발표하게 될 건물로 가도록 하는 시나리오를 짰다. 몇몇 학생에게는 세미나에서 자신이 담당한 과제에 대해 이야기 하도록 했고, 다른 학생에게는 착한 사마리아인의 우화에 관하여 발표하도록 했다. 이 실험의 독특한 부분은 모든 학생이 각자의 역할 수행 중 좁은 통로에서 기침하고 신음하면서 쓰러져있는 한 사람(실험을 위해 그 역할을 맡는)을 지나가게 함으로써 착한 사마리아인의 상황을 겪게 한 것이다. 실험 결과는 학생 중 40%가 어떤 식으로든 돕고자 멈춰 선 반면, 아주 바쁜 상황에 있던 학생 중에는 오직 10%만이 도움을 주려 멈춰 섰다. 그리고 더욱 놀랄 일은 과제가 착한 사마리아인에 대한 것이었는지 여부에는 아무런 차이가 없었고, 바빴는지 여부에만 차이가 있을 뿐이었다는 점이다. 즉 우화에 대해 발표를 하러 뛰어 간 학생 중 여러 명이 발표 준비에 바쁜 나머지 신음하고 있는 사람을 그냥 지나쳐 가버렸던 것이다.13

그렇지만 불행하게도 도움을 주기 위해 개입했던 사람이 그 과정에서 오히려 피해를 입혔다는 혐의로 소송을 당한 사례에 대해 우리는 또한 잘 알고 있다. 따라서 미국의 모든 주는 도움을 주려고 한 사람을 면책하는 '착한 사마리아인' 법을 다양한 형태로 갖고 있기도 하다(어떤 주의 법은 의사만을 보호한다). 그런 법률 중 일부는 '도움을 줄 의무' 조항도 갖고 있으며, 레위 사람과 사제 그리고 지나쳐 버리는 사람과 같이 행동하는 것을 경범죄로 규정하고 있다. 실제 도움을 의무화한 이러한 유형의 '나쁜 사마리아인' 처벌법은 1781년의 몽골에서 1982년의 포르투갈에 이르기까지 전 세계 여러 곳에서 입법화되기도 했다.14

착한 사마리아인 우화의 또 다른 교훈은 위험에 대한 것인데 필란트로피의 의무는 때로 자신에 대한 여러 위험조차 무릅쓰고 도움을 요구할 때도 있다. 이러한 교훈을 염두에 둔 사람에게 불운 혹은 위험은 헤아릴 수 없을 정도로 많다. 이 세상에는 위험한 곳도 많고 남의 재산을 탐하는 다양한 종류의 범죄가 존재한다. 우리는 다른 사람을 돕고자 했다가 도둑을 맞거나 혹은 사망에 이른 착한 사마리아인에 대한 보도를 접한 적이 있다. 일반적으로 실제 혹은 인지된 위험에 근거한 두려움은 에이즈 희생자를 돌보기 위한 채러티(charity)의 실천, 혹은 소수자집단 거주지역 프로젝트(소수자가 다수자집단 거주지역 프로젝트에 참여하게 하는 경우도 마찬가지이지만)에 대한 참여를 주저하게 한다. 홀로코스트와 관련하여 유태인을 숨겨주다 체포된 사람은 모두 처형당했다는 사실 또한 기억할 필요가 있다.15 심지어 다쳤거나 위험에 빠진 척하면서 선의의 착한 사마리아인을 함정에 빠뜨리는 '착한 사마리아인 사기'라는 속임수에 대한 언론 보도도 있었다. 위험에 처했을 때는 용기가 필요하다. 하지만 그 용기는 허세나 남자다움으로 잘 난체하는 것이 아닌 진정한 용기다. 열차가 달려오는데도 불구하고 일면식도 없는 사람을 구하려 철로에 뛰어 들었던 건설노동자 웨슬리 오트리의 사례는 이런 유형의 용기에 소중한 귀감이라 할 수 있을 것이다. 또한 이런 용기는 비록 완벽하게 안전이 확보되지는 않았지만 두려움을 극복해 가면서 봉사의 삶을 사는 그런 사람들 — 사회활동가로부터 '티치포아메리카'(Teach for America) 참가자, 쉼터 자원활동봉사자에 이르기까지 — 이며 미국 어느 도시에서나 매일같이 볼 수 있는 그런 사람들이다.

위험하다면 왜 그 사마리아인이 눈길을 다른 곳으로 돌려 다른 길을 택하지 않았을까? 왜 그는 다친 사람이 유태인이란 것을 분명 알았을 텐데 위험에 처한 낯선 사람을 도우러 갔을까?

신이 그 사마리아인에게 연민을 느낄 능력을 주었다는 것이 종교적인 측면에서 전통적 답이다. 반면에 자신이 속한 문화에 의해, 부모에 의해 아니면 도움을 필요로 하는 사람을 돕는 것이 '해야 할 옳은 일'이라 믿는 또 다른 어떤 요인에 의해 사회화되었을 것이라는 비종교적인 해석도 가능하다. 혹은 타인을 돕고자 하는 잠재적 능력이 인간의 본성이며, 사마리아인으로 하여금 두려움을 이겨내도록 하고, 그래서 자신이 배워 왔던 대로, 마음속에 갖고 있던 대로 행동하게 한 것은 바로 타고난 이타주의라고 해석할 수도 있을 것이다. 왜 그가 도움을 제공할 때 위험과 불편함을 받아들였는가. 이를 설명하기 위해 인간은 자기이해를 염두에 둔 타산적인 존재라는 통상적인 가정을 하는 것은 어울리지 않다. 오히려 이 경우 자기이해의 이성적, 타산적 존재는 사제와 레위 사람인 것처럼 보인다. 그렇지만 어디선가 그리고 누군가가 그의 관용에 대해 듣게 된다면 평판이 좋아질 것이고 따라서 자신의 사업에 도움이 될 수 있다고, 아니면 자신 때문에 온 세상의 사마리아인에 대한 평판을 높일 수도 있다고 생각했을지도 모른다.16 그러나 살펴본 바와 같이 착한 사마리아인은 진정한 필란트로피의 정신을 표출한 것이다. 그는 분명 연민을 느낄 줄 알았고 그 때문에 자발적으로 타인의 일에 개입했던 것이다.

이 우화는 또한 인간이 가진 취약성에 대한 교훈을 깨우쳐준다. 우리는 다른 사람의 도움(어쩌면 증오하는 적의 도움까지도)을 필요로 하는 상황과 직면할 수 있고 그럴 가능성은 항시 존재한다. 사업 구상에 몰두하다가도 절망적 사고로 차 안에 꼼짝없이 갇혀 도움이 필요할 수도 있다. 그런 일을 예측한다는 것은 불가능할 뿐만 아니라, 때로는 끔찍한 일에 완전히 무방비 상태로 불가항력적인 상황에 처할 수도 있다. 이런 상황에 닥치면 사람들은 황금률과 같이 왜 필란트로피가 갖는 원칙을 믿게 되는지 스스로 실감하게 된다. 경제학자 케네스 볼딩(Kenneth Boulding)은 이를 '순차적 호혜성'(serial reciprocity)이라 칭하기도 했는데 누군가로부터 받은 도움과 선행을 자신을 도와준 그 누군가보다는 제3자에게 되갚게 되는 것을 뜻한다.17 도움이 필요한 위급상황은 아마도 시간적, 장소적으로 외딴 곳에서 발생할 가능성이 있지만, 도움이 필요할 때 우리 옆을 지나가는 낯선 자가 "누구든지 남에게 대접을 받고자 하는 대로 너희도 남을 대접하라"는 황금률의 교훈을 믿고 있는 사람이기를 기대할 것이다. 혹은 언젠가

궁지에 처할지도 모르기 때문에 위기에 처한 사람을 돕게 되기를 바랄 수도 있다. 더구나 미리 예상하지 못한 어떤 시점, 어떤 곳에서 사고를 당하게 되면 예전에 도와주었던 바로 그 사람이 거기에 있을 가능성은 거의 없다. 그 대신 다른 누군가가 우리를 기꺼이 돕기를 바란다. 즉 예전에 다른 누군가에게서 도움 받은 적이 있기 때문에 우리를 포함한 누군가가 되었든 되갚기 바란다는 것이며, 그것이 바로 순차적 호혜성의 원칙인 것이다.

그러나 위와 같이 순차적 호혜성, 즉 간접적으로 생각하기보다는 먼저 다른 사람을 도울 생각을 할 때도 있다. 그것은 고통에 대한, 그리고 상처받기 쉬움에 대한 단순하고도 강력한 공감이다. 그때 우리는 "나는 당신이 어떻게 느끼는지 짐작할 수 있어," 아니 "나도 바로 그런 적이 있어서 당신이 어떻게 느끼는지 알겠어"라고 말하게 된다. 공유된 고통의 경험은 필란트로피에 기반한 행동을 하는 데 가장 효과적인 동기를 부여할 것이다. 고통에 대한 경험은 비록 그것이 서로 다른 종류의 것이라 해도 많은 사람으로 하여금 가장 극한적인 상황에서조차 공감과 연민을 유지할 수 있게 한다. 아픔과 괴로움, 절망을 실감하면서 그리고 희생자가 되기도 하면서 필란트로피라는 것에 대해 생각을 해 볼 수 있게 한다. 물론 우리 자신이 희생자가 될 수 있다는 사실을 인식하는 것만으로도 이런 경험을 할 수도 있을 것이다.

### 책임 있는 도덕적 행동에 대한 도전

착한 사마리아인 우화가 주는 마지막 교훈, 즉 필란트로피를 생각하면서 실천해 가는 일이 그리 녹록하지만은 않다는 현실과 맞닥뜨리게 되고, 바로 이런 점이 우리로 하여금 또 다른 관심을 불러일으키게 된다. 즉 필란트로피는 책임감 있게 기여할 수 있는 신속하고도 간편한 수단을 제공해 주기도 하지만, 그렇다고 해서 사마리아인이 희생자에게 생각 없이 돈이나 던져주고는 그 결과에 대해 상관하지 않겠다는 태도를 취했던 것은 아니었다(실제로 희생자는 그 시점에 돈이 있다고 해도 무엇을 할 수 있는 것도 아니었다). 사마리아인은 응급조치를 해 주고 시간을 갖고 회복할 수 있도록 도움을 주었다. 이는 최선이라고는 할 수 없지만 적절한 형태의 필란트로피적 개입이라 할 수 있다.

이렇듯 착한 사마리아인 우화가 간단한 이야기 같아 보이지만, 필란트로피적 행동이 사실상 그렇게 단순한 것만은 아니다. 그것은 항상 의문과 불확실성 투성이다. 타인을 돕기 위해 자신이 알고 있는 것이 분명히 무엇인지 그리고 첫 번째의 윤리적 질문, 즉 "무슨 일이 일어나고 있는가?"에 대해 답할 수 있어야 한다. 또한 해당 상황에 대해, 희생자에 대해, 자신의 능력과 특성에 대해, 타인이 가진 책임에 대해, 자신의 행동 유무에 따른 결과와 이와 연관된 사실관계에 대해 숙지하고 있어야만 한다. 그뿐만이 아니다. 개입이 필요한 상황이고 이에 따라 요청이 이뤄지고는 있지만, 그 어떤 관련 정보도 없고 이를 탐문해볼 시간이 없을 수도 있다. 그런 경우 냉철한 계산과 판단에 근거한다기보다는 자신의 경험과 가치체계에 의존할 수밖에 없다.

우화에서 사마리아인은 희생자에 대해서는 아무것도 모르고 있었다. 하지만, 자신이 도움을 줄 수 있다는 사실은 알고 있었다. 희생자는 강도를 당했고, 그렇기 때문에 돈을 갖고 있을 수는 없었다. 사마리아인은 희생자가 회복할 수 있도록 충분한 시간을 배려하였고 이를 위해 여관 주인에게 비용을 지불했다. 사마리아인은 다시 돌아올 것이라는 언급을 하지만 그것은 희생자로부터 대가를 받으려는 것이 아니라, 혹시 모르는 미지불 비용이나 부족한 것이 있으면 이를 충족시켜주기 위함이었다. 그렇다면 곧바로 다음과 같은 질문과 맞닥뜨리게 된다. 필란트로피적 목적을 가진 행동은 언제까지 지속될 수 있을 것인가? 예를 들어 희생자가 회복되는 데 생각보다 오래 걸리게 되면, 그래서 예상했던 비용이 초과된다면 누가 지불해야 하는가?

또한 희생자를 돕는 데 여관주인도 함께했기 때문에 이와 관련된 몇 가지 질문과 마주치게 된다. 사마리아인이 행한 필란트로피가 효과적이기 위해 여관주인의 도움은 필수적이라 할 수 있다. 여관주인이 협조하지 않았다면 어떻게 되었을까? 필란트로피적 행동에 본의 아니게 관련된 다른 사람도 필란트로피적으로 행동하기를 기대해야 하는가? 여관주인은 자신의 노력 제공에 대해 합리적 대가를 받을 권리가 있는가? 혹은 그가 만일 손해 본다고 생각하더라도 동의할 것이라고 기대하는가? 그는 손해를 감수해야 하는가? 여관주인을 자신이 원한 것과는 상관없이 필란트로피적 행동으로 이끌려 간 단순 '이해관계자' 중 하나로 봐도 좋은가? 그러나 여관주인은 희생자를 한 명의 고객으로 단순하게 생각했을 수도 있을 것이고 그렇다면 누군가는 해당 비용을 실제 가격으로 지불해야만 할 것이다. 예루살렘에서 예리코로 가는 길 위에(아니 맨해탄 도심에서 사우스 브롱스까지 가는 길 위에) 이런 희생자는 무수히 있을 수 있다. 때문에 이러한 자발적인 친절행위가 어디까지 지속할지에 대해 의문을 가질지도 모른다.

필란트로피는 신뢰라는 것에 크게 의존한다. 우화에서 사마리아인은 여관주인이 희생자를 회복될 때까지 돌봐줄 것으로 믿는다. 만약 희생자가 완전히 회복되기 전에 여관주인이 내쫓는다면 어떻게 될까? 만약 여관주인이 비용을 과다하게 물린다면 어떻게 될까? 소위 세상 물정에 밝은 사람은 동정심과 연민을 보이는 사람에게 바가지를 씌우곤 한다. 만약 사마리아인이 두 데나리온을 흔쾌히 내놓았다면, 돌아오는 길에 한 데나리온 어쩌면 두 데나리온까지도 흔쾌히 내놓을 것이라고 여관주인은 추론할 수도 있다. 이런 경우 미국적 전통 속에서 공유된 필란트로피의 가치란 여관주인은 믿을 만한 사람이며 사마리아인이 진 부담 중 어느 정도 함께 질 것이라 완곡하게 말 할 수 있다. 어떤 의미에서는 착한 사마리아인은 우리를 대신하여 행동하고 있는 것으로 생각할 수 있으며, 그래서 우리 모두는 그의 행동에 갈채를 보낸다. 또한 사마리아인이 우리를 위해서 행동하고 있기 때문에 그런 상황을 우연히 마주치게 될 때 우리가 아닌 타인도 역시 그 여관주인처럼 우리를 위해서 행동할 것처럼 기대하는 것이다.

필란트로피가 갖는 또 다른 관심사는 도움 받을 가치가 없는 사람도 존재하는가다. 만일 그 희생자가 만취상태였다면, 착용한 옷으로 봐서 악명 높은 KKK단의 구성원이고 집회를 마치고 집으로 돌아가는 길이었다는 사실을 알게 된다면 어떻게 해야 할까?

착한 사마리아인 우화는 낯선 사람 혹은 적이라 할지라도 도움을 거절해서는 안 된다는 사실을 암시한다. 도둑일지라도 모든 인간은 이웃이 될 자격이 있다. 만약 착한 사마리아인의 시나리오가 오늘날 실현된다면 도둑은 어떤 취급을 받을까? 그때마다 우리는 자신의 도덕적 상상력 속에서 이에 대응할 수밖에 없다. 아마도 그 도둑은 이번이 초범이었을 수 있고, 마약에 취한 젊은 불량배일 수 있을 것이다. 만일 마약 밀매자 또는 아버지로부터 학대 받는 희생자라면 그에게 책임을 물을 수 있을까? 이런 유형의 이슈에 대한 필란트로피 실천가 혹은 필란트로피단체의 입장은 서로 다를 수도 있고, 이는 일반적인 현상이라 할 수 있다. 어떤 사람은 범죄세계로부터 도둑을 구하고자 할 것이고, 또 다른 사람은 응징해야만 한다고 주장할 것이기 때문이다.

일부 필란트로피조직은 범죄의 희생자와 함께하기도 한다. 이를 통해 피해자를 트라우마로부터 회복시키고 다친 몸을 회복시켜 일터로 복귀하도록 돕는다. 이는 필란트로피 행위를 지속시킬 수 있는 강한 동기가 될 수 있다. 왜냐하면 법을 준수하는 사람에게는 범법자의 입장에서 생각해 볼 수 있는 기회와 능력을 줄 수 있기 때문이다. 역사를 통틀어 다른 사람의 고통에 대한 인간의 대응은 필란트로피를 작동하게 하는 요인 중 가장 기본적이고 강력한 것이다. 나이지리아 또는 에티오피아의 굶주린 아이들, 파키스탄의 지진, 인도네시아의 쓰나미 같은 재앙의 희생자들, 축제일에 자기 아이들에게 장난감을 사줄 능력이 없어 도둑질로 저녁 뉴스를 장식하는 부모들, 이들에 대해 갖는 특별한 관심이야말로 고통에 대해 즉각적이고 직접적인 인간의 대응이 어떤 것인가를 잘 보여준다. 이런 상황에서 사람들은 무언가 하기를 바라며, 할 수 있는 일 중 하나는 그런 일을 현장에서 직접 실천하는 단체에 기부하는 일이다.

필란트로피가 갖는 한 가지 문제점은 연민과 동정의 감정이 지속되지 않는다는 것이다. 이는 인간의 주의력이 지속되지 않는다는 한계와 관계가 있다. 특히 매스컴을 통해 마주치는 주체할 수 없을 정도의 과도한 재앙과 고통은 오히려 '동정심 피로현상'을 유발하기도 한다.

도덕적 상상력에 대한 질문은 수 세기 동안 학자들의 관심을 끌기도 하고 좌절시키기도 했다. 텔레비전을 통해 다른 사람의 고통을 보는 것이 감수성을 증가시키는지, 아니면 반복과정을 통해 익숙해짐으로써 오히려 감소시키는지 정확히 알지는 못한다. 지속적인 호소가 행동의 변화를 가져오는가? 자연적 혹은 인적 재해가 고대 세계에서는 훨씬 일상적이었다고 한다면, 그것이 일상화되어 오늘날 그런 것처럼 인간적 대응을 끌어내지 못하는 것은 아닐까?

기부자를 곤란하게 하는 또 다른 질문은 희생자의 직접적이고 즉각적인 필요를 충족시키는 것 이상으로 또 다른 무엇을 해야 하는가라는 것이다. 즉 어떤 상황에서 기부자는 도움을 준 사람에게 별도의 조언까지 해야 할 것이라는 느낌을 가질 수도 있다. 예를 들자면, 과학적 필란트로피 유파에 속한 착한 사마리아인이라면 이를 계기로 부드러운 훈계를 할 수도 있을 것이다. 즉 "다음에는 다른 길을 택하시오"라고 말할 수도 있고, 좀 더 냉철하게 "내가 이번에는 당신을 돕지만, 더 이상은 안 돼요"라고도 할 수 있을 것이다. 어린 아이가 그런 것처럼 사람들은 자신의 불행으로부터 뭔가 배우기를 기대한다. 이는 홀로 뭔가를 할 수 없는 것처럼 보이는 사람에게 거듭해서 대응하기 위한 인내와 관대함을 시험하는 것이기도 하다. 한 세기 전 자유주의자와 보수주의자 모두는 도움을 필요로 하는 대부분의 사람이 자기 자신의 허약함과 태만함 때문에 그런 상황에 처하게 된다고 믿었으며, 그런 관점은 현대 필란트로피에도 지속되고 있다. 착한 사마리아인이 가진 생각과 그의 선행은 어떤 경우에는 괜찮은 방안이지만, 예방이 가장 좋은 해답일 것이다. 즉 자신을 스스로 돌보도록 독려해야 하며, 어떤 경우에는 그렇게 되도록 강제해야 할지도 모를 일이다.

사람들로 하여금 자신 스스로 돌보도록 강제하기 위해 현대적인 사마리아인은 어떻게 해야 할까? 아마도 어떻게 행동해야 할지에 대한 아이디어를 필란트로피 학파로부터 얻을 것이고, 따라서 독립적인 자세와 방식으로 행동하도록 사람들에게 권했을 것이며, 도움을 받은 자, 즉 희생자가 서비스에 상응하는 대가를 지불하도록 조언했을 것이다. 19세기 런던에서 옥타비아 힐(Octavia Hill)이 필란트로피 실천과 관련하여 그런 주장을 했던 것처럼, 도움을 제공하고 대가를 지불하게끔 하는 것은 아마도 희생자로 하여금 독립성을 유지할 수 있는 '습관, 능력, 감성'을 길러 주고자 함이었을 것이다. 희생자가 또 다시 희생자가 되지 않도록 하기 위해 사마리아인은 여관주인에게 지불할 비용을 빌려주고 훗날 이를 그 희생자가 상환하도록 요청했을 수도 있다. 아니면, 전통적인 필란트로피의 가치와 독립성을 동시에 갖도록 사마리아인은 "가서 너도 똑같이 그렇게 행하라"고 말할 수도 있었을 것이다.

개연성 있는 이러한 사마리아인의 요구는 도움과 지나친 참견 사이에 아주 미미한 아니 어떤 경우에는 거의 구별하기 어려운 차이가 존재한다는 사실을 상기시켜 준다. 타인의 삶에 대한 자발적 개입으로서 필란트로피는 때로는 공격적이기도 하고, 방해가 될 수 있는 도덕적 행동이기 때문에 이는 모든 잠재적인 착한 사마리아인들이 직면하는 딜레마이기도 하다. 도움과 독립성 모두에 높은 가치를 부여하는 문화적 상황에서는 더욱 그러하다. 모튼 헌트(Morton Hunt)가 지적하는 것처럼, "곤경에 처한 사람을 돕되, 참견하지 말라고 우리는 배웠다."18 언제 그리고 어느 정도로 개입할지 아는 것은 필란트로피 실천가의 과제다. 이는 자연스럽게 "우리의 과제는 무엇인가?"라는 질문으로 우리를 다시 이끌게 된다.

착한 사마리아인 우화가 갖는 교훈과 차원에 대해 숙고하게 되면, 왜 이 우화가 우리로 하여금 개인적 차원의 채러티(charity)라는 단순한 행동 이상의 것을 생각하게 하는지를 잘 알게 된다. 이는 다양한 종류의 필란트로피(philanthropy) 행위에 대해서뿐 아니라, 복합적이고 어려운 도덕적 행동으로서 다양한 행동에 대해서도 많은 것을 알게 해 주기 때문이기도 하다. 우화에 대한 탐구를 통한 종교적 가르침 또한 딱딱한 종교적 메시지를 넘어 필란트로피 전통에서도 매우 중요하다. 물론 필란트로피와 관련하여 종교가 그 창시자이자 수혜자로서 주요한 부분을 차지하고 있고, 더구나 미국에서는 틀림없는 사실이기는 하지만, 필란트로피의 가르침과 실천은 모든 종교 속에 내재한다. 윤리적 체계의 형성자와 전달자로서 그리고 도덕적 행동을 위한 지침으로서 종교는 도덕적 행동으로서 필란트로피를 위한 문화적 기반을 제공한다. 따라서 착한 사마리아인 우화와 같은 필란트로피에 대한 종교적 가르침은 단순히 해당 종교의 신도들에게뿐만 아니라 이를 넘어서는 훨씬 더 광범위한 중요성과 의미를 갖는다.

## 4.3 도덕적 행동으로서 필란트로피, 윤리적 질문과 원칙

우리는 필란트로피가 다른 사람의 삶에 아마도 좋은 일을 해줄 의도로 자발적 개입을 하는 것이기 때문에 도덕적 행동이라고 주장한다. 착한 사마리아인 우화를 반추해 보면, 많은 질문과 함께 그것이 갖는 함축적 의미를 떠올릴 수 있다. 그뿐만 아니라 이런 식의 도덕적 행동을 어떻게 실천하고 참여해야 하는가라는 이슈도 함께 떠올릴 수 있다. 따라서 이제 이 모든 것에 대해 좀 더 일반적인 차원에서 생각해 봐야 할 필요가 있다.19 즉, 도덕적 행동으로서 필란트로피에 대한 몇몇 일반적 차원의 윤리적 질문과 이를 안내해 줄 원칙에 대해 논의해 보고, 더 나아가 필란트로피에 대한 몇몇 일반적 비판에 대해서도 숙고해 보자. 이를 통해 필란트로피 행위자(philanthropist) 즉 필란트로피를 실제 현실에서 실천해가고자 하는 사람들이 흔히 직면하는 까다로운 윤리적 선택에 대해 주목해 볼 수 있을 것이다. 이러한 질문과 원칙은 흔히 실제 필란트로피를 실천하는 현장에서 제기되고 적용되는 것이지만, 이를 좀 더 발전시킬 수 있다면 유용한 규범적 가이드라인이 될 수 있을 것이다.

### 필란트로피 실천에서 제기되는 윤리적 질문

무슨 일이 일어나고 있는가?

"무슨 일이 일어나고 있는가"라는 질문은 도덕적 행동을 위한 윤리적 출발점이다. 만약 우리가 일을 더 좋게 ─ 지역사회 고통을 완화하거나 삶의 질을 개선하는 식으로 ─ 만들어 가려면, 그 일을 하고자 하는 사람이 누구인지뿐만 아니라, 무슨 일이 일어나고 있는지에 대해서도 당연히 알아야 한다. 우리는 문제에 대해, 조직과 행동에 대해, 그리고 우리 자신에 대해 충분히 알 필요가 있다.

이런 윤리적 질문에 대해 생각할 때 앞에서 이미 소개한 '사명'(mission)에 대해 사고하는 방식을 참조하는 것이 도움이 된다. 세상에서 일어나고 있는 일 중 가장 우선적으로 해결해야만 하는 것은 무엇인가? 그렇다면 사명은 무엇인가? 필란트로피에 기반을 둔 대응은 필요한가? 어떻게 아이들은 '위기에 처하게'

되었으며, 왜 그리고 얼마나 자주 그러한가? 사명을 완수해 나가기 위해 "또 다른 무엇이 행해지고 있지는 않은가?"라는 질문으로 자연스럽게 연결될 것이다. 어떤 문제가 이슈화되고, 어떤 것이 간과되고 있는가? 어떤 어린이들이 도움받고 있고, 어떤 아이들은 그렇지 못한가? 즉, 필란트로피라는 행위를 통해 개입하기 위해서는 또 다른 필란트로피 행위자가 무엇을 하고 있는지를 아는 것은 반드시 필요하다. 어느 정도의 규모로 기부가 이뤄지고 있으며, 누가 자원봉사활동을 하고 있는지? 정부와 기업은 어떤 일을 하고 있는지? 그리고는 "왜 필란트로피인가?" 무슨 일이 일어나고 있어 이런 식의 특별한 종류의 자발적 개입이 필요하게 되는지에 대한 질문으로 자연스럽게 이어진다.

이렇듯 자신의 조직을 둘러싼 외부 세상에 무슨 일이 일어나고 있는지를 살펴보는 것에 더해 조직 내부도 살펴봐야 한다. 우리가 지금 하고자 하는 일이 자신의 사명을 성취하고자 하는 것인지? 그렇게 많은 사람에게 기부를 요청 중인 조직의 진정한 목적은 무엇인가? 그 목적이 타인을 위한 것이었는지? 아니면 자신을 위한 것이었는지? 좀 더 진지하게 말해서, 이렇게 조직 내부를 살펴보는 것은 자기 자신을 다시 한 번 점검해 보고자 하는 이유에서다. 또한 우리의 뿌리는 어디에 있으며 우리의 강점과 약점은 무엇인지, 우리의 문화, 정치적 상황 혹은 사회화 현상과 관련된 어떤 요소가 필란트로피를 통해 위험에 빠진 어린이들을 돕게 만드는지 등등의 질문도 필란트로피 실천을 통한 우리의 대응 방식에 일정한 영향을 준다.

## 우리의 과제는 무엇인가?

타인의 삶에 개입하기로 결정한 연후에는 도움을 주는 것과 지나친 개입 사이의 경계가 무너질 수도 있다. 이를 피하기 위해서는 필란트로피를 실천하는 데 윤리적 접근이 필요하며, 자기성찰이 전제되어야 한다. 어떤 권리로 낯선 사람의 삶에 개입하여 공익에 대한 자신의 견해를 피력할 수 있는지? 왜 개입하는지? 왜 위험을 무릅써야 하는지? 예를 들어, 폭력적인 남편으로부터 피신한 여성을 돕기 위해 쉼터에서 일하면서 이런 상황에 개입하는 일은 상당한 위험을 무릅써야만 한다. 왜 가족을 대신해서 이렇게 해야만 하는 것일까? 경찰이 해야 하는 일은 아닐까? 앞에서 살펴본 우화에서 길가에 쓰러진 희생자를 돕는 것이 왜 사마리아인의 일이 되었을까? 길가에 쓰러져 피 흘리고 있는 사람을 돕기 위해 그냥 경찰에 신고하면 되지 않았을까? 희생자에 대한 도덕적 의무의 범위는 어디까지일까? 비록 일상생활에서 이런 것들을 돌아보기에는 충분한 시간이 부족하지만, 이와 같은 것들은 필란트로피를 실천에 옮길 때 신중하게 성찰할 필요가 있는 윤리적 질문이다.

물론 어떤 경우에는 필란트로피의 개입을 환영하지만, 그렇지 않은 경우도 존재한다. 타인이 동일한 방식으로 생각한다는 확신도 없으면서 혹은 도움이 딱히 필요하지 않는 상황에서 자신이 선호하는 것을 실행하기 위해 개입하는 식의 과제란 도대체 어떤 것일까? 예를 들어, 사형장에서 사형 집행을 기다리는 죄수는 자신이 요청했든 아니든 어떤 도움도 흔쾌히 받아들일 것이다. 그렇지만 대개의 부모는 자녀들의 성교육과 같은 주제의 경우, 이들 교육 방식을 바꾸려는 개혁운동가들의 시도에 대해서는 별다른 흥미를 느끼지 못할 것이다. 이런 종류의 개입은 어쩌면 "당신 일에나 신경 쓰세요"라는 말과 함께 아마도 거부되거나 외면당하기 쉽다.

"우리의 과제는 무엇인가?"라는 질문에 필란트로피 실천가들은 흔히 우리 모두는 다른 인간에게 애착을 가진 인간이라고 답한다. 이런 사실은 연구를 통해 밝혀졌고 우리도 이미 이를 인지하고 있다. 크리스텐 렌위크 몬로(Kristen Renwick Monroe)는 나치 치하의 유럽에서 유태인을 구조한 사람에서부터 강간의 위험에서 어린 소녀를 구해낸 할머니, 필란트로피 전통을 위해 자신을 희생한 사람에 이르기까지 다양한 유형의 이타주의자에 대해 연구를 진행했었다. 개입을 했던 사람들 사이에는 현저한 경제적, 종교적, 이념적 차이점이 존재하기도 했지만, 그들이 공유한 세계관, 특히 '인간성에 대한 공통된 인식'이 존재한다는 사실을 발견하기도 했다. "이타주의자는 모든 인간이 그 안에서 하나가 되는 세계관을 공유한다"는 말은 이타주의를 가장 잘 설명할 수 있는 것이라고 몬로는 결론지었다.[20]

인간들이 어떤 식으로든 서로 깊이 연결되어 있다는 것은 상당히 도전적인 생각이라 할 수 있지만, 매우 익숙한 것이기도 해서 확연히 두드러져 보이지는 않는다. 세상 모든 곳에 존재하는 인간들은 초월적이고 통합적인 유대감을 공유한다는 신념이야말로 필란트로피의 핵심이라고까지 말할 수 있다. 물론 공통적으로 갖는 이런 유대감에 초점을 맞춘다고 해서 필란트로피가 우리들 가운데 존재하는 차이를 무시해야 한다는 것을 의미하지는 않는다. 그런 차이의 불인정은 현대의 선의적 '공동체주의자'(communitarian)와 '다문화주의자'(multiculturalist) 사이에 갈등을 일으키기도 했었다.21 필란트로피에 기반을 둔 행동은 차이를 인정하면서도 모든 사람이 갖는 인간성이라는 유사성, 즉 차이점과 유사성 사이에 존재하는 윤리적 중도의 길 — 매우 좁긴 하겠으나 — 을 찾을 수 있어야만 한다. 특히나 우리와는 다른 사람이 심각한 어려움에 처해 도움을 요청할 때 이런 신념은 매우 중요하다.

세상에는 천박한 정신, 이기주의에서부터 관용적 정신, 태생적으로 다른 낯선 사람과 함께하고자 하는 정서에 이르기까지 광범위하게 윤리적 층위가 존재한다. 통일성과 일치감에 대한 느낌은 다양한 주장을 포용하기 때문에 이에 따른 광범위한 책임이 뒤따른다. 수단에서 평화는 어느 정도는 나의 일이며, 그런 일은 보스니아와 베네수엘라 그리고 아틀란타의 내륙도시에서도 마찬가지인 것이다. 어떤 의미에서 우리 모두는 서로를 위한 자발적 행동에 참여할 자격을, '정신의 자발적 결사체' 운동을 지속해 갈 충분한 자격을 갖고 있다. 그렇지만, 이를 위해서는 더 세심한 주의와 관심이 필요하다. 왜냐하면, 정신의 자발적인 결사체라는 정서와 생각이 반드시 현명한 자발적 행동이나 윤리적인 필란트로피 리더십을 보장하지는 않기 때문이다.

다시 착한 사마리아인 우화에서 제기된 질문으로 돌아가 보자. 누가 나의 이웃인가? 잔자위드 민병대(Janjaweed militia)에 의해 강간당할 두려움 속에서 하루하루를 연명하고 있는 수단의 한 난민 여성이 로스앤젤레스에 사는 한 대학교수의 이웃이 될 수 있는가? 만약 우리 모두가 공통적 인간성의 한 부분을 구성하고 있다면, 그래서 그러한 인식을 서로 공유한다고 해서 모든 사람은 서로의 이웃이 될 수 있는가?

## 가이드 원칙

타인의 삶에 자발적 개입을 시도하고자 할 때, 도덕적 행동으로서 필란트로피에 대한 윤리적 질문으로부터 비롯된 도전과 불확실성은 몇 가지 중요한 원칙을 전제로 한다. 이를 세 부분으로 나눠 살펴보기로 하자. 물론 이는 매우 불완전한 리스트다. 예를 들면, 오늘날 필란트로피의 세계에서 중요성이 강조되고 있는 원칙 가운데 하나, 즉 "눈에 띄는 효과를 얻도록 전략적으로 기부하라"와 같은 내용이 여기에는 빠져 있다. 대부분 영역에서처럼 필란트로피에 관련된 원칙은 과학에 기초를 둔다기보다는 경험에 그 기초를 둔다.

### 좋은 일을 하도록 노력하되 해를 끼치지는 말라

필란트로피의 가장 근본적 원칙은 히포크라테스의 선서를 응용하자면, "좋은 일을 하되 해를 끼치지 않도록" 하는 것이다. 그런 노력은 우선 그 의도를 선언하는 것으로 시작하며, 해를 끼치지 않고 좋은 일을 하는 것은 그 의도에 따른 결과다. 그러나 이 원칙에는 결과에 대한 경고 또한 포함된다. 좋은 의도가 항상 좋은 결과를 낳는 것은 아니라는 뜻이 암묵적으로 깔려있다. 따라서 이 원칙을 필란트로피와 연결시키는 또 다른 방법은 자비심(benevolence) 혹은 '좋은 의도'와 자선 행위(beneficence) 혹은 '좋은 행동' 사이에 존재하는 차이점이 무엇인가로 되돌아가 보는 것이다. '좋은 일을 하도록 노력하는' 것은 좋은 의도와 관련되는 것이며, '해를 끼치지 않도록' 하는 것은 좋은 행동과 관련되는 것이기 때문에 모두가 윤리적 필란트로피를 위해서는 필수불가결한 요소다.

필란트로피는 비록 의무감에 의해 시작되었다 하더라도 그것이 갖는 자발적 성격과 좋은 의도 때문에 도덕성 이슈와 긴밀하게 연관된다. 그러나 이러한 도덕적 행동이 언제나 도덕적 결과를 이끌어내지는 않는다. 더구나 의도를 결과와 구분해 측정하고 가시화하는 일은 쉽지 않다. 그러나 그렇다고 해서, '좋은' 것을 정의하는 데 결과만이 유일한 방식일 수는 없다. 필란트로피를 실천해 가는 데 어려운 점은 무엇이 '좋고' 무엇이 '나쁜'지를 구별하는 것이다. 비록 필란트로피가 채러티(charity)라는 덕목을 실천하는 것이라 해도, 이를 곰곰이 생각해 보면 채러티의 실천도 신중함이 전제되어야 한다는 사실을 인식하게 되고, 이를 통해 행동하기 전 그것이 초래할 결과에 대해 미리 숙고해 볼 것을 요구한다. 여기에는 예상되는 결과뿐 아니라 의도하지 않는 결과까지도 포함한다. 예를 들어, 구호품이 사람들로 하여금 일할 의욕을 상실하게 하거나, 빈자를 돕는 일이 가난을 고착화시켜 의존성을 키우게 되는 결과를 낳게 되는 경우가 그러하다.

히포크라테스의 선서는, 그 후반부 즉 "해를 끼치지 않도록"만으로 줄여 사용하는 경우가 많다. 물론 그것도 윤리적 관점에서 보자면 절대적으로 필요한 것이긴 하지만, 이 선서에서 필란트로피와의 연관성을 가장 잘 드러내는 부분은 "좋은 일을 하도록 노력하라"는 전반부다. 이 전반부는 필란트로피를 염두에 두고 행동하라는 충고다. 이는 길가에서 피 흘리는 사람을 돕고, 기부하며, 소외된 어린이를 위해 주창하라는 사회적, 도덕적 의무이기도 하다. 제2장에서 설명했던 것처럼, 필란트로피 실천이 물론 자발적인 것이지만, '좋은 일을 하도록 노력하지' 않는 데 대한 사회적 제재의 두려움 혹은 의무감 때문에 이뤄진다는 사실을 부정하는 것은 아니다. 그러나 어떤 의미에서 타인을 자발적으로 돕는 데 도덕적이 된다는 것은 대개의 경우 자신이 그렇게 해야만 한다고 느끼는 것을 행하는 것이다.

좋은 일을 하도록 노력하라는 이런 충고는 필란트로피 실천이란 타인의 편익을 최우선 순위로 두어야 하며, 반대급부나 대가를 얻기 위해 행해서는 안 된다는 것을 보여준다. 그러나 모든 필란트로피 실천이 순수한 의미에서 이타주의적이어야만 한다는 것을 의미하는 것은 아니며, 그 의도가 항상 자비와 자애라는 목적을 갖고 있어야만 한다는 것은 더욱 아니다. 필란트로피 실천가가 행동에 대한 무형적 대가 ― 그가 받을 수도 있을 진심어린 감사나 자기 자신에 대한 자부심 같은 ― 조차 모두 물리쳐야 한다는 의미 또한 아니다. 타인의 필요성 혹은 좀 더 넓은 의미의 선에 주된 초점이 놓여야 하며, 자신의 필요나 이해에 근거해서는 안 된다는 간단한 사실을 이 원칙이 강조하는 것이다. 필란트로피는 '자기중심적'이 아니라 '타자중심적(타인지향적)'이어야 하며, 이런 원칙을 가장 순수하게 표출하는 것이 익명 기부일 것이다. 유대 철학자 마이모니데스는 체다카(tzedakah)의 여러 유형에 윤리적 서열을 부여하면서 최고의 단계가 일자리를 마련해 주거나 대출을 해줌으로써 자조 노력을 할 수 있도록 돕는 것이지만, 익명의 사람에게 익명의 기부를 하는 것이 그 다음이라고 함으로써 기부의 익명성 또한 매우 중요하게 생각했다.

 이러한 원칙과 관련하여 언급되어야만 하는 것이 한 가지 있다. 이는 기부자보다는 기부를 받는 자에게 적용될 수 있다. 기부자의 권리와 의도는 인정받고 존중되어야 한다는 것이 필란트로피가 갖는 원칙이며, 그렇게 하지 못하면 기부자에게 해를 끼칠 수밖에 없다. 따라서 기부받는 자는 기부금품을 애초 목적대로 책임감 있게 사용해야만 한다. 기부자 또한 기부금품의 건전하고 투명한 사용을 요구할 권리를 갖고 있다. 필란트로피조직의 윤리성을 판단하는 감시기구는 종종 "기부금품 중 관리업무 혹은 모금 활동 경비의 비중은 전체 비용에서 어느 정도를 차지하는가?"\* "특정 목적을 위한 기부금품이 다른 목적으로 전용되어 사용하고 있지는 않은가?"\*\*와 같은 질문을 던진다. 이런 현상은 관련 원칙의 적용이 매우 중요하다는 사실을 반영하는 것이기도 하다. 9/11사태, 허리케인 카트리나에 뒤이은 적십자사에 대한 공개적 비판, 즉 남은 기부금품을 다른 사업과 업무를 지원하기 위해 전용하는 적십자사의 관행은 내부 윤리 기준을 위반하는 것으로 비판받았으며, 이는 많은 기부자가 관심을 두고 있는 사안이라는 사실을 염두에 뒀어야만 했다.

## 당신이 할 수 있는 모든 것을 기부하라

필란트로피의 임무가 분명 존재하지만 여러분이 할 수 있는 만큼, 아마도 "곤

---

\* Charity Navigator (https://www.charitynavigator.org/), Guide Star(http://www.guidestar.org) 등의 조직이 이런 유형의 평가를 통해 소위 특정 비영리단체의 효율성 혹은 효과성 정보를 제공함으로써 기부자로 하여금 선택을 위한 기준을 제공한다. 이런 방법에 대해서는 많은 논란이 있어 왔고 지금도 진화의 과정에 있다. 한국에서도 이에 대한 특집기사가 실려 일반 대중에게 관심을 환기시키기도 했다(예를 들면, '"제대로 공시했더니 효율성 떨어져 보여요" 항변하는 단체들', 한국일보 2015년 12월 21일; '비영리 투명성 평가, 이대로 괜찮은가', 조선일보 2017년 2월 28일). 이는 결국 비영리조직의 효과성/성과 측정 및 평가의 문제로 귀결된다. 이들 평가기관을 둘러싼 맥락과 배경 등 구체적인 내용은 S. Lowell, B. Trelstad & B. Meehan의 'The Rating Game' 참고(*Stanford Social Innovation Review*, Summer 2005)

\*\* 이와 관련하여 미국 역사상 대표적인 사례로 언급되는 사건은 조직의 최고책임자가 공금을 개인적으로 전용한 유나이티드웨이 스캔들이다(United Way leader's fraud scandal marred charitable legacy, *The Washington Post*, 2011.11.14.).

란에 처할 때까지" 기부하라는 또 다른 형태의 의무가 다양한 종교적 전통 속에 존재한다.

서구의 필란트로피 전통에서 이러한 임무는 종교적 가르침 속에서 분명하게 확인된다. 이는 가난한 사람에게 가진 모든 것을 주라고 권고 받은 젊은 부자에 대한 성경의 우화를 통해서도 확인할 수 있다. 널리 회자되는 존 웨슬리(John Wesley)의 「돈의 쓰임새」(The Use of Money)라는 설교는 신도들에게 다음과 같은 규칙을 축약해서 보여준다. "첫째로 당신이 할 수 있는 모든 것을 벌어들여, 둘째로 당신이 할 수 있는 모든 것을 저축하고 그런 연후에 당신이 할 수 있는 모든 것을 기부하라"는 것이다.22 그러나 이 원칙과 관련하여 세속적 변형 한 가지가 있다. 앤드류 카네기는 그의 『부의 복음』(The Gospel of Wealth)이라는 분명히 비종교적이면서도 앞의 설교만큼이나 유명한 에세이에서, "부자인 채로 죽는 것은 수치스러운 일이다"라고 선언했다.23 당신의 모든 돈을(아니면 최소한 가능한 모두를) 당신이 죽기 전에 필란트로피 실천을 위해 기부하라는 이런 일반화된 의무는 몇 년에 걸친 빌 게이츠에 대한 비판을 통해 널리 알려지게 되었다. 그 이후 빌 게이츠는(그의 아내와 공동 명의로) 기부라는 것에 주목하게 되고 카네기가 했던 것 이상으로 많은 기부를 실천에 옮겼다.*

이 원칙은 자신의 요청, 즉 자신이 생각하고 있는 것에 비해 타인의 요청을 어느 정도 비중을 두고 고려해야만 하는지라는 문제로 다시 회귀하게 한다. 자기 자신에게 지나치게 관심을 두는 이기주의와 같은 것도 있고, 너무 지나친 기부, 즉 희생적 기부 같은 것도 있다. 키케로는 그의 아들 마르쿠스에게 너무 관대하지는 말라고 했고, 그렇게 되면 자기 자신을 해치게 될 것이라고 조언했다.24 성경 속의 부유한 젊은 남자의 우화에서는 그가 어찌되었든 생존할 것이라는 가정이 깔려있다. 물론 자발적인 가난이 그 자신의 소명일 수 있을 것이며, 그것은 때로 자선적 삶 중 가장 높은 수준이라고 생각할 수도 있다. 왜냐하면 이를 선택하는 사람이 거의 없기 때문이다.

---

* 필란트로피, 기부 등을 둘러 싼 역사와 맥락, 이론과 이슈, 그리고 빌게이츠와 게이츠재단에 대한 비판적 견해에 대해서는 L. McGoey, *No Such Thing As A Free Gift: The Gates Foundation and the Price of Philanthropy* (번역본, 『빌게이츠의 기부가 세상을 바꿨을까』) 참조.

### 되돌려주고 전해라

오늘날 필란트로피를 실천하는 사람 중 자신은 '그저 뭔가를 되돌려주고' 있을 뿐이라고 말하는 사람이 점차 늘어나고 있다. 이는 필란트로피 실천이 보편적으로는 지역사회를 위해 행해지고 있다는 사실, 공동체는 어떤 식으로든 음으로 양으로 필란트로피를 실천했던 이들에게 도움을 주었다는 사실을 의미하는 것이다. 즉 누구든 부는 해당 사회 내에서 벌어들인 것이고, 그런 의미에서 우리의 삶을 가능하게 해주는 공동체에 환원해야만 하는 의무를 갖는다는 인식이 바로 그것이다. 이것은 기업이 행하는 소위 사회공헌과 기부행위에서 통상적으로 잘 드러난다. 기업이 해당 지역사회에 대해 금전이나 시간 등 필란트로피를 행한다고 할 때가 바로 그런 경우라 할 수 있고, 대다수 기업 사회공헌 프로그램이 자신의 슬로건으로서 '되돌려주기,' 즉 사회환원을 내세운다.

워렌 버핏은 그의 막대한 재산 중 많은 부분을 필란트로피를 위해 기부하기로 결정하게 된 동기를 말하면서 이와 비슷한 감정을 표현한 적이 있다.

> 나는 태어났을 때 이미 복권에 당첨된 셈이었다. … 부모님이 대단한 분이었으니까. 나는 훌륭한 교육을 받았다. 나는 이런 유별난 경제 환경 속에서 특별한 성과를 올릴 수 있는 연줄을 갖고 있었다. … 만약 내가 옛날에 태어났거나 다른 나라에서 태어났다면, 내가 가진 연줄을 통해서는 이렇게까지 큰 성과를 거두지는 못했을 것이다. 나는 행운을 얻어 재산을 모았고 그러기에 모든 재산을 사회로 되돌려야 한다고 항상 느껴왔다.[25]

버핏은 또 다른 유명 필란트로피 실천가인 앨버트 슈바이처(Albert Schweitzer)의 영향을 받았다. 이런 영향은 그로 하여금 자신이 가진 대단한 행운의 결과 중 상당 부분을 사회로 환원해야만 한다는 의무감을 갖게 했다. 슈바이처는 '대단한 행운'의 수혜자가 되었고, 그것이 자신에게 좋은 일을 해야만 한다는 책임감을 어떻게 불러일으켰는지에 대해 자주 글을 쓰곤 했다. 이러한 자기 성찰을 통해 30세의 나이에 학자로서, 저명한 오르간 연주자로서의 특권적인 삶을 포기하고, 남은 인생을 아프리카 의료봉사를 위해 떠났다는 사실은 버핏

에게 동기 부여를 하는 중요한 계기가 되었다.26

사람들이 환원하기 즉 '되돌려주기'라고 할 때 의미하는 것은 많은 경우 '다른 이에게 베푼다'는 의미와 아주 비슷하다. 이는 자신에게 좋은 일을 한, 즉 혜택을 준 사람이나 조직이 아닌 다른 어떤 사람에게 좋은 일을 하는 것을 의미한다. 익히 다 아는 구절, "전해 주세요"(pass on it)는 이러한 원칙을 포착한 것이며, 최근에 한 유명한 소설과 영화가 그렇게 제목을 붙인 것처럼 '다음으로 전달'(Pass It Forward)*하는 것이다.27 앞에서 말한 것처럼, 이 원칙을 달리 표현하기 위해 케네스 볼딩으로부터 '순차적 호혜성'이란 용어를 차용했는데, 이는 특히 미국 필란트로피와 관련하여 그 기초를 이루는 중요한 개념이라 할 수 있을 것이다.28 즉 필란트로피의 원칙과 관련하여 우리 자신이 받아온 것 ― 예를 들면 부모, 친구, 스승, 낯선 사람, 혹은 이전 세대로부터 ― 에 대해 제3자에게 뭔가를 제공함으로써 보답해야만 한다는 것이다. 그것이 당초의 후원자에게 바로 보답하는 것인지, 돌고 돌아서 최종적으로 되갚는 것인지는 중요하지 않다. 순차적 호혜성이 단지 기부만을 위한 일반적 정당화 혹은 하나의 윤리적 원칙에 머무르는 것은 아니다. 그것이야말로 필란트로피에 기반한 행동을 영속화시키는, 이를 위한 매우 효과적인 매카니즘인 동시에 선행을 확대 재생산하는 시스템인 것이다. 우리 대부분은 기부의 공급자인 동시에 기부의 수요자가 되기 때문에 순차적 호혜성은 특별히 중요한 의미를 갖는다. 즉 우리는 다른 사람을 돕기 위하여 기부하고 다른 사람으로부터 기부를 받기도 한다. 어떤 의미에서는 모든 사람이 필란트로피를 통해 큰 빚을 지고 있으며, 그 빚은 그것을 직접 상환함으로써가 아니라 순차적 호혜성을 토대로 모방, 복제함으로써 갚을 수 있다. 특히 이전 세대에게 진 빚에 대하여 미래 세대에 뭔가를 함으로써만 '상환'할 수 있는 경우, 순차적 호혜성만이 이런 유형의 빚을 '상환'하는 길이 될 수 있다. 아울러 이러한 순차적 호혜성을 통해 필란트로피의 빚을 상환하는 또 다른 방법은, 기부자가 "나에게는 아무것도

---

* 원문은 'Pay It Forward'로서, 같은 제목의 소설에서 영화화되어 유명해졌으며(우리나라에서는 '아름다운 세상을 위하여'란 좀 막연한 제목으로 개봉), 누군가의 도움을 받았을 때 그에게 바로 되갚기보다는 다른 사람에게 도움을 베푼다는 내용이다.

돌려주지 말고, 당신이 언젠가 기회가 있을 때 다른 누군가에게 내가 한 것과 똑 같은 것을 하시오"라고 하거나 혹은 멘토링을 해준 자가 "당신 자신이 언젠가 한 사람의 멘토가 되어 주시오"라고 하는 경우일 것이다.

이는 또한 "주는 것이 받는 것보다 더 낫다"라는 말을 상기시키기도 한다. 필란트로피의 대상자, 즉 이를 받는 자가 나름의 윤리성을 유지하는 것은 쉽지 않을 수 있다. 기부금품이 너무 관대하거나 큰 기대가 뒤따른다면 특히 그러하다. 장기이식을 받은 어느 수혜자에게, 혹은 나름 권위는 있지만 재정적으로 고전하는 잡지, 『Poetry』에서 일하는 사람에게 물어보면 잘 알 수 있을 것이다(해당 잡지는 2002년에 루스 릴리Ruth Lilly로부터 아무런 조건 없이 100백만 달러 이상을 유증받았다). 기부 과정에서 기부를 받는 당사자가 자신을 '구제 대상'으로 느낄 때 혹은 감사의 표시를 지나치게 요구할 때 느끼는 불편한 감정을 해소하기 위해 기부 받는 자가 갖는 인간으로서의 존엄성에 대해 세심하게 배려해야만 한다. 감사와 호혜성은 필란트로피가 갖는 핵심적 덕목이기는 하지만, 기부 받는 자의 삶을 한층 더 고통스럽게 할 수도 있기 때문이다.

순차적 호혜성과 밀접하게 관련되면서도 약간 다른 성격이지만, 매우 중요한 필란트로피 원칙으로서 스튜어드십(stewardship)*이라는 것이 있다.29 이는 '전달하는 것'에 대한 것이기는 하지만, 위탁된 소중한 것을 잘 보살피고 발전시켜 전달한다는 의미에서 단순히 '전달한다는 것' 그 이상이라 할 수 있다. 스튜어드십, 즉 스튜어드(steward)의 책무는 서구 필란트로피 전통에서 종교적인 측면과 세속적 측면, 양면에서 다양한 변형을 보여 준다. 존 칼빈(John Calvin)은 스튜어드의 책무와 관련된 실제적인 필란트로피 책임을 다음과 같이 영적 근원으로부터 도출했다. "그러므로 이것을 관대함과 자비를 위한 우리의 규약으로 삼자. 우리는 신이 부여한 모든 임무를 해야만 하는 스튜어드이며, 이를 통해 이웃을 도울 수 있고 스튜어드의 책무를 설명할 수 있다."30 오늘날 미국의

---

* 'steward'는 여객선, 여객기, 기차 등에서 일하는 남자 승무원을 칭하며 승객에게 음식을 제공하는 등 승객을 돌보는 일이 그들의 주요 임무다. 또한 대규모 공공 행사의 조직을 돕는 간사(幹事), 대저택·토지의 관리인, 집사 등을 칭할 때도 사용된다(네이버 영어사전). 'stewardship'은 재산을 관리하는 책임을 칭한다. 따라서 스튜어드가 가진 혹은 가져야 할 정신으로서 '청지기정신' 등으로 번역되기도 한다. 이 책에서는 steward는 '스튜어드'로 음역하고, stewardship은 문맥에 따라 '책무성', '스튜어드의 책무' 등으로 번역하거나 혹은 '스튜어드십'으로 음역했다.

기독교 교회에서 스튜어드의 책무라는 용어는 교회에 헌금하는 책임과 동의어가 되기도 했다. 그러나 스튜어드의 책무의 좀 다른 의미, 즉 그 변형이라 할 수 있는 '트러스트십'(trusteeship), 즉 '수탁자의 책무'란 말은 세속적 필란트로피 실천가 — 예를 들면 환경운동그룹 및 역사유산보존협회 그리고 여러 다양한 비영리단체의 이사회까지 포함하여 — 가 그들 임무의 배경과 원칙을 설명하기 위해 거론하곤 한다. 그들은 다양한 종류의 좋은 것들을 물려받았기 때문에 이를 보존하고, 그리고 더욱 개선한 연후에 그다음 사람이나 세대로 다시 물려줄 의무를 갖고 있다. 마지막 장에서 설명하듯이, 스튜어드가 되는 것은 결코 쉬운 일이 아니며, 더구나 그 임무와 관련해서는 아무런 가이드도 존재하지 않지만, 모든 필란트로피의 원칙에 적용할 수 있는 것이다.

## 필란트로피에 대한 몇 가지 비판과 잠재적 위험

### 병적인 목표집착

필란트로피에 대한 열망이 갖는 특성, 즉 거만함 혹은 고상함이라고도 할 수 있는 특질은 논설위원, 정치인 등 비평가의 융통성 없는 도덕주의적 본질을 휘저어 놓는다. 그렇지만, 이들 비평가는 필란트로피를 높은 수준으로 유지시키는 데 결코 나쁘지는 않다. 더구나 그런 비판은 필란트로피의 잠재적 위험, 그 위험을 피하기 위해 지켜야 하는 윤리적 원칙과 고려사항을 광범위하게 드러내 보여준다. 지금까지 이 책은 이러한 통상적인 비판 중 몇 가지를 이미 거론해 왔다. 완전한 것은 아니지만 여기서 몇 가지 더 이야기해보자.

필란트로피가 갖는 다양한 잠재적 위험을 살펴보기 위해 '목표의 불균형적 추구' 혹은 '병적인 목표집착'(teleopathy)이란 개념이 유용하게 활용될 수 있다. '병적인 목표집착'은 기업윤리 연구자인 케네스 굿패스터(Kenneth Goodpaster)가 만들어낸 용어인데, 그리스어로 결말 또는 목적을 의미하는 'telos'와 아픔 또는 질환을 의미하는 'pathy'를 결합했다.[31] 병적인 목표집착은 목표에 관한 질환이며 사명에 대한 불건강한 상태다. 즉 목표 달성을 위한 수단과 관련된 윤리적 고려사항을 무시한다. 그리고 목적을 달성하는 데에만 일방적으로 집착함으로써 굿페스터가 언급한 식의 병적인 목표집착이 발생하게 된다.

이 개념은 필란트로피조직 안에서 조직 그 자체를 유지하려는 것에만 주로 초점을 맞추는 '병폐' — 예를 들면 최우선 과업으로서 모금에 초점을 맞추는 — 그리고 이에 수반되는 핵심목표의 무시, 이에 따른 현상에 적용할 수 있다. 조직은 도덕적 사명에 의해 자신을 정당화하기보다는 그 존재 자체의 정당성에 자연스레 몰두하게 된다. 스텝들은 자신의 직무, 은퇴 후 설계 또는 급여 수준에 더 관심을 두면서도, 자신은 다문화적 교육을 발전시키기 위해 혹은 노인을 돌보기 위해 일하고 있다고 말할 수 있다. 이런 현상은 많은 조직에서 발견되는 잠재적 위험이다. 존 갈(John Gall)이 주장한 것처럼, 대다수 조직에서 "시스템 내부의 목적이 우선한다."32 그러나 도덕적 사명에 의해 정의되는 필란트로피조직일 경우에 이러한 위험은 특히 해결하기 쉽지 않은 고질적인 문제다. 특히나 사명이 상당히 애매하거나 야심적일 때는 더욱더 그러하다. 따라서 효과적이고 윤리적인 리더십은 필란트로피조직으로 하여금 이러한 병적인 목표집착으로부터 벗어날 수 있도록 한다.

병적인 목표집착은 자신의 사사로운 이익을 채우는 데 필란트로피를 이용하는 식이기 때문에 노골적이고 좀 더 교활한 형태를 띠며 상당히 부정적인 결과를 초래하게 된다. 텔레비전 전도사가 시청자의 종교적 믿음을 자신의 사사로운 필요 충족을 위해 이용하게 되면, 결국 병적인 목표집착이라는 심각한 질환을 얻게 되는 것과 같은 이치다. 애석하게도 이런 종류의 사례가 우리 주변에는 너무 많다.

이와는 달리 좀 더 일반적인 형태의 병적 집착도 존재한다. 필란트로피 실천 현장에서 분투하고 있는 선의의 사람도 때론 시작할 때 만든 사명의 의미와 정신을 잊고 프로그램에만 몰두한 자신을 발견할 수도 있다. 이 경우 '질환'이란 활동과 프로그램의 떠들썩한 부산함 속에서 쉽게 길을 잃어버리는 것을 말한다. 또한 이러한 현상은 앞서 살펴본 대로 모금가와 비영리조직 리더를 위한 헨리 로소의 가르침을 상기시킨다. 즉 그 무엇보다 사명이 최우선이라는 가르침이다. 즉 단체에 왜 기부해야 하는지 기부의 정당성에 대해 설명하고자 할 때, 기부자가 받을 혜택, 기부자의 친구와 이웃에 도움이 될 프로그램, 혹은 그들의 평판과 명성에 초점을 맞춰서는 안 된다고 그는 가르쳤다. 오히려 기부자로 하여금 조직의 사명에 좀 더 전념하고 헌신할 수 있도록 독려할 것을, 그리고 이러한 인식과 실천을 통해 병적인 목표집착으로부터 완전하게 벗어날 수 있음을 강조했던 것이다. 병적인 목표집착이 갖는 최후의 의미, 이는 치유하기에 가장 어려운 질환일 수도 있다. 즉 단순히 비영리조직이라고 할 수는 있으나, 그것이 갖는 목적 그 자체가 도덕적으로 병들었다면 더욱더 그러하다. 우리가 익히 잘 알고 있는 '쿠 클럭스 클랜'(KKK)이 그런 사례 중 하나다.

### 필란트로피에 관한 난처한 질문

완벽하지는 않지만 필란트로피에 대한 다양한 비판적 질문을 열거해 봄으로써 이를 분석할 수 있는 단초를 발견할 수 있다. 윤리를 염두에 둔 필란트로피 실천가라면 반드시 한 번 쯤은 숙고해야 할 문제이자 성찰의 대상이기도 하다. 이들 중 몇몇은 조세제도와 관련이 있는데 이는 필란트로피의 존재 이유와 관련하여 우선적으로 제기되는 이슈이기도 하다.

- 필란트로피조직의 모금 활동을 '발언'(speech) 행위로 간주해 정부가 규칙을 정해 통제해야 하는가? 비영리조직으로 하여금 자신의 재무상태를 상세하게 공표하도록 해야만 하는가? 모금액 중 일반관리 비용으로 사용할 수 있는 한도가 있어야 하는가?
- 비영리조직의 CEO의 급여에 한도가 있어야 하는가? 이사진에게도 급여를 줘야 하는가?
- 빈자를 돕는 단체에 더 많은 기부가 이뤄질 수 있도록 조세정책이 개선되어야 하는가? 조세정책은 아이들이 다니는 학교에 대한 기부금 같은 유형의 것을 다르게 취급해야 하는가?
- 대부분의 미국인이 혐오하는 KKK와 같은 단체도 조세감면 자격을 줘야 하는가? 과반수의 미국인이 혐오하는 단체는 어떠한가?
- 종교부문으로 가는 막대한 규모의 개인 기부금이 비종교적인 일반 단체에 대한 기부금과 같이 필란트로피로 간주되어야 하는가? 라이온즈클럽처럼

- '회원 간 상호 호혜적' 조직에 대한 기부금도 진정한 의미에서 필란트로피라 할 수 있는가?
- 사립재단(private foundation)은 매년 기금의 일정 부분을 지원금으로 지출해야만 하는가? 사립재단은 자신의 지원 분야와 연계한 '사회적 책임' 가이드라인을 충족시키기 위해 이에 해당하는 기업에만 자신의 기금을 투자해야만 하는가?
- 기업이 단순히 자신의 대중적 이미지를 개선하는 데 필란트로피를 활용한다면, 그것을 필란트로피라는 의미의 기부로 간주해 세액 공제의 혜택을 줘야 하는가?
- 비영리조직이 발생 수익을 자신의 종업원이나 이사진에게 배분하지만 않는다면, 수익을 내는 활동 — 예를 들어 YMCA 헬스클럽 같은 수익사업 — 은 허용되어야 하는가?
- 필란트로피를 통해 지원을 받은 대상자는 가시적 성과를 보여줘야만 하는가? 또한 후원자 — 개인, 재단, 정부 등 — 는 그러한 성과를 요구해야 하는가?
- 낙태반대 또는 낙태합법화 운동그룹 등의 비영리 애드보커시 단체가 정부에 대한 로비활동을 위해 정부로부터 받는 자금을 사용할 수 있도록 해야 하는가? 만약 그렇다면 일정한 한도가 있어야 하는가?
- 학생들로 하여금 지역봉사활동을 하게 해야만 하는가? 해당 지역봉사활동이 순수한 의미에서 자발적이어야만 하는가? 가난한 가정 또는 빈곤기준으로 볼 때 재정지원대상인 청소년에 해당하는 경우, 그들의 지역봉사활동에 대해 보수가 지급되어야 하는가?
- 국제NGO — 비공식적, 민간 조직, 아마도 미국에 본부를 둔 — 가 다른 국가의 국내적 사안에 대해 자신이 할 수 있는 모든 방식의 활동, 예를 들어, 방글라데시에 다리를 건설한다든지 혹은 중국에 기독교를 전파한다든지 하는 활동도 허용될 수 있는가?

## 4.4 사회개량론: 필란트로피의 실용주의적 철학

이 장에서는 필란트로피를 도덕적 행동이라고 결론짓겠지만, 이를 통해 대부분의 필란트로피 행동에 체화된 실용적인 철학을 개념화할 수 있을 것이다. 즉 필란트로피에 기초하는 세계관 — 그것이 필란트로피 실천가에 의해 공표

되든 아니든(보통은 공표되지 않지만) — 은 '사회개량론'(meliorism)이라 할 수 있다. 왜냐하면 사회개량론은 인간 사회에서 필란트로피의 논리라고 언급되어 왔던 것들과 잘 들어맞기 때문이다.

'옥스포드 영어사전'은 '사회개량론'을, "세계는 올바로 이끄는 인간의 노력에 의해 더 나아질 수 있다는 낙관론과 비관론 사이 중간에 위치한 독트린"이라고 정의한다. 그 구절은 필란트로피가 무엇인가에 관한 개략적인 파악이긴 하지만, 공익을 위한 자발적 행동이야말로 우리가 사는 세상에 대한 합리적 대응임을 보여준다. 즉 세상일이란 것이 흔히 잘못되기는 하지만, 그것을 좀 더 낫게 만들려는 노력이 필란트로피이며, 삶의 질을 개선하거나 고통을 완화시키기 위해 다른 사람의 삶에 자발적으로 개입하는 도덕적 노력으로서 필란트로피를 이해한다.

실용주의 철학과 관련하여 가장 잘 알려진 윌리엄 제임스(William James)의 『프래그머티즘』(Pragmatism)에서 사회개량론과 관련된 개념을 찾아볼 수 있다. 이는 아마도 필란트로피를 위한 가장 적절한 철학적 토대가 실용주의에 있기 때문이기도 하다. 제임스는 다음과 같이 서술하고 있다.

> 세상을 구제하는 일이 불가능하다고 생각하는 불행한 사람들이 있다. 그것은 비관주의로 알려진 독트린(doctrine)이다. 반대로 낙관주의는 세상의 구제는 필연적인 것이라고 생각하는 독트린이다. 둘 사이의 중도는 사회개량론이라 할 수 있다. 비록 지금까지는 그것이 하나의 이론이라기보다는 인간사에 대한 하나의 태도로 여겨 왔지만. … 사회개량론은 (세상의) 구제를 필연적이라고도 불가능하다고도 생각하지 않는다. 그것은 하나의 가능성, 즉 구제의 현실적 조건이 더 갖추어질수록 그 실현될 확률이 더 높아지는 가능성으로 간주한다. 따라서 실용주의가 사회개량론으로 근접해 갈 것이라는 점은 명백하다.[33]

바람직하지 못한 사회적 조건이라 해도 삶의 기회를 개선하고 공익을 증진시킴으로써 바꿀 수 있다고 믿는 사람은 사회개량론자다. 그런 사회개량론자는 흔히 개선을 지향하는 인간적 노력으로서 필란트로피를 실천함으로써 자신의 모습을 드러낸다. 물론 필란트로피만이 사회개량론자가 할 수 있는 유일한 것은 아니다. 예를 들면, 정부가 세상을 더 좋게 만들기 위해 어떻게 개입해야 하는지를 연구하는 정책분석 분야도 그 바탕에는 사회개량론의 요소가 존재한다. 물론 필란트로피 실천가들 중에는 사회개량론자라기보다는 이상적 낙관론자도 분명 존재하고, 비관론자도 존재한다. 하지만, 사회개량론의 태도 ― '세상의 구제'는 '필연적이지도 불가능하지도 않으며', '올바른 지향성을 갖는 인간의 노력'으로 가능해질 것이라는 ― 야말로 대부분의 필란트로피 실천가의 마음가짐에 대한 표현으로 가장 잘 들어맞는 것이라고 주장할 근거는 충분하다. 사회개량론은 정치학(politics)과 경제학(economics)에서도 거론되지만, '필란트로픽스'(philanthropics), 즉 '필란트로피학'이라고도 부를 수 있는 분야를 안내하는 철학인 것이다.

## 사회개량론과 사회개량론자에 대한 성찰

사회개량론의 정의 ― "사회개량론은 올바른 지향성을 갖는 인간의 노력을 통해 세상이 더 좋아질 수 있다는 독트린이다" ― 를 각 부분별로 살펴보고, 이를 통해 사회개량론과 필란트로피 사이의 몇 가지 관련성에 대해 토론해자.

"'*사회개량론*'은 독트린(doctrine)이다"

소설가 조지 엘리엇(George Eliot)이 한 세기도 더 이전에 낙관론과 비관론 사이의 중간 개념으로 '사회개량론'이란 단어를 새롭게 만들어냈다고 알려져 있다. 이 단어는 라틴어로부터 온 것인데, 'melior'는 더 좋다는 뜻으로서 좋다는 의미의 'bonus' 그리고 가장 좋다는 의미의 'optimus'와 비교되고, 나쁘다는 의미의 'malus'와 더 나쁘다는 의미의 'peior' 그리고 가장 나쁘다는 의미의 'pessimus'와는 반대되는 의미이다. 아마도 '사회개량론자'(meliorist)는 '사회개악론자'(peiorist) ― 어두운 면을 주시하는 경향은 있지만 파멸이 필연적이라고 확신하지는 않는 ― 와 비교되어야 할 사람일 것이다. 제임스처럼 엘리엇도 사회개량론을 희망적이라고 보기는 했지만, 낙관론 혹은 비관론보다는 더 현실적인 전망으로 보았다.

## "사회개량론은 '*독트린*'(doctrine)이다"

'독트린'이라는 단어는 가르침, 그러나 이 경우 확립된 권위적인 가르침은 아닌 뜻으로 받아들인다. 독트린이란 고정된, 불융통적, 불변적 언어로 표출된 독단적 주장이라기보다는 중심적, 중점적 관점을 의미한다고 볼 수 있다. 필란트로피는 새로이 출현하는 독트린, 즉 독단적인 주장이기보다는 지향성과 방향감이라 판단되는 태도다. 필란트로피와 관련하여 기본적인 문헌도, 독창적 현자에 의해 만들어진 결정적인 선언도 존재하지 않는다. 사회개량론은 필란트로피의 연산법이 아니라 필란트로피를 위한 체험적 방법이며, 확정된 규칙이 아니라 실제적 경험에 바탕을 둔 방법론이다. 아마도 사회개량론은 필란트로피라 불리는 행위 속에서 분명하게 나타난 실용주의적 사회철학으로서 그냥 출현했을 수도 있을 것이다.

## "'*세상*'은 좀 더 좋게 만들 수 있다"

필란트로피는 세상에 무슨 일이 일어나고 있는가라는 질문에 대답하려는 순수한 시도라고 주장해 왔다. 그러나 '세상'은 항상 뭔가 잘못되어 가면서도 언제나 더 좋은 방향으로도 갈 수 있는 그런 곳, 문제가 상존하는 그런 곳이라는 전제 하에 필란트로피는 실천되고 진행된다. 사회개량론과 필란트로피의 세계는 성공과 실패, 덕성과 악덕, 선과 악, 올바름과 그름이 공존하는 현실에 실재하는 세계이며, 따라서 이런 상반된 것들은 어느 한쪽이 다른 한쪽을 완벽하게 지배할 수는 없다. 또한 세상은 서로 대립되는 것들 사이에 균형과 선택, 희소성이라는 물리적 실재의 본질적 속성과 한계가 존재하는 곳이다. 즉, 세상은 환경파괴, 자원고갈, 오염이라는 이슈와 함께 인구증가와 경제발전, 빈곤 완화라는 이슈 사이에서 어떻게 균형을 이룰 것인지 숙고하고 판단해야만 하는 시점에 처해 있는 곳이다.

## "세상은 '*좀 더 좋게 만들 수 있다*'"

사회개량론은 실용주의에서 함축된 의미를 모색한다. 실용주의는 그 행위와 결과 양쪽에서 필란트로피의 진면목을 찾을 수 있을 것이라고 주장한다. 그러나 행동이란 것은 언제나 쉽사리 선택되고 실행되는 것은 아니다. 세상일이란 것이 그대로 두면 더 좋아진다든가, 그렇게 큰 노력 없이도 어떻게든 더 좋아진다기보다는 흔히 잘못되기 마련이라는 것은 쉽게 짐작할 수 있는 일이다. 즉, 허물어진 가족관계를 재결합시키기 위해 노력하는 것보다는 그냥 애통해하는 것이 더 쉽다. 또한 궁극적으로 성공적인 결과를 낳는 것보다는 세상을 좀 더 나아지도록 하는 것이 더 수월하다.

자신을 사회개량론자라고 선언하는 것은, 비록 항상 그렇지는 않지만, 통상적으로는 자신을 중용과 타협 쪽에 위치시키는 것을 의미한다. 사회개량론은 대부분의 경우, 세상은 점진적 그리고 누진적으로 좋아지고 있다고 전망하면서, 가능하다면 좀 더 빨리 그리고 극적으로 그렇게 될 것을 기대한다. 갈등해결과 중재 같은 기술은 사회개량적인 것이다. 예를 들어 미래 환경문제를 둘러싸고 폴 에를리히(Paul Ehrlich)와 줄리안 사이먼(Julian Simon)이 극단적 논쟁을 전개했던 고전적 사례의 경우, 사회개량론자는 양쪽 입장 모두에서 유용한 진실을 찾아내려 할 것이다. 에를리히는 환경 비관론자로서 우리가 이 길을 계속 가게 되면 그 앞에는 파멸이 놓여있다고 말한다. 반면에 사이먼은 환경 낙관론자로서 인간의 독창성이야말로 궁극적 자원이기 때문에 자연자원의 과다한 사용으로 야기되는 모든 잠재적 문제를 상쇄할 것이라고 말한다.34 사회개량론자는 어느 쪽 견해도 절대적인 것으로 선택하지는 않을 것이며, 그런 극단적인 전망보다는 세상을 좀 더 좋게 만들려는 노력과 계획이 필요하다는 사실을 강조할 것이다.

세상을 '더 좋게' 만들 수 있다는 믿음은 절망보다는 희망을 품는 것이다. 사회개량론자는 세상일들이 있는 그대로 받아들일 수 있으나 개선될 수도 있으며, 잘못되어 우리의 통제를 벗어난 것으로 보이는 많은 일들 — 예를 들면 기아, 홍수, 전쟁 등 — 은 예방할 수 있다고 생각한다. 또한 잘못되고 있는 대부분의 세상일들을 필란트로피를 통해 '개선'할 수 있다고 확신한다. 그러나 사회개량론자는 마냥 희망적이기만 한 것이 아니라 현실론자이기도 해서, 세상에서 일들이 흔히 잘못되어 간다는 것을 알고 있다. 예를 들면, 로스앤젤레스의 거주자들은 지진과 폭동이 일어날 것을 알고 있는 것처럼 말이다. 그러나 이러한 불행에 대해 사회개량론자는 건축적으로나 정치적으로나 더 좋고, 강하며 유연한 구조를 만들어냄으로써 그것이 갖는 파괴적인 성향을 줄이는 식으로 대응한다. 낙관론자는 아마도 미래는 더 좋아질 것이며, 어쩌면 지진 또는 폭동의 가능성도 무시할지도 모른다. 반면에 비관론자는 이미 다른 쪽을 향하고 있을지도 모를 일이다.

'세상을 더 좋게 만든다는 것'은 절대적 빈곤에서 자아실현에 이르는 스펙트럼, 더 나아가 이를 초월하는 범위에 이르기까지 모든 가능성을 염두에 둔다. 교육과 예술이 세상을 더 나은 곳으로 만드는 것에 일정한 기여를 하듯이, 피난민에게 모포를 주는 일도 마찬가지로 그런 역할을 한다. 만일 어떤 가족의 구성원 중 알코올과 약물 중독자가 있다면 이들을 도와 이를 극복할 수 있도록 해 줄 때 그 가족의 삶이 더 나아질 수 있을 것이다. 또한 신체 장애우들에게 인공보조장비가 제공되면 삶의 질은 더욱더 향상될 수 있으며, 더 나아가 장비 가격이 더 싸지고 품질이 더 좋아진다면 그들이 장비에 훨씬 더 쉽게 접근할 수 있을 것이다. 때로는 시장이 인공보조장비 혹은 약물치료제를 생산하도록 하는 창의적 원동력이 되기도 하지만, 때로는 정부가 지불 능력이 없는 사람도 이용 가능하도록 제도를 개선해 나가게 될 것이다. 그렇지만 대개의 경우, 이들을 제공함으로써 삶의 질을 향상시키는 것은 필란트로피의 역할이었으며, 아울러 필란트로피는 시장과 정부를 자극하고 독려해 그들로 하여금 해결해야만 할 문제가 있다는 사실을 깨닫게 해 준다.

"세상은 '*좀 더 좋게*' 만들 수 있다"

필란트로피는 세상에서 '좋은–더 좋은–가장 좋은' 시나리오와 '나쁜–더 나쁜–가장 나쁜' 시나리오를 토론하고, 그런 난제에 대한 해답을 모색해 가는 토론의 장이다. '더 좋은'이라고 말하는 것은, 좋음과 나쁨, 옳음과 그름 사이를 구분할 수 있다는 것을 전제하며, 사람들의 삶의 기회가 평균적으로 개선되고 있는지 혹은 악화되고 있는지를 최소한 알 수 있다는 것을 의미한다. 즉 우리가 삶에서 무엇이 '더 좋은' 것을 의미하는지에 대해 뭔가 알 수 있다는 가정이다. 예를 들면, '정신적 건강함'은 일반적으로 '정신적 장애'보다도 더 좋은 상태로 생각된다. 아마도 인간의 정신적 고통에 대해 가장 권위 있는 분류 지침서는 미국정신의학협회가 출판한 '정신 장애 진단 및 통계 편람'(Diagnostic and Statistical Manual of Mental Disorders: DSM)일 것이다.35 그러나 이 편람은 무엇이 상대적으로 좀 더 좋은 것인가에 대해 서로 동의하지 못하고 종종 격렬해지기까지 한다는 점, 그리고 이에 대한 생각과 판단이 시간이 흐름과 함께 바뀐다는 사실을 알게 해준다. 예를 들어, 동성애는 1973년 DSM 편람에서 제외되기 전까지는 장애의 한 종류였으며 이성애가 더 좋고 건강한 것이었다.

도덕적 상상력은 '보다 좋은' 것을 가시화할 때 사용하는 방법이다. 이미 살펴본 것처럼 필란트로피란 것은 흔히 공익에 관한 성찰을 통해 도덕적 상상력을 표현하는 방법이다. 필란트로피는 공익의 추구와 관련하여 개인의 권리와 의무뿐 아니라, 공익에 관한 (가끔은 경쟁적인) 비전을 확인하면서 서로 상충하는 여러 다양한 관점을 개발하고 발전시킨다. 필란트로피는 사회개량론자가 '보다 좋은' 것 — 비록 그 중 몇몇의 의견은 불일치할 수도 있지만 — 을 추구하는 좋은 방법이 된다. 또한 필란트로피는 가시적이고 측정 가능한 물질적 진보에서부터 비가시적 인연, 윤리적·미학적·정신적 진보에 이르기까지 다양한 형태의 '보다 좋은' 것을 추구하는 데도 사회개량론자에게 좋은 방법을 제공한다. 진보는 원하는 목표로 가기 위한 수단이지만, 마치 콜럼버스가 그랬듯이, 궁극적으로 다다른 곳이 처음에 생각했던 곳보다 더 나은 곳일 수도 있다.

사회개량론이 낙관론과 비관론 양극단의 가운데 있기는 하지만, 필란트로피와 마찬가지로 정확히 중간 지점에 있다기보다는 낙관론 쪽에 가깝다. 필란트로피의 문화 속에 여러 다양한 요소가 내재하는데 거의 유토피아적이라 할 수 있는 요소 혹은 적어도 대규모의 야심찬 개혁에 대해 너무 열정적인 나머지 실용주의의 경계를 허물 수 있는 요소도 존재한다. 다시 한 번 강조하자면, 필란트로피와 사회개량론은 희망에 근거한다. 사회개량론자는 역경에 직면했을 때도 희망적이다. 사회개량론자는 인간의 비인간성, 잔학 행위의 폭과 깊이 때문에 당황할 수도 있지만, 극한적인 야만과 미개함이야말로 그들을 절망시키기보다는 문명과 공동체에 대한 새로운 헌신을 불러일으킨다. 지금도 여전히 그들은 세상일들을 더 좋게 만드는 길을 찾으려는 사회개량론자적 열정

속에서 자신들이 방법과 진실을 이미 알고 있다는 것을 지나치게 확신한다. 그러나 사회개량론자가 필란트로피에 참여해 실천하고자 할 때는 겸손한 접근 방식이 필요하며, 필란트로피적 의제에 나타나는 문제가 자연 현상, 심각성, 복잡성을 갖는다면 특히 그러하다.

### "'*올바른 지향성을 가진*'인간의 노력을 통하여"

필란트로피 실천가로서 사회개량론자는 실천을 중히 여기며 방향과 목적에 대한 이해력과 판단력을 지속적으로 개선시키고자 한다. 사회개량론자는 기준과 지침을 활용하고, '개선' 혹은 '인간의 진보'가 의미하는 것이 무엇인지를 추론하고 추정한다. 짐작하건대, 이런 것이 사회개량론자로 하여금 진보의 징후를 모색하기 위한 역사 연구를 하게 하도록 독려한다. 따라서 필란트로피의 세계에 새롭게 등장한 비즈니스 지향적인 리더들은 최근 측정 가능한 결과를 얻기 위한 좀 더 전략적인 기부를 지향한다. 더구나 이러한 접근 방식은 오랫동안 필란트로피적인 지향성을 가져 왔던 실용적 사회개량론과 잘 들어맞는다.

사회개량론자는 포괄과 배제 사이에서, 권리와 책임 사이에서, 과거와 현재 및 미래의 요구 사이에서, 정의와 연민 사이에서, 자유와 자율을 지향하는 구호, 구제, 원상회복 혹은 재배치 사이에서 균형을 모색한다. 그러나 사회개량론자가 모색하는 균형은 때로는 사명, 목적 또는 목표의 수정을 요구할 수도 있다. 리더로서 사회개량론자는 변덕스럽고 사나운 기상조건에서 배를 조정하는 기술, 피드백에 토대를 둔 인공지능의 통찰력을 활용한다. 사회개량론자는 단순성을 지향하면서 또 한편으로는 이들 범주 내에서 복잡성을 받아들인다. 목적지는 명확하지만 가는 길이 덤불로 뒤덮여 있다. 이내 길을 잃어버릴 수도 있지만 다시 제 갈 길을 찾아간다. 진보란 것이 낙관주의자가 생각하는 것처럼 불가역적인 것은 아니다. 누구든 갈림길에서 한쪽을 선택할 수 있지만, 첫 번째 선택이 잘못된 것이라고 깨닫게 되면 돌아와 다시 또 다른 길을 택할 수 있다. 사회개량론자가 희망에 찬 사람이라고 한다면, 잘못된 가정에 대해, 인간의 능력과 잠재성뿐 아니라 인간의 실수에 대해, 그리고 더 나아지는 것뿐 아니라 잘못되는 것에 대해서도 겸허하고 신중하게 대응한다.

그러나 '올바른 지향성을 갖는'다는 것은 나침반 없이 절망의 구렁텅이를 헤맨다기보다는 뚜렷한 목적의식을 갖고 특정 방향을 지향하고 있음을 의미하며, 내부로부터(사고와 성찰을 통해), 외부로부터(인간의 역사에 대한 학습과 교훈을 통해), 그리고 과거의 경험으로부터 그 지향점을 결정하게 된다. 사회개량론자는 인간의 노력이 잘못된 곳을 지향할 수도 있고 종종 실제로 그러하다는 것을 잘 알고 있다. 선에 대한 상대적인 척도는 악을 내포하고 있으며, '인간애'(philanthropy)에 대한 척도 역시 '인간혐오'(misanthropy)를 내포한다. 사회개량론자의 인간에 대한 이해는 이런 것들과 자발적 행동을 통해 더 나은 것을 모색하는 능력과의 사이에 존재하는 차별성을 인지하는 능력 또한 포함한다. '올바른 지향성을 갖는다'는 것은 때로는 그 방향과 지향점이 외부로부터, 즉 공동체와 지역사회에 의해, '우리 자신의 선'을 위해 혹은 '공공의 이익'을 위해 우리를 제약하고자 하는 타자에 의해, 그리고 또 다른 요인에 의해 부과될 수도 있다. 따라서 무엇이 올바른 지향점인가에 대한 토론은 항상 열려져 있을 수밖에 없다.

"올바른 지향성을 가진 '*인간의 노력*'을 통해"

이는 신의 간섭이나 교시에 대한 부정이 아니라 그런 간섭과 상관없이 우리가 할 수 있는 것에 대해 초점을 맞춰야 함을 암시한다. 인간의 세상에 대한 이해와 대응은 다양하며, 때로는 자신이 생각하는 것보다 더 많은 능력과 효력을 갖고 있다.

사회개량론자는 생물학적, 생리학적, 유전적, 인종적, 지리적, 심리적, 도덕적, 철학적, 미학적, 정신적인 의미에서 인간의 다양성을 인정한다. 이런 다양성을 바탕으로 사회개량론자는 뭔가를 더 낫게 개선하고자 하는 집단적 행동이 가능하다는 것을 믿는다. 그들에게는 반대자가 있으며 그 사실을 인정한다. 문제는 반대자가 있느냐 여부가 아니라, 그 반대자에 대해 무엇을 하는가다. 사회개량론자는 반대자의 잘못 혹은 반대자로부터의 공격 때문에 그들의 인간성을 빼앗으려 하지 않는다. 그들은 관용적이고 공정하며 편견을 배제하고자 노력한다. 그렇지만 제대로 된 사회개량론자가 되려면 결론을 내리고,

끝을 맺으며, 판단하고, 선택하고, 실천과 행동의 결과에 대해 책임져야만 한다. 때때로 이런 행동은 이전의 반대자와 조화를 이루어 내기도 하고, 때때로 정반대가 되기도 하지만, 사회개량론자는 일반적으로 야만과 닫힌사회보다는 항상 문명과 열린사회를 지향하며 이에 더 높은 가치를 둔다.

사회개량론자는 인간이 자신의 이익뿐만이 아니라 이를 초월하여 행동할 수 있는 능력이 있다라는 반직관주의의 개념을 인정한다. 또한 인간은 서로 다른 시기와 다른 상황에서 자신의 본질과 특성이 더 확장되기도 하고 더 축소되기도 한다. 그리고 윤리적 가치가 상호간의 다양성을 전제로 서로 넘나들며 발전하고 공유되면서, 사회개량론자는 윤리적 이해의 광범위성을 기대하면서 이를 인정한다. 물론 모든 것이 양립할 수 있는 것은 아닐 것이다. 그렇게 함으로써 사회개량론은 세상을 진전시키기 위한 여러 다양한 노력을 통해 표출될 것이다.

끝으로 세상을 더 좋게 만들려면 더 많은 '노력'이 필요하다는 현실을 사회개량론은 인정한다. 세상에 존재하는 여러 문제점들을 규정하고 서술하며 진단하는 것은 중요하지만 임시적이고 예비적이며, 고통을 완화하고 삶의 질을 향상하려는 행동과 더 많은 노력이 필요하지만 충분하지는 않은 것이다.

## 도덕적 행동을 위한 적절한 독트린

따라서 사회개량론은 필란트로피와 선행에 대한 철학적 기반이 된다. 그것은 규범적인 이상이다. 즉 세상이 인간의 노력을 통해 더 좋게 만들 수 있다면 세상은 그렇게 되어야만 한다. 그러나 이는 사회개량론이 만들어내는 모든 선행에도 불구하고, 전적으로 경험적인 현실만을 의미하지는 않는다. 만일 사회개량론이 무엇이고 사회개량론자가 어떤 일을 하는지에 대한 모든 설명이 현실을 완벽하게 반영한다면, 세상은 이미 훨씬 좋은 곳이 되어 더 이상의 사회개량론이 필요 없게 되었을 것이다. 사회개량론은 사실을 이야기한다기보다는 열망과 염원을 표현한다. 우리는 항상 적용되기를 바라지만, 오직 특정한 시기에 특정한 인간의 노력에만 적용되는 본보기적인 사고방식이자 독트린이다. 필란트로피는 세상일이 잘못되기 때문에 존재하기도 하지만, 사람들이 뭔가를 잘못하기 때문에도 존재한다. 즉, 사람들은 인간애적(philanthropic)이기보다는 인간 혐오적(misanthropic)일 수도 있고, 사회개량적이기보다는 무관심할 수도 있기 때문이다.

비록 사회개량론이란 것이 사람들을 거리로 나서게 독려하는 요란하고 충동적인 깃발은 아니지만, 사회개량론자가 진전시키게 될 가치를 명백히 한다면 사람들을 결집시킬 수 있는 깃발이 될 수 있다. 그러나 사회개량론자는 급진주의나 반동주의자 또는 극단주의자가 아니다. 그들은 극단적인 상황에서는 바리케이드를 향해 전진할지도 모를 일이지만 결코 즐겨 그러하지는 않으며, 일반적으로 그런 일을 꺼린다. 1965년 알라바마주 셀마에서는 사회개량론자도 길거리로 나가 인간으로서의 노력과 행동을 요구받고 이를 실천할 필요가 있었다.* 그러나 대부분의 경우 사회개량론자는 급진주의자보다는 타협주의자 그리고 상대주의자로서 비난을 감수한다. 즉 '길 가운데 스컹크와 같이 차에 치일' 운명에 처한 공상적 박애주의자이자 사회개혁론가로서 비난 받을 위험을 무릅쓴다. 그러나 사회개량론이 어떤 방식으로 표출되는가는 시대, 장소, 맥락에 따라 달라진다는 사실을 명심할 필요가 있다.

사회개량론은 하나의 관점이다. 즉 독트린(doctrine)이지 독단(dogma)이 아니다. 그것은 여러 많은 세계관 중 하나로 생각되어야 할 것이다. 냉소주의와 공상적 이상주의라는 두 가지 관점이 존재하지만, 그런 식으로만 세계를 본다면 궁극적으로 치명적 결함과 문제에 직면하게 된다. 냉소주의, 공상적 이상주의 그리고 사회개량론은 모두가 불가피하게 희망이라는 감정, 두려움이라는 감정으로부터 영향 받지 않을 수 없다. 사회개량론자 스스로는 표면적으로는 합리적이고 실용주의적 행동을 충실히 한다고 하더라도, 다른 사람에 비해 그런 감정적 요소로부터 적게 영향을 받는 것은 결코 아니다.

사회개량론은 의기양양하기보다는 겸손한 독트린이지만 필란트로피를 위한 가장 훌륭한 안내자이자 지침이 된다. 그것은 공익에 대한 자신의 비전을

---

* 1965년 3월 흑인의 투표권을 요구하는 행진이 알라바마 셀마에서 몽고메리까지 벌어져 흑백분리주의자의 폭력과 경찰의 진압에 100명 이상의 부상자가 발생했다. 그리고 마틴 루터 킹 등이 앞장서게 되면서 주 경찰 대신 연방 군대가 투입되고 결국 투표권법(Voting Rights Act)이 통과되는 분기점이 되었다.

구현하기 위해, 그리고 다른 사람의 삶에 개입하기 위해 자발적인 도덕적 행동을 하는 사람들과 착한 사마리아인의 독트린이기도 하다. 악과 인간의지의 허약함에도 불구하고, 필란트로피는 연민과 도덕적 행동을 위한 인간의 능력이 기저를 이룬다는 사실을 전제한다. 필란트로피는 인간의 노력 중 신뢰에 대한 신중한 행동이자, 세상이 더 좋아질 수 있고 고통은 감소될 수 있으며, 삶의 질은 개인적 행동뿐 아니라 집단적 행동을 통해 도덕적 상상력과 인간 이성을 발휘함으로써 개선될 수 있다고 믿는 신중한 의지다.

비록 삶이 문제투성이인 상태에서 확실하면서도 궁극적인 해결책이 존재하지 않음에도 불구하고, 필란트로피는 이러한 사회개량론적 관점을 취한다. 필란트로피는 좋은 의도가 좋은 결과를 낳을 것이라는 사실을 확실히 알지 못함에도 불구하고, 도덕적 행동 — '어떤 해도 끼침이 없이 좋은 일을 추구하라' 그리고 '되돌려 주라'는 원칙에 의해 이끌어지는 — 으로서 지속된다. 세상의 불확실성과 지속적인 오류에 직면한 우리는 필란트로피의 실천을 통해 더 나은 세상을 만들기 위해 최선의 노력을 다 할 필요가 있을 것이며, 필란트로피는 이를 위해 가장 우선되는 우리의 희망이다.

제5장

# 도덕적 상상력의 사회사

우리는 지금까지 어떻게 필란트로피(philanthropy)의 실천이 세계 모든 종교와 문명에서 공통적인 현상으로 나타났는지를 주목해 왔다. 그러나 각각의 문화는 나름대로 독특한 필란트로피 전통, 즉 해당 사회의 또 다른 측면이자 문화적으로 형성된 도덕적 상상력을 발현하는 고유한 방식과 이를 반영한 전통으로 발전시켜 왔다.

상대적으로 신참자인 미국은 앞선 나라의 필란트로피 전통을 흡수했으며, 지속적으로 새로운 것을 받아들이고 이를 계승하여 다원화된 사회 속에 녹여내고 전통을 재창조하기에 이르렀다. 따라서 미국의 필란트로피는 이런 문화적 영향을 반영한 일종의 모자이크라 할 수 있다. 고대 중동지역과 고전 문명으로부터, 그리고 아메리카 인디언과 극동지역의 부처와 공자의 기본적인 가르침으로부터 유래한 다양한 전통과 사상은 노예 문화가 갖는 전통적 지혜와 섞이게 되었다. '황금률'의 다양한 변이 또한 빈자에게 고기를 줄 것이 아니라 고기 잡는 법을 가르쳐야 한다는 격언과 함께 미국의 필란트로피 전통 속에 뒤섞이게 되었다.1

어떤 문화권에서나 필란트로피를 이해하기 위해서는 우선 고대 혹은 현대의 필란트로피 전통의 근원이 어떤 것인지 그리고 시간의 흐름에 따라 이들이 어떻게 필란트로피 행동과 의미에 영향을 주었는지를 이해해야만 한다. 따라서 우리는 여기서 그 근원이 무엇인지 추적해보고자 한다. 그렇지만 이를 위해서는 미국의 경계를 넘어 미국 필란트로피에 가장 직접적이고 우선적 영향을 주었던 서구 문명의 필란트로피 전통에 대해 살펴보는 것이 그 순서가 될 것이다.2 이 같은 탐색은 미국 필란트로피의 역사적 발전과정에 대한 이해는 물론, 어떤 문화에서든 도덕적 상상력의 발현으로부터 필란트로피 전통이 어떻게 진화되어 왔는지를 이해하는 데 많은 도움이 된다.

## 5.1 도덕적 상상력의 사용에 대한 이해

어떤 문명이든 필란트로피 역사의 전개 과정은 '도덕적 상상력의 사회사'로서 간주할 수 있다. 이 구절은 인류학자인 크리포드 기어츠(Clifford Geertz)로부터 빌려온 것으로, 그는 다른 문화, 다른 사람, 다른 시간에 대한 '번역'의 불완전한 과정을 설명하기 위해 이 개념을 사용한다.3 우리가 여기서 이 구절을 사용하는 것은 이러한 정의와 관련이 있기는 하지만, 필란트로피 전통의 진화를 설명하기 위해서는 이들 개념을 확장시켜 나가고자 한다.

기어츠에게 사회사는 인류학자에 의한, 그리고 다른 문화에 개입하고 관찰한 타자에 의한 번역의 결과다. 이 번역은 '타자들'(others)이 어떻게 해석하고 자신의 삶과 맥락에 어떻게 관계를 맺고자 하는지 그리고 그들 자신의 도덕적 상상력을 어떻게 사용하는지를 이해하고자 한다. 그러나 번역 그 자체는 원주민의 도덕적 눈을 통해 보려고 하기 때문에 도덕적 상상력을 위한 행위가 된다. 예를 들어, 식민지배자가 발리(Bali)의 서티(suttee, 남편의 화장 때 아내를 함께 산채로 화장한 풍습)와 같은 의례가 갖는 문화적 의미를 이해하지 못했다면, 이런 번역 행위는 종종 심각한 결과를 초래한다. 기어츠에 따르면, 이런 의식을 단지 '야만적인 것'으로 해석하여 식민지배를 위한 압력과 정당화의 수단으로 사용했다는 것이다. 또한 기어츠는 인류학자가 다른 문화의 역사를 이해하고 기술하고자 할 때 자신의 도덕적 상상력을 최대한 발휘하기 위해 전력을 기울일 필요가 있다고 생각했다.

우리 자신의 필란트로피 전통을 살펴보고자 하는 이 장의 작업에 이런 것들을 어떻게 적용해야만 할까? 어떤 전통이든 전통은 사회적 행위자인 원주민과 문화적으로 엮인 역사라 할 수 있으며, 그들은 필란트로피에 기반을 둔 행동을 하기 위해서, 즉 원주민으로서 그들이 단지 도덕적인 대의라고 여기는 것을 위해서 도덕적 상상력을 사용한다. 따라서 이러한 도덕적 상상력의 역사를 이해하기 위해 우리 자신의 도덕적 상상력을 최대한 발휘하는 것이 필요하다. 이는 도덕적 행위에 관련된 이들 필란트로피 행위자가 우리와는 매우 다른 시간대에 살기 때문이고, 또한 그들의 삶이 미국 문화의 '원주민'으로서 우리와 많은 것을 공유하고 있기는 하지만, 우리와는 매우 다르기 때문이기도 하다. 어떤 의미에서 번역은 우리 자신의 깊은 이해 그리고 우리가 당연시하는 문화적 테마를 반영한다. 이러한 것들을 전통으로부터 물려받기는 하지만 그것이 갖는 복잡성과 근원을 잘 알지 못할지도 모른다.

기어츠로부터 차용해 온 이 구절과 관련된 또 다른 의미는 단순하며, 마지막 장에서 도덕적 상상력이란 단어를 어떻게 사용하는지와도 관련된다. 필란트로피 행동은 때와 장소를 불문하고 필란트로피 실천가의 도덕적 상상력이 필요하다는 의미에서 필란트로피는 도덕적 상상력의 사회사라 할 수 있다. 아울러 그들은 도움이 필요한 다른 사람 혹은 세상을 더 좋게 만드는 방법을 상상하는 사람을 이해하기 위해 도덕적 상상력을 발휘해야만 한다. 인류학자에게 그랬던 것처럼 필란트로피부문에서도 도덕적 상상력은 다른 사람의 삶을 이해하는 데 도움을 줄 뿐만 아니라 인간 욕구에 창의적으로 대응하는 데, 공익을 위해 가능한 것이 무엇인지를 파악하는 데 도움을 준다. 또한 인간이 공익이 갖는 비전을 행동으로 옮길 때 필란트로피의 사회적 실천과 연계될 수밖에 없고, 따라서 어떤 사회든 필란트로피의 역사는 도덕적 상상력의 사회사가 된다.

이 장에서 언급한 사례가 설명하듯이, 전 역사에 걸쳐 도덕적 상상력은 자신을 수많은 사회적 이슈, 즉 빈곤 퇴치와 같이 보편적이고 항상 현존하는 관심사에서부터 공원 부지 확보와 같은 지역적 관심에 이르기까지 모든 사회적 이슈에 적용해 왔다. 그렇지만 그것이 항상 성공적인 스토리가 되지는 못했다. 수많은 경우, 필란트로피 실천가의 도덕적 상상력은 빈약했고 그 결과로서 나타난 행동은 부적절하거나 오히려 방해되는 것이었다. 그러나 도덕적 상상력은 그 한계가 불가피하다고 하더라도 필란트로피를 위한 필수불가결한 도구다.

미국 필란트로피 역사에서 도덕적 상상력을 겸비한 유능한 사업가는 정치적 토론을 위한 젠토(Junto club)* 설립자인 벤자민 프랭클린(Benjamin Franklin)에서부터 소비자 감시단체 설립자인 랄프 네이더(Ralph Nadar)에 이르기까지 상당수 존재한다. 공익 증진을 위한 방법 및 수단과 관련된 역사상 존재한 수많은 제도 개혁은 창의적인 도덕적 상상력의 생산물이었다. 이런 것에는 채러티(charity)에 기반한 상호부조 형태를 띤 이웃 간의 파티, 보편적 목적을 갖고 설립된 필란트로피 재단 및 지역재단의 창안과 개발, 기부를 확대하기 위한 세액공제 제도, 훗날 유나이티드웨이가 된 '공동모금'(community chest)의 개발, 모금사업에서 활용된 다양한 도구와 방법의 설계 — 시설건축 모금 캠페인, 자선무도회, 대의연계 마케팅, 기부약정 등등 — 전 세계 '사회적 기업가'에 의해 개발된 독창적인 풀뿌리 프로그램 등이 포함된다.

이 장에서 필란트로피 사회사를 언급하면서 이 모든 것을 다루지는 않는다. 우리가 다루려는 역사의 범위가 시간상으로 길기는 하지만 사건이나 날짜보다는 개념에 더 많은 관심을 두고자 한다. 즉 필란트로피에 대한 개괄적 통사라기보다는 필란트로피 혁신과 개혁, 사상, 사람, 운동에 대한 사건별 역사적 접근이라 할 수 있다. 이를 통해 필란트로피 전통의 핵심적 요소가 무엇인지 그리고 도덕적 상상력의 대표적인 적용과 응용이 무엇인지를 살펴보고자 한다.4 따라서 여기서 역사란 모든 사회사와 마찬가지로, 당시의 사람들과 리더가 어떻게 삶을 영위하는지, 그 삶에 대해 또 어떻게 사고했는지에 대해 주의를 기울여 살펴보고자 하는 것이다. 즉, 특별한 사건뿐만 아니라 매일매일 삶의 역사, 주요한 개인적 성취뿐만 아니라 조직화된 사회적 행동의 역사에 대한 고찰이기도 하다.5

## 5.2 두 가닥의 사회사: 연민과 공동체

전승된 미국의 필란트로피 전통 — 도덕적 상상력의 사회사 과정을 결정짓는 — 은 본질적으로 두 가닥, 즉 하나는 '연민'(compassion)에, 또 다른 하나는 '공동

---

* Junto는 스페인어로 '다른 사람과 함께하는 모임'이라는 의미로서, 프랭클린이 12인의 소규모 자영업자들과 함께 결성한 동호인적 결사체이다. 철학 및 사회문제 등에 대한 독서 및 토론 모임으로 출발하여 도서관 설립 등 공익적 필란트로피활동으로 발전하였다.

체'(community)라는 핵심 가치에 기초한다. 이는 서구 문명사라는 큰 틀 속에 필란트로피의 전통의 근원이 과연 어디 있는지를 생각하는 데 유용한 탐구적 학습법이기도 하다.

동정심을 갖고 우리를 움직여 고통 받는 자를 구제하게 하는 것을 연민이라 한다. 이는 종종 '채러티'(charity)로, 그리고 대외원조와 관련하여 '구호'(relief) 혹은 '인도주의적 지원'(humanitarian assistance)이라 불리는 행동이다. 우리는 착한 사마리아인이라는 고전적 이야기를 통해, 그리고 노숙자를 위한 쉼터 혹은 굶주린 자를 위한 무료급식소를 통해 연민의 가치를 살펴본 바 있다. 또한 이런 핵심적 가치는 고대 유태인이나 기독교인의 종교적 가르침에서도 많은 내용을 확인할 수 있다.6

공동체라는 핵심적 가치 역시 우리를 움직여 크건 작건 삶의 질을 높이고자 하는 다양한 행동을 하게 하는데, 여기서 행동이란 좀 더 작은 의미를 갖는 것 중 하나로부터 필란트로피라는 단어를 통해 나타내고자 하는 것이다. 즉 구호(relief)와 비교되는 개발(development)이 그런 예다. 도로에 나무를 심는 단체에 가입하고자 할 때, 공립 공원 부지를 확보하기 위해 주창과 옹호를 해야 할 때, 우리는 공동체의 가치에 따라 움직인다. 이런 공동체 가치는 또한 과학 연구 혹은 인문학 장학금을 지원하기 위한 자발적 노력의 기저를 이루기도 한다. 서구의 필란트로피 전통에서 공동체의 핵심적 가치는 기본적으로 그리스와 로마에서 유래한다. 공동체라는 사고의 핵심에는 '폴리스'(polis)라는 그리스적 개념이 있으며, 그것으로부터 '폴리티컬'(political)이라는 단어가 나왔다. 필란트로피는 흔히 '폴리티컬'에 대한 도덕적 자극이다. 또 다른 경우에는 필란트로피는 '폴리티컬' 그 자체라는 뜻이기도 하고, '폴리티컬'한 행위를 할 수 없을 때 필란트로피는 폴리스의 삶에 편입되어 함께하게 된다는 뜻이기도 하다.

## 연민과 필란트로피의 종교적 기원

연민에 뿌리를 둔 미국과 서구 필란트로피 전통의 분기점은 고대 중동지역의 초기 문화에서 엿볼 수 있다. 당시 그곳은 고통이 일상화되었으며 특별할 것도 없는 힘든 삶의 연속이었다. 그곳은 자신의 피조물로 하여금 더 나은 곳,

필란트로피를 실천하는 곳으로 만들라고 신이 창조한 세상이자, 이곳 주민이 이를 진실로 믿고 따르는 세상이기도 했다. 신은 그들에게 방법을 말해주기까지 했으니, "너희가 너희의 땅에서 곡식을 거둘 때 너는 밭모퉁이까지 다 거두지 말고, 네 떨어진 이삭도 줍지 말며, 네 포도원의 열매를 다 따지 말며, 네 포도원에 떨어진 열매도 줍지 말고 가난한 사람과 거류민(이방인)을 위하여 버려두라. 나는 너희의 하나님 여호와이니라"(레위기 19:9-10)라는 언급이 바로 그것이다. 이로부터 필란트로피 사회사의 불후의 한 부분이 된 '이삭줍기'를 둘러싼 생각과 실천이 시작되었다.

자신의 잉여를 통해 기부하라, 그리고 공식적이고 직접적 책임은 없으나 이를 넘어 타인에게 도움을 주라는 구약의 구절은 필란트로피의 두 원칙을 확인하게 해주는 것이다. 아울러 두 원칙은 타인에 대한 연민이라는 핵심적 가치에 근거를 이루는 것이기도 하다.

첫 번째 원칙, 즉 필란트로피에 기반한 기부가 자신이 쓰고 남는 잉여로부터 이뤄져야 한다는 원칙은, 구호(almsgiving)는 장려하되, 지나치면 안 되고 자신이 위기에 처할 정도가 돼서도 안 된다는 사실을 강조하는 전통과 함께 지속되었다. 이런 점에서 "네가 할 수 있는 만큼 기부하라"라는 구절은 너무 지나치게 하지 말라는 뜻이기도 했다. 얼마나 기부해야 할 것인가라는 질문은 이전 장에서 살펴봤듯이 기독교적인 원칙을 포함하여 다양한 방식으로 이뤄져 왔다.

이슬람 전통은 정확한 가이드라인을 통해 이 질문에 대한 해법을 제시했다. 특히 중세 이슬람 철학자이자 신비주의자인 가잘리(al-Ghazali)는, "다섯 마리 이하의 낙타를 소유한 자는 '자카트'(zakah)에 대한 의무가 없으며, 두 번째 해에는 양 한 마리를, 세 번째 해에는 염소 한 마리를 부과한다. 열 마리의 낙타를 소유한 자는 염소 두 마리를, 열다섯 마리의 낙타를 소유한 자는 세 마리의 염소를 부과한다" 등의 아주 구체적인 가이드라인을 제시했다. 또한 131마리까지는 비례하여 지속적으로 증가하되 그 이상에 대해서는 더 이상 부과하지 않는다는 원칙도 갖고 있었다.7

'자카트'라는 용어는 자유로운 모든 무슬림이 자신의 신앙과 믿음에 따라

지켜야 하는 필란트로피와 구호(almsgiving)의 원칙이다. 이와는 대조적으로 '사다카'(sadaqah)는 지켜야 하는 의무를 넘어서는 자발적인 기부다. 따라서 자카트는 법률이자 의무다. 즉, "무슬림이 지켜야 할 다섯 가지 지주(Five Pillars) 중 하나며, 실제로 개인의 재산에 부과하는 세금이라 할 수 있다. 구호와 기부의 형태로 빈자에게, 이방인인 여행자에게, 또는 국가에 직접적으로 전해 주거나 납부할 수도 있다."8 정화한다는 의미의 단어로부터 유래한 자카트는 소유자 자신을 정화하기 위한 세금이자, 구호와 기부를 통해 지나친 부를 피하기 위한 정화의 수단이기도 하다. 유대교의 구전 율법인 미슈나(Mishnah, '스승의 어록')에서도 유사한 관점, 즉 "십일조는 지나친 부를 막기 위한 울타리다"라는 권고의 내용을 발견할 수 있다.9

니스바(nisbah), 혹은 자카트를 결정하는 일정은 자발적이고 비정기적인 기부로부터 확립된 규범으로서 기부를 받아들이는 것에 이르기까지 점진적이지만 거침없는 진전의 징후를 보여준다. 또한 빈자의 욕구와는 별개로, 사람들 사이에서 노력이 공정하고 형평성이 유지되는지를 서로 지켜봤던 것으로 추측된다. 이와 유사하게 히브리인들 사이에서는 자선적 배분이 '십일조', 즉 추수한 것의 1/10을 제출해야 하는 의무가 되었으며, 이는 제물 의식을 위한 것과 빈자 및 노숙인에 대한 도움으로 나눴다.

> 매 3년 끝에 그해 소산의 십 분의 일을 다 내어 네 성읍에 저축하여, 너희 중에 분깃이나 기업이 없는 레위인과 네 성 중에 거류하는 객과 고아와 과부들이 와서 먹고 배부르게 하라. 그리하면 네 하나님 여호와께서 네 손으로 하는 범사에 네게 복을 주시리라(신명기 14:28-29).

두 번째 원칙, 즉 어떠한 공식적인 책임도 갖질 않는 사람에게 도움을 주는 연민과 관련된 좀 더 급진적이라 할 수 있는 원칙이다. 이는 수많은 구약성서 관련 문헌과 이보다 훨씬 더 오래된 이집트와 바빌로니아 문서에서 찾아볼 수 있는데, 과부, 고아, 이방인, 빈자에 대한 도움과 같이 필란트로피에 대한 오래된 호소였다. 고대에는 과부, 고아, 자신의 고향에서 쫓겨난 피난민, 빈자, 자신을 부양할 수 없는 노인 — 한마디로 농경사회에서 땅을 갖지 못한 자 —

와 같은 자는 타인의 연민에 의존할 수밖에 없는 사람들이었다.

그러나 자신의 가족, 가까운 친구 외에 책임을 지는 일은 어려운 임무이기 때문에 흔히 지켜지지 않았다. 실제로 기부 문화를 형성하는 무수한 격언, 지침, 규율 속에서 "채러티는 가정에서 시작된다"는 공감대가 있었던 것처럼 보였다. 제3장에서 자조 노력과 상호부조에서 논의한 것처럼, 누구든지 책임의 최우선은 자신과 가족이었고, 그 다음으로 친구와 이웃, 그리고 그 다음이 같은 종족 혹은 계급이었다. 예를 들어, 알-가잘리(al-Ghazali)는 "친척이 아닌 자보다도 친척에게 우선하는 것과 마찬가지로, 친구와 좋은 친구의 친구를 일면식이 있는 지인에 우선해야만 한다"라고 강조했다.10

고대 중동문화에서 나타나는 필란트로피의 또 다른 측면은 구약성서의 예언자들에 의해 소개된 애드보커시(advocacy)의 역할과 정의에 대한 관심이었다. 인간의 행위와 억압이 인간이 갖는 고통의 원천임이 알게 되면, 기독교인은 정의를 세우고 '정직'을 추구해야만 한다고 들어왔다. 예언자들은 가난하고 짓밟힌 자를 대신해 채러티(charity)뿐만 아니라 정의를 요구하고, 억눌린 자의 상황에 대하여 권력자를 질책하는 연설을 했다. "포도원을 삼킨 자는 너희이며, 가난한 자들에게서 탈취한 물건이 너희의 집에 있도다. 어찌하여 너희가 내 백성을 짓밟으며 가난한 자의 얼굴에 맷돌질 하느냐?"(이사야 32:14-15) 또한 믿는 자들은 그저 친절하기보다는 '정의를 실천'해야만 한다고 들어 왔다. 즉 '신앙 기반'(faith-based) 사회정의 활동가 사이에 널리 알려진 구약성서의 한 구절, "여호와께서 네게 구하시는 것은 오직 정의를 행하며 인자를 사랑하는 것이 아니냐?"(미가 6:8)라는 말이었다.

신약성서는 채러티에 대한 구약성서의 포고를 받아들이고 확장했다. 전체 기독교에 채러티에 대한 의제, 즉 다음의 유명한 구절에 의해 가장 잘 구체화된 의제를 그 후 2000년 동안 유지해 왔다. "내가 주릴 때 너희가 먹을 것을 주었고 목마를 때 마시게 하였고 나그네 되었을 때 영접하였고 헐벗었을 때 옷을 입혔고 병들었을 때 돌보았고 옥에 갇혔을 때 와서 보았느니라."(마태 25:35-36) 신약성서는 채러티에 대한 구약성서의 포고를 다시 강조하는 것을 훨씬 넘어 얼마나 기부할 것인지 그리고 누구에게 기부할 것인지에 대해 좀 더 철저하고 엄격한 필란트로피를 요구했다.

"네가 가진 모든 것을 가난한 자에게 주라"는 예수의 급진적인 가르침은 누구든지 자신의 부 또는 재화의 초과된 부분을 필요한 사람에게 나눠 줘야한다는 율법을 훨씬 넘어선다. 과부의 헌금(마가 12:41-42; 누가 21:1-4) 관련 우화는 이를 극명하게 보여 준다. 즉 동전 두 닢을 사원에 기부한 과부가 큰돈을 거들먹거리며 내놓는 부자보다 훨씬 더 많이 기부했다는 것이다. 예수의 충고는 부가 영혼에 해롭다는 관점에 근거한다. 재산과 소유물은 이 세상을 벗어남으로써 얻게 되는 더 높은 삶에 방해물이라고 보는 아시아적 전통과 비슷한 관점이기도 하다. 이런 점에서 빈자는 필요의 대상일 뿐만 아니라, 세상으로부터 해방되는, 영원한 구원으로 나아가는 기회로 간주된다. 이미 살펴 본 것처럼 착한 사마리아인 우화는 누가 필란트로피의 수혜자가 되어야 하는지에 대한 좀 더 급진적인 이해를 제시한다. 거기서 제시된 메시지는 바로 "모든 사람이 당신의 이웃이다"라는 것이다.

기독교는 필란트로피를 실천하는 방식에 대해 두 가지의 추가적인 전제를 제시한다. 첫 번째는 기부자는 자신의 도움을 받는 수혜자의 물질적 상태뿐 아니라 정신적 상태도 배려해야 한다는 것이다. 두 번째는 필란트로피 역사가인 멀 커티(Merle Curti)가 언급한 것처럼, "신을 기쁘게 하기 위해서 기부는 정의라는 진실한 감정과 사랑이라는 순수한 행동을 외부로 표출해야만 한다"는 것이다.11 이 점은 그리스어 신약성서에서 '아가페'(agape)란 단어가 자주 사용된 사실에서 볼 수 있는데, 그 단어는 한때 '채러티'(charity)로 번역되었으나 지금은 통상적으로 '러브'(love), 즉 사랑으로 번역된다. '사랑'으로서 '채러티'의 이러한 의미가 이 단어의 원래 의미, 즉 "그 중의 제일은 사랑이라"(고린도전서 13)로 끝나는 고린도인에게 보내는 바울의 첫 번째 편지에서 발견된 의미로부터 어떻게 벗어나게 되었는지 앞의 제2장을 되새겨 보자. 지금은 널리 알려진 이 구절에서 '아가페'의 원래 의미는 로맨틱한 사랑(결혼식에서 사용되는 것 같은)이라기보다는 다른 사람에 대한 자선적 배려와 참된 연민으로서 사심 없는 보살핌이었다. 이 단어를 '채러티'로 교체해 해당 구절의 의미를 생각해 보자. "내가 내게 있는 모든 것으로 구제하더라도 … 채러티(아가페)가 없으면 내게 아무 유익이 없느니

라. 채러티는 오래 참고 채러티는 온유하며 시기하지 아니하며 자랑하지 아니하며 교만하지 아니하며 … 불의를 기뻐하지 아니하며 진리와 함께 기뻐하고"(고린도전서 13:3-4, 6).

고대 말기가 되면서 현재 필란트로피의 체계가 확립되었다. 일반적인 체계에서 분명하면서도 핵심적인 내용은 최소한 잉여를 기부한다는 원칙, 이방인도 기부 대상에 포함한다는 것, 그리고 경제적 착취라는 사실과 채러티의 필요 사이의 연관성이 존재한다는 사실을 인정한 것이었다. 그러나 기독교적 체계에서 특별했던 것은 희생적 기부의 임무였다. 그것은 물질적 도움뿐만 아니라 정신적인 것 또한 포함하는 의무였고, 구호는 사심 없는 사랑 즉 '아가페'에서 나와야 한다는 원칙이었다.

중세교회는 이러한 사고를 영구화시키고 확장시켰다. 1250년에 성 토마스 아퀴나스는 물질적, 정신적 도움 둘 다 제공해야 하는 의무를 확인하면서, 교회의 구호 종류를 육체적인 구제 활동과 정신적 구제 활동 두 가지로 정리했다. 전자는 방문하고, 마실 것을 주고, 음식을 먹이고, 구조하고, 옷을 입히고, 거두어들이고, 묻어주는 것(visito, poto, cibo, redimo, teco, colligo, condo), 후자는 무지한 자에게 상담해 주고, 의문이 있는 자에게 조언을 주며, 슬퍼하는 자를 위로하며, 죄지은 자를 책망하며, 범칙한 자를 용서하고, 무거운 짐을 지고 함께하기 어려운 자와 같이하며, 모든 자를 위해 기도하는 것이다(consule, solare, castiga, remitte, fer, oro).12 또한 동시대인 13세기 초, 탈무드 법전을 조문화 하면서 마이모니데스(Maimonides)도 역시 이 책에서 이미 언급한 채러티에 대한 기준을 제시한 바 있었다.

모든 기부는 신으로부터 나오며 그의 영광을 위해 사용해야 한다는 믿음을 토대로 교회는 신의 소유물 사용 요청과 관련하여 인간과 신 사이의 중재자가 될 수 있는 권리를 표방하면서 필란트로피 실천에 대한 권한을 기정사실화했다. 12세기에 그라티아누스 법령집(Decretum)은, "빈자는 도움을 받을 권리가 있고, 부자는 그것을 제공할 의무를 진다"라고 선언했다.13 기부에 대한 법령의 지침에 따라 주교는 "빈자에게 적절한 부분을 분배하는 식으로 교구의 모든 수입을 나눠야 하는 특별한 책임을 가지고 있었으며 … 교회 수입에 대한 고전적인 분배 방식은 네 개로 나누는 것이며," 그 중 하나는 빈자에게 배분하는 것이다.14 교회가 가르친 대로, 모든 기부는 신으로부터 나오며 그의 영광을 위해 사용해야 한다는 믿음은 필란트로피 실천을 지속적으로 인도해 온 두 가지 핵심적 사고, 즉 스튜어드 책무성(stewardship)과 수탁자 책무성(trusteeship)을 위한 신앙적 근거가 되었다.

중세에는 도움과 관련된 또 다른 공급자도 존재했지만 ― 예를 들어, 농노주가 농노를 지원하는 봉건시스템, 구성원들이 상호부조하는 길드, 병든 자·노인·빈자·고아·여행자를 위한 병원 등 ― 교회는 가장 중요하고 믿을 만한 공급자로, 도움의 출처로, 즉 교구주민에 대한 강제적인 십일조를 통해 채러티 기금이라는 형태로 남아 있었다. 또한 교회에 의해 부과된 채러티 '세금'은 '구빈법'(Poor Law)의 선구자 역할을 하기도 했다. 교회가 16세기 중반에 국가에 의해 흡수되었을 때는 행정 당국이 채러티 업무를 관장하고 그 책임을 맡기도 하였다.15 그럼에도 불구하고 중세시대에 확립된 교회의 책임이라는 형태는 지속되었고, 교회는 채러티 기금의 실질적 공급자로서 그 역할을 지속해 왔다.

## 공동체와 필란트로피의 고전적 기원

서양 필란트로피의 두 번째 흐름은 고대 그리스 및 로마와 관련이 있다. 개인 행동에 중점을 둔 고대 중동지방의 필란트로피와는 대조적으로, 필란트로피 사고와 관련한 그리스와 로마의 기여는 공동체를 진전시키고 일반적인 삶의 질을 고양시키는 방식에 있다. 현대적 필란트로피에서 이러한 두 개의 흐름은 흔히 구호(relief)와 개발(development)으로도 구별된다. 좀 더 넓게 보자면, 이러한 구분은 이미 우리가 채러티와 필란트로피 사이의 관계에서 논의했던 내용을 더욱 분명하게 해준다.

고대 그리스와 로마의 문화는 시민문화였고 그 종교는 시민종교였으며, 그것이 갖는 가장 높은 목표는 공동체의 명예와 위엄으로 표현되었다. 이들 세계에서 부는 명예와 권력 그리고 위신을 얻는 수단이었고, 따라서 자기 이익은 천상의 것이 아니라 속세의 것으로 가늠되었다. 역사가 폴 벤(Paul Veyne)은 그리스어 신조어인 '유로게티즘'(euergetism)에 대해 다음과 같이 썼다. "자신의 돈과 공적인 활동을 통해 도시에 '좋은 일을 하는' 사람들 …. 유로게티즘은 부자가 자신의 부를 통해 공적 지출에 기여할 것을 공동체(도시, 모임)가 기대한다는 사실, 그리고 부자는 실제 자발적이고 기꺼운 마음으로 기여함으로써 이러한 기대가 실망을 안겨주지 않았다는 사실을 의미한다."16

기부는 다양한 시민적 행사와 시설, 예를 들면 사냥과 축제를 위해, 극장·목욕장·경기장을 위해 행해졌다. 민간의 필란트로피가 공회당(Lyceum)과 학술원(Academy)을 위한 기금조성에 기여하기도 했다.17 이들은 고전적인 의미의 필란트로피 집행자이자 실천자(philanthropist)인 예술의 후원자, 공동체를 위한 후원자였으며, 현대 미국 필란트로피 실천가의 전형을 이뤘다.

역사학자 벤은 고대 그리스와 로마에서 이들이 왜 공적 서비스 활동을 하는지 그 동기와 관련해서도 언급했다. "출세 제일주의, 가부장주의, 제왕적 스타일, 부패와 독직, 이목을 끄는 소비, 애향심, 모방 욕구, 계층유지 욕구, 공중 의견에 대한 순종, 적대적 시위에 대한 공포, 관대함, 이상주의적 신념"과 같은 것이 그런 것이었다.18

키케로(Cicero)가 관대함에 대해 그의 아들 마르쿠스(Marcus)에게 조언하면서 필란트로피를 통한 기여가 종종 대중적 호의를 얻기 위함이지만, 지나친 야망은 가족을 빈곤하게 할 수 있다는 것에 대해 언급했다. 그는 또한 어떤 사람은 자신의 이익을 위해 기부를 활용하는데, 이는 타인에게 뭔가를 주기 위해 또 다른 사람에게서 뭔가를 훔치는 식의 과도한 행위가 된다는 사실을 지적하기도 했다. 결국 요점은 지혜롭게 기부하는 것이 그렇게 쉽지만은 않다는 것이다.

키케로가 제시한 필란트로피 가이드라인은 오늘날에도 여전히 유용하다. 그의 조언에 따르면, "우선 친절 행위가 도움을 줘 이롭게 하려는 사람 혹은 여타 다른 사람에게 해를 끼쳐서는 안 되며, 둘째 자신의 재력을 초과할 정도로 관대해서는 안 되며, 셋째 도움을 받는 자의 가치에 비례해야 한다"는 것이다.19 위 항목 중 첫째와 셋째의 원칙은 19세기 과학적 필란트로피 운동에서 두드러지게 나타났고, 현대 복지논쟁의 일부가 되기도 했다. 둘째의 원칙은 예전부터 제기되어 온 영속적인 질문, 즉 얼마나 많이 줄 것인가 그리고 자기희생적인 기부가 현명한 것인가라는 질문이기도 하다.

키케로는 필란트로피의 고전적 전통을 대표한다. 그 전통은 아리스토텔레스가 사려 분별(prudence)이라 불렀던 것과 우리가 지금 '계몽된 자기이익'(enlightened self-interest)이라 부르는 것에 기초한다. 기부자는 기부가 어떤 식으로든 자신의 이익에 이바지하기를 기대했다. 그와 대조적으로 필란트로피에 대한 히브리인과 기독교적 전통은 좀 더 명백하게 이타주의 원칙 위에 만들어져 온 것처럼 보인다. 즉, 필란트로피 행위에 대한 보상은 적어도 속세에서 기대해서는 안 되는 것이었다. 고전시대의 문명이 공동체 안녕과 복지 증진을 위한 행위라고 정의되는 '필란트로피'를 줬다면, 고대 중동지역의 문화는 개인에 대한 연민의 행위로 정의되는 '채러티'를 우리에게 주었다. 이미 설명해온 것처럼, 전자의 용어를 포괄적 용어로서 선호하기는 하지만, 이 용어의 배경이 되는 전통 속에는 두 가지 흐름이 존재하고 있음을 기억해야만 한다.

## 5.3 근대 시기로의 이행

중세 후기에 유럽의 경제적 변화는 도시를 확장시켰고 삶의 수준을 개선했지만, 다른 한편으로는 대규모의 인구이동과 실직, 이로 인한 빈민을 일시적으로 증가시켰다. 16세기 후반에 이르러서는 많은 사람이 경제적 위기를 맞이했고 이를 둘러싼 여건은 위기수준으로까지 악화되었다.[20]

16세기 후반부에는 높아지는 빈곤의 수준과 늘어나는 실업에 대응하기 위해 영국의회가 채러티와 관련된 몇 가지 법률을 통과시켰으며, 소위 구빈법 혹은 빈민법(Poor Law)이라 불리는 1601년의 자선법(Statute of Charitable Uses)에 이르러 절정에 달했다. 구빈법은 중세와 근대의 필란트로피 사이에 분수령을 긋는 것으로 빈곤문제가 조직적이고 공식적인 방식으로 다루어진 첫 번째 사례를 보여준다. 전통적인 구호활동은 빈곤을 유발하고 악화하는 조건을 개선하는 데 규모 면에서 너무 제한적이었고, 귀족과 교회라는 전통적 제도는 근본적 사회문제를 다루기에는 조직과 리더십이 부족했다. 월버 키치너 조단(W. K. Jordan)이 간파했듯이, 구빈법의 통과와 함께 "빈곤, 고통 그리고 무지에 대한 사람들의 태도에 놀랄만한 변화가 있었다. … 주로 수도원 재단에 의해 관리 운영되는 중세적 구호시스템은 우발적이고 또한 비효율적이어서, 겉으로 드러난 절망적 고통을 일부 완화하는 것 이상의 것은 결코 시도하지 않았다."21 이와 대조적으로 1601년의 법은 빈곤 구호를 위한 광범위하고 조직적인 방법을 제공했으며, 빈자 지원을 위한 지방세 요청, 민간 자선신탁의 설립 권장과 관련된 여러 방안이 포함되었다.

그러나 엘리자베스시대 영국에서 이 법만이 필란트로피 실천과 관련하여 유일하게 눈에 띄는 변화는 아니었다. 필란트로피를 지원하는 공공지원을 위한 입법에 더해 민간 필란트로피에 대한 새로운 정신적 흐름도 존재했다. 실제로 조단은 구빈법에 대하여 실제적 중요성보다는 상징적 의의를 더 부여했다. 그는 늘어나는 필란트로피의 필요성에 대한 사적 부문의 대응이야말로 그 시대를 가장 돋보이게 만드는 것이라고 주장하면서, "두 계급, 즉 신사 계급(gentry)과 도시의 신흥 상인귀족 계급은 공공의 안녕과 복지와 관련된 상당한 책임을 떠맡았다"고 강조한다.22

16세기와 17세기 민간의 필란트로피는 방법적인 면에서 실용적이었을 뿐 아니라, 목표라는 점에서도 야심적이었다. 목표에는 빈곤에 대한 공세적 대응을 포함하고 있었다. 즉 노인이나 병약자에 대한 빈민구호소, 지원시스템의 확대와 개선 같은 전통적 필란트로피 접근 방법뿐만 아니라, 공원에 대한 화재예방에서 도로 및 교량의 유지보수에까지 이르는 도시 개선 접근 방법을 통해서도 이루어졌다. 구빈작업장과 대출기금이 만들어졌고 모든 수준에서 교육에 새로운 관심과 함께 많은 노력이 이뤄졌는데, 그 중 가장 인상적인 것은 빈자를 위한 학교 개선 노력에 대한 강조였다. 그 후로 교육은 가난에서 탈출하기 위한 가장 좋은 방법으로 인식되고 있다.

특히 16세기 영국에서부터 만들어져 개발되어 온 자선신탁(charitable trust)에서 보듯이, 개인적 차원에서 시민의 부와 비전의 결합은 필란트로피에 대한 접근 방식에 혁명적 변화를 초래했다.23 이전 시대에 필란트로피를 둘러싼 지속적인 시도와 실패는 영속적 성격을 갖는 기금 설립을 위한 메커니즘의 부재에서 기인하는 것이라는 점에서 더욱 그러했다. 개인에게 자신의 유산이 가진 뜻을 지속시켜 줄 사람은 오직 친구와 가족뿐이었다. 중세 교회가 이 점에서 약간의 도움을 주기는 했지만, 미래에도 지속적으로 합리적 제안과 요청을 담보해

해 갈 수 있는 자선신탁의 창안은 좀 더 안정적인 제도적 메커니즘을 제공해 주었다.

16세기 초반이 되면 몇몇 '근대적' 특징이 필란트로피 전통에 더해지게 된다. 즉, 정부와 부유한 시민 양자의 빈자에 대한 책임 인정, 자선신탁 제도, 빈자로 하여금 자신의 복지에 대한 책임을 당연한 것으로 받아들일 수 있도록 구빈원·학교와 같은 기구 설치 등이 이에 해당하는 것이었다.

## 5.4 초기 아메리카에서의 필란트로피

아메리카 식민지는 영국식 모델에 따라 교회와 통치기구가 빈자에 대한 책임을 갖고 있었다. 또한 이웃 간의 비공식적 도움과 지원도 역시 존재했다. 이는 사회학자 로버트 벨라(Robert Bellah)가 언급한 "초기 뉴잉글랜드의 정치사상에 나타난 사회적·공동적·집단적인 것에 대한 강조"의 결과물이기도 했다. 벨라는 필란트로피 전통의 양 흐름이 갖는 공동 의식의 기원을 추적하고자 했다.

> 집단적인 것의 강조는 '폴리스'(polis)가 시민의 교육과 덕성에 책임이 있다는 고전적 관념으로부터, 모든 행동에 대해 공동 책임이 있다는 신과 인간 사이의 계약에 대한 구약성서의 개념으로부터, 그리고 채러티와 사랑이 토대가 되어 형제애와 동료애로 표출된 공동체라는 신약성서의 개념으로부터 유래한다.[24]

아마도 공동체에 대한 종교적 기반의 관심으로 가장 잘 알려진 사례는 '기독교적인 채러티의 모델'이라는 존 윈트롭(John Winthrop)의 1630년 설교다. 윈트롭은 "다른 사람의 필요를 위해 우리는 자신의 사치로운 생활을 기꺼이 거둬들여 없애야 하며, 다른 사람의 상황을 자신의 것처럼 봐야 한다"고 강조했다.[25] 다음 세기에도 침례교 목사 아이작 배커스(Issac Backus)는 "자신이 이성적 존재의 전체 시스템의 부분이듯이, 자신의 모든 행동이 전체의 이익과 관련되기 위해서 모든 이성적 영혼은 자신의 의무와 자유였었고 현재도 그러하다"고 주장하면서 공동 관심사에 동조했다.[26] 같은 세기에 벤자민 프랭클린은 도서관·병원·의용소방대·준토(Junto)클럽 그리고 현재의 펜실베니아대학(University of Pennsylvania)이 된 교육기관을 설립하는 데 이바지함으로써 그가 갖는 '전체의 이익에 대한 관심'을 표현했다. 이는 현재 미국의 필란트로피 실천가가 '공익'을 개념화하는 데 중요한 문화적 근거가 된다.

미국에서 필란트로피에 관한 또 다른 측면인 자발적 결사체는 아메리카 공화국 초기에 이미 중요한 것이었다. 물론 토크빌 역시 1830년대 초 미국을 방문했을 때, "미국인이 시민 생활에서 결사체를 만들어 사용하는 것"을 보고 경탄했다.27 역사가 로버트 브렘너(Robert Bremner)는 이런 판단에 동조하며, "자발적인 결사체의 원칙은 미국의 정치 및 경제 이론, 즉 1820년대 초 미국 내 여러 대도시는 자선단체에 대해 당혹감을 갖고 있다는 이론에 잘 부합한다"고 했다. 윌리엄 앨러리 채닝(William Ellery Channing)은 "좋은 것이든 나쁜 것이든, 자신의 발전을 위해 결사체가 만들어지지 않는 것은 거의 없다"고 공언하기도 했으며,28 오늘날에도 채닝은 같은 주장을 할 수 있을 것이다.

## 5.5 과학적 필란트로피

19세기 미국에 소개된 '과학적 필란트로피'(scientific philanthropy) 운동은 필란트로피의 실천에 대한 비판과 이에 대한 대응이었다. 그러나 비판은 새로운 것도 아니었고 그렇다고 구태의연한 것도 아니었다. 그중에서도 모든 시대에 걸쳐 있어 익히 잘 알고 있던 비판은 필란트로피가 수혜자에게 해로운 영향을 준다는 비판이다. 우리는 앞서 "친절 행위가 도움을 줘 이롭게 하려는 사람 혹은 여타 다른 사람에게 해를 끼쳐서는 안 된다"라는 키케로의 경고를 언급한 바 있으며, 이와 마찬가지로 '그라티아누스 법령집'에 대한 주석 중, 몸이 성한 걸인에게 구호품을 주어서는 안 된다는 조언을 한 적이 있었다. 즉 "만약 도움을 바라는 사람이 … 자신의 노동으로 먹을 것을 구할 수 있는데도 불구하고 게을러서 그렇게 하지 않고 오히려 구걸하거나 도둑질을 한다면, 단언컨대 아무것도 그에게 줘서는 안 되며, 그는 비난을 받아 마땅하다"29라는 것이다. 1531년 영국에서는 도움을 받을 만한 빈민과 오직 채러티에만 의존하는 나쁜

습관을 지닌 게으른 빈민을 서로 구분하는 법안이 제정되기도 했다.30

16세기부터 19세기에 걸쳐 확대되는 국가의 역할, 약화되는 교회의 역할, 그리고 새로운 상인계층의 확대된 영향력은 필란트로피 의제에 변화를 가져왔다. 따라서 필란트로피가 실제로 '효과가 있었는지' 여부가 특별히 더 많은 주목을 받게 되었다. 19세기 끝 무렵에는 '과학적 필란트로피'가 대거 출현하게 되었으며, 오래된 사회적 이슈를 철저하고 창의적인 방식으로 다루고자 하였다. 이와 관련된 원칙과 전략은 필란트로피의 원칙과 관련해서 지속적으로 논의해 왔기 때문에 여기서는 좀 더 구체적으로 살펴보기로 하자.31

과학적 필란트로피는 조직적이고, 강렬하면서도, 도덕적이고 개입 지향적이었다. 필란트로피의 사회사에서 앞선 자들이 그랬던 것처럼 과학적 필란트로피의 지지자들은 필란트로피가 제거하려 했던 바로 그 상황과 조건을 다시 강화함으로써 수혜자를 더욱더 궁핍하게 만들지도 모른다는 두려움을 갖고 있었다. 그들은 '자격 없는' 빈민으로부터 '자격 있는' 빈민을 구별하기를 원했다. 일을 할 수 있는 사람을 구호하는 것은 빈민으로 하여금 일하지 않는 쉬운 길을 택하도록 할 것이라고 생각했고, 일부 사람들은 몸이 성한 자—자격 없는 빈민—가 일하지 않으면 처벌을 해야 한다고 주장하기까지 했다. 앤드류 카네기는 1889년 『부의 복음』에서 일을 할 수 있는 빈민에게 구호품을 주느니 차라리 돈을 바다에 던져버리는 것이 더 나을 것이라고 주장하기도 했다.32

심리학, 사회학 같은 새로운 사회과학의 영향을 받아 과학적 필란트로피를 주장하는 자들은 과학적 원리를 적용함으로써 필란트로피가 개선될 수 있을 것이라고 확신했다. 그들은 자선활동에 참여하는 사람들에게 감정과 충동으로 하는 행동을 그만두고, 명백한 증거, 철저한 분석과 기획에 따라 행동할 것을 촉구하기도 했다. 또한 행동을 개선하는 것이 다른 사람에게 의존하도록 하는 것보다 더 나은 것이며, 사회적 문제는 이를 완화시키는 노력보다 예방이 더 낫다는 관점을 갖고 있었다. 정치적, 경제적 철학으로서 과학적 필란트로피는 빈자로 하여금 자조의 노력을 하도록 하는 것이 대중적 채러티의 필요를 감소시킬 것이라고 생각했다. 단순히 자선단체에 기부하는 것보다 '능력'

을 향상시키고자 하는 현대적 필란트로피 노력처럼, 현대의 공공복지 논쟁에서도 이점은 마찬가지로 중요하다.

앤드류 카네기와 존 록펠러 같은 부자들은 이와 같은 새로운 흐름의 과학적 필란트로피 발전에 많은 영향을 끼쳤다. 즉, 개별적 도움 요청에 당황스럽기도 하고, 지원을 요청하는 자가 그럴만한 가치가 있는지 혹은 실제로 필요한 것인지도 알지 못한 채 지원하고 싶지 않았기 때문에 필란트로피 요청에 대한 검토와 심사를 체계화하고자 스텝들을 고용하기 시작했다. 결국 필란트로피에 기반한 재단을 설립하고, 지원 결정을 위해 최고의 전문가를 배치했다.33 또한 사회 문제의 원인에 대한 조사와 해결을 위해 관련 전략을 개발하도록 독려했다. 특히 개별 문제를 해결하기보다는 변화하는 상황에 대응하고 적응하면서 이러한 역할을 '영속적으로' 지속할 수 있는 도구를 만들고자 했다.

이러한 기부와 지원에 전문성을 증진시키는 일, 근본적 문제에 초점을 맞추는 일은 필란트로피 역사에서 자신의 존재를 각인시킨 또 다른 부유한 사업가들에 의해 촉진되었다. 공식적이든 비공식적이든, 교육은 비즈니스를 만들어내는(business-generated) 필란트로피를 위해 중요한 관심사가 되었다. 즉 교육은 "스스로 돕는 사람을 도와라"라는 과학적 필란트로피의 격언을 충족시키는 전형적인 방법이 되었다. 필란트로피에 참여한 첫 번째 사업가 중 한 사람인 스티븐 지라드(Stephen Girard)는 필라델피아에 도로를 포장하고, 위험을 무릅쓰고 전염병에 걸린 환자를 도왔으며, 가난한 아이를 위해 학교를 설립했다(유감스럽게도 인종적 편견을 가진 것이었지만). 사업가에 의한 대규모 필란트로피 기부 중 가장 유명한 것은 아마도 앤드류 카네기가 1,698개의 공공도서관을 지어 기증한 사례일 것이다.34 이는 소년 카네기와 그 또래 소년들로 하여금 자신의 개인 도서관을 사용하도록 함으로써 '스스로 도울 수 있도록' 만들어준 한 부자에게 빚을 되갚고자 하는 카네기 나름의 방법이었다.

사업에 성공한 부자들 사이에서 고등교육기관에 대한 기부가 일반적인 현상이 되었다. 1821년에 서부 매사추세츠에서 지역기업가와 전문직 인사들이 시민들과 함께 앰허스트대학(Amherst College)을 설립하기 위해 35,000달러를 기부하는 데 동참했으며, 1861년에는 양조업자인 메튜 바사(Matthew Vassar)가 그의 이름을 딴 여자대학의 설립을 지원했다. 또 한 사람의 초기 미국의 필란트로피 실천가인 조지 피바디(George Peabody)는 영국에서 성공한 후 미국으로 돌아와 아프리카계 미국인의 교육에 관심을 둔 최초의 인물 중 한 사람이 이었다. 1867년에 설립된 종종 미국 최초의 재단으로 알려지기도 한 피바디교육재단(Peabody Education Fund)은 남부지역의 교육에 헌신했다. 존 록펠러도 20세기로의 전환기에 파산 상태에 빠진 한 침례교대학을 시카고대학(University of Chicago)으로 완전히 바꾸어 놓았다. 부유한 기업가에 의해 설립된 또 다른 고등교육기관으로는 코넬, 스탠포드 그리고 존스홉킨스대학이 있다.

### 채러티조직 운동

채러티가 과학적 원칙에 따라 조직화 되어야만 한다는 관점을 토대로 소위 '채러티조직' 운동(charity organization movement)이라는 것이 생겨났다. 1869년 영국에서 '채러티단체협의회'(Charity Organization Society)의 설립과 함께 처음으로 제도화되었다. 채러티조직은 스코틀랜드의 목사이며 신학자인 토마스 찰머스(Thomas Chalmers)에게 많은 것을 빚지고 있는데, 그는 한 세대 전에 글라스고우에서 채러티 서비스와 지역사회개혁을 위한 시스템을 개발하기도 했다. 미국에서 첫 번째 채러티조직협회는 1870년대 후반에 설립되었으며 이는 곧 12개의 도시로 확산되었다. 가장 빠르게 인디애나폴리스에는 1879년 '채러티단체협의회'(Charity Organization Society)가 설립되었는데 설립된 장소는 훗날 대통령이 된 벤자민 해리슨(Benjamin Harrison)의 사무실이었고 조합교회 목사인 오스카 맥컬러프(Oscar C. McCulloch)가 선도적 역할을 하기도 했다.

채러티조직 운동은 과학적 필란트로피 원칙에 근거를 두고, 재원 사용을 좀 더 효율적으로, 빈자가 자급자족할 수 있도록 좀 더 효과적으로 돕는 것을 자신의 목표로 두고 이를 추구해 갔다. 효율성을 높이기 위해 서비스 요청은 중앙에서 처리하고, 채러티조직은 정보와 전문성을 공유해야 한다는 것이 제안되었다. 효과성을 높이기 위해서는 서비스대상자의 환경에 대해 인터뷰가 이뤄져야 하고 정보의 정확성을 확인하기 위해 가정을 방문함으로써 비자격자를 선별하는 것이 바람직하다는 제안을 하기도 했다. 이러한 개선 시도는 조직화되고, 훈련되고 목적지향적인 방법 개발과 함께 채러티의 수준을 새로운 단계로 끌어올렸다. 그렇지만 때때로 참견의 도가 지나치기도 하고 거들먹거리거나 생색을 내는 듯한 태도를 보이기도 해 그 진행 과정에서 문제점을 드러내기도 했다.

이러한 새로운 관점에 의하면, 구호품이나 기부금보다 더 필요한 것은 조언, 교육, 훈련, 그리고 새로운 사회에서 생존하기 위한 대처 기술과 이에 대한 학습 동기였다. 예를 들면, 자원봉사자들이 어려움에 처한 가정을 방문해 도움을 주는 '친절한 방문자'(friendly visitors)라 불린 프로그램이 있었다. 이들의 역할은 상담을 통해 좀 더 나은 가정주부가 되도록 하고, 아이들이 학교에 잘 다닐 수 있도록 조언을 해주고, 가장이 일을 갖도록 도와주고, 수입을 음주에 낭비하지 않도록 압박하는 것이었다. '친절한 방문자'들은 때로는 가혹하고 우월감에 젖어 행동하기도 했지만, 때로는 용기 있으며 단호하기도 했다.

빈자는 검소하게 그리고 할 수 있는 만큼 저축하도록 장려되었다. 그들은 결코 빈털터리라고 여겨지지는 않았다. 즉 항시 기부할 무언가를('과부의 헌금' 우화는 강력한 가르침이었다), 만일의 경우를 대비해 저축할 무언가를 갖고 있었다. 빈자에게 부족한 것은 신뢰할 만한 금융기관에 대한 접근 가능성이었는데, 그런 곳에서는 지폐뭉치가 아닌 동전꾸러미, 공채증권이 아니라 차용증 같은 재산을 가진 사람에게는 거의 관심이 없었다. 따라서 일부 지역사회에서는 빈자가 저축할 수 있도록 독려하기 위해 특별히 적은 금액의 돈을 예금할 수 있도록 '다임뱅크'(dime bank) 또는 '페니뱅크'(penny bank), 즉 소액저축은행을 설립했다. 이는 빈자로 하여금 스스로 도울 수 있도록 하고, 기금을 만들어 가는 책임을 함께 나눌 수 있도록 하고자 하는 것이었다.

40년 이상 영국의 채러티조직 운동의 핵심인물이었던 찰스 로치(Charles S. Loch)는 1895년에 출판된 『곤궁에 처했을 때 돕는 법』(How to Help Cases of Distress)이라는 책자에서 채러티의 다섯 가지 원칙을 다음과 같이 요약했다.

1. 일반적으로 대상자를 자기 독립적으로 이끌어주지 않는 한 어떤 채러티 활동도 완전한 것은 아니다.
2. 궁핍의 두려움, 수치의 감정, 친척의 영향력 같은 모든 압력 수단을 통해 개인이 행동하도록 해야 한다.
3. 가족적 의무 — 노인에 대한 돌봄, 어린이에 대한 책임, 병들고 고통을 겪는 사람에 대한 도움 — 는 가능한 한 가족에게 부과되어야 한다.
4. 더 나아가 물질적 채러티는 효과적인 채러티의 오직 일부, 그것도 아주 작은 일부이므로, 혜택 받게 되는 사람의 상황과 그들을 도울 수단 양쪽 모두에 대해 상당한 지식이 필요하며, 개인적 영향력과 통제력이 금전적인 것보다 훨씬 지배적이어야 한다.
5. 치유가 이루어지도록 구호활동은 적절한 유형이어야 하고 충분한 양이어야 한다. 채러티는 당사자로 하여금 구호품의 수령자로서가 아니라, 스스로 생활수준을 높이도록 노력해야 하는 자로 인식하게 해야 한다.35

로치는 결과로써 채러티를 판단했다. 따라서 당사자가 자립한 모습을 그 결과로써 보여주어야만 했다. 이런 원칙은 필란트로피에 대한 토론의 중심에 지속적으로 존재해 왔고, 현대의 많은 '전략적 기부' 지지자에게도 크게 반향을 불러일으킬 수 있었다.

과학적 필란트로피와 관대함의 남용 배제에 대한 지지가 있었음에도 모든 사람이 필란트로피에 대한 이러한 새로운 접근 방식이 갖는 가치에 대해 확신을 하지는 않았다. 이와 관련하여 당시의 토론 내용을 개괄적으로 훑어보기 위해서는 로치의 글을 19세기의 사회적 다위니즘과 채러티에 대한 자유의지론적 비판의 탁월한 대변자였던 허버트 스펜서(Herbert Spencer)의 글과 비교해 보는 것이 도움이 된다. 스펜서는 필란트로피를 믿는 자들에게 다음과 같은 언급을 했다.

빈곤을 덜어주기 위해 금전 기부만이 요구된다고 상정해 보자. 한편으로는 그들은 이러한 행위가 초래하게 될 반작용 효과에 대해 결코 추적해 밝혀내려 하지 않는다. 즉 자선적 기부금이 은행 계좌에, 은행의 대출을 위한 잉여자본에, 축적된 자본이 만들어 낼 수도 있는 생산적 활동에, 임금을 받아야 할 노동자의 숫자 등에 미치는 반작용 효과에는 무관심하다. 특히 그들은 생필품이 노동과의 교환을 통해 제공되고 보유되어야 함에도 불구하고, 노동을 회피하고자 하는 또 다른 누군가에게 무료로 주어진다는 사실을 인지하지 못한다. 또 다른 한편으로는, 눈앞에 보이는 빈곤의 일차적 완화 이외에 어떤 것도 보지 못할 것이다. 그들이 노동하지 않고 사는 자를 위해 생필품 공급을 계속 하면 할수록, 노동 없이 사는 자의 숫자는 그만큼 빨리 증가하게 된다는 사실, 그리고 구호를 한없이 늘리면 늘릴수록, 구호를 요청하는 절규 또한 한없이 늘어나게 된다는 사실에 대해 의도적으로 눈을 감는다.36

그래서 스펜서는 자기 독립적 시민이라는 로치의 목표를 공유하면서도, 채러티로는 그 목표에 도달할 수 없고, 좀 더 큰 규모의 확장된 경제의 관점에서 보면 그것은 오히려 해롭기까지 하다고 생각했다. 로치와 마찬가지로, 스펜서의 지적도 여전히 타당성을 갖는다. 따라서 필란트로피의 동전의 양면은 현대적 담론에서도 여전히 논란의 와중에 있는 것이다.

여전히 개혁가 대다수는 과학적 원칙을 받아들이면 필란트로피의 실패를 교정할 수 있을 것으로 확신했다. 특히 '필란트로피'라고 칭한 영역에서 빈자에게 단순히 도움만을 제공했던 사람들이 새로운 영역, '사회사업'(social work)이라고 광범위하게 지칭하게 된 영역에서 전문가로서 훈련받게 되면 더욱더 그렇게 될 것이라고 확신했다. 만약 채러티조직이 과학적 원칙 위에 기초하게 되면, 그 조직은 특정 기능뿐 아니라, 사회 행동에 관한 정규교육과 이에 기반한 지식을 갖춘 전문적인 활동가가 필요할 것이기 때문이고, 그렇게 되면 이들 전문가는 자원봉사자보다는 훨씬 효율적일 뿐 아니라, 책임감도 더 느끼게 될 수 있기 때문이다. 이는 법률가와 엔지니어가 정규 교육과 훈련을 통해 그렇게 되는 것과 마찬가지였다.

따라서 채러티조직 리더들은 '필란트로피대학'(school of philanthropy)을 설립하기 시작했다. 그 당시 그런 전문직은 오로지 비정부 전문가(nongovernmental professional) 영역으로만 여겨졌고, 그것을 스스로 '사회사업'(social work)이라고 칭할 때까지는 하나의 호칭으로서 '필란트로피'는 어울리는 명칭이었다. 1893년에 '전국채러티단체협의회'(National Charity Organization Society)의 후원 아래, 응용필란트로피 하계대학(Summer School of Applied Philanthropy)이 뉴욕시에서 시작되었다.37 이것은 1898년에 설립된 뉴욕 필란트로피대학(New York School of Philanthropy)으로 진화했고, 나중에 콜롬비아대학교 사회복지대학원(Columbia University School of Social Work)이 되었다. 비슷한 현상이 시카고대학 및 다른 곳에서도 일어났다. 이러한 전문가 정신(professionalism)은 그 시기 진보운동(Progressive Movement)에서 비슷하게 벌어진 전문가에 대한 찬사와 맞물려지게 되면서 필란트로피 실천 영역의 모든 부문에까지 이르게 되어, 비영리조직의 경영자, 기부금 조성 및 지원사업 전문가, 필란트로피 실천가를 위한 컨설턴트, 모금전문가 등을 배출하게 되었다.

과학적 필란트로피와 채러티조직 운동은 필란트로피의 실천을 의미 있게 그리고 영속적인 방식으로 변화시켰다. 그렇지만 이러한 변화만큼이나 중요한 것은 필란트로피의 뿌리, 즉 '연민'과 '공동체'와의 연관성을 해체, 분리시키지는 않았다는 점이다. 따라서 이렇듯 필란트로피의 형태로 남아 있던 것들이 사회개혁운동과 현대적 사회운동 같은 '도덕적 상상력의 사회사'에 어떻게 영향을 미쳐 또 하나의 중요한 진전을 이뤘는지 짐작할 수 있게 한다.

## 5.6 필란트로피, 사회개혁 그리고 사회운동

사회의 취약한 구성원에 대한 연민의 표현, 공동체의 안녕과 복지에 대한 관심은 사회개혁을 지지하는 수사적 표현과 이슈 기반 사회운동 등 다양한 형태로 나타났다. 19세기 중반 이래로 인간의 고통과 사회문제 — 예를 들어 노예제 폐지, 아동노동의 추방, 보호시설과 병원의 환경개선 등 — 를 해결하기 위해 도덕적 상상력을 토대로 행동했던 사람들은 자신의 선택을 실천할 필란트로피 도구로서 사회운동에 관심을 두기 시작했다. 사회개혁 캠페인과 사회운동은 분명 필란트로피와 채러티에 기초한 행위다. 왜냐하면, 이에 대한 참여는 개인적이고 자발적인 동기에서 시작하지만, 그것이 고통을 완화하는 일이든 삶의 질을 개선하는 일이든 간에 궁극적으로는 공익에 대한 비전을 진전시키고자 했기 때문이다. 더구나 많은 사회운동은 필란트로피 활동에서 공통적으로 갖는 특징, 즉 종교적 가치에 의해 영감을 얻기도 했다.

## 인보관 운동

인보관 운동(settlement house movement)은 종교적 근거에 의해 시작되기도 했지만, 당시 필란트로피의 전체적 모습을 변화시키고 있던 과학적 필란트로피의 원칙도 그 동기가 되었다. 19세기 후반에 런던과 뉴욕, 현대 대규모 신도시에는 절망적인 빈곤과 소외가 확대되고 있었고, 이런 상황에 대응하기 위해 새뮤얼 바넷(Samuel Barnett) 목사는 도덕적 상상력을 토대로 1885년 런던에 '토인비홀'(Toynbee Hall)을 설립했다.38 그의 원래 의도는 도시 빈민지역에 주민의 삶을 개선하는 데 도움을 줄 수 있을 장소를 만드는 것이었다. 인보관은 특히 교육적 특혜를 받은 젊은 기독교도들이 불행한 사람에게 도움을 줄 기회를 줄 수 있을 것이라고 그는 믿었다.

많은 교육을 받은 이상주의적 상위 중산층의 젊은 미국 여성인 제인 아담스(Jane Addams)는 유럽여행 중에 토인비 홀을 방문하고 시카고로 돌아왔다. 그녀는 바넷 목사의 아이디어를 빌어 그녀의 친구인 엘렌 스타(Ellen Starr)와 함께 1889년 시카고의 할스테드가에 '헐 하우스'(Hull House)를 설립했다. 바넷 목사처럼 아담스는 '기독교의 확실한 르네상스'의 한 부분을 책임지고자 하는 것이 그녀가 가졌던 종교적 영감이었다. 그렇지만 헐 하우스는 '민주주의를 정치적 표현 이상의 실질적인 것으로 확장'시키는 방법이라고도 생각했다.39 또한 바넷 목사와 마찬가지로 헐 하우스가 돕고자 하는 사람들 가까이 위치해야 한다는 원칙 아래, 설립 위치를 쇠락한 도시 주변지역으로 정했다. 그녀는 자신과 친구들이 갖는 문화적, 사회적 지식을 공유하는 동시에 그 사람들의 삶 속에서 함께하기를 원했다. 따라서 노동자인 동시에 가난으로부터 고통받는 사람들의 삶을 좀 더 풍요롭게 함은 물론, 교육받은 젊은 여성들이 타인을 위해 봉사함으로써 자신의 삶에 의미와 목적을 더할 수 있는 장소로 헐 하우스를 생각했던 것이다.

인보관의 철학적 기초는 아담스와 로버트 우즈(Robert A. Woods)에 의해 제시되었다. 우즈는 뉴욕시에 앤도버 하우스(Andover House)로 알려진 새로운 대학복지관의 관장이었으며, 1893년에 『필란트로피와 사회적 진보』(Philanthropy and Social Progress)라는 제목의 책을 편집해 내기도 했다. 이 책은 새로운 유형의 필란트로피 사고를 반영했으며 사회과학은 일반적으로 인정된 권위라는 사실을 강조했다. 따라서 우즈는 현대적 필란트로피는 과학적이어야 한다고 썼는데, "하나의 인보관이 성공하기 위해서는 인보관 주위의 사회적 상황에 대한 면밀하고 과학적인 연구는 필수적이다"라고 강조했다. 우즈는 공적, 사적인 채러티 어느 쪽에서도 관여하지 않은 지역에 인보관을 설치해야 할 필요성에 대해 논의를 전개했으며 "인보관은 사람들 삶에 밀착해야 한다"고도 썼다. 아울러 새로운 필란트로피는 전통적인 구호품 기부를 거부했다. 이는 환경에 대해 이해하지도 배려하지도 않은 채 도움만을 주고자 하는 것은 당사자에게 좋은 일이 되기보다는 해악이 되기 때문이라는 이유에서였다. 좋은 일을 할 때 진지하다는 것은 도움이 필요한 사람에게 가까이 가는 것, 그렇게 함으로써 환경을 이해하는 것을 의미하는 것이기도 했다. 또한 이를 위해서는 도움을 바라는 개인들뿐만이 아니라, 지역사회에 대한 정보도 확실하고 분명하게 수집해야만 했다. "(인보관 활동가는) 이웃이 되어야만 한다. 그리고 이웃 주민생활에 자유롭게 함께해야만 한다."40

인보관운동은 상당한 성공을 거두었다. 수백 개의 이웃형 인보관이 1890년과 제1차 세계대전 사이에 설립되었다. 헐 하우스는 뉴욕의 헨리가(Herry Street) 인보관이 그러했던 것처럼, 상당한 규모의 영속적인 기관으로 성장했다. 인보관이라는 아이디어는 20세기 내내 도움이 필요한 이웃 지역에 대학생 자원봉사 활동가를 보내고자 하는 수많은 프로그램으로 계속 이어져 갔다. 이는 1960년대 후반에 정치적 활동에 중점을 두었던 급진그룹인 '민주 사회를 위한 학생들'(Students for a Democratic Society: SDS)이 했던 것과는 성격을 달리하는 경제적 봉사활동 및 행동 프로젝트(Economic Outreach and Action Project)에서부터 오늘날 거의 모든 대학 캠퍼스에서 운영되는 학생 자원봉사 프로그램에 이르기까지 지속되어 왔다.

그렇지만 오늘날에 와서는 인보관운동이 무시되는 일은 흔한 일이 되었다. 그 이유는 그것의 목적이 대중들에게 '상류문화'(high culture)와 주요 종교를 접하게 한다는 데 있었기 때문이다. 운동에 관여했던 사람들은 상류문화라고 할 만한 것이 존재했고, 아직 접해보지 않은 사람들에게 이를 전하게 되면 그들에게 도움이 될 수 있을 것이라고 확실하게 생각하고 있었다. 그러나 아담스와 그녀의 동료들은 사회사업의 방법과 이를 위한 훈련 방법을 개발해 가면서, 점점 더 전문화하는 서비스의 윤리뿐 아니라 민주주의 정신에도 관심을 두었다. 시간의 흐름에 따라 초기 우애적 방문이라는 접근 방식에서 좀 더 포괄적이고 사회민주적인 해결책으로 진화해 가는 운동의 변화도 감지할 수 있었다. 이러한 변화는 시간의 경과와 함께 헐 하우스에서도 바느질 학급이 새로운 이민자에게 유용한 사업을 안내하고 훈련하는 세미나로 대체되었듯이 분명한 모습으로 진화되어 가고 있었다.

## 금주운동

자신의 도덕적 상상력을 실천하기 위해 필란트로피를 기반으로 하여 행동하는 개별적인 시민, 그리고 이러한 시민의 사적, 자발적 노력에 뿌리를 둔 또 다른 사회개혁 캠페인이 금주운동이었다. 이것은 미국 필란트로피 역사상 가장 위대한 성공 스토리 중 하나이자, 역사적 관점으로 보자면 궁극적으로는 실패한 운동이기도 했다.

   미국에서 첫 번째 자발적인 금주조직은 1807년에 설립되었다. 처음에는 산발적인 형태의 항의로 시작했지만 이후 강력한 사회적 세력이 되었다. 남북전쟁 이전의 정체기를 지나 전쟁 후 다시 탄력을 얻게 되었고, 그 과정에서 완전한 금주보다는 절제를 목표로 삼았다. 대체적으로 운동 목표의 대부분은 운동 기간 중 이처럼 진화의 과정을 거치게 된다. 이는 각각의 운동이 표방하는 공익에 대한 비전이 정치적 기회, 문화적 분위기, 운동 리더십의 사고방식에 맞도록 변하기 때문이기도 하다.41 그 이후 절제를 옹호하는 주장에서부터 알코올 소비를 전적으로 그리고 법적으로 금지하는 운동으로 그 강조점은 다시 이동하게 되었고, 전국에 걸쳐 금주를 명령하는 수정헌법 제18조가 통과된 1920년에 이르러 운동은 절정으로 치달았다. 금주론자의 야심은 거의 무한에 가까운 것이어서 그 운동의 전성기에는 전 세계를 모두 정복하려고까지 했다. 그들은 정당까지 만들어 1896년의 대통령 선거에는 후보를 내기도 했다.

금주운동의 의미는 단순히 이 놀라운 — 그러나 일시적으로만 성공적이었던 — 성과 때문만이 아니라, 동 세기 후반부의 다른 운동에서 볼 수 있는 몇 가지 다른 특징 때문이기도 하다. 그것이 갖는 국제적인 성격, 여성의 참여와 리더십, 아동 교육과 사회화에 대한 초점, 알코올에 대한 과학적 조사의 촉진 등이 진행되면서 점차 기독교 복음주의 운동의 색채를 띠어 갔다. 그러나 금주운동이 가장 특별했던 점은, 단순히 행동을 바꾸도록 설득하는 것을 넘어 정부 정책 수정 및 법 개정을 위한 로비 활동으로 사회개혁의 초점을 이행시켰다는 사실이다. 이런 방식은 오늘날의 거의 모든 사회개혁운동에서 핵심이 되는 중요한 요소다. 실제로 워싱턴의 국회의사당에서 길을 바로 건너면 '국회'에서 일하는 모든 로비스트가 부러워하는 위치에 '금주법시대가 만든 건물'이라고 알려진 유명한 빌딩이 있다. 그곳은 한때 의회에 가능한 한 가까이 있으려고 했던 금주운동 지지자의 사령부가 위치하고 있었다. 현재는 연합감리교회의 워싱턴 사무소가 있지만, 일상적으로 자신들의 필란트로피 의제를 관철하기 위해 정책 관련 애드보커시 활동을 하는 비영리 종교조직도 함께 건물을 공유하고 있다.42

금주운동은 많은 사람을 동원했으며 시장의 격렬한 저항과 정부의 타성적 태도, 이 두 가지 모두를 극복했다. 그것은 국가의 법을 바꾸고 국가 전체에 도덕적 의지를 시행해보고자 하는 자신들의 목표를 달성했다. 그러나 이러한 승리는 단명에 그쳐 1933년에 모든 것이 끝나버렸지만, 그럼에도 불구하고 사회사와 도덕적 상상력의 미래에서 금주운동이 갖는 중요성은 여전히 남아 있다.

## 5.7 도덕적 상상력의 사회적 현재와 미래

20세기 전 기간을 통해 필란트로피 전통이 어떻게 발전해 왔는지를 추적한 것과 같이, 도덕적 상상력의 사회사에 대한 리뷰는 현재에 이르러도 지속될 수 있을 것이다. 예를 들어, 2001년의 9/11 비극 이후 도덕적 상상력이 우리를 어디로 이끌 것인지 미래에 대한 전망을 해볼 수 있다.

제2차 세계대전 후의 복지국가와 사회민주주의의 발흥은 빈자를 어떻게 '구제'할 것인지, 욕구에 대한 연민적 대응을 누가 조직화할 것인지, 사회 안녕과 복지도 연민에 대한 것만큼이나 '정의'에 대한 것을 포함해야 하는지 여부를 둘러싼 논쟁을 부활시키고 변화해 갔다. 정부와 필란트로피 사이의 관계는 친밀해졌지만 아울러 매우 복잡하게 전개되기도 하였다. 민권운동 조직처럼 필란트로피 실천가들은 금주운동 로비스트가 했듯이, 사회변화를 위한 프로그램을 추진하도록 정부를 상대로 애드보커시 활동을 지속했다. 그러나 필란트로피 실천가들은 또한 정부로부터 자금지원을 받아 지금까지의 자신의 능력을 넘어서는 사회서비스 전달 활동까지 맡아서 수행하기도 했다. 이러한 복합적인 관계는, 정부의 비영리 서비스제공자로의 '권한 이양'(devolution)이라는 주제를 둘러싸고 벌어지는 논쟁에서 목격되듯이, 오늘날에도 종교기반(faith-based) 서비스 조직을 중심으로 지속되고 있다.

기업계의 리더―카네기와 록펠러와 같은―또한 필란트로피 사회사에서 두드러진 역할을 지속해 왔다. 기업 필란트로피가 계획한 대로 수행되면서, "필란트로피는 기업의 이사회에는 낄 자리가 없다"는 오래된 격언을 에스러운 것으로 만들었다. 고대 아테네와 로마에서처럼, 모든 지역사회 저명인사 또한 채러티를 통해 지역주민을 위한 프로그램을 후원하고 발전에 기여하도록 요청받았다. 그러나 이러한 기업의 역할은 엘리트의 지배 또는 기업에 의한 통제를 우려하는 사람들에 의해 그 어느 때보다도 일상적인 도전에 직면해 있기도 하다. 이들 비판자들은 주로 사회운동으로부터 열렬한 지지를 받고 있으며 기업 혹은 재단의 필란트로피가 국가적, 더 나아가서는 국제적 수준으로 확대되는 것에 대해 강한 의문을 제기한다.

그렇지만 지금은 필란트로피가 수혜자를 오히려 더 빈곤으로 몰아넣는 것은 아닌지라는 이슈보다는―현재 이런 문제와 관련된 비판의 대상은 보통 정부다―계급 간 불평등이 심화되지는 않는지 혹은 기업의 권력을 재강화하고자 하는 것은 아닌지가 주된 이슈다.

필란트로피를 더욱 과학적이고 전략적으로 만들고, 기부활동의 개선과 결과 중심적 비영리 활동을 이끌어 내기 위해 기업으로부터 배우고자 하는 노력은 오늘날에도 계속되고 있다. 일례로 워렌 버핏은 그가 가진 대부분의 돈을 게이츠재단에 기부했고, 그런 방법을 선택한 이유에 대해 그는 "재단이 비즈니스를 이해하고 있기 때문이다"라고 언급하기도 했다. 그의 이러한 언급은 게이츠재단의 성공이 이미 입증된 사례이기 때문에 목표를 달성하고 결과를 성취하는 데 적합한 기구라는 뜻을 내포하는 것이었다. 카네기와 록펠러 그리고 예전의 '부와 기부의 황금시대'의 여러 부유한 필란트로피 실천가들이 지원하던 방식과 이들 전략적인 필란트로피 실천가들의 접근방식의 유사성을 알게 되는 것 또한 매우 흥미로운 일이기도 하다.

우리는 또한 기부 및 지원 방법과 관련하여 진화해 온 다양한 형태, 즉 '전략적 필란트로피'(strategic philanthropy), '벤처 필란트로피'(venture philanthropy) 또는 '새로운 필란트로피'(new philanthropy)라고 칭하는 것에 대해 잘 알고 있으며, 그 유사성에 대해서도 인식하고 있다. 필란트로피 세계에서 이와 같은 '새로운' 혁신은 '전통적 필란트로피'로부터 이탈함으로써 자신을 자리매김하기도 하지만, 미국 필란트로피 전통 중의 몇몇 흐름과 많은 공통점을 갖는다. 새로운 필란트로피 실천가는 과학적 필란트로피 실천가, 채러티조직협회 운영자, 혹은 과거의 또 다른 기부자처럼 효과적으로 그리고 소위 '일회용 반창고'와 같이 대중적인 방법보다는 결과 지향적 접근 방식, 문제의 근원을 파악해 이를 해결하고자 기부하는 방식을 선호한다. 배리 칼(Barry Karl)과 스텐리 카츠(Stanley Katz)의 서술, 즉 20세기 초 소위 필란트로피 재단이 "사회적 문제의 근본적 원인을 찾아내고자 했고, 그 해결책을 위한 전략을 개발하고 발전시키고자 했다"라는 평가와 서술은 전략적 필란트로피를 실천하고자 하는 현재의 재단 연간보고서에서도 그대로 발견된다.43 따라서 현대의 전략적 필란트로피에 새로운 점이 있다면 역사에 대한 중요성을 유례없이 진전시키고 확대한 것이라고 할 수 있다.

현대적 필란트로피의 범위는 이전의 그 어느 때보다 광범위하며 전문화되어 있다. 그러나 이렇게 전문화되었음에도 불구하고, 자원봉사활동과 개인 기부가 여전히 핵심적 위치를, 액수 측면에서 높은 비중을 차지하고 있다. 이는 현대 미국의 기부를 이해하기 위해서는 여전히 미국 사회사에서 소위 구호품 기부(almsgiving)가 차지하는 위치를 이해하는 것이 중요하다는 사실을 반증한다.

필란트로피 전통은 도덕적 상상력의 사회사다. 즉 공익의 비전을 상상하고 선을 진전시킬 자발적인 행동 양식을 만들어 냄으로써 인간 사회와 타인의 삶을 증진시키고자 하는 노력의 역사인 것이다. 또한 필란트로피의 역사는 '선행'을 이뤄나가고자 하는 특정한 역사적 맥락에서 도덕적 상상력을 실천하려는 인간의 이야기다. 따라서 이와 똑같은 식으로 필란트로피의 미래란 도덕적 상상력의 사회적 미래라고 할 것이다.

　이 장에서 언급한 것처럼, 도덕적 상상력은 공간을 넘어, 또한 시간을 넘어 서로 연결할 수 있도록 한다. 예를 들어 자카르타의 빈민가에 사는 한 60대 여인과 우리 사이에 존재하는 간극을 메워줄 뿐 아니라, 삼천 년 전 중동지방 혹은 고대 아테네와 로마의 도덕적 요구와 현대적 시공간에서 도덕적 상상력을 서로 연결해 주기도 한다. 필란트로피가 지향하고자 하는 사회적 미래와 관련하여 과거 사람의 도덕적 요구를 현재 우리 자신의 삶에서 이해할 수 있는 도덕적 행동의 의제로 전환하기 위해서 도덕적 상상력은 지속되어야만 할 것이다.

제6장

# 필란트로피, 민주주의 그리고 미래

이 장은 필란트로피(philanthropy)가 왜 존재하는지, 나아가 왜 존재해야 하는지를 설명하기 위한 마지막 장이다. 한 사회 속에 필란트로피의 필수적 역할을 서술하는 동시에 미래에도 그 역할이 지속되기 위한 방법을 모색하고자 한다. 전반부는 필란트로피가 왜 자유롭고 열린 민주 사회에서 필수적인지, 후반부는 미래를 전망하면서 필란트로피 전통을 지키는 훌륭한 스튜어드(steward)와 필란트로피에 대한 교육을 확대함으로써 이를 다음 세대로 이어갈 필요성에 대해 살펴보고자 한다. 어떤 사회에서든 필란트로피는 다른 모든 전통처럼 적극적으로 보존되고 이어가야만 하며, 그렇지 않으면 그것은 쇠락의 위험, 즉 오랜 기간 동안 쇠퇴와 정체의 위험에 빠질 가능성이 높다. 우리가 바라는 민주 사회에 필란트로피가 얼마나 필수적인지를 이해하는 것은 미래의 민주주의를 지키고 유지해가는 과정에서 매우 중요한 단계다.

## 6.1 필란트로피는 민주 사회에 필수적이다

자유롭고 열려 있는 민주 사회의 미래는 해당 사회의 필란트로피 전통의 활력과 직결된다. 건강한 필란트로피부문 없이 민주주의의 번영은 불가능하다. 이는 이 책에서 제시하는 필란트로피의 이론적 근거와 관련하여 중요한 부분이기도 하다. 앞에서는 필란트로피의 역할과 관련된 부분에 강조점을 두었지만, 여기에서는 이러한 역할의 기여에 대해 좀 더 자세히 살펴보고 그것이 갖는 헌법적 기초와 민주적 중요성을 검토해 보고자 한다. 주로 미국의 사례, 즉 필란트로피가 건강한 미국 민주주의를 위해 어떤 기여를 하고 있는지 여러 사례를 참고하고 제시함으로써 우리의 논의를 이어가겠지만, 비슷한 논의를 다른 나라의 민주주의에도 적용할 수 있을 것이다.1

필란트로피가 갖는 '애드보커시로서 역할'과 '시민으로서 역할'은 모든 민주주의에 필수불가결하다. 그러나 또 다른 활동 — 공공의 필요성 충족, 인간 문제에 대응, 도덕적 의제 형성, 문화적 가치 표현 등 — 도 효과적이고 안정적인 현대 민주주의를 유지하는 데(그리고 개선하는 데) 중요한 역할을 한다. 즉, 여성유권자동맹(League of Women Voters) 또는 미국시민자유연합(America Civil Liberties Union) 같은 단체가 미국 민주주의가 제대로 작동하도록 돕는 것은 사실이지만, 다른 그룹 역시도 나름의 방식으로 기여하고 있다. 사립대학도 미래의 시민지도자를 훈련하고 양성한다. 미국의사협회(American Medical Association)는 모든 시민이 의지하고 신뢰할 수 있도록 의사들의 수준을 유지하기 위해 그 역할을 수행한다(물론 보건의료 정책의 결정과 관련하여 다양한 로비활동도 하고는 있지만). 종교 기반 지역사회 조직은 경찰이나 다른 정부기관이 할 수 없는 방식으로 갱들과 대화를 하고 그들을 선도한다. 역사유산보존협회는 공유된 유산을 보호하기 위해 지방정부의 기획자, 민간개발업자와 함께 작업하면서 미래세대가 이를 이어갈 수 있도록 한다.

이 책에서 우리는 필란트로피가 '공익'을 정의하고, 옹호·주창하고, 이를 성취해 가는 데 중요한 역할을 한다고 주장해왔다. 필란트로피 행위와 실천은 공익이 무엇인지, 그것을 추구하기 위한 가장 좋은 방법은 무엇인지에 대한 지속적인 공적 숙의에서 핵심적 부분을 차지하며, 필란트로피가 보육에서 오페라에 이르기까지 공공의 수요나 욕구에 대한 서비스 제공을 통해 공익을 증진시킨다는 사실 또한 잘 알고 있다. 필란트로피가 정부와 함께 이런 종류의 공익적 기여를 통해 민주주의에 기여함은 물론이다. 정부와 필란트로피부문 '양쪽'이 공공재를 제공하며, 종종 그들은 파트너를 이뤄 이를 제공한다. 정부의 지원금은 비영리조직의 일차적인 자금원이다. 또한 시장과 정부 양쪽 모두가 민주 사회를 위해 필수적인 공공재를 제공하는 데 실패하는 경우, 필란트로피는 홀로 공공재를 제공하기도 한다.

필란트로피는 또한 민주주의를 위해서도 필수적이다. 왜냐하면 자발적 결사체가 민주주의를 위해서 필수불가결하기 때문이다. 자발적 결사의 자유는 수정헌법 제1조의 자유로서 그것은 토크빌이 말했던 것처럼 민주주의가 작동하는 데 여러 다양한 편익을 가져다준다. 물론 여기에는 시민과 그 리더가 자기 자신의 관심 혹은 비판을 표현하기 위한 도구, 단편적 이해를 주장하고 옹호하기 위한 도구의 제공이라는 다소 정도를 벗어난 편익까지도 포함한다. 이런 이유 때문에 필란트로피는 자유롭고 열려 있는 민주 사회에 필수적이라고 강조하는 것이기도 하다. 그런 사회는 결사체를 만들고, 대의와 가치를 소리 높이 외치고, 신뢰하는 곳에 돈을 기부하거나 돕고 싶은 그 누구든지 도울 수 있도록 허용 ─ 심지어 촉진하고 권한을 부여 ─ 한다.

필란트로피는 시민들 사이의 신뢰, 민주주의 국가의 정당성을 지속시키는 신뢰 구축을 돕고, 국가 성공 시기는 물론 위기의 시기 모두에 중요한 시민적 역할을 수행한다.

이러한 주장을 다른 방식으로 요약해 보면, 필란트로피가 공적 문제 해결이라는 민주적 과업에 필수적이라는 뜻이다. 예를 들면 정책결정의 모든 과정에서 핵심적 역할을 하는데, 필란트로피부문의 애드보커시 단체는 의제를 설정하고 정책 입안자와 민주적 기구가 처리해야 할 문제를 정의하기도 하며, 해결책을 제안하고 그 해결책이 결정될 수 있도록 협업하거나 협상한다. 그리고는 비영리 서비스전달조직이 그 해결책을 수행하는 데 결정적인 역할을 하게 되는데, 그들은 흔히 그런 공적 문제를 해결하는 데 최전선에서 이들 문제와 맞부딪히게 된다. 마지막으로 필란트로피단체는 정책적 해결책이 제대로 작동하는지를 확인하고 평가하는 감시자의 역할도 아울러 수행한다.

민주주의는 필란트로피를 필요로 한다. 왜냐하면 민주주의란 정치적 현상만이 아니라 문화적 현상이기도 하기 때문이다. 민주주의 문화를 유지해 온 가치 중 많은 것이 정부와 시장부문에서만이 아니라 필란트로피부문에서 함께 만들어져 왔다. 그럼에도 불구하고 미국의 첫 시작부터 역사의 한 부분이 되어온 필수불가결한 필란트로피의 전통에 대해 현재의 민주 사회가 거의 알지 못하고 있다는 사실은 특히 유감스런 일이라 아니 할 수 없다. 더구나 미국에서 정부부문의 축소가 논의되고 있는 시기에 ─ 정부가 시민을 위해 반드시 제공해야만 하는 것과 제공할 필요가 없는 것을 둘러 싼 정부부문의 논쟁과 정부 프로그램의 축소 혹은 삭감과 관련하여 정치인들이 필란트로피부문에 대해 언급 중일 때 ─ 일상 대화 속에 필란트로피부문의 목소리, 그것이 대변하고자 하는 가치가 너무나 미미한 역할을 해왔다고 하는 것은 훨씬 더 유감스런 일이다. 따라서 민주주의에서 필란트로피가 갖는 필수적이고 고유한 기능을 제대로 이해하도록 우리의 토론이 기여할 수 있기를 기대해 본다.

## 필란트로피와 입헌 민주주의의 목표

미국헌법의 전문은 민주적 거버넌스 시스템을 만드는 목적에 대해 정리하고, 그 목표가 제시하는 '공익' 혹은 '좋은 사회'에 대한 의미에 대해서도 훌륭하게 요약하고 있다.

> 우리들 연합주의 인민은 더욱 완벽한 연방을 형성하고, 정의를 확립하며, 국내 안녕을 보장하고 공동방위를 도모하고, 전 인민의 복리를 증진하여, 우리 현 세대와 후손에게 자유의 축복을 확보해 주기 위해 미합중국 헌법을 제정한다.

전문은 강력한 규범적 선언으로 우리로 하여금 위의 열망을 좋은 사회의 실체적 내용으로 구체화하도록 독려한다. 물론 언급한 공익 ─ 정의, 안녕, 보편적 복리, 우리의 후손 ─ 은 정부가 촉진하고 추구해야 하는 목표다. 그러나 이 전문은 정부와 경제가 할 수 있는 범위를 훨씬 넘어서는 계획과 일의 내용을 포함하고 있다. 우리로 하여금 미국 사회의 포괄적인 모습, 즉 사회 모든 부문의 역할이 포함된 관점을 가질 수 있도록 한다. 전문이 말하는 목표를 성취하기 위해서는 분야에 따라 그 정도의 많고 적음은 있겠지만 분명 상당한 정도의 필란트로피의 역할이 전제되어야 한다. 전문은 공익을 위한 자발적 행동에 동기를 부여하는 비전인 것이다.

그러나 전문의 이상을 현존하는 '좋은 사회'로 변역해 내는 일은 쉽지 않은 모호한 과업이라 할 수 있다. 필란트로피 계획과 활동은 조화보다는 갈등을 일으킬 수도 있다. 게다가 정의를 확립하며, 전 인민의 복리를 증진하고, 자유의 축복을 확보해 주는 그런 목적을 위해 노력하는 과정에서 필란트로피 결사체는 흔히 이념적 입장을 갖게 되고, 그것은 분파적 행태를 낳을 수도 있고, 불완전한 세계에서 필란트로피는 평화 유지를 위해 평화를 교란시킬 수도 있다. 애드보커시와 화해를 추구하는 것 둘 다 필란트로피의 정당한 기능이기 때문이다. 그러나 대립적인 입장에도 불구하고, 대부분의 필란트로피 단체는 여전히 자신의 궁극적 목표로서 '더욱 완벽한 통합'을 내세울 것이다. 비록 사람들은 헌법 전문이 가진 이러한 일반적인 목표에 대해 정의를 내리는 데 서로 의견을 달리하지만, 필란트로피의 자발적인 실천은 공공의 이익이라는 비전을 추구하고 실천하고자 한다.

## 필란트로피와 정부의 공유된 책임

다른 두 부문의 실패로부터 어떻게 필란트로피부문에 대한 핵심적 근거가 생겨나는가를 살펴본 적이 있다. 정부와 시장이 욕구를 충족시키지 못하거나 적절한 방식으로 충분하게 제공하지는 않는 경우 또는 관심과 이해를 대변해 주지 않거나 보호가 필요한 사람의 요청을 받아들이지 못하는 바로 그런 이유 때문에 자발적인 결사체는 만들어지고 존재한다. 정부는 자신의 파트너로서 자발적인 결사체에 상당 부분 의존한다. 최근 거버넌스 이슈와 공공문제 해결이 부문의 경계를 넘나들게 되면서 이런 현상은 더욱 심화되고 있다.2 필란트로피가 갖는 이와 같은 존재 이유는 우리 사회에서 필란트로피와 정부 사이에 책임을 어떻게 배분할 것인가라는 일반적 문제를 다시 제기하고 있다. 필란트로피는 공공재를 제공하고 전체적 복지를 증진시키며, 일이 잘못되어갈 때 이에 대한 대응을 하기 위해 정부와 함께 책임을 공유하기도 한다. 이러한 이유로 필란트로피는 민주 사회의 목표를 달성하고 민주주의를 완성해 가는 데 필수불가결한 존재라 할 수 있다.

공익을 보장하기 위해 어떤 형태로든 강제력을 사용할 힘을 가진 실체로서 정부는 특히 대규모 문제, 세밀한 관리를 요하는 문제를 다룬다는 점에서는 분명한 책임을 갖고 있다. 최근에 충격적인 대량학살이 발생했던 르완다 사태처럼 국가가 전반적 절망 상황에 있을 때 정부는 필요한 조치와 도움을 줄 수 있어야만 한다. 그러나 미국 내 도시에서도 정부의 개입이 요구되는 르완다 상황과 같은 곳, 즉 정의, 안녕, 질서가 부재한 지역사회가 존재하지만 이러한 사실은 일반에게 거의 알려져 있질 않다. 그러나 소위 자발적 행동만으로는 이런 곳의 문제를 해결하기는 역부족이다. 따라서 아주 광범위하면서도 상당한 규모의 조치와 도움이 필요하다. 이런 곳에서는 당연히 자발적 행동에 기반한 필란트로피가 그 역할을 다 해야 하겠지만 필란트로피만이 홀로 남아 문제해결을 위해 외롭게 싸워가며 이를 극복할 수는 없다.

마약과 관련된 이슈도 마찬가지다. 콜롬비아로부터 사우스 브롱스 또는 사우스 센트럴 로스앤젤로스로 이동하는 경로는 10여 개의 경찰 및 군대 관할구역에 걸쳐 있다. 따라서 세이브더칠드런이나 가톨릭구제회가 용병을 모집, 경찰이나 군대가 하던 일을 대신할 것이라고 기대하지는 않는다. 마약유통을 통제하려고 노력하는 지역 경찰에서부터 국제경찰기구에 이르기까지 모든 단계에서 정부의 역할은 명약관화하다. 같은 이야기를 총포류 또는 무기의 밀거래, 매춘 목적 인신 밀거래에 대해서도 말할 수 있으며, 지구 상 너무나 많은 곳에서 벌어지는 '비자발적 이주'에서 발견되는 난민 등의 문제에도 마찬가지일 것이다.

이러한 암울한 이슈와 관련하여 필란트로피는 그다지 큰 규모라고 할 수는 없지만 상당히 중요한 역할을 하게 된다. 일반적으로는 희생자를 돕는 데 참여하지만, 희생자를 대신해 사안의 문제점과 중요성을 입증하는 데도 참여한다. 희생자들, 즉 무방비 상태에서 억눌린 사람을 위한 양심의 일차적 목소리는 필란트로피가 내는 목소리다. 어려움에 처한 사람들은 조리 있는 말씨나 문장력, 교육의 기회 혹은 세 가지 모두가 부족한 것이 일반적이다. 때문에 울부짖기도 하고 장황하게 열변을 토하기도 하며 고집스런 주장을 지속하기도 한다. 그렇지만 정부 관계자는 이런 일에는 귀를 기울이려 하지는 않을 것이며, 결국 이런 유형의 일은 필란트로피의 몫이 되고 애드보커시 기능 및 역할과 관련된 일이 될 것이다. 이와 관련된 구체적인 내용은 나중에 다시 살펴보기로 하자.

훨씬 덜 극적이지만 결코 긴급성에서 뒤지지 않는 사안과 관련해서도 필란트로피와 정부 — 그리고 기부자와 세금 납부자 — 가 책임을 공유한다. 건강관리와 주거문제, 직업교육의 제공, 애완동물 돌봄과 같은 일이 그런 것에 해당한다. 필란트로피가 그 모든 것을 할 수는 없기 때문에 공동책임과 관련된 이런 유형의 경우, 일이 잘 진행될 수 있도록 일정한 역할을 수행한다. 어떤 공공재는 개인 단위의 기부가 제공할 수 있는 것보다 더 많은 자금, 더 신뢰할만한 자금을 필요로 한다. 예를 들면, 정부 지원에서 필란트로피를 기반으로 한 지원으로 복지 지원 방식의 변화를 둘러 싼 논란에서, 세금 기반 프로그램을 찬성하는 사람들은 채러티(charity)에 기반한 기부는 결코 증가하는 복지 수요를 충족시키지 못할 것이라고 주장한다. 이런 주장과 관련된 첫 번째 이유는, 사람들 각각은 서로 다른 분야에 다양한 관심을 갖고 있기 때문에 자신이 기부한 모든 것이 가난한 사람을 돕는 데만 사용되기를 원하지 않는다는 점이다. 두 번째 이유는 이유라기보다는 주장이라고도 할 수 있는데, 가난한 사람들이 해당 사회의 자원을 나누어 가질 법적 및 도덕적 권리를 갖는다는 점이고, 세 번째 이유는, 구호에 대한 큰 비용부담은 국가가 맡아야 하며, 필란트로피는 그런 책임에서 벗어나 발전(development)이라는 이슈에 집중할 수 있게 해야만 한다는 것이다. 즉 이를 통해 필란트로피를 기반으로 한 투자가 사회문제에 대한 새로운 해결책을 모색하고 견인해갈 수 있게 해야 하는데, 만일 국가가 가난한 사람에게 기본 생활비와 구호와 관련된 지원을 하지 않는다면, 가용한 투자금은 자연스럽게 줄어들 수밖에 없다는 것이다.

전반적 복지 수준 향상을 위한 정부의 노력을 필란트로피가 보완하도록 정부가 기대하는 것과 꼭 같이, 필란트로피도 또한 필란트로피가 이루고자 하는 것을 정부가 진전시켜 주기를 기대한다. 민간 차원의 필란트로피는 공원을 설립하고 이 공원을 대중이 사용할 수 있도록 하기 위해 더 많은 공공자금을 끌어들일 수 있도록 레버리지 역할을 수행한다. 필란트로피조직은 재정적 부담을 완화하기 위해 세금면제를 통한 공적 보조를 기대하며, 정부 세금수입이 줄어들긴 하지만 개인기부자는 세금공제를 허용, 확대함으로써 민간 필란트로피가 활성화되기를 기대한다. 이러한 세금혜택에 대해 어차피 정부가 하는 일 중 몇 가지를 필란트로피가 하는 것에 지나지 않는다는 주장도 있기는 하지만, 그런 논리를 입증해줄 명백한 증거는 없다. 예를 들어, 만일 대중 여론이 세금 면제 및 공제의 명확한 정당성이 무엇인지를 요구한다면, 이 같은 조세 차원의 지원과 보조를 받기는 어려울 것이다. 이는 대부분의 사람이 공공의 이익이 무엇인지에 대한 의견과 관점을 공유하지 않는다는 사실을 반영하는 것이기도 하다.

## 자발적 결사체의 민주적 중요성

미국 수정헌법 제1조를 생각할 때 대부분이 자유로운 개인의 언론 또는 출판의 자유 보장을 생각하겠지만 — 몇몇 사람은 아마도 신앙의 자유를 첫 번째로 마음에 떠올릴 것이지만 — 수정헌법 제1조의 숨겨진 힘은 집회의 자유라는 개념에 있다. 이 특별한 권리는 모든 민주적 시스템이 작동하는 데 필수적이다. 왜냐하면 그것이야말로 민주주의를 번영해 가는 데 필요한 많은 일을 수행하는 자발적 결사체와 그 권리를 보장해주기 때문이다. 그럼에도 '자발적 결사체'(voluntary association)라는 단어를 헌법에 사용하지는 않는다.

새 헌법의 기초자 입장에서 '집회'(assembly)란 것은 마을 광장에 모여 세금 부과를 비판하는 — 예를 들자면 차에 대한 과세 — 연설자의 목소리를 듣는 한 무리의 사람들로 그려졌을 것이다. 그런 의미에서 집회란 한 무리의 군중 이상은 아닌 것으로 생각했을 것이다. 그러나 자발적 결사체란 지속적인 형태와 목적을 갖는 하나의 집회이며, 군중 중 몇몇 사람이 연설자 중 한 사람의 견해와 같이 할 것을 표명하면서 그 입장을 추진할 하나의 조직을 만들기로 결정할 때 생겨난다. 그리고 자발적 결사체와 관련한 자신의 최근의 경험을 돌이켜 보면, 민주적으로 가장 중요한 집회란 시간이 흘러도 지속돼 하나의 결사체로 만들어지는 그런 집회라는 사실을 알게 된다.

이런 결사체도 집회와 같은 권리, 즉 어떠한 공공의 위임 없이 공적인 일에 개입하는 권리를 누리게 되며 공적인 일에 자발적 결사체의 역할은 매우 중요하다. '자발적 결사체'란 용어가 갖는 두 가지 측면이 핵심적이라 할 수 있는데, 첫째로는 홀로 행동하는 한 사람의 개인은 공공정책에 많은 영향을 줄 수 없기 때문에 여러 사람으로 이뤄진 결사체가 필요하다는 점이고, 둘째로는 한 사람의 개인은 또한 여러 지지자들이 참여하도록 지시할 수 없기 때문에 자원활동가로서 참여하도록 설득하고 모집해야만 한다는 점이다.

일단 함께 모이면 자원이 필요하며 자원이 없으면 효과적일 수 없다는 사실을 자발적 결사체의 구성원은 인식하게 된다. 그런 점에서 수정헌법 제1조의 다른 측면, 즉 언론의 자유에 대한 권리(the right to free speech)는 중요하며 — 이 권리에 암묵적으로 내포된 것은 모금할 권리다 — 이는 선거자금, '연설'을 통한 정치적 기여의 보장을 둘러싼 모든 논쟁에서 가장 곤란하면서도 핵심적인 부분임을 기억할 필요가 있다. 따라서 필란트로피의 목적을 위해 자발적 기부금의 형태로 모금할 권리를 보호하는 것은 자발적 결사체에게 필수적이다.

민주주의에서 자발적 결사체의 중요성은 수정헌법 제1조의 기초자들에게는 명시적으로 인식되지 않았을지도 모르지만, 40년 후 토크빌은 그것을 명확하게 인지하고 있었다. 토크빌은 미국인들이 끊임없이 결사체를 구성하려는 사람이라고 자주 언급했는데, 그가 의도했던 것은 막 꽃피기 시작하던 미국 민주주의에서 이들 결사체가 수행하는 본질적 역할에 좀 더 중점을 두려는 의도였다. 토크빌은 또한 결사체야말로 민주주의에 잠재하는 몇몇 문제점에 대해 해결책을 제시하고 있다고 주장했는데, 조건의 평등이 지배적인 미국 같은 사회에서 특히 그러했다. 이런 사회에서 결사체는 전제 및 독재적 폭정의 위협, 다수의 독재, 개인주의가 갖는 반민주적 충동을 완화해 주었던 것이다.

또한 토크빌은 자발적 결사체의 민주적 기여에 대해 좀 더 진전된 사회적·문화적 주장도 했다. 『미국의 민주주의』(Democracy in America)란 책에서 그는 결사체야말로 시민의 사회화, 정치의 사회화가 생겨나게 하고 시민 지도자와 시민이 함께 훈련받는 '위대한 자유학교'(great free schools)라고 언급하기도 했다. 자발적 결사체에 참여함으로써 미국인들은 '결사체의 일반원리'와 '결집 방법에 관한 지식'과 같은 시민과 관련된 기술과 지식을 배우게 된다. 그리고 자발적 결사체에서 배운 다른 것들과 함께 이들 기술과 지식은 이러한 '시민적 결사체' 외의 다른 모든 종류의 민주적 활동에서도 활용될 수 있다. 이런 식으로 "시민적 결사체는 정치 결사체로의 길을 열어 주며," 또 시민적 결사체에 참여하는 것은 민주적 문화의 필수적 요소인, 아니 "그 이상의 것인 결사체와 그 활동에 대한 일반적인 습관과 경험을 확산하는 데" 이바지한다고 토크빌은 설명한다.3 비록 비정치적 목적이긴 하더라도 다양한 자발적인 결사체를 형성하는 데 관여하는 것은 시민을 좀 더 유능하게 하고, 대개의 경우 민주적으로 유익한 갖가지 활동과 참여 행위에 좀 더 적극적으로 관여하게 해 준다. 그리고 거기에는 공적 이슈에 대한 공적 대화에의 참여와 같은 건강한 민주주의에 매우 필수적인 일도 포함된다.4 바로 그렇기 때문에 수정헌법 제1조에서 비록 암시적이라도 자발적인 결사체를 구성할 수 있도록 보장한 권리야말로 민주적 거버넌스가 작동하도록 하는 데 궁극적으로는 가장 큰 기여를 하는 것이며, 거기에는 문화적·정치적 양 측면 모두에 많은 이유가 존재한다.

## 애드보커시와 사회운동

단순히 개별적 차원의 언론보다 집단적 차원의 언론이라는 의미에서 볼 때 수정헌법 제1조에서의 자유 언론에 대한 권리는 공익을 위한 자발적인 행동에 의해 수행되는 또 다른 민주적 역할인 애드보커시(advocacy), 즉 주창과 옹호 활동과 연관된다. 자발적 결사체는 사회적 이슈와 관련된 모든 분야에서 나타나는 이슈를 정의하고 해결책을 주창하고 공공정책의 논의 결과에 결정적으로 영향을 미친다.5 즉 수정헌법 제1조 언론의 권리에 따른 자발적 결사체는 애드보커시와 관련하여 많은 일을 수행한다. 그들은 입법부와 행정부 관계자를 재촉할 수 있고, 기술적으로는 우리 가정에까지 개입해 우리의 승인, 돈, 시간, 기도에 이르기까지 끝없는 소란을 야기하기도 하고, 이에 대한 우리의 인내력을 시험해 볼 수도 있다. 그들은 또한 기업에 대해 시위하고 파업할 수 있으며, 교회에 반대하여 설교를 하고 항의자들에 대한 또 다른 항의를 할 수도 있다.

이러한 형태의 자발적 결사체가 1970년대 이후 비영리부문에 점차적으로 확대해 왔다는 사실을 여러 데이터가 보여준다. 제프리 베리(Jeffrey Berry)는 이것을 '애드보커시의 폭발현상'(advocacy explosion)이라 불렀고,6 로버트 퍼트남(Robert Putnam)은 이런 경향을 '시민 생활'이 '퇴조'하는 한 가지 지표로 삼기도 했다. 즉 미국인들은 지역의 봉사클럽, 동네의 방범단, 볼링리그 등에 속하기보다는 특정한 단일 이슈, 워싱턴 중심의 직접적인 로비에 종사하는 전문화된 애드보커시 그룹에 속하는 것이(수표를 보내거나 온라인으로 후원신청서를 제출하는 등의 방법으로) 더욱 일반적인 현상이 되고 있다는 사실을 지적했다.7

물론 그렇다고 해서 이들 애드보커시 그룹이 행한 민주적 기여를 평가 절하해서는 안 된다. 특히 중요한 도덕적 이슈와 사회 문제를 공적 영역에서 의제화 하고자 하는 역할, 진전시키고자 하는 공익이 무엇인가를 둘러싼 대화와 논의에 활기를 불어넣고자 하는 그들의 역할을 과소평가해서는 안 된다. 말하자면 공익에 대한 특정 비전을 주창하고 옹호하는 것이 그들이 가진 자발적 행동 방식이다. 이 경우 여러 관련 조직의 이상이 서로 상충할 수도 있지만 — 실제로 항상 그러하다 — 주창하고 옹호하는 민주적 실천과 참여는 자유롭게 열려 있는 민주주의 사회의 기본을 강화하는 데 크게 이바지한다.

사회적 대의 — 페미니즘에서 농장 노동자의 안전에 대한 시민권에 이르기까지 — 지지와 옹호에 기반을 둔 활동가는 흔히 전통적인 공적 레토릭, 법정 엄숙주의, 로비 캠페인의 수준을 넘어선다. 애드보커시 활동은 행진, 깃발, 가두시위, 교통 방해, 건물 점거 그리고 경찰에 의해 끌려갈 때 주저앉아 버티는 일 같은 것을 상기시킨다. '사회운동'이라고 불리는 이러한 형태의 애드보커시 활동은 민주주의적 중요성을 갖기 때문에 제3섹터 운동가들의 급진적인 전술을 거부하는 사람조차도 이를 부정하기는 쉽지 않다. 이런 사회운동은 필란트로피라는 공적 영역에서 생겨나 정부의 의무를 근본적으로 구체화시켰으며, 한편으로는 정부의 우선순위를 재조정해 주기도 했다. 노예제의 폐지, 정신병원과 일반병원의 조건 개선, 교도소 행정의 개선, 아동노동의 축소와 점진적 배제 같은 것이 이에 적합한 사례라 할 수 있다. 상대편 로비스트와 마찬가지로 사회운동 애드보커시 그룹도 흔히 공공정책에 영향을 미치려는 계획적 의도를 갖고 있다. 실제로 영향력을 입법화하는 데 자발적 행동이 만들어 낸 가장 큰 성공은 아마도 수정헌법 제8조일 것이다.* 이전 장에서 이미

---

\* 일반적이지 않은 보석금, 벌금, 처벌 금지에 대한 조항. "과도한 보석금을 요구하거나, 과도한 벌금이 부과되어서는 안 되며, 잔혹하고 이례적인 형벌이 부과되어서도 안 된다"(Excessive bail shall not be required, nor excessive fines imposed, nor cruel and unusual punishments inflicted). 출처: 위키백과.

살펴봤듯이, 이런 성공은 금주운동에 의해 아주 효과적으로 주창되고 옹호되었다. 다른 대부분의 일처럼 이들 사회운동도 도덕적 행동에 대한 영향력을 확보하고자 시도했지만, 양심이나 관습의 문제로 대응하기보다는 법률제정, 정책수립과 같은 방식을 통해 대응했다.

애드보커시를 통한 사회운동이 한편으로는 자유를 위한 생생한 투쟁을 상징적으로 보여주고 있기는 하지만, 이와 동시에 다수가 가장 아끼는 것에 대해 좋은 말이라고는 결코 못하는 사람에 의해 월권이라는 형태의 행위도 종종 벌어진다. 무엇인가를 주창하고 옹호하는 행위는 그 자체로서 당연히 반대자를 만들어 내며, 애드보커시 활동이 극단적일수록 그 반대도 역시 극단적이 된다.

노숙자를 지원하는 사회운동을 통해 필란트로피조직이 자신의 목표를 진전시키는 데 어떻게 정부를 움직여 가는지 좀 더 잘 살펴볼 수 있다. 노숙자를 위한 애드보커시는 어떤 요청도, 어떤 공식적인 지시도 없이 시민의 삶에 주창자, 옹호자로서 개입하고 이를 위해 자신을 조직해왔다. 노숙자가 동정심을 구걸해야 하는 것은 치욕스런 일이며, 노숙자가 우리 집 문 앞까지 와서 굶주리고, 목마르며, 헐벗고, 누추하며, 절망적인 모습을 드러내고서야 대접을 겨우 받게 해서는 안 된다고 주장한다. 노숙자로 하여금 항구적인 주거 조건을 갖도록 하는 것은 전 국민의 책임이며, 주거를 위한 집세는 당신과 나 누구도 그 지불을 거절할 수 없는 세금을 통해 지불되어야만 한다고 그들은 주장한다. 즉 노숙자 애드보커시 그룹은 자신의 영향력을 확대 강화하고 이를 적용함으로써 정부의 강제력을 이끌어내고자 하는 것이다.

## 민주주의에서 필란트로피와 신뢰

신뢰(trust)는 사회 구성의 필수적 요소이며 건강한 민주주의를 위한 전제가 된다. 그것은 또한 도덕성의 필수적 요소다. 왜냐하면 도덕성은 신뢰를 동반하는 지속성과 예측 가능성을 필요로 하기 때문이다. 도덕성은 또한 자신의 이해를 넘어 타인의 권리와 안녕에 대한 의식적이고 의도적인 관심, 즉 이는 곧 자발적 결사체에 의해 표명된 관심이기도 하다. 자발적 결사체는 상호 간에 그리고 전체 사회의 차원에서 신뢰를 발전시키는 데 가장 유용한 도구 중 하나이며, 그것의 효과성은 주로 그것이 갖는 기본적인 도덕적 특성으로부터 나온다. 타인의 편익을 위해 타인의 삶에 조직적으로 관여하는 것은 정치적 또는 경제적 차원이라기보다는 도덕적으로 정당화될 수 있다.8 1970년대 이후 정부에 대한 공공의 신뢰가 쇠퇴하고 있고, 이 때문에 민주주의 체제 내에서 자발적 결사체의 역할은 매우 중요해졌다.9

신뢰의 진전과 관련하여 민주적 정부가 직접 기여한다는 사실을 우리가 축소하려는 것은 아니며, 신뢰의 구축과 관련하여 책임 있는 시장의 중요한 기여 역시 무시하려는 것도 아니다. 그럼에도 불구하고 제3섹터가 존재함으로써 정부와 시장부문은 강화된다. 사적 이익 추구를 넘어서는 목적을 가진 자발적 결사체는 시장의 경험으로부터 얻게 되는, 혹은 정부의 의무 부과를 통해 얻게 되는 것과는 전혀 다른 차원의 신뢰를 제공한다. 믿을만한 행동을 요구하는 정부의 노력이 신뢰를 발전시킬 수 있지만, 그것은 자발적 주도권에서 생겨나는 신뢰와는 다른 가치를 갖는다. 고용 문제와 관련하여 의례적인 차별철폐 조치(affirmative action)와 기회균등 요구를 둘러싸고 벌어지는 갈등은 법률과 규제에서뿐만 아니라 그것을 수행하는 사람에게도 신뢰를 증진시키지는 못했다. 신뢰는 자발적이며, 작위적으로 요구될 수는 없다.

그러나 자발적 결사체의 역설 중 한 가지는 그들이 신뢰의 발전을 위한 메커니즘임에도 불구하고, 그중 많은 것이 '불신'의 목소리로 기능한다는 것이다. 즉, 많은 자발적 결사체가 비판자로서 기능하게 된다. 몇몇은 시장의 신뢰 악용으로부터 소비자 보호를 자신의 사명으로 내세운다. 랄프 네이더(Ralph Nader)는 이런 종류의 시의적절하고 주도면밀한 계획이 갖는 특별한 힘을 잘 보여준다. 몇몇 자발적 결사체는 특정 이슈 — 예를 들면 환경 문제 또는 사회보장제도 문제 — 를 둘러싼 정부 정책과 시장 활동에 대한 철저한 감시와 공공의 비판을 조직의 핵심적인 사명으로 삼는다. 또한 자발적 결사체가 여타 자발적 결사체를 비판하는 경우도 있는데, 예를 들어 노숙자 또는 에이즈 희생자 문제 해결을 위한 재단이나 기업이 제대로 일을 처리하지 못할 때가 그런 경우라 할 수 있다.

그러나 공익을 위한 도덕적 관심에 기반한 신뢰성과 이에 대한 수사적(rhetorical) 요구가 모든 자발적 결사체에서 작동 중이다. 즉, 그들의 사명과 목적이 좁은 의미에서 정치적 또는 경제적이기보다는 도덕적이기 때문에 이들 결사체는 대중에 의해 신뢰를 얻게 된다. 예를 들면 알래스카 엑슨 발데즈호의 원유유출 사건*에서 정부기관이나 기업 모두가 신뢰할 만한 정보의 출처가 되지 못했다. 기업의 신중한 감독 결여가 정부기관의 부정확한 규제 및 느슨한 모니터링 시스템과 뒤얽혀 있었던 것이다. 따라서 정보를 위해 대중은 신망 있는 환경단체에 의지할 수밖에 없었다. 이들 환경단체에 대한 대중의 신뢰는 전문가로서 그들의 주장뿐만 아니라 대중의 관심을 대변하는 이들 조직의 도덕적 주장에 근거한다. 물론 많은 사람이 실제로 많은 필란트로피 그룹을 불신하고 있다는 사실도 잊어서는 안 된다. 어떤 사람은 많은 환경단체가 '분별없는 사람들'에 의해 운영된다고 생각하기 때문이다. 다시 말하지만 신뢰는 자발적인 것이다.

### 분파의 위협

분열적 이슈와 접하게 되면, 자발적 결사체는 제임스 메디슨(James Madison)이 『연방주의론』(Federalist Papers) 제10편에서 새 헌법을 옹호하면서 널리 알려진 문제, 즉 분파의 위협과 접하게 된다. 메디슨은 분파에 대하여, "다른 사람의 권리 또는 지역사회의 항구적이고 총체적인 이해에 배치되는" 공통된 '열정'이나 '관심'을 둘러싸고 모인 사람들의 모임(자발적 결사체일 수도)이라고 정의하였다. 메디슨은 이런 위협에 대처하기 위해 단순히 분파를 유도한다고 해서 자유를 억제하는 것은 받아들일 수는 없지만, 어째든 헌법은 사람들이 사회적 통합과 정의를 파괴함이 없이 자신의 열정과 관심을 추구할 수 있도록 그 틀을 제공해야 한다고 말했다. 이 틀은 대의적 민주주의 구조로 이뤄져야 하며, 그 구조 내에서 공익 추구를 위해 일련의 정책이 선택되어야 하고, 이를 결정하는 힘은 선출된 엘리트집단에게 위임되어야 한다고 강조했다. 엘리트란 교육과 덕성,

---

* 엑슨 발데즈는 엑슨사가 소유한 석유운반선으로서, 1989년 3월 24일에 알래스카 주의 프린스 윌리엄 해협에 좌초되어 1,100만 갤런의 원유를 유출시켰고, 이는 사상 최대의 생태학적 재해 중 하나로 기록됐다.

'애국심', '정의에 대한 사랑' 그리고 '자신의 국가를 위한 진정한 국익이 무엇인지를 가장 잘 식별할 줄 아는 지혜'를 가진 사람이어야만 한다는 것이다.10

우리는 모든 자발적 결사체가 "지역사회의 항구적이고 총체적인 이해에 배치하는…" 열정과 관심을 추구한다는 개념에 이의를 제기하고자 한다. 일부 분파는 자기 이해를 열렬하게 옹호하면서 이와 동시에 전체적인 편익을 추구한다. 우리는 또한 엘리트가 (최소한 대부분의 경우에) 일반 대중보다도 공익에 대해 더 많은 지혜를 갖는다는 메디슨의 함축적인 주장도 거부한다. 그러나 메디슨이 민주주의에 문제를 일으킬 수 있는 여러 분파의 존재 가능성에 대해 염려한 것은 확실히 옳다. 어떤 분파, 즉 일부 자발적 결사체는 다른 것보다 훨씬 더 쉽게 분파화하기도 하며, 이 경우 이들 그룹은 자유롭고 열린 민주주의 체제에서 일의 해결을 어렵게 하곤 한다. 예를 들면 낙태논쟁과 관련하여 필란트로피부문에는 찬성과 반대 입장 모두가 존재하며, 상호 대립된 목표를 강력하게 주장하고 옹호하기 위해 양자 모두가 자발적 결사체를 이용한다. 또한 이 책을 통해 지적해 온 것처럼(실제로는 선뜻 인정하기를 꺼리겠지만), 자신의 사명이 타인을 배제할 목적과 의도를 가진 상당수의 자발적 결사체도 존재한다. 자발적 결사체는 다원 사회에서 '차별받는 공동체'를 활성화하고 소수자 관점을 표현하는 수단이 될 수 있다. 반면에, 이와는 반대로 다양성을 압살하고 소수자에 낙인을 찍고 자신의 견해를 널리 알리기 위한 수단, 그것도 '혜택받은 공동체'가 이를 악용하는 수단으로 삼을 수도 있다.11

그렇지만 자발적 결사체라는 형식의 '분파'는 당시 대중적이지도 않은 분열적 대의였지만 노예제를 종식시키고 민권운동을 선도해 온 힘이었다는 사실을 염두에 둬야만 한다. 따라서 어떤 의미에서는 필란트로피가 불러 온 혼란, 그 혼란에 영향을 받은 해당 사회를 다시 건설하기 위해 필란트로피는 그 역할을 다해야만 한다. 비록 필란트로피 단체가 분파주의를 조장할 수 있지만, 그것은 또한 전체 사회의 편익을 위해 복무할 수도 있다. 정의를 위한 모든 전투, 혹은 모든 자비(mercy)의 천사에게 사용 가능한 공통적인 무기는 권리다. 즉, 대의를 중심으로 사람들을 결집하기 위해 설득하고, 조직을 구성하고, 대의를 진전시키기 위한 자금을 모금하고, 그리고 기존 방식을 변화시키기 위해 영향력을 행사하고, 회유하고 정치 제도를 활용하기 위한 권리다. 의견이 갈릴 수 있는 일이지만, 사회변화를 이뤄내기 위한 유일한 수단일 수 있다. 필란트로피는 분명 행동주의와 개혁에 관한 것이지만, 이는 또한 지역사회를 구성하고, 가치와 전통을 계승하고, 과거를 존중하면서 미래에 대해 신뢰를 갖기 위한 것이다.

## 6.2 책무성과 교육, 이를 통한 필란트로피 전통의 계승

필란트로피가 자유롭고 열린 민주 사회의 미래에 필수적이라면, 인간 문제에 대한 대응으로서 모든 사회에서 결정적인 역할을 하는 것이라면, 필란트로피는 미래로 확실하게 계승될 수 있도록 해야 한다. 그리고 이러한 작업은 주로 교육을 통해 이뤄질 수밖에 없다. 필란트로피의 모든 것이 흥미롭고 중요한 것이라면 제1장의 요지로 돌아가기 위해 좀 더 연구되고 좀 더 배워야 한다는 뜻이며, 필란트로피의 의미와 사명에 대한 이해를 심화시켜야 한다는 뜻이기도 하다.

필란트로피를 하나의 전통으로 생각한다면, 미래를 위해 이를 보존해야 할 책임도 있다. 그런 책임을 염두에 둔다면 앞서 논의해 온 필란트로피의 원칙 중 하나인 책무성(stewardship)의 이슈에 대해 다시 한 번 숙고해 볼 필요가 있다. 일반적인 사람과 달리 스튜어드(steward)는 전통의 지속적인 유지 발전에 확고한 도덕적 책임을 갖는다. 필란트로피가 한 사회에서 전통으로서 생동감을 갖고 활기 있게 유지되는가는 그 책무를 맡은 사람이 누구인가에 달려있다.

전통은 특히 그것이 무시될 때 활력과 의미를 잃을 수 있지만, 때로는 적극적으로 오용될 때도 그러하다. 아울러 거기에는 우리 세대가 필란트로피의 전통을 상당 부분 잘못 이해하고, 전통에 대한 책무감을 가져야만 함에도 불구하고, 이를 거의 인식하지 못한 채로 다음 세대로 넘겨줄 수도 있다는 위험과 함께 위기감이 존재한다.12 이러한 위험 때문에 필란트로피에 대해 적극적인 책무성은 물론이고 좀 더 강화되고 심화된 연구와 가르침 또한 필요하다.

전통은 또한 진부해질 수도 있다. 그것이 미래에도 살아남고 번성하기 위해서는 그것을 신선하고 활력 있게 유지하려는 의도적 노력이 필요하다. 어쩌면 전통 그 자체에 도전하여 그것을 혁신할 필요까지도 있다. T. S. 엘리엇(T. S. Eliot)이 말한 것처럼 말이다.

> 그러나 만일 전해 내려가는 전통의 유일한 형태가 우리 바로 앞 세대의 성과를 맹목적으로 혹은 소심하게 고수하면서 그들이 간 길을 따라가는 것이라면, '전통'은 확실히 거부되어야 할 것이다. 우리는 그런 단순한 물줄기들이 오래가지 못하고 모래 속에 파묻히고 마는 것을 많이 보아왔다. 게다가 새로움은 되풀이되는 것보다 나은 것이다. 전통이란 이보다 훨씬 광범한 의의를 가진 문제다. 그것은 물려받을 수는 없고, 그것을 획득하려면 큰 노력을 하지 않으면 안 된다.13*

필란트로피의 전통과 관련하여 스튜어드는 혁신적 프로그램을 개발하고 낡은 것들에 대해 도전도 하면서, 그것이 갖는 핵심적 사상, 가치, 실천은 보존하도록 노력해야만 한다고 엘리엇은 말하는 것이다. 그런데 다행히도 필란트로피란 과거로부터의 좋은 점을 보존하기 바라는 사람들—예를 들면 미술관의 도슨트 같은—뿐 아니라, 세계를 보는 새로운 방식을 서서히 불어넣기 바라는 사람들—예를 들면 다양한 사회운동 그룹의 활동가 같은—도 함께 공존하는 공공의 영역이다.

### 스튜어드의 책무(stewardship)

누가 필란트로피의 스튜어드이며, 스튜어드가 갖는 책임의 성격은 어떤 것인가? 필란트로피를 '위해서' 살아갈 뿐 아니라, 필란트로피의 '도움으로' 살아가는 사람도 분명히 필란트로피 스튜어드 그룹에 포함된다. 즉, 필란트로피 스튜어드는 필란트로피부문으로부터 수입을 얻어 삶을 영위해 가는 사람들 가운데서 우선적으로 발견할 수 있다. 예를 들어, 비영리조직의 매니저, 모금가, 비영리병원과 사립대학, 미술관의 운영관리자, 회계사와 비즈니스매니저, 안내 및 홍보 책자의 편집자와 필자, 특별행사의 기획자와 주최자가 그들이

---

* 황동규 편, 『엘리어트』(문학과 지성사 출판) 중 "전통과 개인의 재능"에서.

다. 이런 유형의 사람이 상당수 존재하다는 사실을 이 책의 첫 부분에서 살펴 봤다 ─ 비록 그 중 많은 수가 자기는 그 분야에서 일한다고 생각하고 있지 않지만. 따라서 효과적 책무성에 대한 그들의 잠재능력이 매우 크며, 그들이 필란트로피 전통에 가장 직접적인 책임을 지고 있는 사람이라고 주장할 수도 있다. 왜냐하면 그런 책임이 그들의 직업과 경력을 지속할 수 있게 하기 때문이다.

필란트로피적 전통을 보존하고 지속시켜 나갈 의무를 가진 가장 직접적인 두 번째 그룹은 수탁관리자로서의 책임을 스스로 맡은 무보수의 자원봉사활동가다. 수탁관리자, 즉 이사회는 필란트로피 피라미드 맨 위에 위치하고 있으며, 따라서 유급 직원, 특히 최고책임자를 고용하거나 해고하는 일은 그들의 권리이자 의무다. 도덕적 의미에서는 누구도 필란트로피 그 자체에 더 큰 의무를 갖는다고 할 수는 없지만, 결국 이사회를 구성하는 이사진이 조직 리더십의 책임을 갖는다. 수탁관리자인 이사회는 조직의 스튜어드일 뿐 아니라, 대표자이기도 하다. 그들은 조직의 완결성, 사명, 성과 등을 입증해야 하며, 이에 수반하는 명예와 함께 신뢰성의 의무를 스스로 진다.14

필란트로피 전통의 세 번째 스튜어드 그룹은 교육자다. 이들의 책임에 대해서는 추후 좀 더 살펴보기로 하자.

"누가 필란트로피에 대해 책임이 있는가?"라고 묻는 것은 "누가 종교에 대해 책임이 있는가?"라고 묻는 것과 같다. 더구나 앞의 질문은 뒤의 것보다 답변하기가 더 어렵기까지 하다. 필란트로피와 관련하여 어떤 제도적 틀도 종교의 그것과 비교할 만한 것은 없다. 권위에 대한 경전적 자료, 이를 위해 사용할 수 있는 교리와 의례, 또는 기준이 되는 텍스트에 대해 어떠한 합의도 없다. 또한 필란트로피보다 종교적 전통의 책무성에 대해 훨씬 많은 숙고가 이뤄져 왔을 것이다. 그것은 필란트로피 전통을 보존하고 지속할 스튜어드에 대한 적절한 직무설명서가 부족한 것, 해당 직무에 대한 정의나 가이드라인이 없었던 것과도 관련이 있을 수 있다. 따라서 필란트로피 전통을 보존하고 지속할 스튜어드는 누가 해당 직무를 수행하도록 요청하거나 인가했는지, 어떤 과업을 수행했는지, 어떤 방식으로 수행했는지 등에 대해 스스로 가정해 볼 수밖에 없다. 필란트로피 전통을 보존하고 지속할 스튜어드가 맡아서 수행할 만한 책임과 직무에는 어떤 것들이 있는지 아래와 같이 두 가지 방식으로 정리해 볼 수 있다.

필란트로피 전통을 보존하고 지속할 스튜어드는 다음과 같은 아이디어, 가치, 실천의 이슈를 다룬다.

1. 필란트로피의 기본적인 전제를 구성한다.
2. 필란트로피 그 자체의 구조와 기능이 무엇인지 제시한다.
3. 필란트로피를 사회의 다른 주요 부문과 연결시킨다.
4. 필란트로피에 대한 아이디어를 정의하고 개발한다.
5. 다른 부문과 관점에서 필란트로피를 조명한다.
6. 필란트로피에 문제 제기를 하고, 질문을 던지며, 반박하고 때론 비판하고 도전한다.

이러한 내용과 관련하여 필란트로피 전통을 보호하고, 강화하며, 전승시키기 위해 스튜어드는 다음 세 가지 일을 수행한다.

1. 필란트로피의 전통에 대한 교육과 이해를 심화시킨다.
2. 필란트로피의 아이디어, 가치, 실천에 대해 공공 교사가 된다.
3. 필란트로피에 적합한 공공정책을 만드는 데 이바지한다.

## 교육과 필란트로피

아마도 여러 가지 이유로 책무성을 위해 가장 중요한 방법은 교육을 통하는 것이다. 따라서 필란트로피에 대한 학술적 연구에 좀 더 강화되고 지속적인 관심을 둘 필요가 있다. 필란트로피를 이해하기 위해 이 책에서 제시되는 개념적 틀은 진전된 연구에 대한 정보를 제공하고 관심을 유도하는 방식으로 구성되어 있다. 또한 우리는 필란트로피에 대해 가르치는 것(teaching about philanthropy)과 필란트로피를 가르치는 것(teaching philanthropy) 두 가지 모두에 전념할 것을 강조하고자 한다. 전자가 필란트로피적 전통에 대한 학습 과정이면서 공공문제 해결과 관련된 필란트로피의 역할 그리고 이에 대한 대중적 가르침이라면, 후자는 학생들로 하여금 필란트로피를 실천하는 이유를 숙고하도록 그들을 이끌어 갈 뿐 아니라 필란트로피를 실천하는 방법을 가르치는 것이다.

선행을 하는 것이 어떻게 좋은 사회와 좋은 삶에 필수불가결한 것인지 진지하게 생각하는 총명한 젊은이들이 점차 많아지고 있고, 이들을 포함한 사회적 참여와 시민적 호기심으로 가득한 젊은이들이 이 책의 주요한 독자가 될 것이다. 필란트로피 그 자체에 대해, 혹은 어떻게 실천하는지에 대해 공부하는 이들 미래 리더들은 의미와 목적과 희망 있는 삶을 탐색하기 위해 물질적 보상이 상대적으로 적은 제3섹터에서의 삶을 기꺼이 받아들일 수 있을 것이다. 물론 또 다른 젊은이들은 필란트로피부문보다는 정부와 시장에서 일을 하면서 경력을 쌓고자 하겠지만, 그들 역시 필란트로피가 갖는 가치와 지식을 탐구하고 이를 실천하고자 노력할 것이다.

'필란트로피 교육과정'(philanthropic studies)을 교육시스템 특히 고등교육시스템 중 어디에 어떻게 배치할 것인가가 핵심적 질문이 된다. 우선 '일반 교육'(general education)이라 부르는 과정에서 필란트로피에 대해 가르치는 것은 현재 해당 과정에서 정치 및 경제에 대해 가르친다는 의미에서 충분히 이해할 수 있다. 많은 대학이 '비영리경영'이라는 제목으로 전문교육 과정을 개설하고 있듯이, 필란트로피도 이런 방식으로 개설할 수 있다. 전자(일반교육)가 후자(전문교육)보다는 덜 심화된 과정이기는 하지만, 해당 분야와 전통을 지속적으로 유지해 가기 위해서는 필란트로피에 대한 일반적인 자유교양교육(liberal education)이 필요하다고 생각한다.

필란트로피 연구 및 교육과정은 일반대학원과 전문대학원 수준에서 지속될 수도 있을 것이고, 몇 가지 다른 이름을 갖고 선택과목 혹은 부전공으로 학부과정에 편입될 수도 있을 것이다. 그런 진전과 더불어 필란트로피에 대한 교육이 교사 교육, 더 나아가 초등교육 및 중고등교육에까지 편입될 수도 있을 것이다. 그렇게 된다면, 그것은 필란트로피가 사회적 덕목으로 비공식적 차원에서 사회화되는 것만으로는 충분하지 않으며, 사회와 일터에 대해 연구하듯이, 필란트로피에 대한 연구가 필요하다는 사실을 잘 알고 있기 때문일 것이다. 따라서 우리는 필란트로피가 모든 수준의 일반교육 과정에 포함되어야 한다는 점을 강조하고자 하며, 이와 같은 책에 대한 기본적인 이해가 심화되고 이러한 내용이 당연한 것으로 가르치고 학습되기를 기대해 본다.

필란트로피에 대한 학습은 자유교양교육이 가진 핵심적 아이디어를 되새기게 한다. 개념적으로 자유교양교육은 책임 있는 시민성 혹은 시민정신 그리고 좋은 삶을 위한 교육이다. 즉 모든 시민을 좋은 사회에 참여하게 한다는 고전적 개념에 기초한다. 자유교양교육의 궁극적 목표는 한 사회 내에서 적극적 활동을 하게 할 수 있도록 준비시키는 것이고, 필란트로피 교육은 좋은 사회와 좋은 삶을 만들어 가는 데 선행이 갖는 의미와 역할이 무엇인지 분명하고 정확하게 알려준다. 때문에 필란트로피는 자유교양교육에 적합한 학습 주제다. 또한 역으로, 자유교양교육이 사회적 이슈에 대한 자유로운 생각과 이해를 추구하는 것이라고 한다면, 필란트로피에 대한 학습은 이와 관련하여 매우 절묘한 배경이 된다. 칼 와인트라웁(Karl Weintraub)이 시카고대학에서 신입생에게 제기했던 자유교양교육이란, '사안의 복잡성,' 특히 윤리적, 사회적 가치가 서로 상충되기도 하고, 모순되며, 모호한 관계에 위치한 복잡성에 초점을 맞춘다. 필란트로피에 대한 연구와 학습도 마찬가지다.

필란트로피는 또한 클리포드 기어츠(Clifford Greetz)가 말한 '경계가 모호한 분야' 중 하나로 생각할 수도 있다.15 따라서 필란트로피 연구는 인문학과 사회과학의 통찰력과 방법론에 기초하며, 아울러 자유롭게 사회적 이슈 ― 공중의 의식과 공공 담론의 세계를 지배하는 지속적이고 반복되는 질문 ― 를 탐구하면서 많은 전문가가 함께 학제적 연구, 즉 인접학문 간의 연구를 통해 이뤄져야 한다. 그렇지만 이들 이슈는 전문화라는 좁은 시야에 의존함으로써 명확해지기보다는 오히려 혼란스럽기까지 한 일이 자주 일어나기도 한다. 또한 그것은 학문분야, 학과, 학과, 전문분야 등으로 깔끔하게 구분하기도 쉽지 않다. 필란트로피에 대해 가르치고 배우기 위해서는 역사는 물론 철학도 활용해야 하며, 경제학, 정치학, 법학의 경계도 자유롭게 넘나들어야 한다. 여러 종교, 정치, 제도 속으로 여정을 떠나 봐야 하며, 자신이 다루는 모든 주제에 필란트로피와 관련된 측면에 대해 생각하고 이에 해당되는 분야가 있다면 이 또한 독려하고 권장해야 한다. 많은 학자가 경험했듯이, 이러한 실천을 통해 연구 주제의 질과 양은 그 깊이를 더할 수 있을 것이다.

일부는 필란트로피에 대한 교육이 대학 교육의 목표와는 반대로 이데올로기를 주입한다고 주장할 수도 있다. 실제 이런 비난은 정치적 좌와 우, 양쪽으로부터 제기되어 왔다. 예를 들면, 자크 바전(Jacques Barzun)은 『지성의 집』(The House of Intellect)에서 필란트로피를 지성의 3대 적 중 하나라고 주장했다.16 그의 견해로는 필란트로피는 사고와 담론의 온전성을 위태롭게 하여 대학에 무비판적인 연민과 동정심을 가져온다는 것이다. 그러나 필란트로피 담론이란 흔히 반대에 대한 설득 혹은 지지라는 형태로 진행되긴 하지만, 누군가가 필란트로피에 대해 '연구'하고자 한다면, 그에게는 수사적인 것보다는 논리의 엄격성이 요구될 것이다.

필란트로피에 대한 학문적, 학술적 연구는 자발적 결사체가 사회적 변화를 옹호하거나 반대할 때 그들이 내부적으로 겪게 되는 갈등을 포착할 수 있어야만 하며, 이를 위해 최선의 노력을 기울여야 한다. 따라서 '애드보커시'는 연구 목표(goal)가 아니라 연구 대상(subject)이 되어야만 한다. 필란트로피가 어떻게 작동하는지를 학습하는 것은 정치가 작동하는 방식 또는 경제가 작동하는 방식을 배우는 것에 비유된다. 정치학자가 민주당 강령 실천에는 참여하지 않은 채 민주당의 활동을 연구하기도 하고, 경제학자가 마케팅 전략의 실천에는 관여하지 않은 채 대상이 되는 기업을 연구하기도 한다. 따라서 필란트로피 연구자도 마찬가지로 유나이티드웨이나 포드재단의 사명 실천에 직접 개입하거나 참여하지 않고 조직을 대상화하여 연구하는 것은 당연하다.

필란트로피 연구에는 자발적 행동에 대한 비판적 견해 역시 반드시 포함해야 한다. 해당 주제가 쉽사리 정치화하는 것은 반드시 피해야만 한다. 필란트로피 기관이라고 해서 기업과 정부 기관과 다르게 취급해서는 안 된다. 필란트로피에 종사하는 사람들이 기본적으로 연민의 정이 깊고 품위가 있다는 이유로 반대되는 증거를 모른다고 하지 않을 것이라는 점을 당연시 하는 경향도 피해야 한다. 다행히 필란트로피와 관련된 모든 분야의 활동에는 다양한 관점이 만들어지고, 고려되어야만 하는 대안적 시각과 가치를 발견하기가 용이하고 어떤 경우 불가피하기까지 하다. 탐구의 한 영역으로서 개방성을 지향하는 필란트로피 연구는 상충하는 가치를 함께 탐색하고 검토해야만 한다 — 마더 테레사의 서비스의 개념과 크리스토퍼 히친스(Christopher Hitchens)*의 그녀에 대한 비판에 이르기까지.17

 필란트로피는 앞에서 바전이 문제 제기한 것처럼 대학교육의 본래의 모습을 해치는 것이 전혀 아니라, 사회 속에 대학의 사명을 진전시키는 것으로 평가될 수 있다. 실제로 필란트로피 연구와 교육을 대학의 교육 과정으로 가져오는 것은 대학으로 하여금 사명에 좀 더 주목함으로써 공익을 위한 자발적 행동을 통해 기본적인 인간 욕구에 대해 숙고하게 하고, 좀 더 보편적인 인간 복지와 안녕에 관심을 갖도록 자연스럽게 안내한다. 대학이 필란트로피에 대해 관심을 두게 하는 것은 대학으로 하여금 동시대의 시급한 사회적·경제적·정치적 이슈를 인식하게 하는 것이며, 다시 대학은 필란트로피 연구와 교육을 통해 긴급한 사회적 이슈와 대학과의 관계가 무엇인지를 재검토하고 그 관계를 재설정해 나가게 된다.

 대체적으로 필란트로피 연구 및 교육과 대학 간 관계는 공생적이다. 필란트로피에 대한 연구 및 교육은 교육 그 자체에 좀 더 큰 목적을 부여하고, 이론과 실천에 의미 있고 균형 잡힌 관계를 형성하기 위한 통찰을 제공한다. 만일 교육자가 선행과 그 기원에 대한 풍부한 지식, 기민하면서도 자각적인 비판적 인식, 그리고 성찰적 실천과 지식 및 가치의 융합에 대한 개방성 등을 갖고 있다면, 교육은 기대하고 예상했던 것보다 더 많은 것을 이룰 수 있을 것이다. 결론적으로 대학은 필란트로피로 하여금 자신의 전통을 더 잘 이해하고 실천하는 데 많은 도움을 줄 수 있다. 왜냐하면 대학은 복잡하고 복합적인 주제,

---

\* (1949.4.13.-2011.12.15.). 영국계 미국인 작가이자 언론인, 평론가이다. 40여 년의 언론인 생활 동안 많은 토크쇼와 순회강연을 거치면서 대표적인 대중적 지식인이 되었는데, 초창기에는 국제사회주의자, 인터내셔널을 지향했지만 나중에는 점차 회의주의자로 변해 가서 우상파괴자를 자처하였다. 그의 비판은 로마교황청, 천주교, 개신교, 유대인, 자신의 출세를 위해서 이념을 팔아먹는 지식인 등 여러 사람에게로 향했는데, 2001년 마더 테레사에 대해 교황청에서 시성을 검토할 때는 반대측 증거를 제시하는 역할을 했으며, 그때의 자료를 『채러티를 팔다』(*The Missionary Position: Mother Teresa in Theory and Practice*)라는 제목의 책으로 출간하기도 했다.

즉 사회가 대처하고 극복해야만 한다고 제3섹터가 강조한 그런 이슈에 대한 탐구와 이를 위한 지침을 제공할 수 있기 때문이다.

마지막으로 필란트로피 교육과정의 도입은 다양한 방식으로 사회의 변화를 이끌어 낼 수 있게 한다. 지역사회에 대한 봉사라는 아이디어— 모든 사람은 어떤 식이든 지역사회에 대해 봉사할 의무를 갖고 있고, 이런 유형의 봉사 중 많은 부분이 대가 없는 자원봉사활동의 형태로 이뤄진다는— 는 흔히 교육받은, 교양을 갖춘 사람이라는 개념의 폭과 깊이를 좀 더 확장할 수 있을 것이다. 즉 기본적인 정치 교육, 기술적인 경제적 능력, 삶을 꾸려가는 기술을 넘어 사회가 작동하는 데 필란트로피가 차지하는 위치가 어느 정도인지, 필란트로피가 존재할 수밖에 없는 이유는 무엇이지에 대해 모든 사람이 알아야만 한다는 사실을 당연하게 여길 수 있게 하기 때문이다. 아울러 주거비, 보건의료, 방위비 등에 대해 우리가 익히 알고 있듯이, 이 같은 필란트로피 관련 기본 지식은 물론, 이에 대한 구체적인 통계자료와 경험치에 대한 지식도 함께 확장되어 갈 것이다.

## 우리가 바라는 미래

우리의 아이, 손자 그리고 또 다른 계승자를 위한 미래를 생각할 때, 생동하는 필란트로피 전통이 비전의 중심에 있어야만 한다. 우리가 가장 소망하는 것은 그들이 자유롭고 열려 있는 민주 사회에서 살아가는 것이다. 그런 사회의 미래를 보장하고 활기를 불어 넣는 것이 필란트로피이며, 이는 필수불가결한 전제조건이기도 하다. 따라서 미래세대를 위해 우리가 원하고 바라는 것은 건강한 필란트로피다. 그러나 필란트로피 스스로는 미래를 보장해줄 힘도 자산도 없고, 좋은 사회의 좋은 삶을 보장하려면 더더욱 그러하기 때문에 이는 바라고 원하는 것만으로는 보장될 수 없는 미래다. 그렇기 때문에는 우리에게 스튜어드의 사명, 즉 책무성과 교육이 절대적으로 필요한 것이다. 필란트로피에 대한 이해의 폭과 깊이가 넓어지고 깊어질수록, 그것은 다음 세대로 더욱더 잘 이어질 수 있을 것이다.

■ 미주

## 1. 서론: 왜 이 책인가?

1 Rick Bragg, "She Opened the Door to Others; Her World Has Opened, Too," *New York Times*, November 12, 1996, A1.
2 Lauren Gard, "Ordinary People, Extraordinary Gifts," *Business Week*, November 29, 2004, 94.
3 Zlata Filipovic, *Zlata's Diary: A Child's Life in Sarajevo*, trans. Christina Pibichevich-Zoric(New York: Viking, 1994).
4 Donald Schön, *Reflective Practitioners: How Professionals Think in Action* (New York: Basic Books, 1983).
5 예를 들면, Peter Frumkin의 *Strategic Giving: The Art and Science of Philanthropy*(Chicago: University of Chicago Press, 2006)는 기부의 유효성을 이해하고 발전시키는 데 유용하고 정교한 모델―경험적 발견에 근거한―을 제공한다. 필란트로피에 대해서 우리는 왜 기부가 존재하고 무엇이 하나의 행위로서 그것을 기본적으로 특징짓는가에 대해 비록 보충적이긴 하지만 일련의 질문들을 다루어 보려는 것이다.
6 이 분야는 전반적으로 이론적 발전을 좀더 필요로 한다는 광범위한 합의가 있다. Helmut Anheier와 Lester Salamon은 미국 외의 많은 나라에서 자발적 부문의 활동에 대한 조사 결과를 검토하면서, 서양에서 발전된 이론은 국제적 증거에 비추어 보게 되면 그 유효성이 그렇게 잘 유지되지 못한다는 흥미로운 지적을 한다. 그들은 다양한 문화적, 종교적, 사회적 그리고 정치적 조건을 좀더 잘 설명해 줄 이론이 필요하다고 제안한다.
7 Gilles Deleuze and Félix Guattari, *What Is Philosophy?* trans. Hugh

Tomlinson and Graham Burchell(New York: Columbia University Press, 1994 [original French publication 1991]), 2.
8 Robert L. Payton, *Philanthropy: Voluntary Action for the Public Good* (New York: American Council on Education/Macmillan, 1988).
9 Deleuze and Guattari, *What Is Philosophy?* 15.
10 Charles T. Clotfelter and Thomas Ehrlich, ed., *Philanthropy and the Nonprofit Sector in a Changing America* (Bloomington: Indiana University Press, 2001).
11 그들의 당초의 전략은 가장 큰 재단을 만드는 데 함께 참여하는 것이 아니었다는 점을 분명히 해 둘 필요가 있다. 버핏이 2006년에 자신의 별도 재단을 설립하는 대신에, 통상적 규범을 깨고 그의 거대한 필란트로피 자금을 게이츠 재단에 제공하기로 결정하기 전에 빌&멜린다게이츠재단은 이미 확실하게 자리 잡았고 가장 큰 재단이었다.
12 이 금액 추정과 '황금시대'라는 예견은 Boston College의 Center on Wealth and Philanthropy의 연구자들로부터 나온 것이다. John J. Havens and Paul G. Schervish, "Millionaires and the Millennium: New Estimates of the Forthcoming Wealth Transfer and the Prospects for a Golden Age of Philanthropy," research report, Social Welfare Research Institute, Boston College, October 19, 1999.
13 Burton Weisbrod, ed., *To Profit or Not to Profit: The Commercial Transformation of the Nonprofit Sector* (Cambridge: Cambridge University Press, 1998).
14 Alex Nicholls, ed., *Social Entrepreneurship: New Models of Sustainable Social Change* (New York: Oxford University Press, 2006); David Bornstein, *How to Change the World: Social Entrepreneurs and the Power of New Ideas* (New York: Oxford University Press: 2004).
15 Peter Frumkin, "Inside Venture Philanthropy," *Society* 40, no. 4(2003): 7-15; Michael Moody, "'Building a Culture': The Construction and Evolution of Venture Philanthropy as a New Organizational Field," *Nonprofit and Voluntary Sector Quarterly* in press. 벤처필란트로피는 때로는 '적극 참여형 필란트로피'와 연결되거나 그렇게 재명명 되는데, 몇몇 실천가는 후자의 용어를 선호한다. Mario Morino and Bill Shore, *High-Engagement Philanthropy: A Bridge to a More Effective Social Sector* (Washington D.C.: Venture Philanthropy Partners and Community Wealth Ventures, 2004).
16 최근의 글로벌 결사체 혁명에 대해서는 다음 글을 참조. Anheier and Salamon, "The Nonprofit Sector in Comparative Perspective," 89, 95-103.
17 Lester Salamon, *The Resilient Sector: The State of Nonprofit America* (Washington, D.C.: Brookings Institution Press and the Aspen Institute, 2003) 참조. Salmon은 '차별성의 원칙'(distinctiveness imperative)이라는 용어를 Bradford Gray와 Mark Schlesinger로부터 차용했다.

18 2005년에는 76.4%의 기부가 생존하는 개인으로부터이고 6.7%가 유증에 의한 것으로 분류되었으며, *Giving USA* 참조.

19 미국 비영리조직의 전체에 대해 다양한 자금원에서 나오는 정확한 금액 또는 수입에서 차지하는 비율 등은 가용한 데이터의 한계와 다양성 때문에 여기에서 일일이 명시하기가 어렵다. 데이터 중 활용 가능한 것으로는 '보고대상 공공자선단체'(reporting public charities)에 대한 것이 있다. 이들 데이터는 전체의 일부분일 수밖에 없지만 아마도 '비영리조직'이라는 용어를 들을 때 대부분의 사람이 떠올릴 수 있는 가장 근접한 것이라 할 수 있다. 이들은 연간 2만 5,000달러 이상의 총수입을 가진 단체로서 IRS에 Form990를 제출해야 하는 501(c)(3)(이 카테고리의 상세에 대하여는 제2장을 보라)항목에 속한 면세조직이다(그러나 대부분의 종교조직은 이 그룹에서 제외된다). 이 그룹과 관련된 최근의 통계를 보면, 수입 중 9%를 '정부보조금'으로부터, 70.9%를 '수수료'에서 얻는 반면, 12.5%를 '사적 기부'로부터 얻는다. Thomas H. Pollack and Amy Blackwood "The Nonprofit Sector in Brief: Facts and Figures," *The Nonprofit Almanac 2007* (Washington D.C.: Urban Institute, 2006) — 이 책을 쓰고 있는 시점에서 *Nonprofit Almanac 2007*이 출간 준비 중이다. 그러나 '보고대상 공공자선단체'의 카테고리에 포함되지 않는 유형의 단체가 많이 있다. 예를 들면, 대부분의 종교단체, 애드보커시에 중점을 둔 501(c)의 또 다른 카테고리로 분류되는 비영리조직, 그리고 모든 사립 재단(private foundation)이 포함된다. 이들 그룹도 포함하면, 사적 기부에서 나오는 수입의 비율은 아마도 20% 정도의 수준까지 올라갈 것이다. 또한 '정부보조금'은 비영리조직으로 흘러가는 정부자금을 계산하는 한 가지 방식에 지나지 않기 때문에 모든 정부자금 출처를 포함하면(그리고 다른 카테고리의 조직도 포함하면), 정부 출처 수입원의 비율은 사적 기부의 그것보다 높을 것이다 — Murray S. Weitzman et al., *The New Nonprofit Almanac and Desk Reference* (San Francisco: Jossey-Bass, with Independent Sector and the Urban Institute, 2002) 참고. 이 책에서는 가급적 비영리조직에 관한 연구든 기부나 자원봉사에 관한 연구든, 가장 최신의 그리고 가용한 수치를 사용하고자 한다. 그러나 데이터 수집이 갖는 자체적 한계는 물론, 우리가 '필란트로피'라고 부르는 것에 속한 활동과 조직의 다양성 때문에 필연적으로 복잡해질 수밖에 없다. 이 점을 염두에 두고 제시된 숫자를 참고하기 바란다. 이 분야 데이터의 한계에 대해서는(그리고 가용한 데이터의 적절한 요약), Elizabeth Boris and C. Eugene Steuerle, "Scope and Dimensions of the Nonprofit Sector," 66-88, and John J. Havens, Mary A. O'Herlihy, and Paul G. Schervish, "Charitable Giving: How Much, by Whom, to What, and How?" 542-67, 두 글 모두 Powell과 Steinberg가 엮은 *The Nonprofit Sector*에 실려 있다. .

20 Anheier and Salamon, "The Nonprofit Sector in Comparative Perspective."를 참조. 예를 들면 미국 이외의 곳에서는 (다른 수입 원천과 비교할 때) '필란트로피' 기구라 불리는 기부금조성자로서 더 큰 역할을 정부가 수행한다.

21 "Persons of the Year: The Good Samaritans," *Time*, December 26, 2005,

38-88.

22 Payton, *Philanthropy*, 132-39를 참조할 것. Mike W. Martin, *Virtuous Giving: Philanthropy, Voluntary Service, and Caring* (Bloomington: Indiana University Press: 1994)에서 그는 덕 윤리(virtue ethics)의 철학이라는 관점에서 필란트로피에 대해 좀 더 확장적이고 유용한 분석을 제공하지만, 필란트로피 그 자체를 덕으로 보는 생각에는 반대한다. Martin의 입장에서 보면, 하나의 행위로서의 필란트로피란 잠재적으로 해롭거나 나쁠 수도 있기 때문에 그 자체로서는 덕이 아니지만 "모든 주요 덕이 필란트로피에 중요한 것"이다(30). 따라서 '필란트로피적인 덕'의 긴 리스트에는 자비심(benevolence), 호혜성(reciprocity), 타인에 대한 존중 등을 포함하여, 필란트로피가 선을 위해 작동하도록 하는 것과 연계된 덕을 포괄한다.

23 마찬가지로 필란트로피에 관한 많은 학문적 작업이 수혜자보다는 기부자에게 더 관심을 둔다. 두 사람의 저명한 학자가 이런 현상을 교정하기 위해 한 가지 시도를 하는데, 필란트로피를 기부자와 수혜자 사이의 '사회적 관계'로 개념화하자고 했다. 이러한 상호관계를 이해하기 위한 경험적 연구로서 두 연구 모두 주목받을 만하다. Susan A. Ostrander and Paul G. Schervish, "Giving and Getting: Philanthropy as a Social Relation," in *Critical Issues in American Philanthropy*, ed. Jon Van Til(San Francisco: Jossey-Bass: 1990), 67-98.

24 H. Richard Niebuhr, *The Responsible Self: An Essay in Christian Moral Philosophy* (New York Harper and Row, 1963), 60.

25 어떤 사람에게 비공식 필란트로피는 도덕적이지만, 측정하고 평가하기에 충분할 정도로 정치적으로 혹은 경제적으로 중요하지 않을 수도 있다. 우리는 이러한 입장에 동의하지는 않지만, 이 책에서는 지면상의 이유로 — 때로는 명료성 때문에 — 주로 조직화된 필란트로피에 초점을 맞췄다. 그렇다고 해서 공식적인 것이 비공식적인 것보다 중요하다는 의미는 아니다.

26 우리는 여기서 조직화된 필란트로피의 규모에 대해 좀 더 기본적이고 차별적인 사실과 숫자 중 몇 가지만을 제시하고자 한다. 왜냐하면 우리의 주된 목표는 필란트로피의 현재 상황을 상세하게 기록하고자 하는 것이 아니라, 현재를 넘어서는 필란트로피의 합리적 근거를 논의해 보려는 것이기 때문이다. 그러나 현황과 수치를 보게 되면 필란트로피의 규모 — 특히 다른 부문과 비교하여 — 가 상당하다는 사실을 이해할 수 있다.

27 Virginia A. Hodgkinson and Murry S. Weitzman, *Giving and Volunteering in the United States 2001* (Washington D.C.: Independent Sector, 2001). 이러한 비율은 — 항상 아주 높긴 하지만 — 조사작업에 사용된 방법론에 따라 달라진다. 예를 들면, 미국 노동통계국에 의한 인구조사는 자원봉사활동을 하는 미국인의 비율과 관련하여 낮은 추정치를 지속적으로 보여준다. 2005년의 경우 추정치는 28.8%였다. 또한 이 조사에서는 비공식적인 기부 및 자원활동은 충분히 파악, 반영되지 않는다는 점을 염두에 둬야 한다.

28 이러한 측정치 또한 자료의 출처에 따라 약간씩 다르다. 예를 들면, 위에서 인용된 Independent Sector의 조사는 가구 수입의 3.1%로 평균치를 제시하고

있다. 반면에 *Giving USA*는 2005년 세후 소득 중 2.2%가 평균 가구 기부였다고 보고하고 있는데, 이 숫자는 40년간의 평균 수치와 정확히 같은 것이기도 하다. Michael O'Neill, *Nonprofit Nation: A New Look at the Third America* (San Francisco: Jossey-Bass, 2002), 25는 양쪽 숫자에 비해 약간 낮지만 비슷한 추정치를 제시하면서, 항목별로 묶게 되면 3% 쪽에 좀 더 가까울 것이라 추정한다.

29 첫 번째 숫자는 Virginia Hodgkinson et al., "Individual Giving and Volunteering," in *The State of Nonprofit America*, ed. Lester Salamon (Washington D.C.: Brookings Institution Press, 2003), 389, 두 번째 숫자는 Havens et al., "Charitable Giving," 548.

30 그러나 Havens et al., "Charitable Giving," 46에서는 일반적으로 이러한 평가를 지지하지만, 가장 높은 소득 수준의 부유한 가구가 더 낮은 수준의 가구보다 기부가 수입에서 차지하는 비율이 높다고 주장하기도 한다.

31 직접적인 9/11관련 기부에 대한 수치는 2001년 10월에 수행된 Independent Sector의 서베이에 근거한다. Hodgkinson et al., "Individual Giving and Volunteering," 390.

32 Hodgkinson and Weitzman, *Giving and Volunteering.* 여기에서 자원활동 시간의 총 추정치는 2000년도의 것이며, 기부의 총 금액은 2005년도의 것이다. 실제 2005년도 자원활동 시간의 총가치는 금전이나 재산으로 기부된 2,603억 달러를 넘을 가능성이 높다. 그러나 Hodgkinson과 Weizman이 밝힌 것처럼 자원활동 모두가 비영리조직만을 위한 것은 아니다. 67%가 직접 비영리부문을 위한 것이며, 나머지 33%는 비공식 부문이거나 기업 또는 정부(예를 들면 지역공립학교)를 위한 것으로 추정한다. 자원활동에 대해서는 Laura Leete, "Work in the Nonprofit Sector," in *The Nonprofit Sector,* ed. Powell and Steinberg, 159-79을 참조.

33 *Giving USA.* 조직만을 위한 것이 아니라 친구, 친척 그리고 다른 개인을 위한 수많은 개인적 기부가 있다는 사실 또한 기억해야 한다. Havens et al., "Charitable Giving," 556-60.

34 국세청(IRS) 수치에 대한 NCCS의 최근 자료는 Pollack & Blackwood, *The Nonprofit Sector in Brief* 참조. 여러 다른 연구자들의 추정 작업 및 이에 근거한 자료를 참고했지만, 200만이라는 숫자는 우리의 추정치이다. Lester M. Salamon, *America's nonprofit sector: A Primer*, 2nd ed. (New York: Foundation Center, 1999, 번역본, 『NPO란 무엇인가』)는 1995년에는 약 180만의 비영리조직이 있었다고 추정했으며(국세청에 등록되어 있던 것은 그 중 110만뿐이었을 때였다), O'Neill, *Nonprofit Nation,* 11은 1990년대 후반에는 180만 정도가 있었다고 추정했다. 이런 규모추정과 관련된 이슈에 대해서는 Boris and Steuerle, "Scope and Dimensions," 67-72를 참조. 이런 추정 작업의 한계에 대해서는 앞의 주19를 참조.

35 Boris and Steuerle, "Scope and Dimensions," 69에 따르면, 국세청에 등록된 모든 종류의 비영리조직이 1989년에서 2000년 사이에 37% 증가했고, 반면에 501(c)(3)조직은 77%, (국세청 분류 501(C)(3)의 하위분류로 등록된)

사립 재단은 87% 증가했다.
36 Pollack and Blackwood, "The Nonprofit Sector in Brief." 이 금액은 IRS 501(c) 분류에 해당하는 전체 보고대상 비영리조직에 대한 것이다. O'Neill, *Nonprofit Nation,* 12는 비영리부문의 수입이 '6개 국가를 제외한 모든 국가'의 GDP를 능가한다고 서술하고 있다.
37 Pollack and Blackwood, "The Nonprofit Sector in Brief"에 제시된 501(c)(3) 보고대상인 공공자선단체에 대한 NCCS의 자료(140만의 총 등록 조직 중 29만 9,033개라는)는 이들 두 개 하위부문이 압도적임을 보여준다. 2004년에 건강보건 관련 단체가 수입의 58.7%, 자산의 41.4%를 차지했으며, 교육 관련은 각각 16.3%와 29.4%로 보고되었다.
38 이 부문의 재무적 숫자에 대해 꼭 염두에 두어야 할 사항은 주19를 참조.
39 Hodgkinson et al., "Individual Giving and Volunteering," 394.
40 "Scope and Dimensions," 76에서 Boris and Steuerle는 보고대상 공공자선단체(이들 조직은 전체 비영리부문 중 일부일 뿐이다)에 대한 2,000개의 데이터를 제시하는데, 종교부문이 사적 기부의 57%, 건강보건부문이 수수료 수입으로 85%(기부로부터는 4%)를 차지한다는 것을 보여준다. 그러나 Weitzman et al., *New Nonprofit Almanac*에서는 수입출처로서 하위 분류를 좀 더 확대하여 종교부문은 수입의 95%를, 건강보건부문은 4%만을 차지한다고 보고했다. Salamon, *America's Nonprofit Sector,* 37에서는 만일 종교부문을 제외하면 비영리부문의 수입 중 사적 기부가 차지하는 비율은 10% 수준으로까지 내려갈 것이라고 추정한다.
41 *Employment in the Nonprofit Sector* (Washington D.C.: Independent Sector, 2004), a report based on U.S. Bureau of Labor Statistics data.
42 Census Bureau's *Statistical Abstract of the United States.*
43 Leete, "Work in the Nonprofit Sector," 160; and *Employment in the Nonprofit Sector.*
44 Gertude Stein, *Everybody's Autobiography* (Cambridge, Mass.: Exact Change, [1937] 1993).
45 L. P. Hartley *The Go-Between* (New York: Knopf, 1953).
46 우리가 언급하고 있는 '공공 교사'에 대한 이런 생각에 대한 최초의 언급은 George Trunbull Ladd, *Philosophy of Conduct: A Treatise on the Facts, Principles, and Ideals of Ethics* (New York: Charles Scribner's Sons, 1902), xii 참조.
47 Alfred North Whitehead, *The Concept of Nature* (Cambridge: Cambridge University Press, 1920), 163.

## 2. 공익을 위한 자발적 행동

1 문헌상 그리고 통상적 용법에서 필란트로피에 대한 정의의 범위를 요약한

것과 관련해서는 Martin, *Virtuous Giving*, 12-14 참조할 것. 마틴은 우리 작업과 대부분 같은 이유로 '필란트로피'란 용어를 선호한다. 그러나 그의 정의—공적적 목적을 위한 자발적인 사적 기부—는 비슷하지만, 이는 시간과 돈에만 한정했고, 자발적 결사활동이라는 세 번째 요소는 포함하지 않는다. 그는 또한 통상적으로 '자발적 기부'(voluntary giving)와 '자발적 봉사'(voluntary service)라는 용어의 사용을 주장하지만, 이들 용어는 서로를 아우르고 있어 호환적으로 사용된다.

2 이 점을 다른 식으로 보자면, 라틴어에서 명확히 구분했던 두 단어—'좋은 의지'(good will)를 의미하는 'benevolence'와 '좋은 행동'(good action)을 의미하는 'beneficence'—를 통합하는 것이다. 우리가 내린 정의에서 필란트로피는 'benevolent beneficence'에 대한 것이다. 즉 좋은 의지에 기반한 좋은 행동이며, 선(good)을 행하려고 추구하는 좋은 행동이다. 물론, 우리가 뒤에서 논의하는 것처럼 필란트로피적인 행동이 항상 선으로 귀결되는 것은 아니며, 선으로 귀결되었는지에 대해서는 선한 사람들 사이에서도 흔히 의견이 갈린다는 점을 염두에 둬야 한다.

3 W. B. Gallie, "Essentially Contested Concepts," *Proceedings of the Aristotelian Society*, n.s., 56(1956): 168, 169.

4 Adil Najam, "Understanding the Third Sector: Revisiting the Prince, the Merchant, and the Citizen," *Nonprofit Management and Leadership* 7, no. 2(1996): 205.

5 Najam, "Understanding the Third Sector," 208.

6 Herry Hansmann의 연구는 이익무분배라는 제한성을 강조하는 것으로 널리 알려져 있다. Henry Hansmann, "The Role of Nonprofit Enterprise," *Yale Law Journal* 89(April 1980): 835-98과 Richard Steinberg, "Economic Theories of Nonprofit Organizations," *in The Nonprofit Sector*, ed. Powell and Steinberg, 117-39 참조. Peter Frumkin은 자신이 선호한 명칭인 '비영리와 자발적 부문'이라고 정의함으로써 이런 관점을 확장하고자 했다. 이러한 시도는 이익무분배라는 제한뿐 아니라 또 다른 제한, 즉 비영리조직이 하지 않거나 할 수 없는 또 다른 제한에 대해 언급한 것이다. 그는 특히 "비영리조직은 참여를 강제하지 않으며," "소유와 책무성에 대한 간결하고 명확한 구분 없이 존재한다"라고 언급했다. Peter Frumkin, *On Being Nonprofit* (Cambridge: Harvard University Press, 2002). 3. 그와 비슷하게, Paul DiMaggio와 Helmut Anheier는 비영리조직에 대한 경제학자들의 이익무분배의 제한을 넘어서는 다른 두 가지 '뚜렷한 특징' 즉 '공동 목적'(collective purpose) — 우리가 보기에 가장 중요한 — 과 '세금 혜택'(tax advantages)을 조심스럽게 추가하기도 했다. Paul DiMaggio and Helmut Anheier, "The Sociology of Nonprofit Organizations and Sectors," *Annual Review of Sociology* 16(1990): 137-58.

7 Roger Lohmann, "And Lettuce is Non-Animal: Toward a Positive Economics of Voluntary Action," *Nonprofit and Voluntary Sector Quarterly* 18, no. 4(1989): 367-83. Najam은 'Understanding the Third Sector'에서 '비'(非, non)를 사용하는 용어는 이 부문이 함축하고 있는 다양성을 희석시킨다고 말함으로써 우리 주장에 동조한다.

8 IRS의 분류는 비영리조직을 '법인'(corporation)으로서 정의하고 있음으로 해서 상황을 더욱 더 복잡하게 만든다.
9 이런 혼란을 방지하기 위해, 조직 설립 때부터 공식적으로 'INDEPENDENT SECTOR'라고 대문자를 이름에 사용했지만, 많은 사람들이 이를 번거롭게 생각한다. 또한 이 조직은 '비영리부문'과 '독립부문' 사이에 구분을 두는데, 후자는 전자의 하위분류 중 하나로서, 여러 종교조직과 함께 국세청 분류 중 501(c)(3) 및 501(c)(4) 카테고리만 포함한다.
10 Frumkin, *On Being Nonprofit*, 8.
11 Roger Lohmann, *The Commons: New Perspectives of Nonprofit Organizations and Voluntary Action* (San Francisco: Jossey-Bass, 1992). 상호부조를 기반으로 한 조직을 포함하는 것의 중요성에 대해서는 Michael O'Neill, *The Third America: The Emergence of the Nonprofit Sector in the United States* (San Francisco: Jossey-Bass, 1989) 참조.
12 이러한 종류의 경계 설정 및 용어 사용 이슈에 대한 폭넓은 논의를 위해서는 Jon Van Til, *Growing Civil Society: From Nonprofit Sector to Third Space* (Bloomington: Indiana University Press, 2000)를 참조. Van Til은 '자발적 정신'으로 고취된 '제3공간'의 행동이라는 아이디어를 옹호한다.
13 내국세법에 따르면, 501(c)(3)는 기부 공제가 인정되고 501(c)(4)은 그렇지 않다는 점에서 서로 다르다. 로비/애드보커시 활동 제한과 관련해서는 (c)(3)는 자체 예산 범위 내에서 사용될 경우만으로 제한되지만, (c)(4)는 무제한적으로 적용된다. 그렇지만 둘 다 선출직 후보자 선거와 관련된 애드보커시 활동에는 참여할 수 없다.
14 501(d), (e), (f), (k), 및 (n)뿐 아니라 501(c) 아래에도 27개 하위분류가 있다.
15 Lester M. Salamon, *America's Nonprofit Sector: A Primer*, 2nd ed.(New York: Foundation Center, 1999), 10-11. 미국 이외의 국가에 대한 설러먼의 연구는 전 지구적인 자발적 활동을 포괄할 수 있는 기본적인 정의와 관련하여, 약간은 다를 수도 있지만 대체로 비슷하다는 점을 시사한다. Lester M. Salamon and Helmut K. Anheier, eds., *Defining the Nonprofit Sector: A Cross-National Analysis* (Manchester: Manchester University Press, 1997).
16 Salamon, *America's Nonprofit Sector*, 9-10.
17 Lester Salamon, "The Resilient Sector: The State of Nonprofit America," in *The State of Nonprofit America*, ed. Salamon(Washington D.C.: Bookings Institution Press, 2003), 4.
18 Ralph Kramer, *Voluntary Agencies in the Welfare State* (Berkeley: University of California Press, 1981).
19 Alexis de Tocqueville, *Democracy in America* (New York: Harper Perennial, [1840] 1988). 522. 시민의 사회화와 관련하여 필수적인 역할을 포함하여 민주주의에서 비영리부문의 다양한 시민적 역할을 잘 요약한 것으

로 Elisabeth S. Clemens, "The Constitution of Citizens: Political Theories of Nonprofit Organizations," in *The Nonprofit Sector*, ed. Powell and Steinberg, 207-20.

20 Frumkin, *On Being Nonprofit*, 25.

21 민주주의를 위해 필요한 소위 사회적 자본 조성과 관련하여 지역의 참여기반 자발적 행동의 역할과 기능 — 자발적 결사체의 역할에 대한 바로 그 신토크빌적인 관점 — 이 이들 결사체의 긍정적 목적과 관련하여 지배적인 사고방식이 되어 왔다. '시민사회'라는 틀을 받아들이고자 하는 학자들 사이에서 특히 그러하다. 이러한 관점은 Robert Putnam의 주장, 즉 그러한 시민 참여가 만들어 낸 사회적 자본이 쇠퇴기(최소한 미국에는)에 있다는 주장에 주로 근거한다. Robert Putnam, *Bowling Alone* (New York: Simon and Schuster, 2002).

22 연방의 자금지원을 받는 비영리조직에게 허용된 애드보커시 활동에 대한 규제 강화와 이에 대한 의회의 거듭된 시도가 이러한 역할에 대한 비판의 한 가지 예가 될 수 있다. 그러나 중요 이슈에 대한 공공 논쟁에 참여하고 애드보커시하는 것이 비영리단체의 중추적이고 유용한 역할이라고 많은 사람이 주장하고 있다는 사실을 염두에 둬야만 한다. 한 연구는 공론의 장의 담론 형성과 이에 참여하는 자발적 그룹의 민주적 역할이 필수불가결한 것임을 증명하기도 했다. 이 점에 대한 국가간 비교 분석을 보려면, Robert Wuthnow, ed., *Between States and Markets: The Voluntary Sector in Comparative Perspective* (Princeton: Princeton University Press, 1991)를 참조.

23 '채러티'가 정부보다 낫다는 주장의 좋은 사례로서 조지 부시의 자문역이었던 Marvin Olasky의 종교기반 이니시어티브에 대한 연구를 참고할 것. Marvin Olasky, *The Tragedy of American Compassion* (Washington D.C.: Regnery, 1992). '매개 구조'(mediating structure)라는 관점에 대한 고전적 언급에 대해서는 Peter Berger and Richard Hohn Neuhaus, *To Empower People: From State to Civil Society*, 2nd ed.(Washington D.C.: America Enterprise Institute Press, 1995).

24 옥스포드 영어사전은 '필란트로피'를 인류'의' 사랑(love 'of' mankind)이라기보다는 인류'에 대한' 사랑(love 'to' mankind)으로 정의하는데, 이는 단순히 감정이 아니라 행동이라는 것을 의미하는 것이기 때문에 그 의미에 있어 상당히 미묘한 차이를 보여 준다.

25 재단도 비영리조직임을 유념할 것. 전체적으로 볼 때 필란트로피에 대한 폭넓은 정의는 해당 분야의 공식적인 조직은 물론, 비공식적인 풀뿌리 그룹까지도 모두 쉽게 포괄할 수 있다는 이점을 갖는다. 필란트로피를 '공익을 위한 자발적 행동'으로 규정하고자 하는 우리의 특별한 정의에 가장 들어맞기 어려운 그룹은 아마도 (앞에서 서술한) 상호부조직(mutual-benefit)이거나 회원 간 서비스를 제공하는 회원편익 지향적(member-serving) 비영리조직일 것이다. 왜냐하면 이들 그룹은 어떤 점에서는 명시적으로 배타적인 따라서 공공적이지 않은 재화 — 경제학자는 흔히 이것을 '공공재'(public goods)에 반대되는 것으로서 '클럽재'(club goods)로 부른다 — 를 제공하기 때문이다. 그러나 나중에 설명하겠지만, 공공재에 대한 우리의 개념은 경제학자의 정의

보다 좀 더 포괄적이며, 따라서 필란트로피 행동에 토대를 둔 공공재가 반드시 보편적으로 접근 가능해야만 한다고 생각하지는 않는다.
26 'caritas'가 특별한 가치 또는 존경과 존중을 가진 어떤 것이라는 측면에서 '애호'(fondness) 그리고 '친애'(dearness)를 의미하기도 한다.
27 Robert Gross에 의하면, 역사적으로 미국에서 채러티(charity)와 필란트로피(philanthropy)에 대한 서로 다른 이해가 존재하며 이는 두 가지 전통 속에서 독립적으로 (그리고 순차적으로) 나타났다. 개인에 의한 정서적 봉사에 초점을 둔 채러티가 첫 번째로 나타났고, 좀 더 광범위한 사회개혁에 초점을 둔 필란트로피가 그 뒤에 합류하게 되었다는 것이다. Robert A. Gross, "Giving in America: From Charity to Philanthropy," in *Charity, Philanthropy, and Civility in American History*, ed. Lawrence J. Friedman and Mark D. McGarvie(Cambridge University Press, 2003), 29-48.
28 Brian Vickers, ed., *Francis Bacon*(Oxford: Oxford University Press, 1996), 263.
29 일반적인 기부의 '새로운 수단'과 관련해서는 John J. Havens, Mary A. O'Herlihy, and Paul G. Schervish, "Charitable Giving: How Much by, Whom, to What, and How?" in *The Nonprofit Sector*, ed. Powell and Steinberg, 560-62와 Virginia Hodgkinson et al., "Individual Giving and Volunteering," in *The State of Nonprofit America*, ed. Lester Salamon (Washington D.C.: Brookings Institution Press, 2003), 413-13를 참조. 기부 서클의 발생에 대하여는 Angela M. Eikenberry, "Giving Circles: Growing Grassroots Philanthropy," *Nonprofit and Voluntary Sector Quarterly* 35, no. 3(2006): 517-32 참조. 몇몇 관찰자는 이러한 새로운 수단이 필란트로피적 관계 속에 이미 존재하고 있는 긴장상태 — 기부자가 수혜자에 대해 갖는 상대적 통제 — 를 어떻게 악화시키는지를 지적한다. 몇몇 기부자는 이러한 문제에 대한 대응으로서 기부과정에 수혜자를 참여시키는 혁신적인 방식을 추구하기도 한다. 이에 대한 면밀한 사례분석으로서는 Susan Ostrander, *Money for Change: Social Movement Philanthropy at Haymarket People's Fund*(Philadelphia: Temple University Press, 1995).
30 Virginia A. Hodgkinson and Murray S. Weitzman, *Giving and Volunteering in the United States 2001*(Washington D.C.: Independent Sector, 2001). 자원활동과 기부 사이의 높은 상관관계는 다른 많은 학자들에 의해서도 보고되고 있다. Havens et al., "Charitable Giving," 550.
31 Hodgkinson et al., "Individual Giving and Volunteering," 391; Havens et al., "Charitable Giving," 545-55; Hodgkinson and Weitzman, *Giving and Volunteering*. 수많은 다른 요인들 — 그중 가장 중요한 것이 (제1장에서 우리가 제시한 것 같이) 소득 및 부와 관련되는 — 이 기부금액, 가계의 기부의지 정도 혹은 기부형태 등과 관련하여 훨씬 복합적인 관계를 갖는다. 그런 관계에 대한 상세한 논의를 위해서는 Havens et al., "Charitable Giving,"을 참조. 이들 다른 요인에는 공동체 및 지역과 관련한 좀 더 광범위한 사회적, 경제적, 정치적 및 문화적 특징을 포함한다. 예를 들면 빈곤과 결핍의 수준,

소득수준, 소득격차의 크기, 국가적 차원의 정치적 변수, 정치문화의 여러 측면 기타 등등이 이에 해당한다. 이들 요인이 기부에 미치는 영향에 대한 연구는 Wolfgang Bielefeld, Patrick Rooney, and Kathy Steinberg, "How Do Need, Capacity, Geography, and Politics Influence Giving?" in *Gift of Time and Mony: The Role of Charity in American Communities*, ed. Arthur C. Brooks(Lanham, Md.: Rowman and Littlefield, 2005), 127-57.

32 예를 들어 사람들이 자신이 하고 있는 또 다른 선행에 대한 유사한 기록 — 예를 들면, 자발적 봉사활동과 도움을 연도별로 기록한 장부 — 을 유지한다면 흥미로울 것이다.

33 Independent Sector의 조사에서는 세금보고시 항목화한 사람(itemizer)이 그렇지 않은 사람보다 37% 더 기부한다는 사실을 발견했고, 이렇게 더 많이 기부한 사람이 모든 소득 수준에 걸쳐 있기 때문에 항목화한 사람이 전체적으로 더 부자라고 할 수는 없다는 것이다. *Deducting Generosity: The Effect of Charitable Tax Incentives on Giving* (Washington D.C.: Independent Sector, 2003).

34 Hodgkinson and Weitzman, *Giving and Volunteering*. 자원봉사활동가가 훨씬 더 기부할 가능성이 높다는 연구결과와 함께 고려해 보면, 개인의 조직에 대한, 혹은 더 넓게는 네트워크 또는 '참여적 공동체'에 참여를 통해 기부를 증가시키는 주요 요인을 파악할 수 있다는 사실을 알 수 있다. Havens et al., "Charitable Giving," 545. 시민 활동과 조직 회원으로서의 참여가 자발적 기부(여러 사인 중에서)와 얼마나 긍정적인 상관관계가 있는지에 대해서는 Putnam, *Bowling Alone*을 참조.

35 Diogenes Laertius, *Lives of Eminent Philosophers* 참조, trans. R. D. Hicks(Cambridge: Harvard University Press, [1925] 1970).

36 Hodgkinson et al., "Individual Giving and Volunteering," 409.

37 Laura Leete, "Work in the Nonprofit Sector," in *The Nonprofit Sector*, ed. Powell and Steinberg, 169-70; Hodgkinson et al., "Individual Giving and Volunteering," 409-10; Hodgkinson and Weitzman, *Giving and Volunteering*. 조직에 소속된 것이 자원활동을 증가시킨다는 조사결과는 모든 종류의 기부에서 참여와 멤버십이 갖는 중요성에 대해 이미 보고된 사실과 잘 들어맞는다. 또한 고용된 사람을 대상으로 한 자원봉사활동 조사에는 파트타임으로 고용된 사람도 포함되었는데, 실제 풀타임 및 실업자와 비교했을 때 가장 높은 자원봉사활동 비율을 보여줬다.

38 '자발적 결사체'란 용어는 많은 경우 소규모의 풀뿌리적인 혹은 좀 더 비공식적인 그룹에 제한적으로 사용된다. 그러나 우리는 소규모에서 대규모에 이르기까지 모든 결사체와 유사 조직을 포괄, 강조하는 방식으로 사용하고자 한다.

39 Kieran Healy, *Last Best Gifts: Altruism and the Market for Human Blood and Organs* (Chicago: University of Chicago Press, 2006).

40 Tocqueville, *Democracy in America*, 513.

41 Max Weber, "Politics as a Vocation," in *From Max Weber: Essays in*

*Sociology*, trans. ed. Hans Gerth and C. Wright Mills(New York: Oxford University Press [1921] 1946), 84.

42 Commission on Private Philanthropy and Public Needs(Filer Commission), *Giving in America: Toward a Stronger Voluntary Sector. Report of the Commission on Private Philanthropy and Public Needs* (Washington D.C.: Commission on Private Philanthropy and Public Needs, 1975). 파일러위원회에 대한 포괄적 연구에 대하여는 Eleanor Brilliant, *Private Charity and Public Inquiry: A History of the Filer and Peterson Commissions* (Bloomington: Indiana University Press, 2000) 참조.

43 Donee Group, *Private Philanthropy: Vital & Innovative? or Passive & Irrelevant?* (Washington D.C.: Donee Group, 1975). 도니그룹의 작업은 그들이 1976년에 세운 'National Committee on Responsive Philanthropy'를 통하여 지속되었는데 그 작업은 오늘날도 이어지고 있다.

44 Peter Dobkin Hall은 통합부문에 대한 이런 구상 및 실현의 역사를 살펴봤다. 거기에는 물론 파일러위원회의 중요한 역할이 포함되어 있다. 그러나 위원회가 포괄하고자 했던 다양한 이해관계, 목소리, 그룹을 모아 통합부문을 만들어 내는 데 성공했는지에 대해서는 회의적이다. 그는 또한 이러한 다양성이야말로 파일러위원회를 계승한 Independent Sector가 지속적으로 직면하고 있는 주요 문제라는 사실을 상기시켜 준다. Peter Dobkin Hall, *Inventing the Nonprofit Sector, and Other Essays on Philanthropy, Voluntarism, and Nonprofit Organizations* (Baltimore: Johns Hopkins University Press, 1992), 77–80.

45 이들 세 개 부문의 결정적 특징을 파악하기 위해 James Douglas의 시도를 이것과 비교해 보라. Douglas에게 정부부문은 기본적으로 권위로, 시장부문은 교환으로 그리고 제3섹터는 '자발적인 집합적 동일체'로 특징 짓고, 집합적 이해관계의 추구에 대한 비강제적성에 관심의 초점을 맞췄다. James Douglas, *Why Charity?* (Beverly Hills: Sage, 1983), 28ff. Najam의 "Understanding the Third Sector," 213은 세 부문이 각기 갖는 권위/강제, 협상적 교환, 공유 가치라는 기본적 조정 메커니즘을 열거한다.

46 Max Weber, "Politics as a Vocation," in *From Max Weber: Essays in Sociology*, trans. Hans Gerth and C. Wright Mills(New York: Oxford University Press [1921] 1946), 78.

47 Eviatar Zerubavel, *The Fine Line: Making Distinctions in Everyday Life* (Chicago: University of Chicago Press, 1991).

48 Martin, *Virtuous Giving* 도 비슷하게 '자발적' 필란트로피를 '의도되고 강제되지 않은 것'으로 정의한다.

49 Kenneth E. Boulding, *A Preface to Grants Economics: The Economy of Love and Fear* (New York: Praeger, 1981). 이는 개정판이다. 그 책은 당초에는 부제를 주제목으로 하여 출판되었는데, 그것 또한 매우 흥미로운 일이다.

50 비영리 애드보커시그룹의 증가에 대하여는, Craig Jenkins, "Nonprofit

Organizations and Political Advocacy," in *The Nonprofit Sector*, ed. Powell and Steinberg, 307-32; Jeffrey M. Berry and David F. Arons, *A Voice for Nonprofits* (Washington D.C.: Brookings Institution Press, 2003); Theda Skocpol, "Advocates without Members: The Recent Transformation of American Civic Life," in Theda Skocpol and Morris Fiorina, *Civic Engagement in American Democracy* (Washington D.C.: Brookings Institution Press, 1999), 461-509.

51 Brian O'Connell, "What Voluntary Activity Can and Cannot Do for America," *Public Administration Review* 49, no. 5(September/October 1989): 486-91.

52 Ira Chernus, *American Nonviolence: The History of an Idea* (Maryknoll, N.Y.: Orbis Books, 2004).

53 Jean-Jacques Rousseau, *The Social Contract*, trans. Donald A. Cress (Indianapolis: Hackett, [1762]1987). 오늘날의 '공산사회주의자'(communitarians)는 그 개념을 루소로부터 차용하고 있는데, 집합적 공익과 공유가치를 손상시킬 특정 이해에 대해 관심의 초점을 두는 것에 대해 경계한다.

54 James Madison, "Number 10," in *The Federalist Papers*, ed. Clinton Rossiter(New York: Penguin Books, [1788] 1961), 78.

55 Martin Marty, *The One and the Many: America's Struggle for the Common Good* (Cambridge: Harvard University Press, 1997), 133(emphasis added). Paul Lichterman은 Madison의 '시소모델'(seesaw models) 같은 공익에 대한 관점─시소의 한 쪽 끝에 개인적 이해와 개인주의를 두고, 다른 쪽 끝에 정반대되는 공익 혹은 공동체적 관심사를 두는─을 언급한다. Paul Lichterman, *The Search for Political Community: American Activists Reinventing Commitment* (Cambridge: Cambridge University Press, 1996).

56 우리는 이러한 '실패' 논쟁을 다음 장에서 더 논의할 것이다. 게다가 상호부조 결사체와 같은 일부 필란트로피 그룹은 경제학자가 '클럽재'라고 부르는 것을 제공한다. 그것은 공공재처럼 비경쟁적이긴 하지만 회비와 공식적 멤버십의 여부에 따라 배제가 가능하다. 우리는 이러한 기술적 차이에도 불구하고 클럽재를 제공하는 자발적 결사체를 우리가 정한 정의에 포함하고자 한다.

57 Mancur Olson, *The Logic of Collective Action: Public Goods and the Theory of Groups* (New York: Schocken Books, [1965] 1971). '공유지의 비극'(tragedy of commons)이라고 일컬어진 무임승차와 유사한 문제가 또한 존재하며, 자기이익 행위자의 세계에서 공익을 위한 자발적 행동이 어떻게 일어날 수 있는지를 이해하기 위해서는 비슷한 문제를 제기하게 된다. 마을 공유지의 무료 방목지와 같은 공동 자원은 자기이익 중심적인 개인들이 그 이용을 제한할 어떤 이유도 갖고 있질 않기 때문에 필연적으로 고갈될 수밖에 없고, 이 때문에 '비극'은 발생한다. Garrett Hardin, "The Tragedy of the Commons," *Science* 162(December 13, 1968): 1243-48.

58 '모금통에 돈을 넣는' 필란트로피에 대한 비판은, 비록 드문 일이긴 하지만 서로 다른 이데올로기적 양극단 모두에서 제기된다. 이런 식의 기부는 서비스

만을 제공함으로써 수혜자의 빈곤을 영속시킬 뿐이며, 진정한 해결책은 자조 노력과 상호부조에서 찾아야 한다는 것이 한쪽의 입장이다. 또 다른 한쪽은 많은 작은 기부가 실제로 빈곤 감소에 기여한다라고 우리를 속이는 것일 뿐, 진정으로 빈곤을 감소시키려면 대규모의 자금이 필요하며, 이는 오직 세금 및 체계적 정부의 역할을 통해서만 제공될 수 있는 것이라는 입장이다.

59 그래서 기술적으로는 공익을 위한 의도였지만 실제로는 나쁜 결과를 초래한 행위도 우리의 정의에 따르면 필란트로피로 간주되어야 한다. 그리고 만일 어떤 행동이 우연히 공익에 기여했더라도, 그것이 처음부터 '공공의 악'(public bad)을 의도한 것이 아닌 한, 우리는 아마도 그 행동을 필란트로피라고 간주할 것이다. 그러나 물론 우리는 단순히 그 결과보다는 의도된 목적에 초점을 두고자 한다. Martin은 *Virtuous Giving*에서 비슷한 논의를 하고는 있지만, 이에 대한 더욱 확장된 윤리적 분석을 수반한다. '공공의 목적'(public purpose)이라는 개념의 유용한 애매함에 대한 그의 논의를 참고하라.

60 토크빌은 자기 자신의 이익과 공익의 이런 결합과 연결 — 그가 '적절히 이해된 자기 이익에 대한 원칙'(the doctrine of self-interest properly understood)이라고 이름붙인 — 이 미국의 민주주의 문화에서 좀 더 일반적이고 유용한 것이라고 판단했다. Tocqueville, *Democracy in America*, 525-28.

61 이 점에 대한 훌륭한 요약으로는 Dwight Burlingame, "Altruism and Philanthropy: Definitional Issues," *Essays on Philanthropy*, no.10 (Indianapolis: Center on Philanthropy at Indiana University, 1993).

62 Craig Calhoun, "The Public Good as a Social and Cultural Project," in *Private Action and the Public Good*, ed. Walter Powell and Elisabeth Clemens(New Haven: Yale University Press, 1998), 32. 그리고 같은 책에 Jane Mansbridge, "On the Contested Nature of the Public Good," 3-19.

63 Wuthnow는 또한 미국 이외의 사회에 존재하는 자발적 부문에 대한 연구를 요약하면서 이 점을 지적한다. Wuthnow, ed., *Between States and Markets*.


## 3. 늘 문제는 존재한다: 인간 문제에 대한 대응으로서 필란트로피

1 John Gall, *Systemantics: How Systems Work and Especially How They Fail* (New York: Random House, 1977).

2 Max Weber, *Economy and Society: An Outline of Interpretive Sociology*, ed. Guenther Roth and Claus Wittich. trans. Ephraim Fischoff et al. (Berkeley: University of California Press, 1978).

3 Ralf Dahrendorf, *Life Chances: Approaches to Social and Political Theory* (Chicago: University of Chicago Press, 1979. Dahrendorf, *The Modern Social Conflict: An Essay on the Politics of Liberty* (New York: Weidenfeld and Nicolson, 1988).

4 Michael Walzer, *Spheres of Justice: A Defense of Pluralism and Equality*

(New York: Basic Books, 1983).

5 Plato, *The Republic*, trans. Richard W. Sterling and William C. Scott(New York: W. W. Norton, 1985), 262.
6 James Madison, "Number 51," in *The Federalist Papers*, 322.
7 인간의 이타주의의 유행, 이유, 심지어 그 존재에 대한 학술적 논쟁이 여러 해 동안 다양한 학제적 관점으로부터 있어 왔다. 여기에서 우리가 주장하는 바는 모든 인간사회에 이타주의가 존재할 뿐 아니라 널리 퍼져있으며, 그것은 위장된 사익추구 또는 자신의 유전자를 물려주려는 진화적 추동력 같은 동기에 의해 항상 설명될 수 없다는 점이고, 아울러 다양한 학제적 학문 분야로부터 이를 지지하는 강력한 증거가 존재한다는 점이다. 진화생물학 그리고 진화심리학에서 제시되는 증거의 개요에 대해서는 Elliot Sober and David Sloan Wilson, *Unto Others: The Evolution and Psychology of Unselfish Behavior* (Cambridge: Harvard University Press, 1998). 다른 사회과학적 증거는 Kristen Renwick Monroe, *The Heart of Altruism: Perceptions of a Common Humanity* (Princeton: Princeton University Press, 1996)와 Jane Mansbridge, ed., *Beyond Self-Interest* (Chicago: University of Chicago Press, 1989) 참조.
8 Cara Buckley, "Man Is Rescued by Stranger on Subway Tracks," *New York Times*, January 3, 2007.
9 William Bennett, *The Book of Virtues: A Treasury of Great Moral Stories* (New York: Simon and Schuster, 1993); Stephen Covey, *The Seven Habits of Highly Effective People: Restoring the Character Ethic* (New York: Simon and Schuster, 1989).
10 Martin은 *Virtuous Giving*에서 '혼합된 동기' —이기주의와 이타주의 양쪽— 가 전형적인 필란트로피적 행동을 불러일으킨다는 사실과 이에 대한 유용한 철학적 검토를 제공한다.
11 Aristotle, *Ethics, in The Basic Works of Aristotle*, ed. Richard McKeon (New York: Random House, [1941]).
12 Robert L. Payton, "Philanthropy as Moral Discourse," in *America in Theory*, ed. Leslie Berlowitz et al.(New York: Oxford University Press, 1988).
13 Arthur O. Lovejoy, *Reflections on Human Nature* (Baltimore: Johns Hopkins University Press, 1961).
14 Mother Teresa, *A Simple Path* (New York: Ballantine Books, 1995).
15 John D. Rockefeller, *Random Reminiscences of Men and Events* (Tarrytown, N.Y.: Sleepy Hollow Press and Rockefeller Archive Center, [1908-9] 1984), 93, 98.
16 여러 형태의 채러티 단계는 미슈나(Mishnah) 율법의 유대교 법조문에 대한 마이모니데스의 주석에 포함된 '가난한 자에 대한 기부'(Gifts to the Poor)의 장에서 찾아볼 수 있다. Isadore Twersky, *Introduction to the Code of Maimonides (Mishneh Torah)* (New Haven: Yale University Press, 1982).

17 Muhammad Yunus, *Banker to the Poor: Micro-Lending and the Battle Against World Poverty* (New York: Public Affairs, [1999] 2003).
18 Georg Simmel, "The Web of Group-Affiliations," in *Conflict and the Web of Group-Affiliations*, trans. Reinhard Bendix(New York: Free Press, [1922] 1955), 125-95. 짐멜이 사용하는 독일어 구절을 직역하면 '사회적 서클의 교차'(intersection of social circles).
19 이 구절은 엘빈 굴드너의 고전적 논문, "The Norm of Reciprocity: A Preliminary Statement," *American Sociological Review* 25,no. 2(1960): 161-78에서 소개되었다. 우리는 제4장에서 '순차적 호혜성'이라는 필란트로피적 원칙을 설명할 때 호혜성에 대해 좀 더 깊이 논의할 것이다. 이 아이디어는 굴드너의 몇몇 기본적 가정에 문제 제기를 하고, 여기에서도 사용하고 있듯이, 폐쇄된 그룹 내에서의 일반화된 기대라는 개념을 넘어 호혜성이라는 아이디어를 확장시키기까지 한다.
20 신뢰를 구축한 네트워크 속에서 호혜성의 일반화된 규범의 긍정적인 사회적 편익에 대한 가장 널리 알려진 주장은 Robert Putnam, *Bowling Alone: The Collapse and Revival of American Community* (New York: Simon and Schuster, 2000) 참조.
21 가장 잘 정리된 옥타비아 힐의 접근 방식은 그녀 자신의 글에서 나타난다. Octavia Hill, *Homes of the London Poor*, 2nd ed.(London: Cass, [1875] 1970).
22 Gertrude Himmelfarb, *Poverty and Compassion: The Moral Imagination of the Late Victorians* (New York: Alfred A. Knopf, 1991), 214.
23 Helmut K. Anheier and Lester M. Salamon, "The Nonprofit Sector in Comparative Perspective," in *The Nonprofit Sector*, ed. Powell and Steinberg, 106와 Lester Salamon and Helmut Anheier, "Social Origins of Civil Society: Explaining the Nonprofit Sector Cross-Nationally" *Voluntas* 9, no. 3(1998): 213-48 참조.
24 Burton Weisbrod, *The Voluntary Nonprofit Sector* (Lexington, Mass.: Lexington Books, 1977); Burton Weisbrod, *The Nonprofit Economy* (Cambridge: Harvard University Press, 1983). Herry Hansmann은 '왜' 비영리 부문이 존재하는지 그 이유에 대한 실패이론을 좀 더 발전시켜 제시한다. 즉 정부실패의 경우, 왜 영리조직보다도 비영리조직이 선호되는지를 '계약실패' 또는 '신뢰 이론'이라 칭해 온 것에 초점을 맞춘다. 이 관점에 따르면, 정보의 부족 그리고/또는 신뢰의 부족이 발생할 때, 비영리조직이 갖는 이익무분배의 제한성 때문에 공공재 또는 서비스를 제공하는 수단으로서 비영리조직에 대한 선호가 나타나게 된다는 것이다. Hansmann, "The Role of Nonprofit Enterprise" 참조. 주된 경제이론은 Richard Steinberg, "Economic Theories of Nonprofit Organizations," in *The Nonprofit Sector*, ed. Powell and Steinberg, 117-39와 Helmut Anheier and Avner Ben-Ner, eds., *The Study of Nonprofit Enterprise: Theories and Approaches* (New York: Kluwer Academic and Plenum, 2003) 참조.

25 횡적 거버넌스로의 변화는 특히 클린턴-고어 정부에 영향을 준 '정부의 재창조' 운동에 의해 미국에서 가장 두드러지게 나타났다. David Osborne and Ted Gaebler, *Reinventing Government* (Reading, Mass.: Addison-Wesley, 1992) 참조. Lester Salamon은 여러 해 동안 정부와 비영리부문은 항시 상호의존적 '파트너'였다는 사실을 강조했다(앞으로 더 그렇게 될 것이지만). 이는 비영리조직의 수입 중 가장 큰 부분이 정부 지원으로부터 온다고 우리가 앞서 제시했던 것에 의해서도 뒷받침된다. Salamon은 널리 확산된 파트너십을 설명하기 위해 '실패' 이론에 이론적 변환을 시도한다. 즉 정부-비영리부문 파트너십은 비영리부문의 자발적 노력이 재화를 제공하는 데 불충분할 때 나타난다는 것이다. 그는 이를 '자발성의 실패'(voluntary failure)라고 칭했다. Lester Salamon, *Partners in Public Service: Government-Nonprofit Relations in the Modern Welfare State* (Baltimore: Johns Hopkins University Press, 1995). Salamon의 이론은 우리에게 유용하다. 왜냐하면 많은 경우 자발적 행동은 공공재의 수요와 공급을 위한 우선적 메커니즘이기 때문이다. 즉 사람들은 다른 메커니즘이 실패할 때가 아니라, 처음부터 그것을 선택한다.

26 비영리부문 및 필란트로피의 역할 또는 기능에 대해 앞에서 언급한 연구에 더하여, 경제학자들이 '공급자'(supply-side)이론이라 부르는 것을 제안하는 사람도 있다. 이 이론은 이 장에서 언급된 비영리부문에 대한 설명과도 부합한다. 공급자이론과 관련해서는, Estelle James, "The Nonprofit Sector in Comparative Perspective," in *The Nonprofit Sector: A Research Handbook*, ed. Walter Powell(New Haven: Yale University Press, 1987), 397–415을 참조. 사회적기업가적인 발상에 토대를 둔 비영리부문 관련 중요한 이론을 보려면, Dennis Young, *If Not for Profit, for What?* (Lexington, Mass.: D. C. Heath, 1983) 참조. '사회적기업가정신'(social entrepreneurship)에 대해서도 앞에서 언급한 연구를 참조.

27 '순차적 호혜성' 대응이 필요한 시나리오 타입에 대해서는 Moody, "Serial Reciprocity"를 참조. 시나리오 하나 중에는 제3자에게 기부하는 것이 포함되는데, 이는 결국 자기 자신이 행한 기부의 수혜자가 되는 것이기 때문에 감사를 표시하는 적절하면서도 심지어 필요한 방식이다. 간혹 우리의 후원자 중에는 "가서 너도 그렇게 하라"고 말하는 경우도 있다.

## 4. 도덕적 행동으로서의 필란트로피: 좀 더 나은 세상 만들기

1 Paul Schervish, Platon E. Coutsoukis, and Ethan Lewis, *Gospels of Wealth: How the Rich Portray Their Lives* (Westport, Conn.: Praeger, 1994); Paul Schervish, "The Moral Biography of Wealth: Philosophical Reflections on the Foundation of Philanthropy," *Nonprofit and Voluntary Action Quarterly* 35, no. 3(2006): 477–92; Robert Wuthnow, *Acts of Compassion* (Princeton: Princeton University Press, 1991); and Robert Wuthnow, *Learning to Care:*

*Elementary Kindness in an Age of Indifference* (Oxford: Oxford University Press, 1995) 참조.

2 Frances Bacon, "Aphorisms Concerning the Interpretation of Nature and the Kingdom of Man," in *Novum Organum* (1620), xlix. See Lisa Hardine and Michael Silverthorne, eds., *Francis Bacon: The New Organon* (Cambridge: Cambridge University Press, 2000).

3 Henry A. Rosso, *Rosso on Fund Raising: Lessons from a Master's Lifetime Experience* (San Francisco: Jossey-Bass, 1996) 참조. Rosso는 또한 단체 모금 계획을 위한 사례 개발을 위해 이를 언급한다.

4 자신들이 분석 중인 정책제안서에서 취급하고자 하는 문제를 어떻게 규정할 것인가에 대해 가르치는 우리의 작업과 유사하다는 사실은 매우 흥미롭다. 예를 들면, Eugene Bardach가 제안한 정책분석의 '여덟 단계 길' 중 첫 단계는 '문제 자체를 정의하는 것,' 즉 정책적 대응을 요구하는 것이다. 그는 사회 내 어떤 것의 결핍 혹은 과잉이라는 측면에서 생각하고 이를 통해 해당 문제에 대해 서술할 것을 제안했다 — 아마도 '너무'라는 단어를 활용하면서. 예를 들면, "시카고의 서부지역 공공병원에 배치할 간호사가 '너무' 모자란다" 또는 "미국 영토에는 적발되지 않은 채 오가는 '너무' 많은 테러리스트가 있다"라는 식이다. Eugene Bardach, *A Practical Guide for Policy Analysis: The Eightfold Path to More Effective Problem Solving*, 2nd ed.(Washington D.C.: CQ Press, 2005). 위 책은 정부와 공공정책이란 공익을 추구하고 좋은 사회를 위한 도덕적 비전을 진전시켜야 할 책임이 있다는 사실을 우리에게 상기시켜준다.

5 소아마비 구제모금 운동(March of Dime) 사례에 대해서는, David L. Sills, *The Volunteers: Means and Ends in a National Organization* (Glencoe, Ill.: Free Press,1957).

6 Debra C. Minkoff and Walter W. Powell, "Nonprofit Mission: Constancy, Responsiveness, or Deflection?" in *The Nonprofit Sector*, ed. Powell and Steinberg, 591-611. 그들은 사명이란 것이 왜 그리고 어떻게 다른 형태의 조직보다도 비영리조직에 필수적인지 — 모든 비영리관련 이론이 지적하는 요점 — 그리고 왜, 어떻게 그 사명이 바뀌게 되는지를 설명한다. 그들은 또한 비영리조직의 사명은 공익이라는 비전을 지향한다는 점 또한 강조한다.

7 Robert L. Payton, "Philanthropy and the Good Samaritan," in *Philanthropy in America: A Comprehensive Historical Encyclopedia*, ed. Dwight F. Burlingame(Santa Barbara, CA: ABC-CLIO, Inc., 2004), 373-80. 앞의 글의 여러 부분들이 편집된 형태로 이 장에 포함되어 있다.

8 Robert W. Funk, *Parables and Presence* (Philadelphia: Fortress, 1982), 29-34.

9 Wuthnow, *Acts of Compassion*.

10 Chad Varah, ed., *The Samaritans in the '80s: To Befriend the Suicidal and Despairing* (London: Constable, 1980).

11 A. M. Rosenthal, *Thirty-eight Witnesses: The Kitty Genovese Case*

(Berkeley: University of California Press, [1964] 1999).
12 이 조사에 대한 검토를 위해서는, Bibb Latané and Steve Nida, "Ten Years of Research on Group Size and Helping," *Psychological Bulletin* 89(1981): 308-24; Ervin Straub, "Transforming the Bystander: Altruism, Caring, and Social Responsibility," in *Genocide Watch*, ed. Helen Fein(New Haven: Yale University Press, 1992), 162-81.
13 John Darley and C. Daniel Batson, "From Jerusalem to Jericho," *Journal of Personality and Social Psychology* 27, no. 1(1973): 100-108.
14 이들 법률의 기술 내용을 보려면, Morton Hunt, *The Compassionate Beast* (New York: William Morrow, 1990) 참조.
15 Samuel P. Oliner and Pearl Oliner, *The Altruistic Personality: Rescuers of Jews in Nazi Europe*(New York: Free Press, 1992).
16 진화 생물학자 및 경제학자들은 이타주의 또는 협동적 행위라고 사람들이 생각하는 것에 대해 많은 것을 설명해 왔으며, 이는 이러한 사실에 대한 일종의 설명이라 할 수 있다. '이타주의'는 추후 발생할 호혜성에 대한 기대(자기이익추구)라는 측면, 그리고/또는 다른 사람을 돕게 되면 나중에 자신이 도움을 필요로 할 때 그 사람이 도움을 줄 가능성이 높기 때문에 도움을 받은 사람의 자연스런 선택이라는 측면에서 설명된다. 이러한 설명 중 대표적인 글을 보려면, Martin Nowak and Karl Sigmund, "Evolution of Indirect Reciprocity," *Nature* 437, October 27, 2005, 1291-98. 이 설명에 대한 비판을 보려면, Monroe, *The Heart of Altruism*을 참조.
17 Kenneth Boulding, *A Preface to Grants Economics: The Economy of Love and Fear*(New York: Praeger, [1973] 1981).
18 Hunt, *Compassionate Beast*, 80.
19 필란트로피적 행동에 대한 도덕적 도전 — 그리고 잠재적 함정 — 을 확장해서 검토하려면, David H. Smith, ed., *Good Intentions: Moral Obstacles and Opportunities*(Bloomington: Indiana University Press, 2005), and Martin, *Virtuous Giving* 참조.
20 Monroe, *The Heart of Altruism*, 197-98.
21 이러한 논쟁을 촉발시키는 공산사회주의자의 도발적인 서술의 사례로서는, Amitai Etzioni, *The Monochrome Society*(Princeton: Princeton University Press, 2003).
22 *John Wesley's Sermons: An Anthology*, ed. Albert C. Outler and Richard P. Heitzenrater(Nashville: Abingdon, [1760] 1991).
23 Andrew Carnegie, *The Gospel of Wealth and Other Timely Essays*, ed. Edward C. Kirkland(Cambridge: Harvard University Press, [1889] 1962).
24 John Higginbotham, *Cicero on Moral Obligation* (London: Faber and Faber, 1967).
25 워렌 버핏이 2006. 6. 27.자 로스앤젤레스 타임즈에 실린 토마스 S. 멀리건과 매기 팔리의 "대단한 행운에 바탕을 둔 재산"(Thomas S. Mulligan & Maggie

Farley, A Fortune Based on Good Fortune)이라는 글에서 인용한 것이다. 그가 죽기 전에 재산을 자신의 아이들에게 물려주기보다는 다른 사람에게 기부하겠다는 버핏의 공식 발표는 앞 장의 요점과 맥을 같이 했다는 점에서 흥미롭다.

26 Herbert Spiegelberg, "Good Fortune Obligates: Albert Schweitzer's Second Ethical Principle," *Ethics* 85, no. 3(1975): 227-34; Albert Schweitzer, *Out of My Life and Thought: An Autobiography*, trans. C. T. Campion (New York: Henry Holt, [1933] 1949).

27 Catherine Ryan Hyde, *Pay It Forward* (New York: Pocket Books, 2 000).

28 Boulding, *A Preface to Grants Economics*. Michael Moody, "Serial Reciprocity"를 참조할 것. Michael Moody. "Reciprocity," *in Philanthropy in America: A Comprehensive Historical Encyclopedia*, ed. Dwight F. Burlingame(Santa Barbara: ABCCLIO, 2004), 409-11.

29 스튜어드의 책무성의 필란트로피적 적용에 대한 토론은 Michael Moody and Robert L. Payton, "Stewardship," in *Philanthropy in America*, ed. Burlingame, 457-60 참조.

30 John Calvin, *Institutes of the Christian Religion*, ed. John T. McNeill, trans. Ford Lewis Battles(Philadelphia: Westminster, 1960), 3:7:5:695.

31 Kenneth E. Goodpaster, "Ethical Imperatives and Corporate Leadership," in *Business Ethics: The State of the Art*, ed. R. Edward Freeman(Oxford: Oxford University Press, 1991), 89-110.

32 John Gall, *Systemantics: How Systems Work and Especially How They Fail* (New York: Random House, 1977). Gall의 의견은 조직이 흔히 '목표이탈' 현상을 겪으며 그 목표가 애매할 때 특히 그러하다는 Philip Selznick의 유명한 주장과 맥을 같이한다. Philip Selznick, *TVA and the Grass Roots* (Berkeley: University of California Press, [1949] 1984)

33 William James, *Pragmatism* (Cambridge: Harvard University Press, [1907] 1975), 137.

34 Paul R. Ehrlich, *The Population Bomb* (New York: Ballantine Books, 1968); Julian L. Simon, *The Ultimate Resource* (Princeton: Princeton University Press, 1981).

35 *Diagnostic and Statistical Manual of Mental Disorders, Fourth Edition, DSM-IV* (Washington D.C.: American Psychiatric Association, 1994).

## 5. 도덕적 상상력의 사회사

1 지구상의 여러 문화 및 종교적 전통의 토대 위에 필란트로피의 의미와 실천에 대한 주석을 잘 정리해 놓은 것을 보려면(이 분야의 학자들로부터 거의 주목받지

도 못한 몇 가지까지 포함한), Warren Ilchman, Stanley N. Katz, and Edward Queen, eds., *Philanthropy in the World's Traditions* (Bloomington: Indiana University Press, 1998)을 참조. 서양 사회의 전통 속에서 필란트로피에 관한 광범위한 철학적 영향력에 대해 살펴보려면, J. B. Schneewind, *Giving: Western Ideas of Philanthropy* (Bloomington: Indiana University Press, 1996).

2 우리가 이미 말한 것처럼, 이러한 기본적 요인이 미국의 전통에 영향을 준 유일한 것은 아니다. 다른 요인(예를 들면 아메리카 원주민의 부족 관행, 동정에 관한 동방 철학의 범주 등)이 어떤 시기, 어떤 장소에, 그리고 어떤 행위자를 위해 필란트로피의 사회사에 상당한 기여를 해왔다. 다른 학자들이 이러한 영향에 대해 우리가 여기서 할 수 있는 것보다 더 많은 것에 관심 가져 주길 기대한다.

3 Clifford Geertz, *Local Knowledge: Further Essays in Interpretive Anthropology* (New York: Basic Books, 1983), chapter 2.

4 필란트로피의 역사에 대해서는 여기에서 우리가 한 작업보다 더 포괄적이고 훌륭한 학문적 작업이 이미 이뤄져 왔다. 미국의 전통에 관한 최근 연구에 대하여는, Lawrence Friedman and Mark McGarvie, eds., *Charity, Philanthropy, and Civility in American History* (Cambridge: Cambridge University Press, 2003); Peter Dobkin Hall, "A Historical Overview of Philanthropy, Voluntary Associations, and Nonprofit Organizations in the United States, 1600–2000," in *The Nonprofit Sector,* ed. Powell and Steinberg, 32–65; and Kathleen McCarthy, *American Creed: Philanthropy and the Rise of Civil Society, 1700–1865* (Chicago: University of Chicago Press, 2003). David Hammack, ed., *The Making of the Nonprofit Sector in the United States: A Reader* (Bloomington: Indiana University Press, 2000)는 우리가 여기에서 강조한 역사상의 주요 주제와 사건에 대한 많은 고전적 문서와 저작을 엮어 상세하게 소개한다. 미국과 관련해서도 우리의 작업보다 더 상세할 뿐 아니라, 미국을 넘어 서양문명 전체를 포괄한 필란트로피 역사에 대한 훌륭한 연구로는 Kevin Robbins, "The Nonprofit Sector in Historical Perspective: Traditions of Philanthropy in the West," in *The Nonprofit Sector*, ed. Powell and Steinberg, 13–31가 있다.

5 Robert L. Payton, "Philanthropic Values," in *Philanthropic Giving: Studies in Varieties and Goals*, ed. Richard Magat(New York: Oxford University Press, 1989), 29–45. 이 글의 몇몇 부분이 약간 편집을 거쳐 뒤에 오는 몇 개의 장에 포함되었다.

6 제3장에서 이미 말했듯이, 몇몇 사람은 채러티와 동정이 종교적 가르침보다 더하다고 말한다. 그것은 그들에게 '본능적'인 것이다. 동정은 우리의 뼛속 깊이, 아마도 유전자 속에까지 새겨져 있다.

7 al-Ghazali가 부담금 산출을 위해 제시한 재산의 기반은 가축 — 낙타, 소떼 및 양떼 — 이지만, 반면에 성서는 전답과 포도밭을 거론한다. 유대교에서 Mishnah의 Peah는 결함 있는 포도송이는 가난한 사람을 위해 남겨 놓아야 한다고 꽤 길게 이야기하고 있다. 때에 맞게 그 땅의 소출 중 일부(어떤 자료는

1/6이라 한다)가 가난한 사람에게 배분되어야 하는 것이다. Peah란 모서리 또는 경계를 의미한다.

8 Cyril Glasse, *The Concise Encyclopedia of Islam* (New York: Harper and Row, 1989),431.

9 "전통은 율법서를 지켜주는 장벽이다. 십일조는 지나친 부를 막아주는 장벽이다. 맹세는 금욕을 지켜주는 장벽이다. 지혜를 위한 장벽은 침묵이다." Jacob Neusner, *The Mishnah: A New Translation* (New Haven: Yale University Press, 1988), 680.

10 Nabih Amin Faris, *The Mysteries of Almsgiving* (Beirut: Heidelberg Press, 1966), 5.

11 Merle Curti, "Philanthropy," in *Dictionary of the History of Ideas*, vol. 3(New York: Charles Scribner's and Sons, 1973), 489.

12 St. Thomas Aquinas, "Charity," in *Summa Theologiae*, vol. 34, trans. R. J. Batten, O.P.(London: Eyre and Spottiswoode, 1975), 241.

13 Walter Trattner, *From Poor Law to Welfare State: A History of Social Welfare in America* (New York: Free Press, 1974), 4.

14 Brian Tierney, *Medieval Poor Law: A Sketch of Canonical Theory and Its Application in England* (Berkeley: University of California Press, 1959), 69-70.

15 Trattner, *From Poor Law to Welfare State*, 6.

16 Paul Veyne, *Bread and Circuses: Historical Sociology and Political Pluralism*, trans. Brian Pearce(London: Penguin, 1990), 10. Veyne은 신조어인 'euergetism'을 Andre Boulanger와 Henri I. Marrou가 만들었다고 했다. 그들은 공공심을 가진 사람을 존경하는 헬레니즘 시대의 계율에 나오는 단어로부터 이 단어를 만들어 냈다. '기부금'(benefaction)을 의미한 단어가 'euergesia'였던 것이다.

17 Curti, "Philanthropy," 487.

18 Veyne, *Bread and Circuses*, 10.

19 John Higginbotham, *Cicero on Moral Obligation* (London: Faber and Faber, 1967), 54.

20 Trattner, *From Poor Law to Welfare State*, 6-7.

21 W. K. Jordan, *Philanthropy in England, 1480-1660* (New York: Russell Sage Foundation, 1959), 17-19.

22 Ibid., 18.

23 Ibid., 17-19.

24 Robert Bellah, *The Broken Covenant: American Civil Religion in Time of Trial* (New York: Seabury Press, 1975), 17-18.

25 John Winthrop, "A Modell of Christian Charity," in *The American Intellectual Tradition*, 2nd ed., vol. 1, ed. David A. Hollinger and Charles

Capper(New York: Oxford University Press, 1993), 15.
26 Bellah, *Broken Covenant*, 20.
27 Tocqueville, *Democracy in America*, 513.
28 초기 미국의 필란트로피에 대한 최근의 역사적 연구는 주4 참조.
29 Tierney, *Medieval Poor Law*, 59.
30 Jordan, *Philanthropy in England*, 84.
31 과학적 필란트로피의 발전과 원리를 살펴보려면, Judith Sealander, "Curing Evils at Their Source: The Arrival of Scientific Giving," in *Charity, Philanthropy, and Civility in American History*, ed. Friedman and McGarvie, 217 – 39.
32 Andrew Carnegie, *The Gospel of Wealth and Other Timely Essays*, ed. Edward C. Kirkland(Cambridge: Harvard University Press, [1889] 1962). 카네기 에세이는 원래 *North America Review*에 두 부분으로 나눠 실렸었다. *North American Review*: 148(June 1889): 653 – 64; and 149(December 1889): 682 – 698.
33 Barry Karl and Stanley N. Katz, "The American Private Philanthropic Foundation and the Public Sphere, 1890 – 1930," *Minerva* 19(1981): 236 – 70.
34 영어 사용 세계에 카네기가 제공한 도서관 빌딩의 총 숫자는 2,507개였다 (Collier's Encyclopedia, vol. 5, 1995).
35 Charles S. Loch, *How to Help Cases of Distress*(London: Charity Organisation Society,1895), v – ix.
36 Herbert Spencer, *The Study of Sociology*(London: Henry S. King, 1873), chapter 1.
37 같은 해에 채러티단체협의회는 *The Charities Review: A Journal of Practical Sociology*라는 새로운 정기 간행물을 내기 시작했는데, 그것은 편집자의 가치와 접근 방식을 반영하는 것이었다.
38 토인비 홀은 영국의 사회개혁가로서 영국의 개혁운동에 큰 영향을 끼친 아놀드 토인비(1852-83)를 기념하여 이름 붙여진 것이었다. 그의 특별한 관심은 토인비 홀이 세워졌던 런던의 화이트 홀 지역의 가난한 노동자 계급을 위한 주택과 도서관 그리고 공원을 갖는 것이었다.
39 Jane Addams, "The Subjective Necessity for Social Settlements," in Robert A. Woods, *Philanthropy and Social Progress*, ed. Robert A. Woods(College Park, Md.: McGrath, [1893] 1969), 2.
40 Robert A. Woods, "The University Settlement Idea," in *Philanthropy and Social Progress*, 68, 61 – 62. 사실상 초기의 많은 '필란트로피 대학'은 사회학의 새로 떠오르는 분야의 새로운 학과와 연결되어 있었다.
41 이 점에 대해 그리고 사회운동에 대한 사회과학적 연구 업적에 대해서는 Sidney Tarrow, *Power in Movement*, 2nd ed.(Cambridge: Cambridge University Press, 1998) 참조.

42 Michael Moody, "Caring for Creation: Environmental Advocacy by Mainline Protestant Organizations," in *The Quiet Hand of God: Faith-Based Activism and the Public Role of Mainline Protestantism*, ed. Robert Wuthnow and John Evans(Berkeley: University of California Press, 2002), 237-64.

43 Karl and Katz, "The American Private Philanthropic Foundation and the Public Sphere," 236-70.

## 6 필란트로피, 민주주의 그리고 미래

1 우리가 앞 장에서 언급해 왔듯이, 많은 민주주의 국가의 필란트로피적 행동과 자원부문, 비영리부문, 시민사회부문에 대해 상당한 정도의 비교 분석적 연구가 이뤄져 왔다. Lester M. Salamon, S. Wojciech Sokolowski, et al., *Global Civil Society: Dimensions of the Nonprofit Sector*, vol. 2(Bloomfield, Conn.: Kumarian Press, 2004)와 Robert Wuthnow, ed., *Between States and Markets: The Voluntary Sector in Comparative Perspective*(Princeton: Princeton University Press, 1991) 참조. 이 연구는 일반적으로 자발적 조직과 기부행위가 많은 국가에서 자유롭고 개방적이며 민주적인 사회를 유지시키는 데 핵심적 역할을 하지만, 성격, 규모, 역할에 대한 이해는 각각의 민주주의 수준에 따라 조금씩은 다르다는 것을 보여준다. 예를 들면, 민주적 사회의 일정 요소와 그것의 거버넌스의 형태는 해당 민주주의 내에 존재하는 필란트로피의 역할에 영향을 끼칠 것이다. 이런 요소에는 자원활동조직에 대한 정부 지원의 크기와 형태, 정부 지원에 대한 공중의 태도(여러 다른 것 중에서 특히)에 영향을 주는 정치 문화의 신념체계, 비정부기구의 지위를 결정해주는 법과 규제 체계(예: 조세면제 법), 교육 또는 보건의료와 같은 핵심적 서비스 제공과 관련하여 비영리 대 영리 또는 정부부문의 제공자에게 허용되는 활동 공간, 해당 국가 내에서 부와 부유한 개인의 수준 등이 포함된다. 이 책에 제시된 우리의 개념들을 훌륭하게 보완해 주는 비영리부문의 '사회기원론' ─ 제3장에 정리되어 있다 ─ 이 이러한 여러 요인들을 얼마나 강조하고 있는지를 상기해보라. Helmut K. Anheier and Lester M. Salamon, "The Nonprofit Sector in Comparative Perspective," in *The Nonprofit Sector*, ed. Powell and Steinberg, 89-114.

2 우리는 제3장에서 횡적 거버넌스에서의 이런 발전을 서술했으며, Salamon이 여러 해 동안 비영리부문의 필수적인 '파트너십' 역할을 어떻게 강조해 왔는지 설명했다. 정부와 필란트로피조직 사이의 이렇듯 지속적이고, 필수불가결하며, 긴밀한 관계에 수반된 다양한 도전적 과제에 대해서는 많은 훌륭한 연구가 있지만, 여기서는 깊이 살펴보기는 어렵다. 이런 이슈와 관련된 정리된 요약을 보려면, Elizabeth T. Boris and C. Eugene Steuerle, *Nonprofits and Government: Collaboration and Conflict*, 2nd ed.(Washington D.C.: Urban Institute Press, 2006)를 참조할 것.

3 Tocqueville, *Democracy in America*, 522, 517, 521. 자발적 결사체가 정치적 사회화의 중요한 장소이자, 비영리부문의 전문화로부터 야기되는 이런 역할에 대한 잠재적 위협이 될 수도 있다는 토크빌의 관점을 지지하는 최근 연구를 보려면, Clemens, "The Constitution of Citizens"를 참조.
4 그러나 이것이 표준적인 견해이긴 하지만, 한 연구는 지역의 자원활동 그룹 참여가 최소한의 자발적 결사체의 일상적 공공 활동과 관련된 정치적 토론 행위를 회피하게 할 수도 있다는 사실을 보여준다. Nina Eliasoph, *Avoiding Politics: How Americans Produce Apathy in Everyday Life* (Cambridge: Cambridge University Press, 1998).
5 Craig Jenkins, "Nonprofit Organizations and Political Advocacy," in *The Nonprofit Sector*, ed. Powell and Steinberg, 307–32; Jeffrey M. Berry and David F. Arons, *A Voice for Nonprofits* (Washington D.C.: Brookings Institution Press, 2003); and Elizabeth T. Boris and Jeff Krehely, "Civic Participation and Advocacy," in *The State of Nonprofit America*, ed. Lester M. Salamon (Washington D.C.: Brookings Institution Press, 2002).
6 Jeffrey Berry, *The Interest Group Society*, 3rd ed. (New York: Longman, 1996).
7 Robert Putnam, *Bowling Alone* (New York: Simon and Schuster, 2000). 같은 흐름이지만 그것이 갖는 민주주의적 함의를 달리 해석하는 견해에 대해서는 Theda Skocpol and Morris Fiorina, eds., *Civic Engagement in American Democracy* (Washington D.C.: Brookings Institution Press, 1999)를 참조.
8 Putnam, *Bowling Alone*도 또한 자발적 결사체가 신뢰를 만들어 냄으로써 민주주의적 목적에 기여한다고 주장한다. 그에게 신뢰란 결사체적 활동이 만들어 내는 '사회적 자본' 중 일부다.
9 이에 관한 자료를 최근에 검토한 것으로는 Russell J. Dalton, Democratic Challenges, *Democratic Choices: The Erosion of Political Support in Advanced Industrial Democracies* (New York: Oxford University Press, 2004).
10 James Madison, "Number 10," in *The Federalist Papers*, 78, 82.
11 Jason Kaufman은 남북전쟁과 제1차 세계대전 사이 미국 '우애의 황금시대'에 중요한 역할을 해 온 결사체를 연구했다. 그러나 이들 결사체가 '공익'보다는 인종적 배척, 지역 및 파벌주의, 경제적 자기이익 추구에 열중했다는 사실을 발견했다. Jason Kaufman, *For the Common Good? American Civic Life and the Golden Age of Fraternity* (New York: Oxford University Press, 2002). 또한 Clemens, "The Constitution of Citizens," 211–12도 참조. 이들 비판은 *Bowling Alone*에서 Putnam에 의해 제기된 사회적 자본논쟁에 대해 문제 제기를 하면서, 결사체가 갖는 긍정적인 민주주의적 편익에 대해 진실이 왜곡되지 않도록 주의해야 함을 강조했다.
12 Robert L. Payton, "A Tradition in Jeopardy," in *Philanthropy and the Nonprofit Sector in a Changing America*, ed. Charles T. Clotfelter and Thomas Ehrlich (Bloomington: Indiana University Press, 2001), 481–98.

13 T. S. Eliot, "Tradition and the Individual Talent," in *Selected Prose of T. S. Eliot*, ed. Frank Kermode(San Diego: Harcourt Brace, [1933] 1975), 38.
14 David H. Smith, *Entrusted: The Moral Responsibilities of Trusteeship* (Bloomington: Indiana University Press, 1995).
15 Clifford Geertz, *Local Knowledge: Further Essays in Interpretive Anthropology* (New York: Basic Books, 1983), chapter 1.
16 Jacques Barzun, *The House of Intellect* (New York: Harper Perennial Modern Classics, 2002).
17 Christopher Hitchens, *The Missionary Position: Mother Teresa in Theory and Practice* (London: Verso, 1995).

보론
# 필란트로피와 시민사회*

## 필란트로피**의 개념과 정의

일전에 모 모금기관의 신입사원 교육을 하면서 교육 말미에 "좀 더 나은 삶의 질을 위해 세금이라는 방법이 나을까 아니면 기부라는 방법이 나을까"라는 질문을 던지고 자유롭게 토론을 벌이게 한 적이 있었다. 모금기관에서 일을 하게 될 친구들이라 아무래도 세금보다는 기부 쪽에 비중을 두고 토론이 전개되기는 했지만, 나름 세금 쪽을 지지하는 친구들도 보편적 복지니 선별적 복지니 하는 이슈와 관련하여 적극적으로 자신들의 논리를 전개해 간 것으로 기억된다. 이와 같은 강제적인 성격의 세금과 자발적 성격의 기부는 우리 사회를 변화시키고 삶의 질을 바꿔나가는 것과 어떤 관련이 있을까? 이 글은 바로 이런 문제의식에서 출발한다.

우리말에는 대가를 바라지 않고 남에게 뭔가 값어치 있는 것을 줄 때 이런 행위를 '기부한다'고 하며 이를 '자선,' '박애,' '나눔' 등 다양한 용어로 함축해서 표현한다. 이에 상응하여 영미권에서는 일찍이 '채러티'(charity) 혹은 '필란트로피'(philanthropy)와 같은 용어가 사용되어 왔다. 어떤 경우에는 서로 별다른 구분

---

* 이 원고는 2014년 아름다운재단 기획연구시리즈 일곱 번째 보고서에 수록된 '필란트로피란 무엇인가'(이형진)를 수정 보완한 것이다. 구체적인 것은 『아름다운재단 기부문화연구소 2014년 기획연구보고서』(아름다운북, 2014) 참조.
** 'philanthropy'를 '자선', '박애', 혹은 그 의미를 재해석하여 '나눔' 혹은 문맥에 따라 '자선적 기부/나눔' 등의 용어로 번역할 수 있다. 본고는 '필란트로피'의 개념과 정의, 역사에 대해 살펴보는 것이 그 목적인만큼 원어 발음을 한글표기법에 따라 그대로 적는 것을 원칙으로 하되, 문맥에 따라, 예를 들어 'philanthropic foundation'과 같은 경우, '자선재단'으로 명기하기로 한다.

없이 사용하기도 하지만, 이들 두 용어는 다른 용어들에 비해 더 많은 역사적, 문화적 의미를 함축하고 있으며 각각은 서로 구별되어 사용되기도 한다.

'채러티'는 빈자(貧者)에 대한 관대함, 주변 사람들에 대한 관용과 동정심과 같이 개인적인 차원의 관심과 자비심에 근거한 행위를 말한다. 따라서 채러티는 가난한 사람을 돕고자 아무런 조건 없이 단순히 돈을 주거나 도움을 주는 것이지만, 이런 성격으로 말미암아 비판적 견해가 제기되기도 한다. 즉 이들 행위는 어떤 인간도 고통 받아서는 안 되며 도움을 줄 능력을 갖춘 자가 이들을 도와야만 한다는 전제에서 출발한다. 하지만 빈자를 점점 더 곤궁에 빠뜨리게 되고 타락시킬 수 있으며, 빈자를 부자의 피부양인화하고 부에 따른 서열화를 가속화시킬 수도 있다. 이런 의미에서 역사적으로나 도덕적으로 채러티라는 행위에 대해 회의적 평가가 제기되기도 한다. 또 다른 부정적 평가는 채러티가 빈곤의 원인이나 이에 대한 장기적 해결책보다는 대중적 요법에 초점을 둠으로써 문제의 근본을 치유하지 못한다는 점이다. 따라서 사회적 변화보다는 단지 기부자의 열정을 표현하기 위한 한 가지 방법으로 인식될 수밖에 없다는 것이다. 이 이외에도 채러티는 정부의 임무를 대신함으로써 정부로 하여금 자신의 책임을 회피하게 한다는 점, 체계적이고 광범위한 접근과 해결책을 방해한다는 점 등이 그 한계로서 지적되기도 한다(Frumkin, 2006).

이에 반해 '필란트로피'는 협의의 의미에서 돈을 기부하는 것, 그리고 교환가치가 있는 것의 일방향적인 전달(one-way transfer of exchangeables), 즉 대가없는 전달을 의미한다. 그러나 이것은 개인적인 차원보다는 인류(humanity)라는 집합적인 차원에서, 그리고 인류의 발전, 사회서비스를 위한 대규모의 기관 혹은 조직화된 기구에 돈을 기부하는 행위를 의미한다(Payton, 2008). 원래 '필란트로피'란 단어는 '인간에 대한 사랑'(love of humanity)이라는 뜻으로 그 어원은 그리스어 $\varphi\iota\lambda\acute{\alpha}\nu\theta\rho\omega\pi o\varsigma$ philanthropos에서 유래한다. 즉 사랑이라는 뜻의 $\varphi\acute{\iota}\lambda o\varsigma$ philos와 인간 혹은 인류라는 뜻의 $\H{\alpha}\nu\theta\rho\omega\pi o\varsigma$ anthropos가 합해져 오늘 날 'philanthropy'가 되었다고 알려져 있다(Sulek, 2010).

이러한 차별성을 갖는 필란트로피라는 용어는 서구의 역사 속에서 좀 더 다양한 의미를 함축하고 있다. 즉, 필란트로피는 공익을 위한 자발적인 행동, 자발적인 서비스, 자발적인 기부의 의도적이고 계획된 과정이라는 개념, 인간에 대한 사회적 서비스 증진을 위한 행위라는 개념, 다소 제한적으로 사용되기는 하지만, 'philanthropic organization', 'philanthropic association', 'philanthropic sector', 'philanthropic foundation'과 같이 형용사적으로 흔히 사용되는 것처럼 공익의 증진을 위한 비정부적 기구로서 사회적으로 인정받는 존재라는 개념 등이 그것이다(Van Til, 1990).

이들의 차이를 한마디로 요약하자면, 채러티가 개인적 차원의 소위 '측은지심'(惻隱之心)이라는 감성적 성격이 강하다고 한다면, 필란트로피란 이런 감성을 갖고 사회적, 구조적 변화를 염두에 두면서 삶의 질의 향상, 사회적 약자 및 소외 계층을 위해 시간 및 돈을 자발적으로 기부하고 받는 행위라는 좀 더 적극적인 의미를 갖는다. 즉 필란트로피란 "공공의 이익을 위한 자발적 행동"(Payton, R., 2008)인 것이다. 따라서 역사적으로 '필란트로피'가 '채러티'를 대체하면서 지배적 위치를 점해 가는 데는 이 용어가 함축하고 있는 '자조'(自助, self-help)와 '기회창출'(opportunity creation)이라는 원칙, 그리고 절망과 빈곤의 완화가 아니라 근본적 원인의 제거라는 믿음이 자리하고 있다고 할 수 있다. 이러한 원칙은 필란스러피와 채러티를 구별하는 중요한 특징이 되며 자선 혹은 기부라는 행위가 진화해가는 전기를 이루게 된다. 즉 20세기 초반, 절망과 빈곤의 단순한 완화가 아니라 근본적 원인의 제거라는 인식의 전환과 변화는 '과학적 필란트로피'(scientific philanthropy), 기부 패러다임의 변화라는 새로운 현상을 맞게 된다(Frumkin, 2006).

필란트로피에 대한 비판적 견해

이와 같이 필란트로피에 대한 자유주의적 혹은 중립적 해석과는 달리 주로 좌파적 해석을 바탕으로 비판적 견해가 존재하기도 한다(Frumkin, 2006).

우선 이탈리아 맑스주의자인 그람시(Antonio Gramsci)의 견해를 살펴보면, 지배계급은 문화와 교육을 통해 자신 계급에 차별성을 부여하고 이를 유지한다는 이론에 기초하여, 기부의 중요한 목적이 정치적 사회적 변화에 있는 것이 아니라, 자신의 질서로 흡수하고 사회적 지배를 공고히 하는 데 있다는 것이다.

즉 기부는 경제, 사회, 정치 분야의 구조적 변화와 재조정을 도모한다기보다는 단순히 지원만을 반복함으로써 빈자들의 구조적 불평등이라는 핵심적 요소를 없애기는커녕 이를 왜곡한다는 것이다.

구 소련의 『외래어 사전』(Soviet Concise Dictionary of Foreign Words, 1950)의 정의는 이를 좀 더 명확히 그리고 간략하게 정의한다. 즉, 필란트로피를 위선적 도움을 통해 착취자의 얼굴과 기생적인 모습을 속이고 노동자를 현혹하고자 부르주아가 사용하는 방법이며, 이를 통해 계급투쟁에 대한 빈자들의 관심을 왜곡시킨다고 정의한다. 같은 해에 출간된 『소비에트 대백과사전』(Great Soviet Encyclopedia, 1950) 제2판 5권에서는 채러티에 대해 착취 사회에서 지배 계급이 빈곤층 일부에게 위선적 도움을 제공하고 이를 통해 노동자를 현혹, 이들을 계급투쟁에 대한 관심으로부터 멀어지게 한다고 정의하였다. 이러한 논리는 필란트로피와 채러티라는 개념이 구조적 변화를 의도하는 것은 결코 아니며, 얼마 안 되는 지원을 통해 사회적 불평등을 숨기고 빈곤층의 저항과 도전을 완화시키고자 한다는 점을 강조하는 것이라 볼 수 있다. 일면 공공적 목적을 갖고 변화를 지향하는 사적 자원(private resource)에 대해 당시 사유재산을 인정하지 않는 그리고 계급투쟁을 역사의 발전 동학으로 이해하고 있는 그들의 논리에 입각해 정리한 것이라 볼 수 있다.

한편 미국 내 좌파 학자들도 『필란트로피와 문화적 제국주의』(Arnove et al. Philanthropy and Cultural Imperialism: The Foundations at Home and Abroad, 1982)라는 책을 통해 록펠러, 카네기, 포드재단 등 미국 거대 민간재단의 민주적으로 통제되지 않은 힘과 부의 집중에 대해 의문을 제기하였다. 재단의 돈은 부호들의 부정한 이익의 재투자일 뿐이며, 공공적인 영역에서 이들이 행하는 역할로 말미암아 민주주의가 뿌리째 위협받는다고 가정한다. 소위 자선재단(philanthropic foundation)이란 일종의 '식히고 달래는'(cooling-out) 기관, 근본적인 변화를 추구한다기보다는 더 이상 악화되지 않도록 일정하게 현상유지를 위해 존재하는 기관으로 기능한다는 것이다. 진보적인 사회 구조적 변화를 저지하거나 그 변화의 속도를 늦추고 이를 통해 기존의 경제적, 정치적, 국제적 질서를 유지하는 데 기여해 왔으며 거기서 나오는 편익은 결국 자선사업가나 재단 임원과 같은 지배계급에게 돌아간다는 점, 재단이라는 제도 자체가 약자와 노동자계급, 그리고 제3세계 민중의 이익에 반하는 결과를 초래한다는 점, 지원사업을 통해 공교육과 전문직 훈련, 연구 활동에 일정하게 관여하게 되고 이를 통해 기존 체제를 유지함과 동시에, 과학과 기술, 가치체계 등을 외국으로 전파함으로써 자신들의 이익을 국제적으로 확장하고 비판적 과학과 지적인 공동체 형성을 저해한다는 점을 열거한다. 따라서 이들 미국의 거대 재단은 20세기 이래 미국 사회는 물론 국제 사회에서 '문화적 제국주의자'로서 그 역할을 수행해 왔다는 것이다.

이와 관련된 또 다른 비판은 부자 및 이들 계급의 차별성과 관련된 필란트로피의 방어적 역할로부터 제기되기도 했다. 즉, 필란트로피란 것은 항시 계급사회의 지속성 속에 존재해 왔다는 것이다. 그럴 수밖에 없었던 것은 그것이 부유한 기부자와 가난한 수혜자 사이의 구분이 전제되어야 하기 때문이다. 결국 기부의 공급자인 부유층은 필란트로피를 통해 빈곤을 부분적으로 완화시킴으로써 빈곤층의 저항과 도전을 피할 수 있었고 궁극적으로는 이들의 위협으로부터 안전을 확보할 수 있었다는 것이다(Frumkin, 2006).

이들 비판적 견해는 다소 교조적이며 일부는 한 쪽으로 지나치게 치우쳐 있기도 하지만, 현대 자본주의 시스템 위에 존재하는 필란트로피를 둘러 싼 생태계에 대한 견제와 균형, 그리고 이를 토대로 한 '건강한' 긴장을 유지하게 할 수 있다는 데 그 의미를 찾을 수 있다.

## 필란트로피의 역사적 추이

공공의 이익을 위해 사적인 자원을 내놓는다는 것은 동서고금 인류사를 통틀어 깊게 천착되어 있는 전통이며, 자신의 가족 경계를 넘어 뭔가를 기부한다는 것, 공동체 구성원들과 함께 나눈다는 것은 모든 문화에 걸쳐 나타나는 공통된 현상이다. 이러한 현상은 보편적으로 두 가지 특징을 갖고 있는데, 구성원으로서 공동체의 삶의 질을 증진시켜야 한다는 의무감, 공동체에 대한 사적 기부와 나눔을 통해 개인의 명예가 고양된다는 생각이 그것으로, 앞서 언급했던 것과 같이 필란트로피는 사적 목적, 공적 목적 두 가지가 혼재되어 발전해

온 개념이라 할 수 있다(Sievers, 2010).

고대 그리스에서 필란트로피란 형이상학과 윤리학에 토대를 둔 철학적 주제였다. 고대 그리스인들에게 '인간에 대한 사랑'은 교육적 이상(理想)으로 존재했으며 이를 토대로 잘 교육된 습관 혹은 관습, 인간에게 도움이 되는 것을 의미하는 것이었고, 궁극적으로는 자유와 민주적 가치와 맞닿는 것이었다(Wikipedia). 이러한 생각과 가치의 실천은 공익적 목적을 갖는 조직, 기구에 사적 재원을 제공함으로써 이뤄졌다. 따라서 이런 목적을 실현하기 위해서는 기부된 재원을 담보할 수 있는 법적인 실체(legal personality)의 설립과 이들 재원을 지속적으로 감독할 수 있는 수단이라는 두 가지 제도적 전제를 필요로 했다. 그리스에 존재했던 플라톤의 아카데미, 병원, 공중목욕탕, 그리고 이집트에 존재했던 알렉산드리아의 도서관 등과 같은 것이 그런 것들이었다.

이러한 고대 그리스 로마시대의 필란트로피에 대한 이해는 기독교의 출현을 통해 '카리타스'(caritas)* 라는 새로운 개념이 소개, 대체되면서 필란트로피 실천에 중요한 위치를 점하게 된다. 즉 이는 공익을 위한 한 개인의 선행이 개인적인 명예뿐만 아니라, 궁극적으로 빈자, 환자와 같은 약자를 돕고자 하는 선행이 갖는 신성함, 그 원래적 가치에 대한 이해로 전화하고 있음을 보여주는 것이라 할 수 있다.

이후 서구 역사의 암흑기라 할 수 있는 중세의 전 기간을 통해 이러한 필란트로피의 제도적 장치, 소위 '재단'이라는 제도는 고아원, 병원, 학교, 대학과 같은 의료 및 교육기관을 운영했던 종교기관과 동의어로 사용되었다. 중세 봉건 사회구조 및 재단이사회 운영과 관련된 필수불가결한 부분은 종종 귀족 및 성직자들과 긴밀하게 결합되어 있었다. 봉건적 질서와 규범을 갖는 서구의 중세시기가 정점에 이르면서 부를 축적한 도시중산계층이 나타나게 되고 재단은 종종 특정 무역업자 및 동업자조직인 길드와 연계되어 설립되곤 하였다.

---

* 영어로는 charity로 번역됨. 아가페의 라틴어 역어로서, charis(은혜)가 아니라 cārus(높은 가격)에서 유래했으며 일반적으로 기독교에 있어서 신의 초자연적인 사랑, 이웃에 대한 사랑을 뜻한다. 신앙과 희망 그리고 사랑의 신에 대한 세 가지 덕 중에서 최고의 덕으로, 기독교 교회의 자선사업 단체의 명칭으로도 사용된다 (임석진 외, 『철학사전』, 서울: 중원문화, 2009) http://terms.naver.com/entry.nhn?docId=1596353&cid=50292&categoryId=50292).

점차 귀족과 성직자 층을 대신하여 부르주아가 지배적인 기부자, 설립자 그룹으로서 등장하게 된 것이다.

이러한 경향은 19세기 산업화 기간을 통해 더욱 확대되어 갔다. 그렇지만 산업혁명의 초기에는 어느 나라에서도 재단의 수적인 성장이나 영향력의 확대를 발견할 수 없었다. 프랑스에서는 1789년 프랑스혁명 이후에도 재단이나 결사체(association) 등은 앙시앙레짐과 동일시되어 철저하게 금지된 상태로 남아 있었으며, 20세기까지도 매우 엄격한 법적 환경에 둘러싸여 있었다. 이러한 국가의 견제와 감시는 프랑스뿐만 아니라 유럽 전반에 걸쳐 이뤄지고 있었으며, 특히 20세기 전반 유럽의 재단들은 인플레이션·전쟁·전체주의체제의 충격 등 정치적·경제적 변동으로 인해 같은 상태가 지속되었다(Anheier et al., 1999).

이와는 상대적으로 미국의 경험은 매우 상이하다. 유럽의 재단이 불확실성과 국가로부터 여러 규제를 받아 온 것과는 달리, 미국의 재단들은 20세기 초 체계적이고 조직화된 필란트로피의 최전선에 서게 되었다. 미국 역사 속에 재단이 가장 중요한 계기와 발전을 이루었던 것은 20세기 초, 즉 대규모의 자선재단(philanthropic foundation)의 출현과 함께 찾아 왔다.

왜 미국의 재단들은 20세기 초에 나타나기 시작했는가?
미국정부 수립 이후, 국가정책 수립과 관련하여 연방정부의 권한을 어떻게 설정할 것인가의 문제는 항상 정치적 논쟁의 주요한 대상이 되어 왔다. 당시 주 및 지방정부는 그들 자신의 지역에서 결정된 공공적(public) 목적을 수행하는 독립된 개체로서 인지되었으며, 공공이라는 의미와 목적도 지역사회 혹은 집단에 따라 다르게 이해되고 있었다. 미국의 정치문화와 헌법구조를 염두에 두면서 연방정부와 주 및 지방정부의 관계를 이해하는 것은 20세기 초 미국에서 나타나기 시작했던 제도화되고 조직화된 필란트로피, 즉 재단의 역사적 배경을 이해하는 기본적인 전제가 된다(Karl, Barry D. & Katz, Stanley N, 1981).

미국 독립전쟁(1775-83)은 많은 교훈을 남겨 주었다. 종파적 이해관계에 따른 분열, 종교적 맹신의 무상함을 남겨 주기도 했지만, 이와 동시에 전쟁의 경험을 통해 얻은 기술혁명의 필요성에 대한 인식은 19세기 국가 산업과 일정한 관계를 맺고 있었던 사업가들로 하여금 교육, 과학연구, 사회복지 등의 분야에 대해 새로운 국가적 관심과 필요성에 눈을 돌리게 하였다. 1789년 미국헌법 제정 이후, 비영리 및 자원조직이 활발하게 조직되기 시작하는데, 이는 산업의 발전, 도시 및 마을의 확대, 인구의 팽창 등과 같은 사회적 경제적 변동과 미국 독립전쟁으로부터 야기된 애국심의 고양, 그리고 교회세속화에 반발하여 일어난 복음주의적 신앙부흥운동인 제2차 대각성 운동(Second Great Awakening)에 기반한 종교적 열정과 같은 문화적 변동이 그 배경이 되었다.

아울러 미국 헌법에 구체화되고 제도화된 두 가지 점도 이러한 현상을 재촉하는 역할을 하였다. 즉, 1) 세금과 강력한 중앙정부의 탄생에 대한 뿌리 깊은 미국인들의 반감을 미국 헌법이 구체화하고 있다는 점, 2) 수정헌법 제1조가 정치와 종교가 분리됨으로써 이미 설립되어 세제 혜택을 받고 있는 종교기관으로 하여금 그들 자신만, 즉 자신의 교파만을 위해 교육, 의료, 문화, 사회서비스를 제공할 수 없게 한 점이 바로 그것이었다. 그 결과 비영리기관들은 근본적으로 그리고 제도적으로 교회와 정부로부터 분리될 수 있었으며, 수정헌법 제1조와 정부의 후속 조치에 따른 국교제 폐지는 교회뿐만 아니라, 학교, 대학, 구호소, 무료진료소와 같은 기관들로 하여금 자신들의 자원 확보를 위해 다양한 재정적 후원처를 스스로 개발하게끔 하였다. 결국 미국의 비영리기관들은 이와 같은 헌법체제 하에서 제한적인 정부 역할에 대한 미국적 대안으로 나타나기는 했지만, 자기 스스로 재정적 후원처를 찾아야만 하는 사실, 그리고 이런 과정을 통해 가장 효율적인 모금 방법은 부호들에게 직접 호소해야만 한다는 사실을 깨닫게 되었다(Hammack, David C., 1995).

미국 사회의 이러한 연방주의(federalism)적 전통은 자선(charity)과 기술(technology) 사이에 이상적이면서도 특별한 조화를 이루게 했다. 당시 사회복지개혁을 위한 국가적 프로그램에 대한 관심이 점증하고는 있었지만, 현대적인 산업개혁을 추구하고자 하는 엘리트들 사이에는 이러한 관심을 탐탁지 않게 여기는 정치적 환경과 문화도 함께 공존하고 있었다. 이와 같이 우호적이지만은 않은 환경 속에서 현대적 의미의 재단, 즉 인간 더 나아가서는 인류의 복지 증진을 민간적 차원에서 추구하고자 하는, 그리고 지역의 차원을 넘어서는 전국적인 차원의 필란트로피 시스템이 첫발을 내딛게 되었다.

당시 이러한 유형의 필란트로피 시스템에 관심을 두고 있었던 일군의 필란트로피스트들(philanthropists)은 산업계의 신흥 거물, 즉 19세기 말 미국 산업 부흥기의 정점에 나타난 자수성가한 산업자본가들이었다. 이들 세대는 부자의 책무에 대해 잘 알고 있었으며 이러한 인식은 문제를 제기하고 자선적 행동을 실행에 옮김으로써 이전과는 다른 새로운 모습을 보여주기에 충분했다.* 그들은 현대적 감각을 갖고 있는 비즈니스맨이었으며, 합리성, 조직, 그리고 효율성이라는 의미에 대해 잘 알고 있었다. 더구나 그들이 갖는 과학적, 사업가적 접근방식은 복지에 대한 과학적 조사와 연구에 바탕을 두고 있었다. 이러한 접근방식은 그들로 하여금 사회문제의 결과만이 아니라, 그 근본이 되는 원인을 찾아내어 직접적으로 치유하고자 하는 노력과 자연스럽게 연관되었다.

당시 필란트로피라는 행위, 그리고 이것이 갖는 신뢰는 '영속성'(perpetuity), '인류의 복지'(well-being of mankind)와 같은 개념을 토대로 가장 잘 조직될 수 있었다. 또한 이것은 동시적이면서도 검증되지 않은 가정을 전제로 나타났으며 이러한 전제를 바탕으로 다양한 형태의 조직과 기관이 나타나기 시작하였다. 따라서 당시 출현한 '자선재단'은 구래의 자선기관의 전통, 그리고 가족의 부와 사회적, 법적, 지적 아이디어를 영속시킬 수 있다는 생각과 방법이 함께 용해되어 나타난 현상이라고 할 수 있을 것이다. 따라서 자선재단은 이들의 대담한 노력의 소산이었으며 미국적인 독특한 현상이기도 하였다. 즉, 1) 대규모의 부 — 매우 짧은 시간에 대규모의 부가 형성되었으며, 마음대로 처분할 수 있는 막대한 자산이 새로운 계층, 그리고 다수의 사람 수중에 있었다는 점, 2) 국교의 비존재 — 현대적 개혁과 전문화, 그리고 재조직화가 미국 사회에서 진행될 바로 그때에 자선적 투자를 민간적 차원에서 판단하고 조절할 수 있는 기회가 많은 분야에 걸쳐 존재하였다는 점. 그리고 이들 필란트로피스트들이 인도주의적이고 민주주의적이면서 일반적으로 인정될 수 있는 정치적, 사회적

---

* 이들은 한 때 '강도귀족'(Robber Baron)으로 불리기도 했다. 즉 압축적 성장과 엄청난 규모의 자본축적이 이뤄지던 시기 독점적 행태와 노동탄압으로 지탄을 받기도 했던 것이다. 예를 들어, 카네기의 '홈스테드 파업'(Homestead Strike, 1892), 록펠러의 '러들로우 대학살'(The Ludlow Massacre, 1914)은 이들이 행한 대표적인 노동탄압 사건으로 기록되었다.

목표에 대한 신뢰를 바탕으로 개혁주의자 및 새로운 전문가 그룹*과 함께 제휴할 수 있는 기회를 갖게 되었다는 점, 3) 개인적 형태가 아닌 조직화되고 제도화된 형태의 필란트로피가 현대적 국가에 맞는 현대적 방법을 준비해 나가는 데 중요한 역할을 했다는 점 등이 그러한 현상의 배경이 되었다(Karl, Barry D. & Katz, Stanley N., 1981).

이 시기는 인구의 증가, 산업화, 기술적 발전을 통해 지리적 한계를 좁혀가면서, 미국이라는 국가가 좀 더 내적으로 밀접하게 연관되어 가던 때이기도 했다. 이러한 변화는 고립된 소규모 지역사회의 독자성과 차별성을 해소하는 데 일조했다. 지역사회에 대한 관심과 사회적 문제 해결을 위한 과학에 대한 믿음과 맞물려, 이는 사람들로 하여금 정치적 갈등과 비효율성의 한계를 극복할 수 있다는 희망을 주었으며, 공공정책과 관련해서는 소수 엘리트의 판단과 결정에 의해 국가적 발전과 진보가 가능하다는 믿음을 갖게 하였다(Legemann, Ellen Condliff, 1989).

미국의 재단은 재정적 지원을 통해 사회복지사업기관, 연구자, 사회개혁운동가, 정부 사이에 연계성을 심화 발전시켜 나갈 수 있게 하면서, 이를 토대로 국가적 정책을 수립해 가는 데 중요한 역할을 수행하였다. 이러한 현상은 1920년대 말에 이르러 좀 더 명확한 모습을 띠고 나타났으며, 영국 및 유럽국가의 좌절된 복지자본주의와는 차별성을 갖는 것이었다(Karl, Barry D. & Katz, Stanley N., 1981). 럿셀 세이지(Russell Sage), 카네기(Carnegie), 록펠러(Rockefeller) 재단과 같은 미국의 대표적인 자선재단은 이러한 정치적, 사회적, 역사적 상황을 배경으로 하면서 역사의 전면에 나타났다.

일반적으로 재단은 민간의 부를 공공의 목적을 위해 사용하고자 만들어진 기구 또는 기관으로 정의되며, 해당 기금은 정부나 민간인 개인으로서는 지원하기 곤란한 분야, 일정한 위험을 담보할 수밖에 없는 분야, 따라서 상당한

---

* 당시 이들 대규모 자선재단은 사업을 수행하기 위해 이전의 재단과는 달리, 프로페셔널, 즉 학계, 종교계, 법조계의 인물들을 재단의 책임자나 자문위원으로 임명하고 관련 사업을 전개해 갔다. 대표적인 인물로는 프레드릭 게이츠(Frederick T. Gates, 침례교 목사, 록펠러재단 자문위원), 시몬 프렉스너(Simon Flexner, 의사, 펜실바니아대학 교수, Rockefeller Institute for Medical Research), 헨리 프리체트(Henry Pritchett, MIT 총장, Carnegie Foundation for the Advancement of Teaching), 로버트 디포레스트(Robert DeForest, 법률가, 럿셀세이지재단)를 들 수 있다.

통찰력을 필요로 하며 이런 분야에 최적의 투자를 해야만 하는 '자선적 목적을 갖는 모험적 자본'(venture capital of philanthropy)이라 할 수 있다(International Encyclopedia of the Social Sciences, 1968). 또 다른 정의에 따르면, 재단은 자체 기금과 자체 이사진 및 전문가들에 의해 운영되는 프로그램을 갖는 비정부 및 비영리기관인 동시에, 교육적, 사회적, 자선적, 종교적 분야 등 공공복지를 위한 비영리기관에 대한 재정적 지원을 통해 자신의 목적을 실현해 가는 기관이다(Fishman, James J. & Schwarz, Stephen, 1995).

이러한 특성을 갖는 20세기 초엽에 나타난 현대적 의미의 재단의 성격은 이전의 자선기관과는 다른 것이었다. 즉, 1) 재단 설립목적의 개방성(open-ended), 2) 조직이나 기관을 직접 운영하기보다는 돈을 기부함으로써 재단의 목적을 수행했다는 점, 3) 돈을 지출하는 과정은 영속성을 갖고 있는 이사회에 위임되었지만, 재단 사업은 전문성을 지닌 스텝들에 의해 수행되었다는 점 등을 들 수 있을 것이다(Hall, Peter Dobkin, 1994).

한마디로 요약한다면, 미국 사회 시스템을 개혁하고 연방정부의 역할과 위상을 정립해 가면서 미국 사회정책 수립에 일정하게 기여하는 것이 당시 재단의 역할과 의미였다고 할 수 있을 것이다. 그 결과 재단은 세대 간의 의사소통 및 공공정책과 관련된 연구를 지원하고 관리하는 기관으로서 자리 잡게 되었다. 또한 이들 재단은 연구 진흥에 관심을 갖고 있었던 주요 국립기관들과의 인사교류, 그리고 이들 기관의 의사결정에 중요한 역할을 수행하기도 하였다(Karl, Barry D. & Katz, Stanley N., 1981). 이러한 공공정책 수립과정을 통해 형성된 학술연구자 그룹·영향력 있는 민간인 그룹·정부기관 등과의 상호관련성은 미국사회의 하나의 패러다임이 되어갔으며, 보수적이며 친기업가적 정책을 폈던 허버트 후버(Herbert Hoover), 그리고 민간영역의 확대를 하나의 대안으로 제시했던 여타의 옹호자들에 의해 더욱 촉진되었다. 그러나 이러한 산업자본가와 공공정책과의 커넥션과 관련성은 록펠러재단의 설립과 관련하여 1910-13년에 걸쳐 많은 논란을 야기시켰으며, 1915년에서 1916년에 걸친 시기에 '상원산업관련위원회'(the Senate Commission on Industrial Relations)의 청문회, 그리고 그 이후 거대재단을 감시하고 견제하기 위한 다양한 위원회가 의회에 설치되는 계기가 되었다.*

이러한 의회권력, 정치권력의 견제와 감시는 예외가 있기는 하지만, 경제적 부를 바탕으로 개인이나 특정 가족 또는 기업이 재단이라는 제도를 통해 부당하게 정치에 개입함으로써 민주주의적 원칙을 훼손하는 것에 대한 우려를 표현한 것이라 할 수 있다. 이는 앞서 살펴봤던 미국 내 일군의 학자들에 의하여 제기된 비판, 즉 재단의 돈은 부호들의 부정한 이익의 재투자일 뿐이며, 그들이 공공영역에서 행하는 역할로 말미암아 민주주의가 뿌리째 위협받는다고 하는 비판적 분석과도 일정 부분 일맥상통한다고 할 수 있을 것이다.

1935년 이후, 하나의 그룹으로서 개인 기부자에 대한 루즈벨트 행정부의 재분배 정책은 별효과가 없었으며 1920-51년 사이 지역자선단체에 대한 기업의 기여는 제2차 세계대전까지 별 변화가 없었다. 다만 세금 인센티브**는 그것에 영향을 받는 재단들에게는 많은 영향을 끼치는 했지만(294개의 재단이 1930년과 1939년 사이에, 239개의 재단이 1929년 전에 설립됨), 세금회피를 위한 기부, 즉 기부의 동기를 변화시켰다는 점에서 부정적인 평가를 받기도 한다. 특히 1940년대 이후 재단의 숫자와 자산에 극적인 증가가 있게 되는데(1940년 이전에 1,940개이었던 것이 1940년과 59년 사이에 5,400개로 증가) 이는 1936년 연방 상속세의 인상이 많은 영향을 끼쳤다. 즉 이는 당시 부호들 — 예를 들어, Ford, Sloan, Lilly, Kettering, Pew와 같은 20세기 대규모 산업자본가들 — 의 세금 회피 경향을 가속화 하는 계기가 되었으며, 이들 부호와 가족은 그들의 회사를 관리 운영하는 데 지주회사로서 재단의 유용성을 남들보다 먼저 인지하고 행동으로 옮겼다는 사실에 기인한다. 또한 세계대전 전후 국제화된 미국의 위상은 자본주의적 민주주의와 사회주의적 전체주의 사이의 첨예한 갈등을 초래하고 있었다는 점, 세계대전 전후의

---

\* 이 이후에도 1952년 재단의 비미국적인 형태와 공산주의 영향력을 견제하기 위해 열렸던 '콕스커미션'(Cox Commission), 1953년 교육, 연구기관 등에 대한 재단의 영향력을 조사하기 위한 '리스커미티'(Reece Committee), 1961년 재단의 기업지배에 대한 조사를 위해 활동했던 '패트맨조사위원회'(Patman Investigation) 등 몇 차례에 걸친 의회의 청문회와 특별조사위원회가 개최되었고, 일련의 과정은 1965년 '사립재단 재무성보고서'(Treasury Report on Private Foundations)로 결실을 맺는다. 이 보고서는 현재 미국 사립재단과 관련 세법의 원형을 이룬 1969년 세법개정의 기초가 되었다(Hall, Peter Dobkin, 1994).

\*\* 미국 세법은 세액 공제와 관련 몇 차례 개정을 거치는데 1913년의 수정헌법 제16조와 Revenue Act는 소득세(income tax)의 신설을, 1917년에는 기부금에 대한 공제를, 그리고 1919년에는 부동산 기부에 대한 공제가 입법된다.

번영은 개인이나 기업에게 막대한 수입을 가져왔고 이는 세율의 증가와 이에 따른 기부액의 증가를 초래했다는 점도 이와 같은 현상을 가속화시켰다. 또한 1947년과 1955년 사이 재단의 양적 성장에는 기업기부자의 존재가 일정한 영향을 끼치기도 하였다. 즉, 점차적으로 증대하는 연방정부의 힘을 견제하기 위해서는 민간영역의 재정적, 문화적 자원을 한 데 모으기 위한 공동의 노력이 필요하다는 데 재계의 의견이 모아지고 있었다. 한편 제2차 세계대전과 한국전쟁의 와중에서 높아지고 있는 세율, 기업 기부행위에 대한 법적 규제완화, 기업의 사회적 책임에 대한 재개념화 등의 현상이 비영리부문의 확대와 부의 증가라는 당시의 상황과도 상호작용하면서 이러한 현상을 한층 가속화하는 데 일조하였다.

1936년 이후 뉴딜을 통한 미국 사회복지시스템의 성장은 민간 비영리영역의 성장을 감퇴시키기보다는 오히려 이를 더욱 자극하게 되었으나 그 성장의 방향은 변화하고 있었다. 즉 제2차 뉴딜정책 이전에는 기초적인 사회적, 문화적 복지서비스의 전달을 위해 정부가 일정하게 독려하는 가운데 민간 비영리영역과 비영리영역이 서로 협력하는 연합적 성격을 띤 시스템(comprehensive associational system)이라고 한다면, 제2차 세계대전 이후에는 기초적인 서비스를 전달하는 데 민간영역이 정부를 돕는 공공-민간의 파트너쉽(public-private partnership)의 단초를 보여주는 단계로 변화해 갔다고 할 수 있다. 이러한 방향 선회의 주된 요인은 제2차 세계대전의 경험이었다. 파시즘, 소비에트연방의 힘의 성장으로 인해 미국의 이해가 위협을 받고 있다는 기업들의 인식과 정치권으로 대표되는 대통령의 인식은 공동적인 전선과 행동을 위한 토대를 마련해 가고 있었다. 결국 제2차 세계대전은 민간영역과 정부의 관계를 밀착시켜간 계기가 되었던 것이다.

제2차 세계대전 이후, 대내외적 환경은 사회과학분야 연구에서 정부의 필요와 관심을 증가시켰다. 이러한 변화는 각 학문분야뿐만 아니라 사회과학 연구지원시스템에 많은 변화를 가져왔다. 특히 1950-70년대는 사회과학을 위한 시대라고 할 정도로 많은 변화가 있었으며, 이는 1960년대 중반 많은 수의 관련 기관 및 연구소의 설립이라는 결과를 가져왔다. 이에 호응하여 국립정신

건강연구소(National Institute of Mental Health)와 국립과학재단(National Science Foundation)을 통한 재정적 지원의 증가, 존슨행정부의 '위대한 사회'(Great Society) 프로그램과 관련된 사회과학적 접근에 대한 우호적인 태도, 워싱턴을 중심으로 한 용역연구의 증가, 포드재단의 설립과 지원(Center for Advanced Study in Behavioral Science in Palo Alto) 등이 이 시기에 이뤄졌다. 아울러 이러한 변화는 소규모의 대다수의 재단들에게 그들의 정체성을 유지하고 차별성을 강화해나가는 것이 생존을 위해 필수불가결한 점이라는 사실을 일깨워 주는 것이기도 하였다(Hammack, David C. & Wheeler, 1994). 1940년대 이후 민간 비영리영역의 성장의 대부분은 정부의 재정적 지원에 기인하였으며, 정부로서도 정책을 수행해나기 위해서는 민간 비영리영역의 도움을 필요로 하였다. 따라서 2차 대전 이후 정부 정책개발과 수행에 점차적으로 대학, 재단, 정책개발연구소에 의존적인 형태를 띠게 되었다(Hall, Peter Dobkin, 1994).

20세기 초, 미국은 경제적 성장과 재건, 기술의 진보, 인구의 팽창, 사회적 다양성의 성장, 그리고 과학과 연관된 새로운 아이디어를 기반으로 해서 발전해 가고 있었으며, 이와 더불어 '고립된 지역사회'(island communities)로부터 소위 '위대한 사회'(The Great Society)로의 전환을 모색해 가고 있었다. 미국 사회에서 현대적 의미의 재단, 조직화되고 제도화된 필란트로피의 출현은 바로 이러한 이행기의 산물이었다(Legemann, Ellen Condliff, 1989). 이러한 전통은 '과학적 기부'(scientific giving)라는 개념에 기초해 성장해 왔으며, 합리성, 효율성, 그리고 영속성에 근거한다. 또한 '영향력의 기술'(technologies of influence), '지식의 힘'(power of knowledge)과 같은 개념으로 진화해 간 미국의 필란트로피는 미국 사회와 정책에 큰 영향을 끼쳤다.

이들 재단의 성장은 그들이 갖고 있는 재정적 지원 및 재분배 기능을 강조하는 것이기도 하였다. 재단은 국가적 사회복지시스템이 부재한 제한적인 재분배구조를 갖고 있는 사회에서 과도한 부의 문제를 해결하기 위해 만들어진 '미국적인 독특함을 갖고 있는 해답'이자, 축적된 막대한 부를 재분배하기 위한 가장 지배적인 미국적 장치, 그리고 기회와 자유로 대변되는 미국 자본주의체제의 결과물이기도 하다(Anheier, 1999). 바로 이런 점이 미국의 재단을 사회주의, 그리고 자본주의 체제에 반대하는 사회적 동요로부터 미국 자본주의 사회를 보호하려는 민간영역의 대안이라고도 지칭할 수 있는 근거가 되기도 한다.

## 필란트로피의 역할과 기능

왜 개인들은 기부하고 이를 조직화한 재단이라는 제도와 기구에 대해 관심을 갖는 것일까? 필란트로피의 목적과 기능이 이러한 관심과 어떤 연관성을 갖는 것일까? 이를 공적 기능과 사적 기능, 즉 사회적 정치적 변화(social & political change), 사회개혁/혁신(innovation), 재분배(redistribution), 다원주의(pluralism)의 진전 등의 공적 기능과 사회적 필요 충족, 기부자 개인의 심리적·정신적 만족 등의 사적 기능으로 나눠 살펴 볼 수 있다(Frumkin, 2006).

우선, 공적 기능으로 첫 번째 들었던 사회적, 정치적 변화와 관련된 '필란트로피' 활동은 선거 참여 독려, 변화 지향적인 비영리조직에 대한 지원 등 풀뿌리 조직화 지원활동과 정책 연구, 국민발안투표를 위한 공익캠페인, 변화 및 개혁 관련 의제 채택 등 정치적 주창(advocacy)을 통한 변화 추구 지원활동을 통해 이뤄진다. 예를 들어 1960년대 포드재단(Ford)이 클리블랜드 지역에 투표 참여 독려를 지원하여 미국 주요 도시의 시장으로 흑인이 최초로 당선되게 한 것이나 위볼트재단(Wieboldt)이 변화를 지향하는 비영리조직을 선별하여 이를 지원하는 것은 좋은 사례가 될 수 있다. 기존의 정치 규칙과 과정을 지키면서 권력을 재구성하거나 원하는 목표 달성을 공명정대하게 실천하는 것을 필란트로피의 역할로 정의해 왔던 것이다. 그러나 이에 대해서는 기부자 사적 재산을 이용하여 공적 편익과 관련된 특정 이슈나 대의를 결정할 수 있는지, 이러한 사적 판단과 결정으로 영향을 받을 수 있는 사람들의 동의도 없이 기부자 스스로가 자격을 부여하고 마치 의회의 입법자나 행정부의 집행자처럼 행동할 수 있는지 등의 비판은 물론, 구조적 해결이 아닌 기존 체제를 무리 없이 유지하기 위한 대중적 현상 유지책이라는 좌파의 비판에 이르기까지 다양한 비판이 제기되기도 한다.

다음으로 언급한 목적과 기능은 사회개혁(innovation)이 필요한 곳을 찾아 이를 지원하는 것, 즉 연구조사의 형태를 띠거나 실용적인 해결책을 마련함으로써 새로운 생각과 이를 실천하기 위한 프로그램을 창안해 내고 이를 증진시킨다. 따라서 이러한 모습이 필란트로피 활동을 사회적 모험 자본(social venture capital)으로서 인식하는 계기가 되기도 하였다. 이러한 인식은 새로운 아이디어와 성공적인 프로그램을 만들어 가는 데 그리고 고질적인 사회문제 해결을 위한 새로운 대안을 창안하는 데 정부보다 필란트로피 활동이 더 잘 어울리며 실제로 더 잘 해결할 수 있다는 데 기인한다. 이들 영역은 정부 및 기업부문과 달리 모든 책임으로부터 상대적 자유를 누리고 있고, 이에 근거해 충만한 실험정신, 신속한 판단과 행동을 통해 혁신적 대안을 제시함으로써 정부정책을 선도해 나갈 수 있다는 것이다. 즉 혁신적인 연구와 파일럿 프로그램 지원을 통해 결과를 얻고 이러한 결과를 토대로 정부가 이를 확대 심화해 나가도록 하는 전략을 구사한다. 따라서 이러한 자유의 이점과 사회적 혁신가적 기능을 극대화하려면 필란트로피 활동은 어느 정도의 모험을 기꺼이 감수해야 하며, 그 결과를 주의 깊게 평가하고 각 부문과 폭넓게 소통할 수 있어야 한다. 그러나 이러한 성격으로 말미암아 필란트로피의 혁신적인 활동은 논쟁과 반대가 따르기 마련이고 더욱이 이런 분야에 지원한다는 것은 더 큰 논란을 수반할 수도 있다.

세 번째 기능과 목적은 경제적 형평(economic equity)을 위한 최소한의 도리를 행하는 것으로 상대적으로 소규모의 액수이기는 하지만, 비영리조직에 대한 기부를 통해 자원의 재분배에 참여한다. 대다수의 소액 기부자들은 이러한 목적을 위해 기부를 하며 이러한 유형의 재분배의 실천은 민족과 문화적 배경을 뛰어 넘어 어느 문화권에나 오랜 전통을 지니고 있다. 따라서 이러한 기능과 목적은 전통적으로 불특정 다수를 대상으로 한 기부와 모금이라는 형식을 통해 다수의 사회서비스기관의 고전적이고 핵심적인 실천 형태가 되어 왔다. 이와 같은 연유로 필란트로피의 여러 기능과 목적 가운데 가장 덜 논쟁적이며 상대적으로 위험부담이 적은 접근방법이라 할 수 있다. 이와 같은 유형의 일을 정부가 조세 정책 등을 통해 직접 행한다면 중세에 대한 반대도 반대이려니와 매우 복잡한 양상을 띠고 전개될 수밖에 없을 것이지만, 필란트로피라는 형식을 통해 행해진다면 많은 반대와 우려를 불식시킬 수 있다. 하지만 국가가 조세정책과 복지정책을 통해 당연히 책임져야 할 일을 불특정 다수에게 다시 전가시킨다는 비판으로부터 자유로울 수는 없을 것이며, 기부/모금에 주어진 세제혜택, 즉 기부/모금을 통해 발생시킨 사회적 가치와 편익이 세제혜택으로 인해 국가가 포기한 세금의 가치를 능가하는지 아니면 그에 못 미치는지 이와 관련된 정당성(legitimacy) 이슈는 또 다른 논란거리를 제공한다.

네 번째는 시민적 가치로서 다원주의(pluralism)에 대한 것이다. 공공의 목적을 위해 매년 다양한 그룹의 개인과 기관에 의해 수천, 수만 달러의 돈이 기부된다는 사실, 공공영역에 다양한 아이디어와 프로그램이 존재한다는 사실은 이를 반증한다는 것이다. 또한 이런 다원주의의 영향으로 공공영역에서 컨센서스가 이뤄지기 쉽지는 않지만, 그리고 이런 점 때문에 역설적이기는 하지만, 필란트로피가 다원주의의 옹호자가 되고 다원성을 진전시키는 역할을 하게 된다. 이를 통해 공익에 대한 다중적이고 상호 경쟁적인 다양한 개념이 한 사회 내에 공존할 수 있을 뿐만 아니라, 정부기구의 관료화에 대한 평형추 역할과 분권화에도 이바지하게 된다.

필란트로피가 갖는 공적 기능이 한 개인이 자신이 살고 있는 사회와 소통하면서 갖게 되는 사회적 측면에서의 편익이라면, 사적 기능은 이러한 소통을 통해 한 개인 자신에게 돌아가는 편익 혹은 그것이 유발하는 효과라 할 수 있다. 즉 기부자 자신의 가치(value)를 행동으로 옮김으로써 자기를 실현하고(self-actualization) 이를 통해 기부자는 심리적, 정신적 만족감을 극대화한다. 기부자는 자신의 가치와 일치하는 대의나 기관에 기부함으로써 일종의 발언(speech)을 하고, 공적 영역에서 이를 실현하고자 구체적 행동으로 옮김으로써 공공의 편익 증진에 기여한다. 그러나 이러한 행위는 기부자 자신에게 심리적 만족감을 줌으로써 그 결실을 만끽할 수 있도록 한다. 즉 외부세계를 보는 새로운 눈을 갖게 하고 사람들과 접촉할 기회를 가져다준다는 것, 기부자의 열정과 헌신을 자신의 삶 동안 행동으로 실천할 수 있게 한다는 것, 그리고 기부자에게 인생의 의미와 목적을 재발견하게 함으로써 다른 사람을 돕는다는 사실 그 자체가 생의 의미와 행복의 잠재적 원천을 가져다준다는 것이다. 따라서 필란트로피의 역할에 대한 이 같은 해석은 필란트로피를 기부자 개인의 만족을 위해 설계된 '소비'(consumption)의 한 형태로 보기도 한다. 결국 필란트로피가 중요한 그 어떤 것을 성취하기 위한 것이기는 하지만, 기부자 자신에게 미치는 파급효과(impact)에 대한 이해가 전혀 없이, 그리고 기부자 처지에서 이해하려고 하는 노력 없이, 필란트로피에 대한 목적과 기능을 이야기할 수는 없다는 점, 많은 기부자가 그들의 필란트로피에 대한 개인적인 보상 또는 보답에 대해 일정한 기대를 하고 있다는 점에 유념하면서 공적, 사적 두 가지 기능과 목적이 상호작용을 통해 각기 좀 더 뚜렷한 모습을 찾도록 하는 것이 가장 이상적인 형태일 것이다. 이와 같이 필란트로피가 갖는 사적이고 개인적인 편익은 원래부터 존재하는 중요한 목적이라 할 수 있으며, 이는 사람들이 왜 기부를 하는지에 대한 이유를 사적인 차원에서 설명해 줌으로써 동전의 양면과 같은 기부와 모금이 활성화될 수 있는 단서를 발견할 수 있게 해준다.

## 시민사회와 필란트로피

시민사회(civil society)란 무엇인가? 시민사회와 필란트로피는 어떤 관계를 갖고 있을까? 시민사회에 대한 논의는 철학, 역사학, 정치학, 사회학 등의 분야에서 수많은 이론과 논쟁들로 점철되어 왔다. 특히 20세기말을 거치면서 세계사적으로는 소비에트연방의 붕괴, 동유럽 공산주의 블록의 해체, 독일의 통일, 신자유주의의 등장 그리고 우리의 경우, 권위적 군사정권의 몰락과 '87년체제'라는 제도적 민주주의의 확립 등을 경험하게 되면서 시민사회에 대한 논의는 다시 부활하게 된다. 원래 서구에서 시민사회에 대한 개념은 가족과 국가 사이에 놓여 있는 조직화된 결사체의 영역(organized associational realm)을 이해하고 탐색하기 위한 18세기 정치학자와 철학자들의 논의에 그 뿌리를 두고 있다. 따라서 이들 개념에 대해 학자마다 서로 다른 아이디어, 서로 다른 접근방법과 분석틀을 갖고 있을 수밖에 없으나, 대체적으로 시민사회란 가정, 국가, 시장에 속하지 않는 조직체들이 존재하는 영역 혹은 공간이라는 것에 공통된 인식을 갖고 있다. 이 영역에는 NGO, NPO, 조합, 사회적기업에서부터 특정 목적을 갖는 결사체(association), 재단, 운동조직, 소비자그룹에 이르기까지 다양한 그룹과 조직, 기관들이 포함된다는 것도 우리가 익히 잘 알고 있는 사실이다.

이러한 시민사회를 보는 실천적 관점은 자유주의적인(liberal) 관점과 급진주의적인(radical) 관점, 두 가지로 나눠 살펴볼 수 있는데, 우선 자유주의적인 관점에서는 시민사회를 조직화된 시민과 조직들의 영역으로, 국가와 시장 권력을 견제하는 균형추로, 그리고 시민적 민주주의의 가치가 유지되는 곳으로 해석한다. 반면 급진주의적 관점은 조화보다는 권력을 중심으로 발생하는 갈등과 타협을, 국가의 영역과 구별되지 않는 모호한 경계를 강조한다. 이 두 가지 접근 방식 중 전자의 관점, 즉 자유주의적인 관점이 좀 더 지배적인 위치를 점해오는 가운데 시민사회는 시민적 책임과 공공선의 원천으로, 그리고 조직화된 시민이 공익을 위해 기여할 수 있는 공간이라는 뜻으로 그 의미를 부여하게 되었다(Lewis, D., 2007). 따라서 이런 시민사회가 지향하고자 하는 공공선, 공익, 시민적 책임과 책무성, 자발성, 정당성 등의 가치는 앞서 살펴 본 필란트로피의 개념, 역사적 성격과 상당히 밀접한 관련성을 갖고 있으며, 궁극적으로 필란트로피는 시민사회가 처한 공동 이슈에 대한 참여와 해결책의 모색을 돕는 가장 기본적인 원천이 될 수 있다.

이런 관련성을 염두에 두면서 논지를 좀 더 명확히 하기 위해 조직화되고 제도화된 필란트로피, 즉 재단을 둘러 싼 이슈를 서로 대립된 견해를 통해 좀 더 극명하게 대비해서 살펴보자. 아래 표는 재단은 왜 존재하는지, 지속적으로 존재할 이유나 필요가 있는 것인지를, 그 아래 표는 재단과 민주주의, 시민사회와의 관계는 무엇인지, 현대 민주주의 사회가 제대로 기능하기 위해 재단이라는 제도가 과연 필요한 것인지에 대해 각각 찬성과 반대 주장을 설정 해두고, 재단, 정부, 시민사회의 각각 입장과 관점을 명확히 나타내고 있다(Anheier, H & Leat, D, 2013).*

| 주장 | 반대 주장 |
| --- | --- |
| "재단은 비용을 상회하는 사회적 편익을 제공한다. 재단을 폐지하거나 조세정책 등을 통해 적극 권장하지 않는다면 재단에 의해 사회에 부가된 가치와 편익은 사라질 것이다." | "공익을 위해 개인적인 재산을 배분하는 방법으로서 재단을 이용하는 것은 고비용 구조다. 부가 가치를 생산한다기보다는 이는 오히려 납세자에 부과된 순비용이다. 정부는 재단 신설을 장려하는 정책을 펴지 말아야 하며 기존의 재단을 폐지해야 한다." |

* 원본(Anheir, H & Leat D. "Philanthropic Foundations: What rationales?" *Social Research*. vol.80 no.2 2013)에서는 두 주장을 나눠 서술하고 있으나 비교를 위해 표로 재구성함.

|  | 주장 | 반대 주장 |
| --- | --- | --- |
| 재단 | 재단은 어떤 다른 형태(예를 들면 조직화되지 않은 개인적 차원의 필란트로피)보다 기부자, 이사진, 지원대상자들에게 더 많은 편익과 신뢰를 줄 수 있다는 사실이 증명되어 왔다. | 과거에 재단은 유용한 도구였을지는 모르겠지만, 현재 필란트로피 활동을 위해서는 좀 더 효율적이고 유연한 옵션이 존재한다. |
| 정부 | 재단은 두 가지 측면에서 유용하다. 정치적 처방이 필요한 곳에서 정부활동을 돕고, 정부 정책 실현을 위한 도구가 되어 준다. | 공익을 위한 조세제도와 관련, 비효율적인 제도가 되었다. 재단이 공공의 필요에 명확히 뒤따르지 않고, 정부프로그램도 따르지 않는다면 세제혜택은 정당화하기 어려울 것으로 보인다. |
| 시민사회 | 재단은 시민사회의 은행이다. 재단은 정부나 시장이 할 수 없는 혁신적이고 위험성 있는 프로젝트의 수행을 돕는다. 시민사회의 지속성을 위해 독립적 재정지원 기구가 필요하다. | 재단은 빅토리안 시대의 문화적 유산이며, 구신분제를 지속하는 구시대의 유산이지만 더욱 더 이동성이 확장되고 개방적이며 다양함이 상존하는 현대사회에도 여전히 존재한다. 재단이 진정한 의미에서 이러한 현대사회 환경에 적응하지 않는다면 그들이 있어야 할 곳은 사회의 중심이 아니라 변방이다. |

|  | 주장 | 반대 주장 |
| --- | --- | --- |
|  | "재단의 결점이 무엇이든 재단이 관련해서 발생하게 될 불이익보다 이를 능가하는 편익이 재단에 의해 우리 사회에 제공된다." | "재단이 자신의 역할을 충분히 수행하고 있다는 체계적인 증거는 없다. 다구나 재단이 자신의 역할을 수행할만한 조직적, 재정적 능력이 있는지 의심스럽다." |
| 재단 | 정치적 과정에서 소외되거나 자신의 의견을 표방하기 어려운 이들을 위해 그들의 목소리와 정치적 공간을 제공할 수 있는 방법을 필란트로피 실천가(philanthropist)들에게 제시한다. | 재단은 독선적인, 자칭 공상적 박애주의자 그룹의 영역이다. 궁극적으로 재단은 엘리트, 중상층 계급의 목소리를 반영한다. |
| 정부 | 재단은 새로운 정치적 옵션에 개방적이며 정당이라는 테두리를 넘어서는 해결책과 접근방식을 모색할 수 있다. 재단은 정책과정에서 독립적인 목소리를 더할 수 있다. | 재단은 민주적 과정을 방해하고 공익이 아닌 특정계급/계층의 이해를 반영한다. 재단은 정치적 정당성도 없으며 민주적으로 통제되지도 않는다. |

| | 주장 | 반대 주장 |
|---|---|---|
| 시민사회 | 재단은 정부와 시장의 헤게모니에 대항하는 독립적 수호자다. 재단은 다원주의를 지향하며 역동인 정치적 힘, 예를 들어 싱크탱크나 NGO같은 기구를 지원한다. | 재단은 비민주적이며 현대사회에 의사(quasi) 귀족제의 수호자다. 재단이 갖는 엘리트적인, 고착된 그리고 관료제적 성격은 재단을 문제 해결을 위한 대안보다는 문제의 한 부분으로 만든다. |

위 비교에서 보이는 극명한 입장 차이가 우리에게 제시하는 함의는 무엇일까? 재단이라는 제도가 시민사회와 민주주의를, 그리고 부의 재분배를 유지해 가는 데 여전히 유용하다는 주장에 대해, 조세혜택과 제도의 한계성, 경제적, 정치적 토대를 기반으로 한 신분제 및 계급제의 유지, 비민주적인 절차의 재생산 등의 이유를 들어 반대 입장을 피력하고 있음을 확인할 수 있다. 결국 이는 20세기를 전후로 하여 재발견되고 재정립된 혁신적 능력, 장기적 안목을 그 특징으로 하는 재단이라는 제도가 지속가능하기 위해, 더 나아가서는 필란트로피가 우리 사회의 공동의 이익을 위해 지속되려면 존재 자체의 정당성(legitimacy), 이를 구성하는 중요 요소인 투명성(transparency), 책무성(accountability)의 이슈를 심각하게 재고해야만 한다는 사실을 시사한다.

특히 조세혜택과 관련된 정당성의 이슈, 즉 기부를 독려하기 위해 얼마나 많은 조세혜택을 부여해야 하는지 혹은 이러한 조세혜택이 기부의 양적 증가에 얼마나 효과적이냐의 이슈도 중요하지만, 이를 넘어 민주주의 사회에서 이러한 조세혜택이 어떻게 정당한 근거를 가질 수 있느냐는 질문에 귀를 기울여 봐야 할 필요가 있다. 이와 관련하여 미국의 사례이기는 하지만, 세제혜택의 비용, 즉 세제혜택을 통해 사회가 얻게 되는 편익이 세제혜택으로 인해 포기된 세금의 가치를 능가하지 못할 때, 세제혜택이 소득 상층부에 더 유리하게 만들어져 있을 때("up-side down effect"), 세제혜택의 편익은 사회적으로 배제되고 소외된 계층의 복지를 위해 사용되지 못할 때, 필란트로피가 갖는 사회적 정당성, 그 행위에 대한 세제혜택의 정당성은 무력화될 수밖에 없다는 주장이 제기되기도 한다(Reich, R. 2013). 따라서 이러한 정당성을 복원하기 위해서는 대안이 필요하며, 그 대안 중에 하나가 '다원화의 합리성'(pluralism rationale)에 토대를 둔다. 즉 민주주의의 기초라 할 수 있는 다양하고 분권화된 그리고 다원적인 결사체들의 영역에서 시민의 목소리와 주장을 독려하고 강화하는 역할에 세제혜택과 인센티브를 부여하는 것, 그래서 다양한 형태의 조직이 만들어지고 이를 지속시킴으로써 얻게 되는 결사체적 삶(associational life) 그 자체가 공공재(public goods)이며 사회적 편익(social benefit)이라는 주장인 것이다. 물론 어떤 기준도 증거도, 그리고 찬성하는 사람이건 반대하는 사람이건 특정한 이해관계자의 관점만을 반영할 뿐이기 때문에 이런 방식의 접근은 지지도 논박도 쉽지 않을 수도 있고, 혹은 각기 처한 환경과 관점, 문맥에 따라 찬반 논란이 충분히 이뤄질 수도 있다. 이러한 찬반 논란까지도 포함하여 적어도 민주주의와 시민사회의 가치, 필란트로피의 가치, 그리고 그 기능, 역할을 재성찰하는 기회로 삼는 것이 이런 대립적 논쟁을 통해 우리가 얻을 수 있는 교훈일 것이다.

　서구의 역사 전개와는 달리, 우리의 역사에서 20세기를 전후로 '개항'이라고 일컫는 서구 사회와의 강압적 접촉은 곧 제국주의에 의한 식민지화로의 길을 의미하는 것이었다. 해방과 함께 세계질서 재편에 따라 강요된 분단, 내전과 확전, 냉전 그리고 권위적 정권과 경제 개발, 제도적 민주주의의 완성과 반동, 그리고 촛불집회와 최고 권력의 탄핵에 이르기까지의 드라마틱한 역사 전개는 그 해석을 둘러싸고 국내외적으로 많은 논란과 이야기 거리를 제공하기도 하지만, 21세기를 전후하여 자발적 참여와 결사, 자발적 기부와 나눔, 자원봉사 등 민주주의와 시민사회의 핵심적 구성요소라 할 수 있는 영역에서 괄목할만한 진화를 거듭해 온 것 또한 사실이다. 그러나 이들 영역과 관련된 법과 제도의 제정, 관료제적 간섭 등 국가의 역할을 둘러싼 논란에서 보듯이, 한편으로는 필란트로피, 그 자체보다는 소위 모금, 나눔, 자원봉사 등을 둘러싼 영역 다툼으로, 그리고 또 다른 한편으로는 정부, 시장, 공론의 장으로서 시민사회 간의 견제와 균형이라는 민주주의 원칙의 경계를 넘나들고 있는 것으로 비춰지기도 한다.

　기부된 돈을 어디에 어떻게 쓸 것인가, 쓴 돈은 제대로 쓰였는가, 그 과정은 투명한가라는 고전적 명제는 이제 필란트로피를 언급할 때 선택이 아니라 필수적 화두가 되었다. 필란트로피가, 재단이 그 세제혜택의 정당성, 존재의 정당성을 확보하기 위해서는 '폐쇄'에서 '공개'로, '불투명'에서 '투명'으로, '불통'에서 '소통'으로 적극적 변화를 모색해야만 한다. 우리는 쌍방향 소통, 다자간 소통을 특징으로 하는 SNS(social network service)의 시대에 살고 있지 않은가. 앞서 간 나라들의 역사적 경험을 타산지석으로 삼아 우리의 문맥을 토대로 이에 대한 좀 더 근원적이고 천착된 고민이 필요하다는 사실은 아무리 강조해도 지나치지 않다. 그냥 "기부는 좋은 것"이라는 관성으로부터 그리고 미국은 얼마를 기부하고 유럽은 얼마를 기부한다는 계량적 비교로부터 이제는 좀 더 철학적이고 역사적인 접근, 분석적이면서도 성찰적인 접근이 필요한 시점이라 하겠다.

# 참고문헌

Anheir, H. & Leat D. "Philanthropic Foundations: What rationales?" *Social Research* (vol.80 no.2 summer 2013).

Anheir, H. & Toepler, S. *Private Funds, Public Purpose: Philanthropic Foundations in International Perspective* (New York: Kluwer, 1999) [번역]『재단이란 무엇인가』. 서울: 아르케. 2002.

Arnove, Robert F. ed. *Philanthropy and Cultural Imperialism: The Foundation at Home and Abroad* (Bloomington: Indiana University Press, 1982)

Berman, Edward H. *The Influence of the Carnegie, Ford, and Rockefeller Foundations on American Foreign Policy: Ideology and Philanthropy* (Albany: State University of New York Press, 1984)

Bulmer, Martin. *The Chicago School of Sociology: Institutionalization, Diversity, and the Rise of Sociological Research* (Chicago: University of Chicago Press, 1984)

Edward T. Silva and Sheila Slaughter, *Serving Power: The Making of the Academic Social Science Expert* (Westport: Greenwood Press, 1984)

Fisher, Donald. *Fundamental Development of the Social Science: Rockefeller Philanthropy and the United States*, Social Science Research Council (Ann Arbor: The University of Michigan Press, 1993)

Fishman, James J. & Schwarz, Stephen, *Nonprofit Organizations* (Westbury, New York: The Foundation Press, Inc. 1995)

Frumkin, P. *Strategic Giving: The Art and Science of Philanthropy* (Chicago: University Of Chicago Press, 2006)

Geiger, Roger L. *To Advance Knowledge: The Growth of American Research Universities, 1900-1940* (New York: Oxford University Press, 1986)

Geiger, Roger L. *Research and Relevant Knowledge: American Research Universities since World War II* (New York: Oxford University Press, 1993)

Hall, Peter Dobkin. "A Historical Overview of the Private Nonprofit Sector." *The Nonprofit Sector.* ed. Powell, W.W. (Conn: Yale University, 1987)

Hall, Peter Dobkin. "Historical Perspectives on Nonprofit Organizations." *The Jossey-Bass Handbook of Nonprofit Leadership and Management.* ed. Herman, R.D. (San Francisco, CA: Jossey-Bass Press, 1994)

Hammack, David C. "Community Foundations: The Delicate Question of Purpose," in Richard

Magat, ed., *An Agile Servant* (New York: The Foundation Center, 1989)

Hammack, David C. "Putting the First Amendment into Practice: A Historical Perspective on the Nonprofit Sector in the United States," *Nonprofit Organizations as Public Actors: Rising to New Public Policy Challenges* (Independent Sector Spring Research Forum Working Paper, 1995)

Hammack, David C. & Wheeler, Stanton. *Social Science in the Making: Essay on the Russell Sage Foundation, 1907-1972* (New York: Russell Sage Foundation, 1994)

Hawley, Ellis W. "Herbert Hoover, the Commerce Secretariat, and the Vision of an 'Associative State,' 1921-1928," *Journal of American History* (June, 1974)

*International Encyclopedia of the Social Sciences* (Crowell Collier and Macmillian, Inc. 1968)

Karl, Barry D. and Katz, Stanley N. "The American Private Philanthropic Foundation and the Public Sphere, 1890-1930," *Minerva* 19 (1981)

Karl, Barry D. "Presidential Planning and Social Science Research: Mr. Hoover's Experts." *Perspectives in American History III* (1969)

Keele, Harold M. & Kiger, Joseph C. ed., *Foundations* (Westpoint, Connecticut: Greenwood Press, 1985)

Kohler, Robert E. *Partners in Science: Foundations and Natural Scientists 1990-1945* (Chicago and London: University of Chicago Press, 1991)

Legemann, Ellen Condliff. *Private Power for the Public Good: A History of the Carnegie Foundation for the Advancement of Teaching* (Middletown: Wesleyan University Press, 1983)

Legemann, Ellen Condliff. *The Politics of Knowledge: The Carnegie Corporation, Philanthropy, and Public Policy* (Middletown: Wesleyan University Press, 1989)

Lewis, D. *The Management of Non-Governmental Development Organizations* (London and New York: Routledge, 2007)

Neilsen, Waldemar. *The Big Foundations* (New York: Columbia University Press, 1972)

Oleson, Alexandra and Voss John. ed. *The Organization of Knowledge in Modern America, 1860-1920* (Baltimore: Johns Hopkins University Press, 1979)

Payton, R.L. and Moody, M.P. *Understanding Philanthropy: Its Meaning and Mission* (Indiana University Press, 2008)

Reich, R. "Philanthropy and Caring for the Needs of Strangers," *Social Research* (vol.80 no.2 summer 2013)

Richard E. Brown, *Rockefeller Medicine Men: Medicine and Capitalism in America* (Berkeley and Los Angeles: University of California Press, 1979)

Salamon, L.M. *America's Nonprofit Sector: A Primer* (New York: Foundation Center, 1999) [번역] 『NPO란 무엇인가』. 서울: 아르케, 2000

Sievers, Bruce R., *Civil Society, Philanthropy, and the Fate of the Commons* (Hanover and London: Tufts University Press, 2010)

Silbley, Elbridge. *Social Science Research Council: The First Fifty Years* (New York: Social Science Research Council, 1974)

Sulek, M. "On the Classical Meaning of Philanthrôpía," *Nonprofit and Voluntary Sector Quarterly* (vol. 39, 2010)

Van til, Jon. *Critical Issues in American Philanthropy* (San Francisco: Jossey-Bass, 1990).

Wikipedia, Philanthropy, http://en.wikipedia.org/wiki/Philanthropy

임석진 외, 『철학사전』, (서울: 중원문화, 2009) http://terms.naver.com/entry.nhn?docId=1596353&cid=50292&categoryId=50292

■ 찾아보기

**(ㄱ)**

거버넌스 67, 139, 230, 231, 236, 267, 274
게이츠재단 178, 225, 252
결사체 17, 18, 33, 37, 44, 46, 57, 58, 61-64, 66, 67, 71, 75, 79-81, 95, 96, 98, 113, 125, 147, 150, 152, 153, 174, 200, 212, 229, 231, 234-236, 238-241, 248, 252, 256, 261, 263, 275
계몽된 자기이익(enlightened self-interest) 209
공공 교사 12, 50, 52, 245, 256
공공자선단체(public charity) 63, 253, 256
공동모금(community chest) 29, 200
과학적 필란트로피 169, 208, 212-215, 217, 219, 220, 225, 273
구빈법(Poor Law) 207, 209, 210
구세군 32, 84, 100, 143, 144
국세청(IRS) 44, 63, 64, 67, 255, 258
권한 이양(devolution) 224
균형 26, 54, 132, 182, 188, 192, 249
기독교 사회주의 131
기빙유에스에이(Giving USA) 43, 253, 255
기업사회공헌 90, 100

**(ㄴ)**

니스바(nisbah) 203

**(ㄷ)**

다렌도르프(Dahrendorf) 110

다원주의 54, 64
다중성 17, 27, 57, 59
도덕성 85-88, 149, 154, 175, 238
도덕적 상상력 18, 69, 88, 105, 112, 113, 147, 149-154, 157, 167, 168, 191, 196-200, 219, 220, 222, 223, 226, 270
도덕적 행동 18, 28, 87, 88, 140, 147, 149, 150, 152, 154, 157, 158, 160, 165, 170, 171, 175, 185, 194, 196, 226, 238, 267
독립부문 45, 60, 62, 258
독트린 186-188, 194-196

**(ㄹ)**

랄프 네이더(Ralph Nader) 200, 239
록펠러(Rockefeller) 70, 83, 120, 124, 131, 214, 215, 224, 225

**(ㅁ)**

마치오브다임(March of Dimes) 156
막스 베버(Max Weber) 82, 86, 110,
면세조직 35, 253
모금 19, 25, 29, 30, 50, 58, 59, 73, 77, 78, 81, 82, 86, 90, 98, 99, 123, 144, 146, 155, 156, 177, 183, 184, 200, 219, 235, 241, 243, 263, 268
모금학교 25, 155
무함마드 야누스(Muhammad Yanus) 124
문화적 보편성 116
미국퇴직자협회(American Association of Retired Persons) 97
민주주의 19, 23, 38, 39, 59, 66, 81, 83, 135, 220, 222, 224, 227-231, 234-241, 258, 259, 264, 274, 275

(ㅂ)

벤자민 프랭클린(Benjamin Franklin)  199, 211
벤처 필란트로피  31, 225
병적인 목표집착(teleopathy)  182-184
부의 복음(The Gospel of Wealth)  178, 213
분파  33, 98, 231, 240, 241
비영리경영  26, 246
비영리부문  18, 30, 32, 35, 37, 38, 44, 45, 59, 61, 62, 65, 66, 68, 70, 90, 135, 137, 147, 149, 153, 156, 236, 255, 256, 258, 266, 267, 274, 275
비정부기구(NGO)  32, 60, 185, 218, 274
빌 게이츠(Bill Gates)  30, 87, 178

(ㅅ)

사다카(sadaqah)  203
사려 분별(prudence)  118, 119, 209
사립 재단(private foundation)  44, 63, 253, 256
사마리아인  95, 116, 150, 158-167, 169-171, 173, 174, 196, 201, 205
사명(mission)  17, 25, 29, 32, 33, 47, 52, 62, 68, 69, 76, 77, 81, 82, 85, 89, 99, 100, 102, 144, 150, 152, 154, 155-157, 171, 172, 182-184, 192, 239-242, 244, 248-250, 268
사회개량론  18, 55, 105, 150, 185-196
사회개혁  76, 154, 195, 215, 219, 222, 223, 260, 273
사회기원론  274
사회사  18, 28, 69, 147, 197-200, 202, 213, 219, 223-226, 271
사회사업(social work)  97, 218, 222

사회운동  96, 97, 139, 219, 224, 236-238, 243, 273
사회적 자본  67, 259, 275
사회적 경제  63
사회적 다위니즘  217
사회적기업  30, 31, 63, 141, 267
사회적기업가정신  31, 63, 267
삶의 기회(life chance)  107, 110-113, 147, 186, 190
상호부조  200, 204, 207
새로운 필란트로피  221, 225
선택적 인센티브  99
선행(good work)  24, 26, 28, 29, 38-40, 47, 52, 71, 74, 92, 119, 124, 140, 151, 160, 164, 169, 180, 194, 226, 246, 247, 249, 261
성찰  12, 36, 48, 53, 54, 119, 172, 173, 179, 184, 187, 191, 193, 249
순차적 호혜(serial reciprocity)  16, 49, 164, 165, 180, 181, 266, 267
스튜어드  181, 182, 207, 227, 242-245, 250, 270
시민사회  19, 28, 60, 62, 82, 259, 274
시장의 실패  137
실용주의  18, 185, 186, 188, 191, 195
실패이론  266
씨비쿠스(CIVICUS)  62

(ㅇ)

아가페  71, 73, 205, 206
아동보호기금(Children's Defence Fund)  155, 156
아시아적 전통  205

애드보커시(advocacy)  58, 59, 64, 67, 83, 95, 101, 138, 144, 150, 153, 185, 204, 223, 224, 228, 229, 231, 232, 236-238, 248, 253, 258, 259, 262
어번인스티튜트(Urban Institute)  44
연민(compassion)  72, 95, 115, 133, 134, 150, 161, 163-165, 167, 168, 192, 196, 200-205, 209, 219, 224, 248
열린사회재단(Open Society Funds)  23, 74
501(c)(3)  34, 63, 253, 255, 256, 258
501(c)(4)  63, 64, 258
유나이티드웨이(United Way)  29, 75, 78, 177, 200, 248
유로게티즘(euergetism)  207
윤리적 스캔들  29
이기주의  97, 117, 132-134, 174, 178, 265
이사회  52, 58, 122, 182, 224, 244
이슬람  202
이익무분배의 제한성(nondistribution constraint)  18, 61, 266
이중 실패  138
이타주의  39, 60, 106, 116-118, 132-134, 164, 173, 176, 209, 265, 269
익명 기부  176
인간 문제  103, 107, 121, 228, 242, 264
인간혐오(misanthropy)  193
인도주의  23, 32, 60, 72, 108, 117, 128, 162, 201
인디펜던트섹터  42, 62
인류애  18, 57
인보관  74, 97, 220, 221

(ㅈ)

자발성  94, 267
자발적 결사  17, 28, 33, 37, 44, 46, 57, 58, 61, 62, 66, 71, 75, 79-81, 95, 98, 147, 150, 152, 153, 174, 212, 228, 234-236, 238-241, 248, 257, 259, 261, 263, 275
자발적 결사체(voluntary association)  17, 33, 37, 44, 46, 57, 58, 61, 62, 66, 67, 71, 75, 79-81, 95, 98, 147, 150, 152, 153, 174, 212, 228, 234-236, 238-241, 248, 259, 261, 263, 275
자발적 기부  17, 18, 28, 34, 40, 46, 57, 65, 71, 75, 76, 80, 82, 96, 131, 133, 150, 235, 257, 261
자발적 행동  13, 17, 18, 25, 27, 33, 34, 37, 38, 47, 48, 55, 57, 63, 66, 67, 69, 71, 72, 75, 87, 89, 91-96, 98-100, 103, 113, 129, 140, 150, 158, 174, 186, 193, 230, 232, 237, 248, 249, 256, 259, 263, 267
자본주의  31, 39, 87, 135
자서전  48, 50, 151
자선법(Statute of Charitable Use of 1601)  209
자원봉사활동  13, 15, 42-45, 52, 58, 76-83, 92, 94, 101, 133, 136, 139, 143, 151, 172, 221, 225, 244, 250, 254, 261
자원부문  59, 62, 63, 274
자원조직  34
자원활동  33, 39, 43, 44, 46, 52, 77, 79, 82, 93, 144, 145, 158, 163, 235, 254, 255, 260, 261, 274, 275
자조 노력  23, 107, 122-132, 136, 138, 141-145, 177, 204, 264

찾아보기 305

자카트(zakah)   202, 203
적십자   29, 32, 40, 143, 177
전국유색인지위향상협회(NAACP)   113
전국채러티단체협의회(National Charity Organ-ization Society)   218
전략적 기부   217
전략적 필란트로피   225
정부 지원   36, 107, 155, 233, 267, 274
정부실패   137, 140, 266
제3섹터   38, 45, 46, 60, 62, 70, 83-85, 87, 89, 91, 137, 237, 239, 246, 250, 262
제임스 메디슨(James Madision)   98, 114, 240
조지 피바디(George Peabody)   215
지역사회조직   62, 63
진보운동(Progressive Movement)   219

(ㅊ)

차별철폐 조치(affirmative action)   239
차터스쿨   138
채러티조직 운동   215, 216, 219
책무성   19, 86, 181, 207, 242, 244, 245, 250, 257, 270
체다카(tzedakah)   72, 176

(ㅋ)

카네기(Carnegie)   41, 49, 70, 120, 178, 213, 214, 224, 225, 273
카리타스(caritas)   71, 73
커먼스(commons)   63

쿠 클럭스 클랜(KKK, Ku Klux Klan)   113, 184
키케로(Cicero)   178, 208, 212

(ㅌ)

토인비홀   220
토크빌(Alex Tocqueville)   66, 81, 147, 212, 229, 235, 236, 259, 264, 275
트러스트십(trusteeship)   182
티치포아메리카(Teach for America)   163

(ㅍ)

파일러위원회(Filer Commission)   82, 83, 262
포드(Ford)   35, 87, 110, 186, 198, 215, 247, 248, 259
플라톤(Plato)   114, 115
필란트로피 교육과정(philanthropic studies)   246, 250
필란트로피학(philanthropics)   187

(ㅎ)

허버트 스펜서(Herbert Spencer)   217
헐 하우스(Hull House)   74, 220-222
헨리 로소(Henry Rosso)   25, 155, 183
호혜성(reciprocity)   49, 164, 165, 180, 181, 254, 266, 267, 269
회의주의   53, 249
히브리   72, 124, 203, 209